“十二五”普通高等教育本科国家级规划教材

现代教育论（第四版）	黄　济　王策三　主编
比较教育（第五版）	王承绪　顾明远　主编
当代比较教育学（第二版）	冯增俊　陈时见　项贤明　主编
现代教学论基础（第二版）	裴娣娜　主编
课程论（第二版）	靳玉乐　主编
现代课程与教学论（第三版）	黄甫全　主编
小学数学教学论（第四版）	马云鹏　主编
教育法学（第二版）	尹　力　主编
教育经济学新编（第二版）	范先佐　著
心理学导论（第三版）	黄希庭　郑　涌　著
社会心理学（第三版）	章志光　主编
教育心理学（第三版）	冯忠良　等　著
教育心理学（第三版）	张大均　主编
心理与教育测量（第三版）	郑日昌　主编
国际贸易（第二版）	苏科五　主编

“十二五”普通高等教育本科国家级规划教材
国家精品课程系列教材

课 程 论

（第二版）

靳玉乐　主　编
于泽元　副主编

人民教育出版社
·北京·

图书在版编目（CIP）数据

课程论/靳玉乐主编. —2版. —北京：人民教育出版社，2015.6(2023.2重印)
（“十二五”普通高等教育本科国家级规划教材）
ISBN 978-7-107-30525-2

Ⅰ. ①课…　Ⅱ. ①靳…　Ⅲ. ①课程—教学理论—高等学校—教材　Ⅳ. ①G423

中国版本图书馆CIP数据核字（2015）第136077号

“十二五”普通高等教育本科国家级规划教材　课程论（第二版）

出版发行　人民教育出版社
（北京市海淀区中关村南大街17号院1号楼　邮编：100081）
网　　址　http://www.pep.com.cn
经　　销　全国新华书店
印　　刷　人民教育出版社印刷厂有限公司
版　　次　2015年6月第2版
印　　次　2023年2月第5次印刷
开　　本　787毫米 × 1 092毫米　1/16
印　　张　30
字　　数　460千字
印　　数　11 001~13 000册
定　　价　39.80元

第二版前言

本书原系国家精品课程“课程与教学论”的系列教材之一，由人民教育出版社于2012年12月正式出版。2014年10月，本教材入选教育部第二批“十二五”普通高等教育本科国家级规划教材。根据教育部有关高校课程教材改革的精神，为进一步提高教材的质量，我们在文献资料、学术规范、观点表达等方面对本书进行了修订完善，力图反映我国当代课程改革和研究的新成果、新理念、新方法。

本书是为普通高等院校教育专业本科生编写的教材，也可以作为各类教师培训的教材使用，还可以供教育专业研究生以及广大校长、教师、教育行政人员、教育研究工作者作为研究的参考资料使用。欢迎专家、学者和广大师生继续对本书提出宝贵的意见和建议，以使之更臻完善。

本次修订工作得到了人民教育出版社的大力支持，特此致谢！

靳玉乐

2015年6月28日于西南大学

第一版前言

课程论真正作为一门独立的学科，算起来不过百年的历史。它在我国的发展，较之英美等国则更晚一些。到目前为止，在我国，可以作为高等学校教科书使用的课程论著作恐怕不过十余种。我们编写的这本《课程论》教材，作为“课程与教学论”国家精品课程系列教材之一，既是我们长期从事课程理论研究的成果，又反映了我们在教学上的一些心得体会，期望它能够满足高等师范院校教学的需要。

在本书的编写过程中，我们坚持把理论的前沿性、思想的实践性和专业的基础性作为指导思想，尽量体现理论与实践的统一。这本教材既是一本课程理论的入门书，也是一本课程实践的指导书，还是一本课程研究的工具性参考书。根据这样一个指导思想，我们将课程论这门学科的知识体系整合成课程基本理论、课程开发理论和课程研究三个大的板块。课程基本理论包括了绪论和第一、二、三章的内容，深入分析了课程的内涵、特征、学理基础以及当前主要的课程理论，为读者思考课程这门学科打开了一扇窗户；课程开发理论包括了第四、五、六、七、八、九、十、十一章的内容，既探讨了课程设计的思想、方法和过程，又论述了课程目标、课程内容、课程实施、课程评价和课程领导等方面的内容，让读者可以全面掌握课程开发的过程，把课程的理论引向教育的实践，彰显出这门学科的实用价值；课程研究的内容为第十二章，旨在探讨课程研究的思想和方法。三个部分的内容相辅相成，把课程的理论、实践和研究内在地联系在一起，使得课程论学科的知识结构既严谨又生动。除此之外，本书的编写，还体现出以下两大特点。

一是在编写体例上尽量有利于教学。在每一章的前面，都有“启发与引导”的内容，目的在于让读者或学生对本章所要阐述的重点内容有一个大致的理解，引发读者或学生对本章内容进行思考。而在每一章的结尾，都有“思考与练习”的内容，既可以与“启发与引导”的内容相呼应，又可以把理论与实践相连接，使正文所阐述的理论鲜活起来，加深读者或学生的理解。

二是在编写内容上充分体现理论的前沿性和应用性。本书以当代世界课程改革为背景，紧跟国内外课程理论发展的前沿，既从历史和学理的视角探讨课程领域的重要理论问题，又从实践的角度探讨课程开发的理论，还从研究的角度提供思考课程问题的方法体系，从而使读者或学生既能掌握理论、认识实践，又能学会如何进行课程研究。于是，这门学科的理论性和实践性便融为一体。

我们希望这本书不仅能够帮助读者或学生掌握课程论的基础知识，而且能够促进读者或学生的思考，提高课程研究的能力。对于师范专业的本科生、硕士生、博士生和从事实际工作的中小学教师而言，掌握必要的课程论知识固然重要，但提升课程研究的意识和能力无疑是更为重要的事情。因此，在使用本书进行教学时，教师不仅可以把“启发与引导”作为课前预习的作业，而且可以将它作为贯串讲授的提纲。如果教师的教学方法足够大胆，则可以把“启发与引导”作为讨论提纲，在讨论的过程中把正文的理论贯串其中。至于“思考与练习”的内容，既可以作为课堂讨论的内容，又可以作为课后作业。如此一来，就把教材用活了，教学的效果自然会很好。

本书是集体研究和撰写的成果。首先由我拟定编写提纲，然后由不同的学者分头撰写各章内容，具体分工如下：绪论，靳玉乐；第一章，艾兴；第二章，张家军；第三章，金玉梅；第四章，董小平、何茜；第五章，郑先俐；第六章，樊亚峤；第七章，艾兴；第八章，董小平；第九章，李宝庆；第十章，王洪席；第十一、十二章，于泽元。最后，由我审稿、定稿。副主编于泽元教授协助我做了大量工作。

本书的编写和出版得到了人民教育出版社郭戈研究员、吕达编审、诸惠芳编审、刘立德编审和刘捷编审的大力支持和帮助，他们付出了很多心血。没有他们的热情帮助和辛勤劳动，这本书很难如期和大家见面。因此，要对他们表示诚挚的谢意！同时，恳切希望学界同人和广大师生提出宝贵的批评意见，帮助我们改进和完善这本教材。

靳玉乐

2012 年 12 月 16 日于西南大学

目　录

Contents

绪　论

【启发与引导】

• 目前，越来越多的人感到，课程领域越来越居于教育的核心地位，对我国绝大多数人来讲，“课程”这个词语也逐渐地从陌生到耳熟能详了。然而，我们真正了解“课程”这个领域吗？我们知道它的过去、现在及其未来吗？如果我们要说“我已经知晓了课程领域的来龙去脉”，那么我们至少需要知道些什么呢？

• 几乎所有学者都同意，课程论作为一门独立学科具有自己独特的研究对象。迄今为止，也有不少学者试图描述课程论的学科对象。比如，有人认为是课程规律，也有人认为是课程现象，还有人认为是课程问题。如果我们了解了课程领域的状况，我们会赞成哪种说法呢？甚或能够产生什么观点呢？

• 在整个教育学科群中，除了课程论之外，还有教育学原理、教学论等重要学科，几乎所有学者都认为课程论是隶属于教育学的下位学科。然而，学者们在课程论与教学论的关系上却没有达成一致意见：部分学者认为课程论包含教学论，部分学者认为教学论包含课程论，也有部分学者认为课程论与教学论是相互独立的，还有部分学者认为课程论与教学论是整合的。那么，究竟课程论与教学论是怎样的关系呢？我们如何来考察它们的关系呢？

课程论作为教育科学的重要研究领域，已在特定的历史时空中建立起自己的“学科规训制度”①，并逐渐发展成为教育科学中的重要分支学科。为了全面而深刻地理解课程论的知识体系与研究现状，就必须知晓课程论的学科化过程、学科对象及其在整个教育学科群中的地位。

第一节　课程论的发展

课程论同其他任何学科一样，在“成长”中经历了萌芽、形成、发展并逐步走向繁荣的历史过程。要理解课程论的发展状态，明了其解决的主要问题，并用科学的眼光来审视这些问题，就必须从课程论的思想史或问题史出发，运用史学的方法对其进行梳理，以获得课程论在产生与发展过程中的整体印象。

要对课程论的发展做历史回顾，就涉及课程论思想或问题的起源问题。正如皮亚杰（J. Piaget）指出的：“每一件事情，包括现代科学最新理论的建立在内，都有一个起源的问题，或者必须说这样一些起源是无限地往回延伸的。”② 本书坚持通过课程论的史学分析来理解其发生、发展过程，其缘由也就在于课程论的发展是一个不断建构的过程，这个过程有着一个起源问题，课程论的学科化过程无非就是从其源头出发进行无限展开的过程。要了解课程论朝着现状无限展开的原因和机制，就必须了解课程论在展开过程中存在的尽可能多的阶段。课程论思想或问题同人类的认识发展过程一样，很难找到其绝对的开端，只能根据认识者的目的主观地确定其相对的始点。正是基于以上原因，本书根据课程论在发展过程中所涌现出的、能够标志阶段性发展的课程事件来考察课程论的发展过程。根据不同阶段的性质，至少可以把课程论的学科化过程简约地划分为准备阶段、形成阶段、完善阶段和繁荣阶段。

---

① 参见［美］华勒斯坦等著，刘健芝等编译：《学科·知识·权力》，生活·读书·新知三联书店1999年版，第12—34页。

② ［瑞士］皮亚杰著，王宪钿等译：《发生认识论原理》，商务印书馆1997年版，第17页。

一、课程论学科化研究的准备

在 20 世纪以前，课程研究尚处于萌芽状态。尽管关于“课程”的思想甚至可以回溯到古代，但毕竟那时的课程研究还没能成为一个专门的研究领域，许多课程思想大都是混杂在一些思想家、政治家和教育家的著作中。大约从 17 世纪开始，随着教育学学科化的发展，课程论的相关问题就开始得到一定程度的探讨，但直到 1917 年前仍然没有获得系统研究。在这个时期，课程论的发展有赖于个别教育思想家对课程作出的先导性研究，以及一系列重大教育事件的出现。但是，这个时期还没有出现专门的课程学者、课程专著等。

（一）先导性课程思想

1917 年之前所进行的课程研究，主要是为课程论的学科化做准备工作。在这段时间里，涌现出了一些重要的教育思想家，在他们的著作中开始出现明显的课程思想，这些思想成为课程论学科化发展的直接源泉。

1. 夸美纽斯及其课程理论

捷克教育家夸美纽斯（J. A. Comenius，1592—1670）在泛智主义教育思想的指导下对课程进行了探讨，提出了相对系统的课程理论。夸美纽斯的课程思想集中反映在由他著述的《大教学论》、《泛智学校》和编撰的《世界图解》中。在《大教学论》中，夸美纽斯设想了广博的课程内容，他称为“周全的教育”，主要包括学问、德行和虔信，囊括了“一切最重要事物的原理、原因和用途”①。在《泛智学校》的专著中，他认为“泛智”主要包括三个内容：“认识事物”、“行动熟练”、“语言优美”。同时，他区分了三种课程类型：①主要课程，包括语言、哲学和神学等课程；②次要课程，是主要课程的辅助性课程，主要包括历史课程和各种练习课程；③第三类课程，主要指各种游戏、娱乐和戏剧表演等课程。夸美纽斯主张把“泛智”的教育内容按照圆周式的排列方式分配到各级学校的教育中去。夸美纽斯所设想的具体课程包括玄学、历史学、辩证法、修辞学、文法、诗词、音乐、天文学、算术、物理学、光学、地理学、经济学、政治学、道德学、宗教学、医学等二十多个项目②。夸美纽斯

① ［捷］夸美纽斯著，任钟印译：《大教学论·教学法解析》，人民教育出版社 2006 年版，第 69 页。
② 滕大春主编：《外国教育通史》（第二卷），山东教育出版社 1989 年版，第 292—294 页。

根据培根（F. Bacon）提出的历史性、广泛性、集中性和母语性原则，在其《世界图解》中构建了按照上帝、文化、历史、宗教、语言、人、非生命体、植物、动物、自然的顺序进行运转的封闭知识系统，且所有这些元素处于相互的联系之中。有学者认为这是“第一个现代课程标准”①。

2. 赫尔巴特及其课程理论

德国教育学家、心理学家赫尔巴特（J. F. Herbart，1776—1841）的课程思想主要体现在《教育学讲授纲要》和《普通教育学》中。在这两本著作中，赫尔巴特以他的实践哲学和表象心理学为基础，并以“兴趣”为依据提出了他的课程思想。赫尔巴特认为：“教学的最终目的虽然存在于德行这个概念之中，但是为了达到这个最终目的，教学必须特别包含较近的目的，这个较近的目的可以表达为‘多方面的兴趣’。”② 赫尔巴特把兴趣划分为六种类别：①经验的兴趣；②同情的兴趣；③思辨的兴趣；④社会的兴趣；⑤审美的兴趣；⑥宗教的兴趣。然后，赫尔巴特根据其对兴趣的划分拟定了中学教学科目：为了满足经验的兴趣，学校需要设立博物、物理、化学和地理等学科；为了满足同情的兴趣，学校需要设立古典语、现代外语、本国语等学科；为了满足思辨的兴趣，学校需要设立数学、逻辑学、文法、自然哲学等学科；为了满足社会的兴趣，学校需要设立历史学、政治学、法律等学科；为了满足审美的兴趣，学校需要设立文学、音乐、绘画等学科；为了满足宗教的兴趣，学校需要设立神学学科③。

上述赫尔巴特所设计的课程内容体系，既包括古典人文学科、宗教学科，又包括新兴的自然科学等学科，并使这些课程内容处于一种相互联系中，强调了知识的系统性。尽管赫尔巴特所依据的实践哲学和表象心理学具有自身的局限性，但是用心理学的理论来探讨课程问题，以及把哲学和心理学作为建立和论证课程的重要依据，这对后来的课程研究具有重要的意义。

3. 斯宾塞及其课程理论

英国功利主义哲学家、社会学家、教育家斯宾塞（H. Spencer，1820—

---

① ［德］F. W. 克罗恩著，李其龙等译：《教学论基础》，教育科学出版社 2005 年版，第 59 页。

②③ ［德］赫尔巴特著，李其龙译：《普通教育学·教育学讲授纲要》，人民教育出版社 1989 年版，第 217、232 页。

1903）的课程思想，集中地体现在1861年首次出版的《教育论：智育、德育和体育》中。在该文集中，斯宾塞分别论述了“智育”、“德育”、“体育”和“什么知识最有价值”的问题，并阐明了他的课程思想。

斯宾塞继承和发展了孔德（A. Comte）的实证哲学，吸收了当时最富有影响的进化论思想，构建了自己的“综合哲学”体系。他认为人类的一切知识都源于感觉经验，经验或知识是人的历代感受的积累。他接受和发扬了进化论思想，认为人的认识就是发现事物发展、变化的“共同规律”的过程，并用有机主义和进化论的思想来揭示人类社会现象。斯宾塞以他的哲学观、知识观和社会观为基础，提出了教育的目的、任务、内容和方法。他首先提出了“什么知识最有价值”的问题，这个命题成为课程研究不可回避的重要问题。为了回答这个问题，斯宾塞探讨了教育目的，认为教育应为“完满的生活做准备”①。他把人类的生活区分为五种主要活动，并把这些活动按照对人的完满生活的重要程度依次排列为：①直接保全自己的活动；②间接保全自己的活动；③抚养教育子女的活动；④社会政治活动；⑤闲暇爱好和感情的活动②。他认为，就知识帮助人们完成这些活动的价值来看，有大有小，那么什么知识最有价值呢？“一致的答案就是科学。”他指出：

> “为了直接保全自己或是维护生命和健康，最重要的知识是科学。为了那个叫做谋生的间接保全自己，有最大价值的知识是科学。为了正当地完成父母的职责，正确指导的是科学。为了解释过去和现在的国家生活，使每个公民能合理地调节他的行为所必需的不可缺少的钥匙是科学。同样，为了各种艺术的完美创作和最高欣赏所需要的准备也是科学。而为了智慧、道德、宗教训练的目的，最有效的学习还是科学。”③

为了使人获得这些科学知识，斯宾塞建立了他的课程体系：①生理学和解剖学；②语言、文学、算学、逻辑学、几何学、力学、物理学、化学、天文学、地质学、生物学、社会学等；③心理学和教育学；④历史学；⑤自然和艺

①②③ [英] 斯宾塞著，胡毅、王承绪译：《斯宾塞教育论著选》，人民教育出版社2005年版，第11、12、44—45页。

术①。此外，他还强调了这些学科知识的组织方式，如从简单到复杂、从不准确到准确、从具体到抽象、从实验到推理等。

（二）课程成为流行问题

尽管在早期教育家的著作中蕴含了课程思想，但课程问题成为人们关注的重要问题还是19世纪末20世纪初的事情。关注课程研究的最早运动源于美国。按照美国学者蔡斯（R. S. Zais）的观点，“课程领域植根于19世纪末的赫尔巴特运动之中……赫尔巴特主义者对学科内容的强调，致使19世纪末20世纪初美国教育界对课程内容的兴趣重新抬头，正如克利巴德（H. Kliebard）所说，‘课程成了流行的问题’”②。1890—1910年出现的许多重大教育事件强化了人们对课程问题进行研究的兴趣。1893年，在哈佛大学校长伊利奥特（C. W. Eliot）领导下，“十人委员会”发表了一份讨论必修课、选修课、大学预备科和实用学科等课程问题的报告。1895年，“赫尔巴特学会”也就学校课程内容的选择和组织等问题展开了热烈研讨。同一时期，“小学教育十五人委员会”也深入研究了小学课程的精简和综合问题。1896年，杜威（J. Dewey）在芝加哥大学的实验学校从事课程的实验与改革，特别提倡“儿童中心”的课程设计，为以后提出实用主义课程理论奠定了坚实的实验基础，极大地影响和推动了课程论在美国的形成和发展。1899年和1911年，“大学入学资格委员会”和“教育时间经济委员会”分别讨论了学校课程的编制和改革等重要问题。总的来看，上述研讨和发表的不少报告，均是零碎的，还没有摆脱玄学思辨的局限。在这种情况下，课程论仍然不能以一门独立的学科而出现。

到了1910年以后，由于受到教育测验运动、学务调查运动和实验方法的影响，课程研究开始日益摆脱哲学思辨的束缚，转而采用实证的研究方法。1910—1917年较有影响的课程事件是“新课程委员会”在8年内发表的4册研究报告，内容主要包括：①编制算术、语言和代数测验；②分析现行教科书

---

① ［英］斯宾塞著，胡毅、王承绪译：《斯宾塞教育论著选》，人民教育出版社2005年版，第19—33页。

② Zais，R. S. *Curriculum*：*Principles and Foundations*. New York：Thomas Y. Cromwell，1976，p. 4.

和课程；③根据人类的实际活动来确定有社会价值的知识和技能；④阐明现代社会生活中存在的问题。这些报告的总体精神在于探明“教什么的问题”。此外，课程的分科研究在这个时期内也非常活跃，主要开展了词汇研究、文法语言研究、数学研究和社会学科研究。

1910年后，课程研究的总特征是：其研究较之以前更加精确化和科学化，不崇尚思辨。从其理论观点来看，初步形成了两大阵营：一是保守派，主张保存已有文化，特别重视研究现行课程，其基本方法是分析教科书；二是革新派，主张从现代生活需要出发，研究新材料，创造新课程，不局限于分析旧教科书。从基本方法来看，主要有：研究富有社会价值的事实和技能；了解现实生活必需的基本观念；研究各年级适用的教材；研究儿童的错误、困难及学习问题；职业分析①。

从以上分析可以看出，1632—1917年课程问题越来越受到人们的关注。但是，即使1890—1917年掀起了课程研究的运动热潮，也仅仅是“对课程日益具有自我意识”，还没有产生“公认的同一课程专业领域”，也没有一个人被认为是“课程专家”②，这段时间的课程研究仅仅是经验总结或课程思想的形成。

二、课程论学科化研究的形成

经过前期阶段的课程研究积累，把课程作为一个独立的研究领域，并从理论上进行系统研究的条件基本成熟。一般认为，美国学者博比特（F. Bobbit）在1918年出版的专著《课程》③，标志着课程作为一个专门研究领域开始形成④。该专著是教育史上首部专门论述课程问题的著作，确立了现代课程研究的基本范围和取向。同时，英国学者英格利斯（A. Inglis）出版了专著《中等教育原理》，美国全国教育协会“中等教育改造委员会”也编写了《中等教育原理》一书。从1918年课程论的学科化研究拉开序幕，直到1948年美国课程

---

① 参见罗廷光著：《教育科学研究大纲》，中华书局1932年版，第60—61页。

②④ Zais，R. S. *Curriculum*：*Principles and Foundations*. New York：Thomas Y. Cromwell，1976，p. 5.

③ Bobbit，F. *The Curriculum*. New York：Houghton Mifflin，1918.

专家拉尔夫·泰勒出版《课程与教学的基本原理》前夕，美国教育领域发生的一系列重要社会事件或课程事件，都为课程论的学科化起到了促进作用。

（一）美国的"课程弊病"与"社会效率运动"

课程论的学科化研究率先形成于美国并不是偶然的，它受到美国 20 世纪初期教育内部和社会背景这两大动因的驱使，尤其受到"社会效率运动"的重要影响。

首先，从教育内部来看，从古至今，课程的演变基本上是一个简单的知识积累过程，只有补充而不删减，许多陈旧的东西滞留其中，致使普通教育的课程内容庞杂而臃肿，甚至前后矛盾。所以，教育领域需要抛弃传统的课程编制方法，并寻求新的途径和方法来解决课程编制的技术难题。再者，课程与当代社会生活相去甚远，毫无实效，但当时人们普遍认为课程必须与社会时事有直接联系，应以功利为价值取向。这也提出了采用新的途径和方法进行课程编制的重要问题。

其次，从社会背景来看，第一次世界大战结束以后，美国工业在确立了"群雄之首"地位的同时，又迈开了新的步伐，掀起了轰轰烈烈的"社会效率运动"。工业发展历程表明，科学技术是关键，"效率"是保证，因而美国举国上下表现出对"效率"的狂热追求。科学管理之父泰罗（F. W. Taylor）在 1911 年出版的《科学管理的原理》受到广泛重视。这种以"效率"和"控制"为特征的科学管理原理在工厂企业得到了广泛应用，社会各界竞相仿效，并对教育领域产生了深远的影响。致力于追求课程功利价值的学者开始把泰罗的"科学管理原理"视为课程编制的一种理想模式，其集大成者就是被视为第一位课程专家的博比特。正如美国课程专家麦克尼尔（J. D. McNeil）指出的那样，"工业制度"、"正在变化着的学校观念"和"科学的方法与技术"对博比特的一生产生着重要的影响①。博比特后来在谈到自己的经历时也认为，引起他从事课程研究的原因，不只是为了学术研究，"而是由于感到这是一种社会需要"②。

（二）课程专家的出现与课程著作的出版

1918—1948 年出现了几位重要的课程专家，他们出版了一些课程专著。

---

①② ［美］麦克尼尔著，施良方等译：《课程导论》，辽宁教育出版社 1990 年版，第 352、353 页。

其中，最富有影响的美国课程专家就是博比特和查特斯（W. Charters）。博比特在继 1918 年出版了《课程》一书后，又于 1924 年出版了《怎样编制课程》一书；查特斯也于 1923 年出版了《课程编制》一书。同时，他们和当时课程领域的重要带头人一起，在全美教育学研究会的组织下编出两卷本《年鉴》，即《课程编制：过去与现在》和《课程编制的基础》。这些课程学者及其著作为课程论的学科化发展作出了重要贡献。

1. 博比特的课程理论

“社会需要”促使博比特把工业科学管理的原则运用于学校教育，继而又把它推演到课程领域。博比特著的《课程》一书分为五个部分共计二十一章，分别论述了“目的与手段”、“职业的效率之训练”、“公民教育”、“身体的效率之训练”和“社交教育”。博比特所开创的课程研究领域，始终围绕着“效率”这个轨道运转，把行为主义和科学主义的原理与方法运用到课程编制之中，从而建立了“目的—手段”课程研究范式。在《课程》一书中，博比特阐释了课程的本质，认为“人们从事（成人）事务所需要的能力、态度、习性、鉴赏力和知识形式能显现出来以成为课程目标，这些目标众多、明确且详尽，而课程就是儿童及青年实现这些目标必须具备的一系列经验”①。博比特在另一本著作《怎样编制课程》中，对课程开发理论进行了完善，并创造了课程开发的方法——“活动分析法”。该方法把课程开发的具体过程分为五个步骤②。第一步是分析人类经验，即将广泛的人类经验划分成一些主要的领域，如语言、健康、公民、社会生活、休闲娱乐、心理健康、宗教、家庭和职业等③。第二步是分析任务，即把第一阶段所获得的人类经验的主要领域进一步分解为更加具体的活动。他倾向于通过实际的个人经验来确证某一活动对某些人类经验的重要性，主要采用了工业中常见的工作分析方法。第三步是导出目标，即对完成人的各种活动所需要的能力进行详尽而具体的陈述，并导出课程目标，这些目标又可以进一步分解为知识、技能、习惯、价值、态度等各个部分，它们是课

---

① Bobbitt, F. *The Curriculum*. New York: Houghton Mifflin, 1918, pp. 1-5.

② ［美］麦克尼尔著，谢登斌等译：《课程导论》（第六版），中国轻工业出版社 2007 年版，第 385—386 页。

③ Bobbitt, F. *How to Make a Curriculum*. Boston, MA: Houghton Millin, 1924, pp. 8-9.

程编制者决定具体教育结果所依据的一般标准。第四步是选择目标，即从第三步所获得的诸多目标中选择适合学校教育的最终目标，以作为规划学生活动的基础。在这个过程中需要排除学生在正常生活中能够获得的、社会反对的、非现实的以及不能通过学校教育达成的目标。第五步是规划细节，即列出为达成最终目标每个年级儿童所需要的各种活动、经验、机会，并构成课程。

2. 查特斯的课程理论

查特斯作为与博比特同时代的课程专家，他的课程理论与博比特的课程理论有相似之处。查特斯在他的《课程编制》一书中认为，进行课程开发涉及课程目标的制定、课程内容的选择、课程内容的评价等序列性活动①，并进而把课程开发过程划分为七个步骤：①通过生活分析获取课程目标；②根据课程目标来确定课程内容的理想和各种活动；③对理想与活动按其重要性进行排序；④强调对儿童具有较大价值的理想和活动；⑤确定必须且能够在学校获得的理想和活动；⑥收集处理这些理想和活动的最佳方法；⑦按照儿童心理特征来组织理想和活动②。

尽管查特斯与博比特的课程开发方法非常相似，但是它们之间仍然存在差异，主要表现为三个方面。一是查特斯更加强调决定课程内容的理想。他把理想看做可观察的结果的目标，认为它不是从活动中抽象出来的，也不存在可以决定理想的科学方式；它可以通过全体教员投票或生活中富有思想的人研究学生等方式获得；它并不必然导致适度的满足，但可以产生长远的满足或社会意义上的满足③。二是对系统知识的强调。查特斯区别于博比特的第二个方面是，在课程编制的方法中关注系统化的知识④，强调这些知识对生活和形成学习者动机的价值，并强调从社会生活情境中来确定各学科的重要知识。三是采用“工作分析”的课程开发方法。查特斯强调通过“工作分析”而非“活动分析”来决定各科目中最重要的素材，他更加强调个人生活中的职业领域对科目素材的决定作用。

---

①②④ Charters, W. *Curriculum Construction*. New York: Macmillan, 1923, p. 84, p. 102, pp. 103-106.

③ ［美］麦克尼尔著，谢登斌等译：《课程导论》（第六版），中国轻工业出版社 2007 年版，第 386 页。

3. 全美教育学研究会第 26 期《年鉴》

1927 年，全美教育学研究会编出两卷本《年鉴》，即《课程编制：过去与现在》和《课程编制的基础》，对当时课程研究的各个方面进行了详细而系统的探讨，为课程作为专门的研究领域和实践领域进一步提供了理论基础和合理说明。美国著名课程论学者、课程史专家坦纳夫妇（D. Tanner & L. N. Tanner）甚至把这部《年鉴》看做课程论成为一门新学科的标志，并得到了 1985 年在英国出版的《国际教育百科全书》的肯定。尽管这一观点未得到进一步确证，但至少表明该《年鉴》在美国课程论史上的重要地位。

第 26 期《年鉴》的撰稿人几乎包括了迅猛发展着的课程领域的所有带头人，他们是拉格（H. Rugg）、巴格莱（W. Bagley）、博比特、查特斯、康茨（G. Counts）、贾德（C. Judd）、克伯屈（W. H. Kilpatrick）等。这些学者运用科学方法和进步主义思想，对课程编制的基本原则和专门技术、美国学校课程的过去与现在、各家研究成果、各实验学校试行新课程的经过，以及所有以前关于课程研究的论文目录等，都做了详细的分析与批判。

该部《年鉴》的《课程编制：过去与现在》，对传统教育中的分科课程、机械学习、强迫训练、心智训练说等，都进行了十分尖锐的批判，认为当时美国中小学通行的课程设置并不适当，不能满足世界飞速发展的形势和儿童的心理需要。因此，为了实现美国教育制度的理想，即帮助年轻人发展成为有责任感、富有创造性的幸福公民，必须组建一支骨干队伍研究每个城市和州的课程，以便进行课程改革。《课程编制：过去与现在》还总结了公私立学校进步教育的实践与计划，认为这是进入 20 世纪以来最有革新意义的教育方案。该部《年鉴》的《课程编制的基础》，描述了到那时为止的课程编制技术的进展情况，包括课程编制的本质和方法，强调了课程编制对于课程改革的迫切性和必要性，勾勒出的理想课程的特征是：①集中于人类生活的现实事物；②处理国家、地方和社区的现实问题；③让学生对政治制度进行批判性思考；④形成和发展一种开放的态度；⑤考虑学生的兴趣和需要；⑥处理现代生活和社会文化史方面的问题；⑦考虑选择和解决问题的能力；⑧课程组织强调问题和实践等。《课程编制的基础》还要求教师和课程专家协同工作，组织各个学科领域的内容和材料，建构理想的中小学课程体系。

（三）自觉的课程改革与课程研究实验

1918—1948 年，课程作为专门的研究领域还从自觉性课程改革与有影响的课程研究实验中得到彰显。

1. 课程改革在学校实践中受到重视

当时，美国许多越来越具有“课程意识”的学校相继创设了学校课程修订方案。例如，在 1922 年，丹佛市推出了整个系统范围内的课程改进方案；在 1925 年，圣路易斯市的综合性课程修订方案也引起了全国的关注。此外，芝加哥伯克学校、芝加哥大学实验小学、威斯康星实验中学等，也相继采用新的课程编制方法以试验新课程。参与这些活动的不仅有数以百计的教师，而且有许多课程方面的顾问，这使美国教育界令人耳目一新。

2. “进步教育协会”开展“八年研究”

在美国乃至当今课程论史上，规模最大、意义最为深远的实验研究项目，就是由“进步教育协会”1934—1942 年实施的课程改革实验，史称“八年研究”①。

20 世纪 30 年代，美国出现经济大萧条，失业率急剧上升，大批找不到工作的青年纷纷在中学注册②。他们中的大多数人并不打算进入大学深造，只想为从事某种职业做准备。然而，当时的中小学课程主要为升学服务，课程内容具有孤立性、片段性，缺乏综合连贯性，它们与学生真正关心的内容无关，不能满足该时期学生的需要，因而迫切地需要重建普通中小学的课程和教学大纲。

“进步教育协会”率先研究这个问题，提出了“八年研究”计划，研制了

---

① 泰勒多次强调：“这项研究的确切时间是 1934—1942 年。”（Tyler，R. W. *New Dimensions in Curriculum Development*. Phi Delta Kappan，1966.）而美国教育史学家克雷明在《学校的变迁》一书中则认为，“八年研究”的时间是 1932—1940 年。（Cremin，L. A. *The Transformation of the School：Progressivism in American Education 1876—1957*. New York：Vintage，1964，p. 253.）美国课程史专家坦纳夫妇在《课程编制：从理论到实践》一书中提出新的看法，认为“八年研究”的时间是 1933—1941 年。（Tanner，D. & Tanner，L. N. *Curriculum Development：Theory into Practice*. New York：Macmillan，1980，p. 84.）

② 据康纳尔（W. F. Connell）的统计，在 1930—1940 年的 10 年中，14—17 岁中学生在学率由 28% 猛增到 50%。参见［澳］康纳尔著，孟湘砥等译：《20 世纪世界教育史》，湖南教育出版社 1991 年版，第 500 页。

课程实验方案，并同30所中学和300所大学联合开展实验。这项中学课程实验计划的宗旨在于：①改变传统中学片面强调传授系统知识、仅仅关注升学的教育目标，注重学生的情感与认知相互协调的完人发展；②寻找打破学科界限的方法，改革传统中学以分科为主的课程体系，建构以更系统、更连贯的综合课程为主的课程体系，使学生真正了解并掌握有意义的知识领域，这些综合课程有融合课程、核心课程、广域课程、文化纪元课程、职业定向课程等；③建立师生合作的教学制度，鼓励学生自我指导，提供个别化教学，创造一种合作开放的教学环境，充分调动学生的积极性，发挥其主体作用；④寻找协调中学和大学关系的有效途径，建立科学化和公平化的升学考试制度。这些计划的最终目的在于帮助学生适应社会生活。

为了有效地指导实验学校的课程编制与评价，“八年研究”初步建立了一个范式，详细描述了课程编制与评价要考虑的四个问题：①确定教育目标；②选择达成这些目标的教育经验；③组织这些教育经验；④评价教育结果。这一课程编制模式主要反映在“八年研究”的总结报告《课程探索》之中[①]。

为了诊断这项横跨美国大陆数百所学校、耗资巨大且历时八年的实验，以泰勒为首的测量评价专家小组，对从30所实验中学毕业后进入大学的1 475名学生，与具有类似年龄、性别、家庭背景、社会关系、种族和能力且从传统中学毕业后进入大学的1 475名学生，做了配对比较。经过几年的比较和测试后发现，从实验学校毕业的学生，在大学期间的学习成绩除了外语外，其余都比传统中学毕业的学生优异。不仅如此，实验学校的学生还有这样一些特点：①具有更强的好奇心和干劲；②能更准确、系统和客观地进行思维；③对教育的意义有更清晰的见解；④更善于应付新的环境；⑤与对照组的学生具有同样的判断问题的能力但能更为有效地探讨解决方案；⑥更积极地参与组织学生团体；⑦在非学术领域里获得优异成绩的百分比更高；⑧更关心国内外事务；⑨对职业选择有着更加良好的定向[②]。最后，根据整个实验的结果，研究委员会在总结报告中写下这样的结论：“这项研究的结果表明，专门为一套固定的

---

① Giles, H. H., McCutchen, S. P. & Zechiel, A. N. *Exploring the Curriculum*. New York: Harper & Brothers, 1942.

② 吴志宏：《美国“进步教育运动”综述》，载《外国教育动态》1984年第6期。

入学要求做准备的预备学校课程体系，并非是使学生充分适应其大学生活的唯一令人满意的手段。看来，具有较少传统方式的中学教育能提供刺激和创造精神，而这种刺激和创造精神可以给大学带来比我们以前所得到的更好的学生。”①

“八年研究”作为美国教育史上迄今为止唯一的一项有计划、有组织、广泛持久、大中学联合开展的课程实验，不仅使美国的课程理论受到一次全面的大检查，而且推动了整个西方课程与教学研究向纵深方向发展。“八年研究”作为进步教育运动的一翼，虽然因第二次世界大战的影响和进步主义教育的偏差而被打入冷宫，但它作为一项经典研究已载入课程论史册。它不仅对美国大学入学要求和中学课程产生了深远的影响，而且也孕育了教育评价这个新领域。它在实践基础上揭示的目标制定、课程设计与评价过程之间的密切关系虽不具备课程论范式的意义，却为现代课程原理奠定了基础。

（四）课程专业组织的建立与课程理论在师范院校的传播

课程研究成为独立领域的另一个显著标志是大学课程实验室、课程研究学会和大学课程与教学系的建立。1924 年，哥伦比亚大学师范学院率先行动，建立了课程研究部。随后，一大批教育学院和教育系都成立了自己的课程实验室。从 20 世纪 30 年代起，美国各州的教育部门也开始关心课程的修订与改进，并着手制订实施方案。哥伦比亚大学再次走在前面，于 1937 年成立了全美第一个课程与教学系。然而，更重要的是全美教育协会所属的“教学视导和课程编制协会”发展成为全美公认的课程工作者组织，使课程作为独立研究领域的地位得到了行政上的支持和保证。

综观 1918—1949 年的课程论学科化运动可见，它还没有形成一个基本的理论框架。换言之，课程论的学科范式还没有建立起来。在这一时期，对于课程的基本范畴还没有形成一致的看法，不同课程著作的内容往往差别很大，“致使人怀疑作者是否在说明同一领域里的问题，更不用说同一个研究领域的基本范畴，因而课程这个研究领域具有非连续性和干扰性的特点”②。在课程

---

① 吴志宏：《美国“进步教育运动”综述》，载《外国教育动态》1984 年第 6 期。

② Husen, T., et al. (eds). *The International Encyclopedia of Education*. Vol. 2. Oxford: Pergamon, 1985, p. 1142.

研究的基本问题上，学者们往往关注着课程编制的技术和方法，有着浓厚的“技术化”色彩，几乎没有一本书在题目中使用“理论”或“原理”这一术语。因此，课程论研究主要是技术性的而不是理论性的。课程论学科发展的这一状况表明，当时该学科的发展还处于初级阶段。

三、课程论学科化研究的完善

1949—1970 年，课程领域在前一段所取得的成果的基础上进一步发展，使课程论的学科化运动取得了里程碑式的进展。这主要表现为：在 1949 年，美国著名课程专家泰勒（R. W. Tyler，1902—1994）在对博比特、查特斯和“八年研究”所取得的成果进行总结的基础上，使课程理论进一步系统化、原理化，并撰写出版了重要著作《课程与教学的基本原理》；在随后近 20 年间，课程工作者又对泰勒的课程理论进行了补充与发展，使之进一步完善。

（一）泰勒与“泰勒原理”

泰勒是美国当代最负盛名的课程理论家和评价专家。他于 1902 年出生在芝加哥，1927 年获芝加哥大学哲学博士学位。泰勒的指导教授是当时在美国教育界颇负盛名的康茨、贾德和查特斯。泰勒在俄亥俄州立大学任教时，领导过“八年研究”评价委员会的工作。作为一名教师，泰勒可谓“桃李满天下”，他的许多学生在后来都成为课程与教学或教育评价领域里享有盛誉的学者，如塔巴（H. Taba）、施瓦布（J. J. Schwab）、比彻姆（G. A. Beachamp）、古德莱德（J. I. Goodlad）、布卢姆（B. S. Bloom）等。作为一名行政人员，泰勒学识渊博、待人诚恳，因而深得人们敬仰。作为一名学者，泰勒著作较多，据统计，到 1986 年春为止，泰勒的论著已达 700 篇（部）之多①。其中，他在 1934 年出版的《成绩测验的编制》和 1949 年出版的《课程与教学的基本原理》分别确立了“评价原理”和“课程基本原理”，因而被誉为“当代教育评价之父”和“现代课程理论之父”。鉴于泰勒对美国教育产生的重大影响，1981 年，美国“课程历史研究会”第四次年会的主题就是考察泰勒半个多世

---

① 施良方：《泰勒的〈课程与教学的基本原理〉》，载《华东师范大学学报》（教育科学版）1992 年第 4 期。

纪以来的著作，因为“在某种意义上说，考察泰勒的著作，也就是考察课程和评价领域以往半个世纪的历史”①。

1949年，泰勒在总结课程研究已经取得的成果的基础上，撰写出版了《课程与教学的基本原理》，树立了课程研究领域新的里程碑。到1975年，该书已重印33次之多，并被译成多种文字，对世界课程论的发展产生了重要影响。该书在1981年被评为自1960年以来对美国学校课程领域影响最大的两本著作之一，现已成为“现代课程论的经典著作，是试图理解这个领域的后继著作的人的必读书”②。

在《课程与教学的基本原理》一书中，泰勒提出，从事课程编制活动时必须回答四个基本问题：

第一，学校应该达到哪些教育目标？

第二，提供哪些教育经验才能实现这些教育目标？

第三，怎样才能有效地组织这些教育经验？

第四，怎样才能确定这些目标正在得到实现？

这四个基本问题构成了现代课程领域最有影响的理论框架，被誉为“课程原理”或“泰勒原理”。泰勒并没有对这四个问题的具体答案作出直接回答，而是探讨研究或解决这些问题的方法与程序，即确定教育目标、选择学习经验、组织学习经验、评价学习效果。

1. 确定教育目标

泰勒认为，确定学校的教育目标需要依赖三个方面的信息：对学习者的研究；对当代校外生活的研究；学科专家的建议。在教育目标的这三个来源中，“任何单一的信息来源，都不足以为明智而又全面地选择学校目标提供基础”③。通过以上三个来源所获得的教育目标较多且可能相互冲突，但是由于学校的教育时间、资源有限，就必须把精力放在极少数的重要目标上。泰勒提出采用两个“筛子”来获得这样的目标：一是教育和社会的哲学；二是学习心理学。在获得这些重要的教育目标以后，还需要“用有助于选择学习经验和指

①③ ［美］泰勒著，施良方译：《课程与教学的基本原理》，人民教育出版社1994年版，第2、3页。

② Walker, D. F. & Soltis, J. F. *Curriculum and Aims*. New York: Teacher College Press, 1986, p. 116.

导教学的方式陈述教育目标”①。

2. 选择学习经验

教育目标仅仅是教育期望达到的结果，而要达到这样的目标，还必须通过学生的学习来达成。他认为，“学习是通过学习者所具有的经验而发生的；就是说，学习是通过学习者对他所处的环境作出反应而产生的”②，因此，就需要考虑提供哪些特定的教育经验来使学习者产生能够达到教育目标的学习。为了选择这样的学习经验，泰勒提出了五条原则：①为了达成某一目标，学生必须具有使他有机会实践这个目标所隐含的那种行为的经验；②学习经验必须使学生由于实践教育目标所隐含的那种行为而获得满足感；③学习经验所期望的反应，是在有关学生力所能及的范围之内的；④有许多特定的经验可用来达到同样的教育目标；⑤同样的学习经验往往会产生几种结果③。他强调学习经验要有助于培养思维技能、获得信息、形成社会态度和培养兴趣等。

3. 组织学习经验

泰勒认为，在获得学习经验之后，需要把它们组织成为单元、学程和教学计划的程序，以便使学习经验产生累积性效果。为此，他提出了组织学习经验的三个原则：①连续性，注重直线式地呈现主要的课程要素；②顺序性，注重把后继经验建立在前面经验的基础之上，同时又对其做更加深入而广泛的探讨；③整合性，注重学生通过学习经验的学习获得一种统一的观点，并把行为与学习的课程要素统一起来④。此外，泰勒还对学校课程组织的结构进行了分析，提出了四种组织结构，即具体的学科、广域课程、核心课程和完全未经分化的结构⑤。

4. 评价学习经验的有效性

泰勒认为，评价的目的在于全面检查已经形成或组织的学习经验到底产生了多少预期结果，并对已有教育计划的优缺点进行鉴别。评价除了可采用笔试法以外，还可以采用问卷、观察、交谈、样品收集等方法进行。泰勒把评价的程序大致分为五个步骤：①清楚而明确地界定教育的行为目标；②找出使学生

---

①②③④⑤ ［美］泰勒著，施良方译：《课程与教学的基本原理》，人民教育出版社 1994 年版，第 34、49、51—53、67—69、78—79 页。

有机会表现教育目标所昭示的行为的情境；③检查现成的评价手段，以便了解这些评价手段能达到预期评价目标的程度；④根据检查结果来修改或自行编制评价手段；⑤使用评价手段，以获得概括的或评价的结果，并根据评价结果来修改和完善课程与教学计划所要遵循的程序等[①]。

总体来看，泰勒的“课程原理”是理论性的，它既是对20世纪以来美国课程研究最为精练的理论概括，也是对博比特等人的课程思想以及“八年研究”成果的综合和发展，因而被看做“课程研究的范式”[②]。该范式对课程领域影响深远。正如有人指出的那样，“泰勒原理”已经对整个世界的课程专家产生了影响，不管人们是否赞同，也不管人们持什么样的哲学观点，如果不探讨泰勒提出的四个基本问题，就不可能全面地探讨课程问题。可以说，1949—1962年，所有课程方面的著作都在隐含地或外显地探讨这四个问题[③]。又有人说：“1960—1969年的大多数作者认为，课程编制过程中要回答的主要问题，就是泰勒在1949年提出的那些问题……课程的一般理论和概念体系在这些年中没有什么进展。”[④] 坦纳夫妇甚至认为，它“至今还在课程学者中被广为讨论，并占据课程领域的中心地位”[⑤]。

（二）“泰勒原理”的补充与发展

1949—1970年，课程论发展的一个重要特征是：许多课程学者致力于“泰勒原理”的补充和发展，并展开了关于课程理论的探讨。

基于泰勒提出的四个问题，在教育目标方面取得最大成绩的研究要数美国著名心理学家布卢姆及其同事所进行的教育目标分类学研究。他们把教育目标划分为三个主要领域，即认知领域、情感领域和动作技能领域，然后按照从简

---

① ［美］泰勒著，施良方译：《课程与教学的基本原理》，人民教育出版社1994年版，第89—96页。

② Mizel，H. E.（ed.）. *Encyclopedia of Education Research*. （5th ed.）. 1982，p. 423；Tanner，D. & Tanner，L. N. *Curriculum Development*：*Theory into Practice*. New York：Macmillan，1980，p. 90.

③ Husen，T. et al.（eds.）. *The International Encyclopedia of Education*. Vol. 2. Oxford：Pergamon，1985，p. 1142.

④ Goodlad，J. I. Curriculum：State of the Field. *Review of Educational Research*，Vol. 39，No. 3，1969，pp. 367-375.

⑤ Tanner，D. & Tanner，L. N. *Curriculum Development*：*Theory into Practice*. *New York*：Macmillan，1980，p. 84.

单到复杂的关系将各个领域分成若干个层次或亚领域，并采用学生的外显行为来陈述目标。

在学习经验的选择和学习经验的组织上，著名学者塔巴做了大量富有成果的研究。她在1962年出版的《课程编制理论与实践》一书中，把学习内容和学习经验加以区分，并将泰勒的课程编制过程扩展为七个阶段：①对需要进行调查分析；②确定目标；③选择内容；④组织内容；⑤选择学习经验；⑥组织学习经验；⑦建立评价标准并进行评价。

关于教育评价问题的研究，已发展成为一门新兴的学科——教育评价学。目前这个领域取得了不少成绩。课程评价是这门学科的重要组成部分，泰勒的学生克隆巴赫在此方面作出了重要贡献。

此外，泰勒的学生施瓦布、比彻姆、古德莱德等人，对泰勒理论的丰富、发展和完善也作出了贡献。

在这一时期，探讨课程理论的论文和著作逐渐增多。首次在书中使用“课程理论”这个术语的学者是比彻姆，他在1961年出版了《课程理论》一书，到1981年该书已出了四版。该书试图对课程理论的地位和范围进行有条理的说明，以发展一门科学的课程理论。自20世纪50年代尤其是60年代以来，对课程理论的探讨十分活跃。例如，伊丽莎白·马西亚斯（Elizabeth Maccias）和乔治·马西亚斯（George Maccias）认为，课程理论可分为四种类型：形式理论、事件理论、评价理论和人类行为学理论①。其中，形式理论应集中在课程内容的结构问题上，事件理论与教学理论紧密联系，评价理论涉及当前什么教学内容最有价值的问题，而人类行为学理论则是为了达到某种目的而对各种适当的手段进行推测。此外，像约翰逊（M. Johnson）、麦克唐纳（J. B. Macdonald）和威尔逊（L. C. Wilson）等人，也都进行了有关课程理论的探讨。

总体上讲，这些探讨循着泰勒开创的“理论性”建设路线前进着，并努力使课程研究更加抽象化，以提高理论概括的深度。然而，这些研究所获得的理

---

① Ornstein, A. C. & Hunkins, F. P. *Curriculum: Foundations, Principles and Issues*. Pearson Education Inc., 1988, p. 286.

论成果比较有限，而且这些有限的理论成果也仅仅是皮毛而已。这些理论化、抽象化的探讨日益走上“神秘化”，使课程理论严重地脱离了实际，从而招致了许多批评。

四、课程论学科化研究的繁荣

进入20世纪70年代，泰勒的“课程原理”一统天下的局面开始被打破，尽管以泰勒为代表的传统课程研究学派仍然保持着强劲的势力，但许多新的课程研究势力也日益形成，并开始与以泰勒为代表的传统学派竞相发展，课程论发展开始呈现多元化的态势。派纳（W. F. Pinar）曾对课程论在20世纪70年代以来的新特征进行了分析，认为：课程论从1918年至1969年主要是“课程开发”的时代，课程研究者主要把课程与教学的问题视为“如何”的问题，课程研究者是毫不犹豫地接受别人观点的、执行别人政策的、技术熟练的规划者；但从20世纪70年代开始，课程领域开始走向变革，它不再被“课程开发”所占有，而是被“课程理解”所占有，即课程领域不再把课程与教学问题视为“如何”的问题，而是视为“为什么”的问题①。综观20世纪70年代以来的课程发展，可以从以下一些方面来把握其发展脉络。

（一）课程领域的十年巨变

1970—1979年，“课程研究领域有400多部书在这个动荡的十年里出版了，而这个十年是巨变的、争论的和范式转变的十年”②。在这十年中，比较有影响的课程事件就是人本主义课程范式、实践课程范式以及概念重建课程范式的产生。

1. 人本主义课程范式

人本主义课程范式盛行于20世纪60年代末和70年代，其主要代表人物有福谢伊（A. W. Foshay）、范迪尼（M. Fantini）、温斯坦（G. Weinstein）、乔丹（D. Jordan）、西蒙（S. Simon）等。在这个时期，出现了诸多反映人本主义课程思想的课程文献。例如，美国课程开发和督导协会把1970年的《年

---

①② ［美］派纳等著，张华等译：《理解课程：历史与当代课程话语研究导论》，教育科学出版社2003年版，第5—6、180页。

鉴》取名为《养成人性》，呼吁教育是为了自我实现，其中福谢伊的《课程开发与人文素质》以及范迪尼与温斯坦的《走向人本主义教育：情感课程》集中体现了人本主义的精神。此外，还有许多相关的课程文献体现了人本主义课程思想，例如，1971 年出版的詹宁斯（F. Jennings）编辑的《师范学院学报》，麦克林托克（R. McClintock）著的《美国的课程设计》，格林（M. Greene）著的《课程与意识》，费尼克斯（P. H. Phenix）著的《超越与课程》，肖恩（H. G. Shane）在 1977 年著的《课程变革：走向 21 世纪》，弗赖米尔（J. R. Frymier）在 1973 年编写的《明天的学校》，古德莱德在 1975 年出版的《教学变革的动力：走向反应性学校》等①。在 20 世纪 70 年代，课程领域反映人本主义思想的课程文献层出不穷，这里不再一一列举。

人本主义课程理论的心理学基础是"第三势力"心理学，又称为"人本主义心理学"。这个包罗极广的学派包括新弗洛伊德（S. Freud）主义和后弗洛伊德主义、哥尔德斯坦（K. Goldstein）的机体心理学、格式塔心理学、人格心理学、自我心理学、现象学心理学、存在主义心理学，以及人本主义心理学等②。该心理学理论主要盛行于美国 20 世纪 60—70 年代，后来影响了全世界。人本主义心理学注重个人的主观体念，强调人的主体性与自我实现，重视人的价值与尊严，其主要代表有马斯洛（A. H. Maslow）和罗杰斯等。人本主义课程理论的哲学基础主要是非理性的人本主义尤其是存在主义哲学思想，其课程哲学强调"事实与价值的融合"，认为"事实具有价值性"和"价值具有事实性"，因而在教育认识中主张把事实认识与价值认识进行整合；强调教育目的在于通过知识的教学达到个性自由与人性解放；其课程主要采用"融合课程"、"意识课程"和"自我导向课程"等形式③。

从人本主义课程范式的理论倾向来看，它力图消解课程研究中的二元论思维方式，采取整合的思维方式来思考课程问题。其提出的重要主张包括：一是强调培养完整的人、个性解放的人或自我实现的人的课程目标；二是注重人的

① ［美］派纳等著，张华等译：《理解课程：历史与当代课程话语研究导论》，教育科学出版社 2003 年版，第 183—186 页。

② ［美］马斯洛著，李文湉译：《存在心理学探索》，云南人民出版社 1987 年版，第 13—14 页。

③ 张华等著：《课程流派研究》，山东教育出版社 2000 年版，第 148—183 页。

认知发展、情意发展、社会性发展和自我发展的统一；三是提倡并行课程、情意课程和体验课程等；四是注重“适切的”课程内容和综合化的课程组织；五是重视学习者掌握学习方法，从而进行意义学习或自主学习等。人本主义课程范式在一定程度上发展和补充了“泰勒原理”，为人们思考课程问题提供了新的思路。

2. 实践课程范式

20世纪70年代，美国著名课程论专家施瓦布进行的研究在课程领域产生了重要影响。施瓦布曾与布鲁纳一起领导了五六十年代的“学科结构运动”，这次运动以失败而告终，施瓦布对课程领域进行了深刻反思，并在1969年美国教育研究学会年会上宣读了撰写的论文《实践：课程的语言》，该文于1970年公开发表。1971年，施瓦布又发表了《实践：折中的艺术》；1973年，施瓦布又发表了《实践：课程的转化》；之后，施瓦布还于1983年发表了《实践：课程教授要做的事情》。施瓦布的“实践”论文的思想被认为是课程领域研究范式的转换。施瓦布认为，传统的课程探究是理论的，如果仅仅按照这种课程方法和原理进行研究，仅仅把注意力放在对课程领域的理论追求上，课程领域对美国教育质量就不会作出新的贡献，因而他主张课程领域向其他三种传统的运作方式转向，即走向实践的方式、准实践的方式和折中的方式[①]。他首先区分了实践与理论，然后诊断了当时课程领域存在的原理危机：①逃避自己研究领域本身；②上浮，即对课程领域主要进行元理论或元元理论的研究；③下沉，即回到原始状态，对课堂层次上的课程进行研究，避免先验经验；④旁观，即仅仅对课程领域进行评论、批判或描述其历史等；⑤老调重弹，即重提前人的研究；⑥为争论而争论[②]。施瓦布在对传统的课程探讨方式及其理论进行批判以后，也提出了实践的课程的探讨方法——课程审议。

施瓦布认为，要还原在理论概括时所丢失的实践问题的特殊性，要使运用的理论具有协调或一致性，以及要克服单个理论的局限性，其方法相当复杂，

---

① Schwab, J. *The Practical: A Language for Curriculum*. Washington, D.C.: National Education Association, 1969, p. 2.

② 施良方著：《课程理论——课程的基础、原理与问题》，教育科学出版社1996年版，第195—196页。

而且这些复杂方法的运用还需要根据当时的具体情况再行修正和调整，因而他把这些方法称为艺术①。施瓦布在他的系列性“实践”论文中提出了进行课程审议的三种艺术。①实践的艺术，主要涉及观察艺术、问题形成艺术和问题解决艺术，它们主要针对个体感知的个别的、具体的、特定的、整体的情境而言。观察的艺术有利于发现考察的对象存在的问题；问题形成艺术在前一阶段的基础上进一步诊断问题，并表述出来；问题解决艺术在于形成可供选择的问题解决方案，并进行选择和采取行动②。②准实践的艺术，这是实践的艺术的延伸。常见的情境总是由多个相互关联的、多样的个别情境构成的准实践，其问题的界定比较灵活而广泛，且表达具有流动性，因而除了运用实践的艺术以外，还需要在决策过程中允许多方代表的参与以获取问题的解决方案等③。③折中的艺术，重在为课程决定提供辩护，尽管其没有固定的模式可循，但都需要对影响课程决定的每种理论进行分析，然后进行比较和综合等，使各种可供选择的理论形成一种统整的理论。此外，施瓦布还提出了课程审议的内容，即教师、学生、教材和环境及其这四者之间的相互作用关系。

从实践课程范式的理论倾向来看，有两个方面值得关注。首先，在课程哲学观方面：它把“实践兴趣”作为课程的终极目的；把教师和学生看做意义的创生者；把过程与结果、手段和目的看做一个连续的过程；倡导课程行动研究。其次，在具体的课程主张方面：它强调通过教师、学生、教材和环境的相互作用来生成“实践的课程”；注重课程研究、课程开发和课程评价的整合性；倡导通过集体的“课程审议”来开发学校或班级本位的“实践的课程”。这种实践的课程范式在一定程度上超越了“泰勒原理”，对泰勒原理具有重要的补充和发展价值。

3. 概念重建课程范式

课程领域的概念重建运动是以对泰勒学派的批判为起点的。20 世纪 70 年代，美国社会和文化发生着巨大变化，传统课程开发范式非历史、非政治的“技术理性”路线，使其概念和工具都不能反映美国社会和文化的变化，违背

①② Schwab, J. The Practical: Arts of Eclectic. *School Review*, No. 79, 1971.

③ 施良方著：《课程理论——课程的基础、原理与问题》，教育科学出版社 1996 年版，第 202—203 页。

了课程实践是一种价值实践的本质。在1970年，美国课程开发督导协会召开了旧金山会议，整个大会都关注课程领域的概念和工具对正在变化着的美国社会和文化的反应，其批判者指责“泰勒原理”所代表的传统课程研究方式及其理论依据是行为主义的、机械的，把学校视为工厂，把学生等同于产品，行为目标的分类模式更强化了课程设置和教材编写的技术性，把课程研究引向了歧途。随着这种批判的深入，一些学者开始了课程领域的概念重建，他们抛弃了“技术理性”的观点，致力于探讨制约课程的社会背景，如政治、历史和价值观念，反对非政治、非历史的技术观点，把课程编制看做更加开放和自由的过程，并受政治等意识形态的制约。

1975年，由麦克唐纳等人合编的年鉴《学校在寻找意义》收录了概念重建主义者许布纳（D. Huebner）、阿普尔（M. W. Apple）、曼（J. Mann）、麦克唐纳等的论文，集中反映了课程领域对政治和社会经济文化的关注①。同年，派纳编辑出版了《课程理论化：概念重建主义者》一书，提出了课程领域的三种研究势力②。第一种研究势力是以泰勒为代表的传统主义者，所建立的课程风格专注于课程开发、设计、实施和评价的具体任务，仅仅关注“怎样做”的问题，“它们想要指导实践者”或“被用做学校工作人员的指南”。第二种研究势力是“概念—经验主义者”，所建立的课程风格在于像其他社会和行为科学的研究那样来考察课程领域，专注于经验性的“现象”和对行为的描述与控制。第三种势力是概念重建主义者，其所进行的课程研究不是要指导实践者，而是期望透过人文科学（如历史、哲学和文学批评等）来理解课程，从而建立起历史的、哲学的和文学的主导模式。1979年，在派纳等人的努力下，创建了《课程理论化杂志》，该杂志成为课程领域概念重建主义者的主要理论阵营。

在20世纪70年代，概念重建主义者的主要任务在于对传统的课程范式进行批判，从第二个十年开始，其主要任务在于完善自身的方法论及理论框架。但从总体上来看，概念重建主义者打破了传统的课程开发的主导范式，致力于

① 麦克唐纳最早使用“reconceptualization”即“概念重建”一词，后来被具有相同志趣的学者认同。

② Pinar, W. F. *Curriculum Theorizing: The Reconceptualists*. Berkeley: McCutchan, 1975, pp. 11-12.

运用现象学、政治学、神学、社会学等学科方法或思维方式来考察课程现象。

（二）当代课程话语：多元的课程文本

20 世纪 70 年代是课程领域研究范式的一个重要转折点，被视为“反文化”的时代。在这个十年里，课程领域所发生的思想巨变，为从 80 年代至今的课程领域多元化发展奠定了基础。综观 20 世纪 80 年代以来的课程领域，其可以被看做对 70 年代课程领域变化的延伸、完善或“注释”。

从 20 世纪 80 年代开始，课程研究者继续沿着 70 年代所打开的课程研究局面，从不同的视角出发，根据特定的理论基础或旨趣对课程领域的各种属性进行了探讨，并发展了各种各样的独立性课程理论体系，其可谓是课程领域的“百家争鸣”、“百花齐放”的时代，也是课程领域的“无政府主义”时代。美国课程论专家派纳对当代课程领域的这种多元化特征进行了分析和梳理，并从“文本”的视角来解读当代的课程研究文献。在他的名著《理解课程：历史与当代课程话语研究导论》[①] 中，把 1980 年以来的课程研究文献归结为 10 种文本：①从政治学的主导模式出发把课程理解为“政治文本”；②从文化学的主导模式出发把课程理解为“种族文本”；③从女性主义的主导模式出发把课程理解为“性别文本”；④从现象学的主导模式出发把课程理解为“现象学文本”；⑤从后结构主义、解构主义或后现代主义的主导模式出发把课程理解为“后结构主义的、解构的、后现代的文本”；⑥从自传或传记的主导模式出发把课程理解为“自传或传记文本”；⑦从美学的主导模式出发把课程理解为“美学文本”；⑧从宗教神学的主导模式出发把课程理解为“神学文本”；⑨从制度或政策学的主导模式出发把课程理解为“制度文本”；⑩从着眼于全球的国际比较视野出发把课程理解为“国际文本”[②]。

当代课程话语的多元化发展在一定程度上丰富了人们思考课程问题的视角，使课程实践的多种属性成为研究者关注的对象；同时，这些具有不同理论

---

① 该书由派纳等人所著，被誉为课程理论的“圣经”，是继泰勒《课程与教学的基本原理》之后课程领域最重要的教科书。该书系统论述了 1828—1994 年课程领域所发生的变化，重点分析了 1970 年以后课程领域出现的政治课程理论、种族课程理论、后现代课程理论、自传性课程理论、美学课程理论、神学课程理论、制度课程理论和国际课程理论。

② ［美］派纳等著，张华等译：《理解课程：历史与当代课程话语研究导论》，教育科学出版社 2003 年版，第 237—886 页。

旨趣的课程探讨也为未来的课程研究提供了智慧启迪，为更加全面地把握课程提供了丰富的材料。但是，多元的课程话语也把课程理论与实践带入了新的困境。一方面，这种运用不同学科的思维方式来考察课程问题使得课程领域逐渐失去了自己的学科视角、分析课程问题的独特方法和衡量课程理论的共同标准，课程领域的独特身份和立场受到威胁。另一方面，解决同一课程问题的不同理论话语也使得课程实践者在具体的行动中无所适从，面临艰难的取舍和抉择，从而消减了课程实践者主动采用课程理论的动力。

此外，在认识到课程理论话语走向多元化的同时，还需要注意到，尽管当代课程领域对“泰勒原理”形成的传统课程研究范式进行了批判，并构建了上述形形色色的课程理论，但由“泰勒原理”所形成的课程研究范式始终是课程领域的重要力量，并不断地获得发展和完善。到目前为止，所有这些课程理论与实践在发展中已共同呈现出新的走向，即它们之间逐渐地走向求同存异、互补发展，力图对课程领域作出更加全面而综合的考察。课程领域发展的未来走向也正好表明：课程本身是具有各种属性、涉及诸多方面的复杂综合体，这些属性或方面之间通过相互影响或作用共同决定着课程的真实状态。因此，仅仅从某个视角或方面出发来试图对课程进行真实的考察似乎并不可能，必须整体地、整合地、全方位地考察课程的各种属性或方面，并关注这些属性或方面之间的相互作用和联系。

第二节　课程论的对象

“课程论的对象是什么”是课程领域至关重要的问题，它是课程论作为独立研究领域的重要基础。要合理地回答课程论的对象问题，就必须首先明确认识课程论对象的方法，然后再基于此种方法对课程论的对象作出考察。

一、认识课程论对象的方法

在如何确定学科对象的各种观点中，社会学家英格尔斯（A. Inkeles）提出的方法对思考课程论的对象问题具有启发意义。他认为，可以从三种途径来确定学科的对象：一是历史的途径，即通过分析某门学科的经典著作来看该学科作为一门知识最关心或感兴趣的是什么，也就是关注创始人说了些什么；二是经验主义的途径，即通过分析该学科的当代著作来看这门学科最关心的是些什么问题，也就是关注该学科的当代学者正在做些什么；三是分析的途径，即将一个大的论题划分为相对较小的论题，并将这些相对较小的论题分别划归为不同的学科，也就是关注理性的指示是什么①。在这里，要为课程研究领域确定合理的对象或为其研究划定合理的范畴，也需要综合运用上述历史的、经验主义的和分析的方法，尽管这三种方法各有不足，但都有其可取之处，可以相互为用。

我国在课程论的对象问题上的已有认识，如现象说、规律说和问题说，它们主要通过学科间的观点“借鉴”而获得，似乎在运用历史的途径、经验主义的途径和分析的途径方面还不够充分，这是值得我国课程研究者进行反思的重要问题。其实，课程论学科化发展至今，已经形成相对独立的、专业化的和相对成熟的学科领域，也产生了一些经典著作和涌现出了丰富的专业文献。因此，要考察本学科的对象，也可以从本学科的文献资料或研究现象入手，综合运用历史的、经验主义的和分析的途径来进行。此外，在国外学者的课程研究中，从课程领域的文献资料或研究现象出发来确定本学科对象的学者不乏其例，如泰勒、费尼克斯、泰科西纳尔、比彻姆等，这些学者都在不同程度上使用了前面提到的三种方式。在国外诸多学者对课程论的对象的认识中，古德莱德的观点更加着眼于课程论的研究现象或史料，他在具体考察课程研究领域的已有史料和研究进展的基础上，在 1979 年就提出了课程研究领域存在的三种现象：第一是实质性的；第二是政治一社会方面的；第三是技术专业性的②。古德莱德列出的课程研究领域既有形而上的问题，也有形而中和形而下的问题，这为课程研究领域全面地、实事求是地、系统地考察本学科的对象提供了范例。

---

① ［美］英格尔斯著，陈观胜等译：《社会学是什么——对这门学科和职业的介绍》，中国社会科学出版社 1981 年版，第 1—2 页。

② 参见江山野主编译：《简明国际教育百科全书·课程》，教育科学出版社 1991 年版，第 61 页。

二、课程论对象的系统考察

从课程领域的研究史料或研究现象来看，课程论学科的形成与发展是一个历史的过程。课程论的对象是在课程论的发展过程中逐渐明晰和建构起来的，因而它不是先在的，而是生成的；不是封闭的，而是开放的；不是固定的，而是发展的；不是平面的，而是立体的；不是静态的，而是动态的。在认识课程论对象的特征的基础上，结合对课程论的发展历史、现状与趋势所进行的考察，然后基于理性的分析，我们可以把课程论的对象看做主要由以下三个部分有机地组成：一是课程与外部的社会系统和条件之间的内在联系；二是课程内部诸要素及其要素间的内在联系；三是课程运作过程中各具体因素及其各因素间的内在联系。这三个方面所涉及的具体事务及其联系共同构成了课程论完整的研究对象。为了更加形象地把握课程论对象的全面图景，这里借助系统模式图对课程论对象的一些主要内容加以概括和说明，如图 0-1 所示。

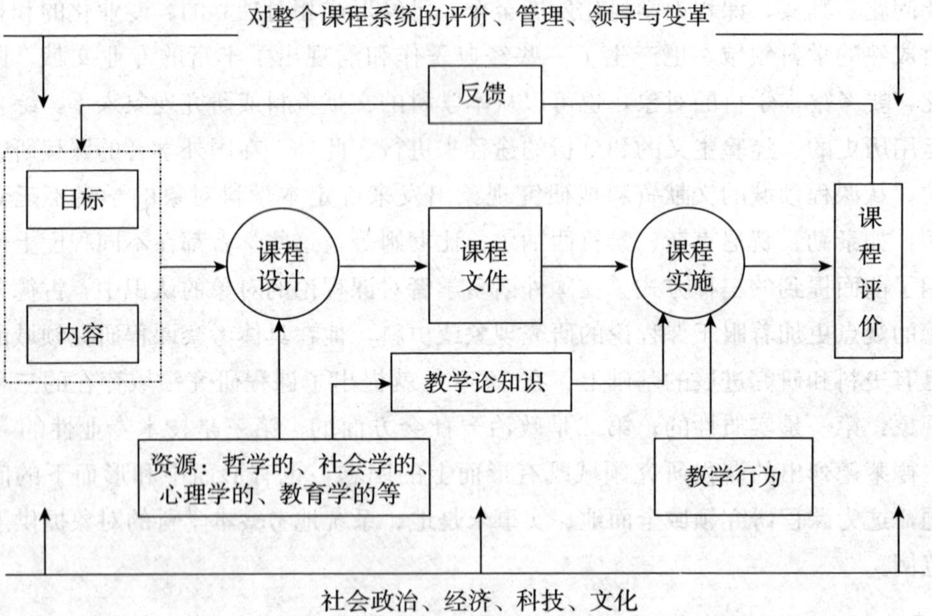

图 0-1　课程论研究对象的系统模式

详细地讲，这种课程论对象的生成经历了如下三个发展阶段。

第一个阶段是潜在的、可能的或自在的阶段。课程论对象的这个阶段主要表现为一系列的课程现象或自然发生的课程行为系统，不管研究者是否认识到它，它都客观地存在着，并自然地展开变化，它是一种活生生的、发展着的课程行为系统（或客体）。作为课程论对象的潜在阶段，它未被人为地分割，且自在地、进化地存在着，它具有整体性、生动性、复杂性、开放性等特征，不断地为课程研究领域提供研究源泉。

第二个阶段是实在的、现实的或自为的阶段。课程论对象的这个阶段主要表现为被课程研究者意识到的课程行为系统，它被研究者进行选择性观察或感知，并在研究者大脑中形成主观认识，因而主要是一些观念层面的课程现象。在这一阶段，课程内部被人为地分析为课程目标、课程内容、课程设计、课程实施、课程评价、课程运作中的反馈与评价、课程管理与领导、课程变革等子系统，并建构起相互作用的逻辑；它的外在关系被人为地分析为课程与政治、课程与经济、课程与文化、课程与科技等范畴，并构建起相互作用的逻辑。课程论对象的这个阶段具有片面性、静态性、简约性、相对封闭性等特征。

第三个阶段是反思的、主观的或质疑的阶段。课程论对象的这个阶段主要表现为被课程研究者追问，并以问题或命题的形式予以描述的观念系统。课程论对象的这个状态主要产生于人们在前一阶段的基础上所进行的反省性思维与实践，表现为研究者对课程内容诸要素，如课程目标、课程内容、课程设计、课程文件、课程实施、课程评价等，以及对这些要素之间的联系进行的质疑或反思；对课程运作过程中各具体因素，如课程内容诸要素、教学行为和课程运作中的反馈、评价、管理、领导与变革及其资源等，以及各具体因素之间的关系进行的质疑或反思；对课程与政治、课程与经济、课程与文化、课程与科技等的关系进行的质疑或反思。课程论对象的这个阶段主要以课程问题的形式而存在，这些问题按照其性质可以分为形而上、形而中和形而下的问题。

以上三个阶段实际上描绘了外在于课程研究者的课程客体因素，或未被课程研究者意识到的课程客体因素转化为课程论的对象的过程。课程论的对象实际上总是通过以上三个阶段在不断地发展着和变化着。因此，不能片面地强调其中的某个阶段，或仅仅将某个阶段作为课程论的对象。例如，仅仅就上述课程论对象的第一个阶段来讲，由于没有与课程研究主体发生联系，因而没有成为课程研究者的思维对象，其就不能称为课程论的对象；仅仅就上述课程论对象的第二个阶段来讲，它尽管与课程研究者发生了联系，但没有成为研究者的反思对象，因而也不能称为课程论的对象；仅仅就上述课程论对象的第三个阶段来讲，它尽管成了主体的反思对象，但如果没有前两个阶段，就无法理解课程问题的来源与真实性，甚至无法理解课程问题的发展与变迁，因而同样不能称为课程论的对象。所以，要全面地认识课程论的对象，必须既要理解课程论在纵向层面上的组成部分，同时又要理解这些组成部分的发生、发展过程。

第三节　课程论的地位

任何一门学科要想得到发展，必须首先确立独立的地位，课程论的发展也不例外。尽管课程论作为独立学科的地位在其学科化进程中已充分地显现出来，但在课程研究与实践中，课程论的学科地位问题仍然存在诸多争议。除课程论属于教育学的下位学科且自身也存在下位学科已达成基本共识之外，争议的焦点主要集中在课程论与教学论的关系上。因此，要为课程论进行定位或明晰课程论的地位，其关键问题之一就是要弄清课程论与教学论的关系。

一、课程论与教学论关系的多元话语

在课程与教学研究史上，对于课程论与教学论的关系已提出了诸多看法，可以把这些不同的看法划归为三种类型：独立观、包含观和整合观。

（一）课程论与教学论的独立观

有学者认为，课程论与教学论是两门相互独立的教育学科，都是教育学的下位分支学科，它们各有特定的研究对象和特点，需要分别进行深入研究①。这种观点认为，尽管课程论与教学论不是完全地彼此孤立的，它们之间也存在着联系，然而，它们之间的联系绝不是简单的重复，而是有着不同的着眼点。持课程论与教学论相互独立的观点的学者主要有布鲁纳（J. S. Bruner）、麦克

① 陈侠：《课程论的学科位置和它同教学论的关系》，载《课程·教材·教法》1987年第3期。

唐纳、塞勒（J. Saylor）、比彻姆等。例如，布鲁纳和麦克唐纳就认为，课程与教学是两个并列的、具有同等重要性的教育领域，尽管这二者有时候结合在一起，但它们主要还是具有各自的特点和独立性；而比彻姆就更加鲜明地指出，课程论与教学论是教育学的两个并立的下位学科①。

（二）**课程论与教学论的包含观**

有些学者认为，课程论应当包括教学论，教学论是课程论的一个重要组成部分，这种观点又被称为“大课程论”。美国的塔巴、布劳迪（H. Broudy）、蔡斯等著名的课程专家就持这种观点。他们认为，课程是一个广泛的概念，是学校教育中的一个大体系，而教学则是一个特殊的现象或子系统，远没有课程那样重要，它常常作为一个复杂多变的因素在不同的时间或地点介入课程连续体之中，因此，课程论绝不能忽视教学问题，否则，无益于课程实践②。在“大课程论”中，课程实施活动实际上也就是教学，因而教学论探讨的主体问题其实成了课程论研究的重要内容之一。

还有一些学者认为，教学论应包含课程论，课程论是教学论的一个重要组成部分，这种观点又被称为“大教学论”，它沿袭了夸美纽斯、赫尔巴特和凯洛夫等教育学者所构建的教学论体系和研究传统。长期以来，我国就把课程论作为教学论的一个组成部分，用“教学内容”来介绍国家统一颁布的教学计划、教学大纲和教科书，这主要是新中国建立初期学习苏联教育学的结果。但是，随着欧美教育理论在我国的传播和影响，这种情况已经得到改变。

（三）**课程论与教学论的整合观**

这种观点认为，课程论与教学论密不可分，不能孤立地存在，必须把它们综合起来进行整体研究；课程论与教学论无主次之分，具有同等的重要性，它们是一个问题的两个侧面，是根本不能分割的。像泰勒、坦纳夫妇等人就持这种观点。泰勒的名著《课程与教学的基本原理》这一书名本身就足以表明他的观点。坦纳夫妇断言，把课程与教学看成是相互孤立的要素，不仅是不可能

---

① ［美］比彻姆著，黄明皖等译：《课程理论》，人民教育出版社 1989 年版，第 3 页。

② Ornstein，A. C. & Hunkis，F. P. *Curriculum*：*Foundations*，*Principles and Issues*. Pearson Education Inc.，1988. p. 18.

的，而且也会误入歧途，因为课程与教学之间的分裂状态在学校或课堂教学实践中必然被打破，所以，应该把课程与教学综合成一个问题而不是把它们分成彼此孤立的问题进行研究①。此外，一些学者的教育理论也明显地强调了课程论与教学论需要进行整合的观点，认为课程（论）与教学（论）的分离及其在关系问题上存在的诸多争论，其认识论根源是现代教育中的二元论思维方式。而早在20世纪初，杜威在消解其二元论思维方式的同时，就根据其实用主义认识论的“连续性”原则为课程与教学的整合作出了实际的努力。在20世纪八九十年代，诸多学者的课程观与教学观更加模糊了课程论与教学论之间的界限，美国学者韦迪（R. Weade）甚至提出了新的术语“课程—教学”以突出课程与教学的整合理念②。

二、课程论与教学论之间的辩证关系

尽管在中外教育史上，关于课程论与教学论之间的关系存在着争议，并涌现出多元的观点，但总体看来，每个观点的提出者在其立场上似乎都具有一定的合理性，因此，我们不能简单、武断地否定任何一种观点。但是，在现实的课程研究与实践中，需要适切地处理好课程论与教学论的关系，要做到这一点，就需要对多元观点之间存在分歧的本质进行分析，然后再从课程研究与实践的旨趣出发，来明晰课程论与教学论之间的关系。

（一）已有观点存在分歧的实质

不同的课程论与教学论关系观存在分歧的实质在于它们各自所站的立场或视角的不同。因此，要理解课程论与教学论关系的各种主张及其争议，其关键在于弄清不同观点在看待课程论与教学论的关系时所处的立场或视角。

首先，从以下三种立场出发来看课程论与教学论的关系，其“独立观”具有相对的合理性：一是它们具有各自独立或自成一体的话语体系；二是它们同属于教育学的下位学科，是一种平行关系，而平行学科的划分不应该相互交叉；三是它们各有其相对独立的学科发展史，拥有自己的代表作、专业组织、

① Tanner，D. & Tanner，L. N. *Curriculum Development*：*Theory into Practice*. 1980，New York：Macmillan，pp. 30-32.

② 张华著：《课程与教学论》，上海教育出版社2000年版，第75—89页。

专家、标志性事件等。

其次，从以下两种立场出发来看课程论与教学论的关系，其“包含观”具有相对的合理性：一是从它们现实的学科基本理论框架来看，都可以通过各自研究范畴的拓展，把对方的研究范畴纳入自己的学科体系，或用相应的话语体系从事对方的研究；二是从研究所涉及的重要教育事实来看，二者确实都谈到对方所研究的教育事实，但各自有所侧重和详略。

再次，从以下两种立场出发来看课程论与教学论的关系，其“整合观”也具有相对的合理性：一是从课程论与教学论所指向的课程与教学实践来看，课程与教学实践本身就是一个整体，教育实践在考虑课程因素时不得不考虑教学因素，反之亦然，因而课程理论与教学理论必须是整合的才是有效的；二是从课程论与教学论相互吸收对方的优势之后能够获得互补发展来看，理想的图景确实是课程论与教学论的整合发展。

由此看来，从不同的视角或立场出发，课程论与教学论确实呈现出不同的关系，而诸多争议的根源也就在于：从自己特有的立场或视角出发，来质疑由其他立场或视角产生的观点。从对这些多元观点的分析中所获得的重要教训就是：不能片面地主张某种观点而批驳或否定其他观点，而应该从实践者或研究者探讨理论问题或解决实践问题的实际需要出发，在尊重关系的多元性的基础上，谨慎地处理它们之间的关系。

（二）辩证地认识课程论与教学论的关系

学科地位问题关系到课程论与其他邻近学科的“划界”问题、课程研究者的身份问题、课程论的学科结构问题等。课程论在其学科化发展中只有明确了自己的学科地位，才能正确地处理好它与上位学科、平行学科以及下位学科之间的关系，合理地设置本学科的研究范畴与研究视角，有效地构建本学科的理论体系。事实上，在课程论与教学论的发展过程中，以下两种特征已经成为一种事实。

第一，课程论与教学论在学科化发展中既相互融合，而又非简单重叠。尽管课程论与教学论在学科化发展中不断地走向耦合，但彼此之间从来没有在理论建树上进行简单重合。要理解这一点，关键需要明确已有理论中的两种认识误区。一是在“大教学论”中把教学内容等同于“课程”。课程论中研究“课程”并非仅仅规定教学内容，它所涉及的范畴远远超越教学内容本身，“教学内容”更加接近课程论中的“课程内容”，而除此之外，课程论还研究课程的目标、组织、实施、评价、开发、管理与领导等范畴，而这些范畴都是围绕着“课程”这个逻辑起点来展开研究的。二是在“大课程论”中把“课程实施”等同于“教学”。教学论中研究“教学”并非仅仅研究如何实施规定的课程，它所涉及的范畴远远超越课程实施本身，它要研究教学的目标、过程、原则、方法、媒体、环境、评价、组织、审美与艺术等。

第二，课程论与教学论在学科化发展中既相互区别，而又非界限分明。从课程论与教学论的学科发展趋势来看，二者分别围绕着教育中的“课程”与“教学”事件，在各自的话语体系下追求不同的理论旨趣，这是课程论与教学论能够自成一体、相互区分的关键所在。但是，在课程论与教学论学科化过程中，它们开始呈现互补的发展趋势。课程论越来越重视教学过程中的课程事件，如生成课程、潜在课程等，从教学论的研究范畴中寻找课程论的话语地位越来越成为课程理论的重要生长点。同时，教学论也越来越重视课程领域中的教学事件，从课程论的研究范畴中寻找教学论的话语地位也越来越成为教学理论的重要生长点。课程论与教学论相互渗透、相互关照的趋势，使二者逐渐呈现出一体两面的关系，而非简单的包含或机械的整合关系。

总体上讲，从理论构架来看，课程论与教学论能够自成一体、相互渗透、开放发展；从研究地位来看，课程论与教学论能够并行研究、平等发展；从实践需要来看，课程论与教学论能够相辅相成、美其所美、各美其美。

【思考与练习】

1. 课程论在学科化过程中经历了哪些阶段？在每个阶段中发生了哪些重要的课程事件？

2. 通过对课程论学科化过程的了解，你认为课程论要成为一门独立学科需要具备哪些条件？

3. 在课程论的对象问题上，已经产生了哪些代表性观点？各种观点的依据是什么？

4. 结合自己对本章内容的理解，谈谈应该怎样考察课程论的对象？其考察的结论应该是什么？

5. 关于课程论与教学论的关系，每种观点的主要内容是什么？其合理性体现在什么地方？

6. 如何辩证地看待课程论与教学论的关系？

第一章　课程的意义

【启发与引导】

• 在我国，有关“课程”的论述在《诗经》中就已出现，为什么直到20世纪80年代末才成为人们关注的一个研究领域？

• 国内外有关课程的定义丰富多彩，为什么会形成不同角度的课程定义？你所认同的课程定义是什么？

• 作为教育的核心要素，课程具有什么样的内在价值和外在功能？

在教育领域中，课程是定义最繁多、含义最复杂的概念之一。要研究课程理论，理解课程实践，需要对课程自身的意义进行具体的分析。

第一节　课程的概念

课程究竟是什么？对这一问题的回答，既规定着课程研究的思维与取向，又是认识课程的出发点。在漫长的课程历史中，人们对课程的认识经历了一个不断发展的过程。

在我国，课程一词早有使用，《诗经·小雅·巧言》中有言："奕奕寝庙，君子作之。秩秩大猷，圣人莫之。"唐代孔颖达注解道："以教护课程，必君子监之，乃得依法制也。大道，治国礼法，圣人谋之，若周公之制礼乐也。"① 不过，这里的"课程"主要指的是要遵守的章程、法度，和现代的课程概念在意义上还相差甚远。之后，南宋的朱熹在《朱子全书·论学》中有"宽著期限，紧著课程"，"小立课程，大作工夫"的论述。这里的"课程"，其基本的含义即指功课及其进程，和现在的课程含义比较接近②。到了近代，由于班级授课制的施行，赫尔巴特学派"五段教学法"的引入，人们开始关注教学的程序及设计，更多地从学程的角度来理解课程。新中国成立之后，受苏联教育学的影响，课程一词在我国很少出现，一直到20世纪80年代末，受西方课程理论和我国课程改革的影响，课程研究开始成为我国日益关注的一个领域。

在西方教育史上，课程（curriculum）一词最早出现在英国教育家斯宾塞《什么知识最有价值?》(1859年）一文中，它是从拉丁语"currere"一词派生出来的，意为"跑道"。根据这个词源，最常见的课程定义是"学习的进程"(course of study)，有引导学生继续学习并达到预期培养目标的含义。这一解释出现在英国牛津字典、美国韦伯字典、国际教育字典等英文词典中，它们大都将课程定义为一门学程或者是学校提供的所有学程。

---

① 转引自张华著：《课程与教学论》，上海教育出版社2000年版，第66页。

② 参见张华：《课程与教学论》，上海教育出版社2000年版，第66页。

随着课程实践的丰富和课程理论研究的深入，不管是在我国还是在外国，有关课程的概念在不断发展，对课程的定义出现了五花八门的局面。根据美国学者 I. A. C. 鲁尔在其博士论文《课程含义的哲学探讨》（1973 年）中的统计，课程定义至少有 119 种之多[①]。美国的教育学者斯考特（R. D. V. Scotter）等人甚至说，课程是一个使用得最普遍的教育术语，也是一个定义最差的术语[②]。实际上，课程定义的繁多，一方面反映出人们对课程的定义还没有达成共识；另一方面也说明人们对课程的观察视角是丰富的，研究立场也是多样的。

一、已有的课程定义

课程定义丰富多彩，我们无法一一罗列，但大体上可以将国内外有关课程的定义归纳为以下几种。

（一）课程是学科和教材

把课程视为学科和教材是最为传统的定义，在历史上由来已久。例如，我国古代的课程有礼、乐、射、御、书、数，称之为“六艺”；欧洲中世纪的课程有文法、修辞、辩证法、算术、几何、音乐、天文学，称之为“七艺”。

所谓学科，是指根据教学目的而划分的教学内容的各个科目，教材则是各门学科的具体内容。在学科中心的教育观念指导下，课程被看成是学科的教材的综合，学生学习的全部学科被称为课程[③]。一些权威的教育辞书也沿用这样的定义，将课程定义为所有学科的总和，或指学生在教师指导下的各种活动的总和[④]。把课程看做“为实现学校教育目标而选择的教育内容的总和”[⑤]。

将课程视为学科和教材，强调受教育者掌握完整的科学知识体系。学校的课程也往往分科开设，整个课程体系是以相应学科的逻辑、结构为基础进行组

---

① ［美］比彻姆著，黄明皖译：《课程理论》，人民教育出版社 1989 年版，第 169 页。

② Scotter, R. D. V., et al. *Foundations of Education: Social Perspective*. Random House. Inc., 1979, p. 272.

③ 上海师范大学编写组：《教育学》，人民教育出版社 1979 年版，第 97 页。

④ 中国大百科全书《教育》编辑委员会编：《中国大百科全书·教育》，中国大百科全书出版社 1985 年版，第 207 页。

⑤ 教育大辞典编纂委员会编：《教育大辞典》（第一卷），上海教育出版社 1990 年版，第 257 页。

织的。课程内容追求逻辑的严密和体系的完整，注重学科自身的内在体系，从而使课程内容外在于学习者个人生活，并且经常是凌驾于学习者之上。学习者成为课程内容接受者的角色，学校和教师成为课程内容的说明者和解释者。

在我国，这种观点具有典型性和普遍性。长久以来，我国中小学以及其他各级各类学校在进行课程设置时，往往以学科设置为主，对课程内容的安排也强调逻辑的严密性和知识的完整性。

（二）课程是经验

这种观点是在批判和反思前一种观点的基础上形成的。将这种观点加以系统化、理论化并付诸实施的代表人物是美国的教育家杜威。杜威是自卢梭提出自然教育理论后又一位重视儿童、解放儿童的教育家，他十分重视儿童的价值。杜威明确提出教育过程的基本因素是身心发展还不成熟的儿童，儿童的不成熟性是他不断生长的条件。“儿童是起点，是中心，而且是目的。儿童的发展、儿童的生长，就是理想所在”，“决定学习的质和量的是儿童，而不是教材”①。因此，杜威反对把学校当做一个传授某些知识、学习某些课业或养成某些习惯的场所，强调教学必须“成为儿童生活经验的一部分”②。

正是从这个意义出发，杜威认为，课程的组织必须围绕着儿童的需要和经验，并通过这种课程使儿童能够自我发展，自由发挥自己的主动性和创造性的本能。他从其“教育即生长”的观点出发，提出教育的目的正是根据儿童的自然禀赋，通过组织某种适当的课程，使儿童这种与生俱来的能力得以生长。

为此，他进一步提出，课程设计要符合儿童的需要、本能和兴趣，“学校科目相互联系的真正中心不是科学，不是文学，不是历史，不是地理，而是儿童本身的社会活动”③。

将课程视为经验，认为只有个体亲身的经历才称得上是学习，外在的知识才能转化为学习者自身所有——经验。在这种观点支配下，课程概念强调和突出学习者作为主体的角色，以及在课程中的体验，课程不是外在于学习者，也不是凌驾于学习者之上，学习者本人就是课程的组织者和参与者。

①②③ ［美］杜威著，赵祥麟等译：《学校与社会·明日之学校》，人民教育出版社 2005 年版，第 114、7、9 页。

（三）课程是教学计划

将课程视为学科教材或者是儿童的经验都忽略了一个基本因素，那就是课程的技术路线，基于此，有研究者提出将课程定义为教学计划。所谓教学计划，不仅包括了组成课程体系的知识内容，还包括了课程内容的范围、序列和进程的安排，以及课程内容的教学方法和技术设计。

在西方，杜威的经验主义课程观受到推崇和大力发展，但也受到一些课程研究者的质疑，一些课程学者就试图寻找新的课程定义方式，以摆脱进步主义教育的阴影。例如，塔巴（Taba）极力反对进步主义的课程定义方式，认为它如此宽泛以致失去了作用，她建议把课程定义为“学习计划”①。美国课程论专家比彻姆也认为，课程是指有关学校教育计划的范围和安排的书面文件，它包括四个方面的内容：勾画应当教给学生的文化内容；陈述目的或特定的目标；说明课程设计的意图以及使用课程的方式；说明评价方案。

把课程定义为教学计划，看到了课程与教学之间的紧密联系，课程不但包含了静态的内容体系，还包含了课程内容实施的各个环节。

（四）课程是预期的学习结果或目标

美国课程专家约翰逊认为要把课程与教学进行区分，课程构成教学的指南，即课程必须看做被期待式的结果。他认为：“在个人与环境进行相互作用之前，根本不存在经验。显然，这种相互作用是教学的特征，而不是课程。由于课程构成教学的指南，课程就必须看做期待的，而不是报告式的。课程规定教学的结果，但并不规定其手段，即不规定那些为实现结果而加以利用的活动、材料，以至教学的内容。因此，课程只能是由预期的学习结果的构造系列所组成。”②

这一观点在北美课程理论中颇有影响，其代表人物博比特、加涅（R. M. Gagne）、波帕姆（W. J. Popham）等均认为，课程不应该是教学活动计划，而应该是教育者企图达成的一组教学目标或预期的教学成果，即要把课程重点由手段变为目的。这就要求在进行课程设计时，事先指定一套有结构、有序列

---

① Taba，H. *Curriculum Development*. New York：Harcourt，Brace & World，1962，p. 214.

② Johnson，M. Definitions and Models in Curriculum Theory. *Educational Theory*，April，1967，p. 130.

的教学目标或学习结果，所有教学活动都是为达到这些目标服务的。这些学者从行为主义心理学和科学管理原理出发，强调预测、控制和效率，把目标看成是课程当中的核心要素，强调目标和效率的重要性。

（五）课程是文化再生产

学校不仅是培养人的机构，而且是一个传递社会文化的场所。作为学校教育核心的课程，理应承担再生产社会文化的任务。课程设计者的任务，就是要选择社会文化中有价值的内容，以之组织课程。也就是说，课程是再生产社会文化的手段和工具。以斯基尔贝克（M. Skilbeck）和劳顿（D. Lawton）为代表的一批英国教育社会学家就是这一课程观的倡导者。他们主张通过分析社会公共文化来确定反映公共文化的课程形式及其编制方法，强调通过以学校为基础进行编制的公共课程传播公共文化，注重用文化分析的方法来说明课程与文化的关系，来解释课程的基本问题，把课程视为“再生产社会文化的手段和工具”①。

然而，也有研究者从另外一个侧面来阐述课程与社会的关系，巴西教育家弗莱雷（P. Freire）在《被压迫者的教育学》一书中指出，课程的使命不是要使学生适应或顺从社会文化，而是要刺激和发展他们的批判意识，要让学生通过参与课程规划和实施，克服对课程的依赖心态，摆脱外部束缚，成为积极主动和自由完满的人②。

（六）课程是教学内容及其进程

王策三在其《教学论稿》一书中指出：课程是教学内容和进程的总和，其中包括大纲和教材③。课程与教学计划两种称谓，可以并行不悖，互相补充。也就是说，教学计划是课程的总规划，教学大纲是具体学科的规划，教科书是具体知识材料的叙述。刘克兰在《现代教学论》一书中进一步指出：课程是实现各级各类学校培养目标而规定的全部教学科目，以及这些科目在教学计划中的地位和开设顺序的总称。从范围上讲，课程包括学科，是不同学科的总称；

---

① 靳玉乐、黄清著：《课程研究方法论》，西南师范大学出版社 2000 年版，第 9 页。

② Walker, D. F. & Soltis, J. F. *Curriculum and Aims*. New York: Teacher College Press, 1986, pp. 51-52.

③ 王策三著：《教学论稿》，人民教育出版社 1985 年版，第 168 页。

从性质上讲，课程不仅包括学科，还包括学科的安排和进程的含义①。

（七）课程是学习活动总体规划

李秉德在其主编的《教学论》中认为，课程就是课堂教学、课外学习以及自学活动的内容纲要和目标体系，是教学和学生各种学习活动的总体规划及其过程②。这种观点在一定程度上丰富了课程的内涵，不仅将课程从范围上扩展到课堂教学、课外学习和自学活动，还把课程看成是一个静态和动态相结合的过程。

（八）课程是一个由多个要素构成的综合体

吴文侃在《比较教学论》一书中指出，课程一词的定义至少要包含下列一些要素：课程是对人类文化进行恰当的细绎；课程是实现教育教学目标的手段；课程是关于教学内容及其进度的规划；课程是进行教育教学评价的依据③。将课程看成是一个复杂的综合体，是因为课程出现在教育的各个环节，每个环节所承担的角色各不相同，因此只能从不同的环节来分析构成课程这一综合体的各个要素。

以上归纳了国内外一些具有代表性的课程定义。从已有的课程定义来看，课程定义的分歧是一种客观存在，很难说哪一种课程定义更恰当，因为每一种定义的背后都有特定的哲学、社会学、心理学为其理论基础。因此，认真考察每一种课程定义的理论背景和具体观点，将加深我们对课程概念的认识。

二、课程定义的角度、取向与层次

课程的概念不胜枚举，人们往往从不同的角度、取向和层次对课程进行定义。

（一）课程定义的角度

康奈利（F. M. Connelly）和兰茨（O. Lantz）认为，可以从两个主要角度对各种课程定义进行归纳分析，这两个分析角度分别是“目的与手段”和“存

① 刘克兰主编：《现代教学论》，西南师范大学出版社 1993 年版，第 63 页。
② 李秉德主编：《教学论》，人民教育出版社 1991 年版，第 157 页。
③ 吴文侃主编：《比较教学论》，人民教育出版社 1996 年版，第 198—200 页。

在性与个人性”。

从目的这一角度定义的课程，通常被表述为“预期的学习结果”。当课程以这种方式定义时，其内容往往指向具体的行为目标，如“能够做某事”、“具有某种能力或潜力”或者是“知道或掌握某种知识或能力”。

从手段这一角度定义的课程，通常被表述为“为学习者提供的有计划的经验”，或“获得预期学习结果所必需的知识”。这些经验和知识包括文化的、认知的、情感的、信念的、习惯的等一些方面。

围绕“目的和手段”之间所产生的概念上的争议，主要集中在学习结果是手段的表现还是手段的预先决定这两个方面。将学习结果看成是手段的表现，往往侧重学习结果的评价；将学习结果看成是手段的预先决定，则侧重计划本身的制定。

如果从“存在性和个人性”的角度分析，课程定义的分歧主要在于要强调的是学习的内容还是学习的主体。当课程按照存在性来定义时，它指的是课本教材以及它们的内容，如概念、理论和事实等，这种定义使得人们关注学生所处教学环境中的各种客观因素及其特点。当课程依照个人性来进行定义时，它指的是学生个体的学习历程和经验，这种定义强调学习情境对学生的实际意义。

“存在性和个人性”的不同对课程政策的影响较大。根据存在性的课程定义，课程体系主要是根据知识自身的性质和种类加以确定和排列，因此它注重的是课程内容本身。而课程以个人性的方式定义时，课程体系主要根据学习主体的主观因素，因此它注重的是学生的经验水平和课程对学生的实际意义。

（二）课程定义的取向

任何课程定义都有相对特殊的表述形式，在这些各不相同的表述后面，往往隐藏着某些认识论的假设或者理论上的取向①。

1. 强调文化知识的学术性取向

在传统的教育观中，这种取向占有主导地位，它所关心的是如何使学生获得民族文化传统的工具，并给学生提供接受前人创造的伟大思想和间接经验。秉持学术取向的学者认为，由于学校不可能传授所有的经验，只能选择那些集

① 靳玉乐、黄清著：《课程研究方法论》，西南师范大学出版社 2000 年版，第 16 页。

中人类智慧的间接经验和文化遗产，以传统学科的形式组成知识体系。至于知识体系如何构成并没有一致的看法，有的强调程序化，有的强调结构化；有的主张分科化，有的主张整合化；有的注重实用化，有的注重理论化。尽管在构成方式上还存在争议，但学术性取向的课程观强调的是内容完整和逻辑严谨的知识体系对学习者的重要性。

课程定义的学术性取向所带来的结果是促使人们“试图研制一种用观察、注意关系、分析资料和得出结论所需要的基本概念和方法来武装学习者，使其步入知识世界的课程”①。显然，学术取向的课程注重对学习者进行文化传递，给学习者提供各种机会，使之获得最有影响的人类智慧的成果，以培养他们的聪明才智，成为某一方面的专业人才。

2. 强调过程效能的技术性取向

这种课程定义的取向是基于对学习性质所作出的某种假设而产生的，这种假设认为学习是按照一定系统的可预测的程序进行的，只要采取有效的方法予以控制，就能成为最佳的学习，使学校效果达到最优化。

赞同技术性取向的课程研究者认为，课程的本质就在于为实现一系列预先规定的明确的目的去发现一种有效的学习手段，通过这种手段来传授知识，推动学习。他们注重的是发展教学技术，将学习资料进行有效的整理并提供给学生，却很少考虑课程内容与学生的个别差异性。这种取向追求一种技术效应的课程体系，把课程视为一种技术性的生产过程，遵循工业管理的模式，常常用工业系统的分析方法来讨论课程问题，往往使用输入、输出、控制、分析、强化等词汇来分析课程现象。

技术取向的课程提倡工业效率，在课程组织的效能、教学顺序的排列、内容呈现的方式、学习进展的监控以及教学媒体的利用等方面对课程理论与实践的发展产生过重要影响。不过，这种技术模式的课程体系也存在诸多问题，如重形式而轻内容，重效率而轻意义等。

3. 强调个体经验的个人化取向

这种取向关注个体的价值，注重个人的目的和取得个人平等待遇的需要。

---

① ［美］麦克尼尔著，施良方等译：《课程导论》，辽宁教育出版社 1990 年版，第 80 页。

它以儿童为中心，重视儿童的生长过程。因此，个人化取向的课程论者认为，课程的功能是为每一个学习者提供有助于个人自由发展的经验体系。

马斯洛、罗杰斯等学者从人本主义的角度出发，积极倡导个人化取向的课程观，认为要通过课程将学校教育的全部纳入儿童的生活，要求把课程内容本身当做重要的目标，使之成为每一个儿童的自我经验，从而促使自我成长、自我实现。这种取向注重个人经验，因此，要求课程的设置从个人的兴趣、需要出发，以达成学习者的个人目标。

4. 强调适应和改造的社会化取向

前三种课程取向的共同特点是注重课程自身的因素，而社会化取向的课程定义则将课程放在社会的背景下加以审视，极力强调教育与课程内容在整个社会环境中的突出作用，这种作用主要表现为适应和改造两个方面。因此，社会取向的课程定义也分为两个不同的分支：一是主张课程要适应当前社会要求；一是主张课程要进行社会变革，创造更美好的未来。这两个不同的分支的共同点是将学校课程与社会发展结合起来，把课程作为一个媒介和手段，通过课程学会处理社会问题。

主张社会适应的课程学者认为，社会变化和发展决定了个人的发展，应当建立一种能够使个人在迅速发展的世界更好地维持生活和发展自身的课程体系，通过课程的学习能够增强对社会的适应能力。主张社会改造取向的课程学者认为，课程的首要目的是要使学习者面对人类所面临的一连串严重的、不祥的危机，这些危机不只是社会科学所关心的事情，它渗透到生活的各个方面，包括经济学、自然科学和数学等领域。因此，应该使这种普遍性危机体现在更为广阔的课程体系中。

（三）课程定义的层次

学校课程从决策、设计，到实施、评价，经历了多个阶段和层次的转换，不同的研究者从不同视角、阶段分析课程活动，关注不同层次的课程意义，从而得出各自不同的课程定义。

美国的课程学者古德莱德曾提出五种不同层次、具有不同意义的课程。①理想的课程：指的是由一些研究机构、学术团体和课程专家提出应该开设的课程。这种课程常常以设想、建议、规划或计划的形式表现出来，其影响取决于课程是否被官方采纳。②正式的课程：是指由教育行政部门规定的课程计划、课程标准和教材。③领悟的课程：指的是作为课程实施者——教师所领会的课程，不同的教师对正式课程的理解并不相同，因此领会的课程与正式的课程之间有所差异。④实行的课程：指的是在课堂上实施的课程，由于课堂教学受到学生、教学环境等多种因素的影响，教师在实施的过程中需要进行不断的调整，所以，教师领悟的课程和在课堂实施的课程也可能会有一定的差异。⑤经验的课程：指的是学生在教学过程之后实际体验到的东西。每个学生从同一课程中所获得的经验、体会受各种因素的影响也会有所区别①。

古德莱德将课程从理论形态到实践过程的各个环节进行了详细的阐述，有利于人们增强对课程意义的理解。

三、课程的本质与特征

通过对已有课程定义的分析，我们可以得出两点认识。

第一，课程是一个使用广泛而又含义复杂的概念，人们从不同角度、取向和层次对课程下的定义各不相同。我们对课程的理解，并不是要从这些不同的定义中选择某一种定义，而是要明确各种课程定义所持有的立场及内涵，以便根据实践的要求，作出有效的课程决策，切实提高教育教学质量。

第二，已有的课程定义大都强调课程是有计划、有目的的内容，重视了正规的或显著的课程，却忽视了课程所包含的非预期的内容，也就是在教育过程中非正规的或在过程中不断生成的教育内容，我们将这种非预期的内容称为“潜在课程”或“隐性课程”。

我们认为，课程就是学生通过学校教育环境获得的旨在促进其身心全面发展的教育性经验②。这一定义有如下特点。

第一，课程具有经验性。课程不是一般意义上的经验，课程是一种具有教育意义的经验，它的教育性就体现在这些经验能够促进学生在身心上的全面发展。因此，课程不仅仅局限在前人积累下的间接经验，也包括学生亲身体验的

---

① Goodlad, J. I. *Curriculum Inquiry*: *The Study of Curriculum Practice*. New York: McGraw-Hill, 1979, p. 60.

② 靳玉乐著：《现代课程论》，西南师范大学出版社 1995 年版，第 5 页。

直接经验。课程既有间接经验组成的文本知识体系，同时也要注重学生自身的情感、体验等非文本知识。这些经验的共同特征是促进学生身心的全面发展。

第二，课程具有统整性。完整的课程涵盖了外显的课程和潜在的课程，是两种课程的统整。外显课程的存在和作用方式是外显的，它以课程计划、课程标准和教材的形式出现，是一种明确的陈述。而潜在课程的存在和作用方式是潜在的，它以精神氛围或者外在的物质环境等形式出现。在日常的教学过程中，我们比较关注的是外显的课程，潜在课程是通过学生无意识的心理活动作用实现的，但是这种课程需要实施者有意识地将其统整到课程整体中发挥作用。

第三，课程具有目的性。课程是教育性经验，它限定了课程经验的性质，即它是起教育作用的，不是起错误的教育作用或不起教育作用。课程的目的性隐含着课程评价的因素，亦即课程必须以有助于学生身心全面发展为标准，发挥正效应。

第四，课程具有综合性。课程是一个综合体系，是指从课程内容的构成而言，在课程内容的构成体系中，知识并不是课程的唯一要素，课程应该重视学生的个人感受、心理体验和社会经验，这些要素和知识一起组成课程的内容体系。知识是课程内容的基本构成要素，在课程的构成中是基本的成分，是课程中最重要的要素，其他的要素和知识体系一起作为课程内容促进学生的发展。

第五，课程具有系统性。课程总是以一个完整的系统出现的，具有预期目标的课程，不论其存在形式如何，总脱离不了一定的结构系统，包括横向的组织和纵向的序列。

第二节　课程的价值与功能

价值一词来自拉丁语“valere”，意义广泛而模糊，直到19世纪，它主要与经济学有关，意指物的价格，或凝结在商品中的一般的、无差别的人类劳动。后来被扩展到哲学领域，在新康德主义、叔本华哲学流派和尼采哲学流派当中，“价值”一语的意义被扩张了。从广义上讲，价值泛指人们认为有用的东西。所谓有用，指的是它在某一方面能够满足人们的某种需求，也就是某种因为其自身的缘故而值得估价的东西，这种东西具有人所欲求的、有用的、有兴趣的质。

由此可以明确，课程的价值指的是课程对人们某种需求的满足，课程价值是权衡作为课程使用者和课程自身之间关系的结果，是根据课程作用范围和程度进行判断的结果。这里我们将课程的价值归纳为内在价值和外在功能两个方面。

一、课程的内在价值

课程的内在价值指的是课程内容自身所具有的效用，主要包括以下几个方面。

（一）训练感官，发展心智

课程作为学校教育内容的主要载体，是历史文化的积淀和人类经验的总结，课程自身具有强大的逻辑力量，对受教育者的理性发展和心智成熟具有推动作用。

在课程发展史上，注重课程对人的心智发展可以追溯到古代的希腊和罗马的教育学者，他们认为课程的功能主要是对人的心智进行训练和陶冶，历史上也将这种教育观点称为形式教育论。形式教育论认为教育的主要功能就是使人的官能得到发展，课程的选择要以促进人的官能发展为基本原则，注重课程内容自身的逻辑理性。法国哲学家笛卡儿（R. Descartes）认为，人的身体是由可以看见的物质实体构成的，人的心灵则是由触摸不到的精神实体构成的，而这个精神实体存在着各种不同的官能——心灵进行活动的能力。在此基础上，德国哲学家沃尔夫（C. Wolff）将这种观点从心理学的角度加以系统化，在1743年出版的《理性心理学》中，他阐明了自己的观点：虽然心灵是一个统一体，但是它有着各种不同的官能；心灵时时在参与各种个别的活动，正如整个身体在不同的时间里，从事许多不同的活动一样。同时，沃尔夫把人的心灵分为两类官能：一类是认识官能，也就是知的官能，这类官能包括了感觉、想象、记忆、注意和纯粹的推理，其中需要注意的是推理官能，它指的是人们用来明确区别、形成判断的能力；另一类是需求官能，也有人称之为情的官能，这种官能包括人的感情和意志作用。

形式教育论和官能心理学从不同的角度论证了官能的重要性，而课程内容所具有的逻辑理性和人们的官能具有内在联系。人的各种官能，只有操练才能使它们发展起来，而这些操练，在学校教育中主要是通过课程的训练来进行的。比如，人的记忆力需要课程的记忆训练而增强，推理能力、分析能力、想象能力等也都需要训练才能得以提高，否则就会减退、变弱。因此，课程的选择，主要就是发现那些能够最有效地训练受教育者各种官能的内容。受教育者的官能通过课程训练得到提升和发展后，知识的掌握就相对容易，因为受教育者可以应用自己的官能去获得知识。与此同时，官能得以提升之后，通过迁移作用可以相互贯通，从而促进一个人各方面的发展。正如英国教育家洛克所说，如果一个人“具有几何的天才与性向，在从师学过这么多内容后，即使没有教师指导，他也可以独立前行了”①。

（二）传承知识，发展能力

知识是构成课程体系的核心要素，因此，课程的内在价值之一就是通过知识的传承达到发展学习者能力的目的。

自1859年斯宾塞提出“什么知识最有价值”这一问题之后，课程知识的价值成为诸多研究者关注的一个重要课题。斯宾塞从个人生活和发展的需要出发，认为有助于个人完满生活的知识是有价值的知识，并从这种需要出发列举出了课程相应包含的五个方面。不同的研究者对这一问题作出了不同回应，总结起来，关于课程知识的价值观正在发生深刻变化：由重视知识的统一性转变为重视个性差异，并通过学习者对知识的转化，实现对知识的整合和重组。

课程知识的价值观之所以发生变化，是因为课程所具有的“转知成识”的内在价值逐渐被异化，教师常常侧重于对知识的教授与掌握，使学生苦于机械记诵，而渐渐失去知识习得的乐趣。实际上，课程的学习不仅仅是让学生记住相关知识，更主要的是让学生通过对知识的学习，对知识有更透彻、澄明的理解和体验，形成自己的知识体系，增强自己的实践能力，拥有人的机智与智慧。古希腊哲学家柏拉图曾说过：“教育的任务不在于把知识灌输到灵魂中去，

① ［英］洛克著，杨汉麟译：《教育漫话》（全译·注释本），人民教育出版社2006年版，第173页。

而在于使灵魂转向。”[①] 所谓“灵魂转向”，也就是说要通过知识的学习引导、促进学生智慧的成长，它主要包括两个彼此关联的基本阶段：一是“转知成识”，即化“知道”为“识道”，或化“知道”为“悟道”；二是“转识成智”，即化“知识”为“智慧”，使受教育者超越知识，走向智慧[②]。

随着对课程领域研究的不断深入和发展，课程知识的内在价值有了更为广泛的运用，课程价值取向有了新的变化。一是变课程内容和课程知识本位为学生发展本位，二是变课程的预定性和封闭性为课程的生成性和开放性，三是变课程的统一和求同为尊重多元和个性差异。课程的内在价值改变了以往教学活动中过于注重知识传授的倾向，强调形成积极主动的学习态度，使学生在获得知识与技能的同时成为学会学习、形成正确价值观的过程，即确立了知识与技能、过程与方法、情感态度与价值观三个维度全方位的促使人全面发展的课程目标。

因此，我们倡导的课程价值观应该把知识的学习作为工具和手段，在让学生了解知识的可变性和不确定性的基础上，培养学生的质疑问难的批判精神，鼓励学生对知识的不断探求。

（三）促进人格的完善

培养什么样的人，是教育的永恒主题。历史上各家各派观点纷呈，教育家们见仁见智，提出了不同的观点，也曾发生过实质教育和形式教育之争，形成过社会本位、儿童本位的对立。尽管观点各异，但总体来说，人格的培养和完善是大多数研究者所认可的目标。

塑造完整人格是教育的真谛。我国自孔子、孟子至韩愈、王夫之等，都在探讨和追求人生的完美境界，把教育目的与追求理想人格统一起来，或追求仁、诚、乐、朴、逍遥完美结合的“天人合一”人生境界，或达成“圣人”、“君子”、“大丈夫”、“真人”、“至人”、“神人”、“内圣外王”等理想人格。美国的杜威也曾提出，在教育上，人格比知识更重要，教育就是要形成完美人

---

① 单中惠、杨汉麟主编：《西方教育学名著提要》，江西教育出版社2000年版，第10页。

② 靖国平：《师者：从知识者转向智慧者》，载《江西教育科研》2004年第1—2期。

格。完整人格教育是课程的价值所在，也是素质教育的集中体现和必然要求①。

课程对于人类具有两方面的意义：一是借此掌握外部世界；二是帮助人们改造现实世界，实现理想世界。相对而言，前者是手段，后者才是目的所在；前者要通过科学本体论或存在论来实现，后者则要通过价值论来完成。“价值是在道德和形而上学方面的最后真理，事实必须依据这些真理来加以判断，实验的科学也许能帮助我们决定事实，但是，只有按照传统的永恒原则才能决定如何处理这些事实。科学给人以力量，但这种力量仅仅有助于我们去掌握方法，哲学必须决定目的。”② 可见，仅热衷于网罗知识使之呈现在学生面前而忽视学生的价值体验，只能够实现课程的第一种意义，而且这种意义的无目的性又终将使这种手段性意义消失。因此，苏霍姆林斯基认为：“认知——这是一个人多方面的充满思想和情感的生活。一个人在认知过程中，是在希望、在感觉、在爱、在恨，教师应当关心的是让学生在认知和体验知识时确立自己的思想立场。教师要把教学自始至终变成对观点、信念、追求、评价和自我评价的培养，并以此作为自己的使命。”③

在当前时代下，课程价值取向由关注课程知识的传授逐渐转向为关注学习者自身的发展和完善。培养具有完整人格的人已经成为时代发展的共识。课程如何培养人，怎么提升人的发展，成为课程专家和教育工作者迫切需要解决的问题。

二、课程的外在功能

课程，作为教育的重要组成部分，承担着实现教育价值的重任。课程，也必然是一种教育价值活动，是包含着真、善、美的活动。可以这么说，课程本身就是价值活动。它既是价值选择的结果，也是价值产生的过程，是教育价值

① 参见石筠弢著：《学前教育课程论》，北京师范大学出版社 1999 年版，第 79—80 页。
② ［美］罗伯特·梅逊著，陆有铨译：《当代西方教育理论》，文化教育出版社 1984 年版，第 50 页。
③ ［苏联］苏霍姆林斯基著，刘伦振译：《遵循列宁思想培养合格公民》，载《外国教育资料》1990 年第 3 期。

的动态化[①]。课程的内在价值主要是从课程自身所具有的特性进行考察，而课程的外在功能则是将课程作为工具或中介所起到的作用。

（一）社会控制

课程是一种社会性价值活动，它随着社会的发展而发展。学校课程既是一个重要的教育范畴，又是一种特殊的社会现象。课程作为“从一定文化社会里选择出来的材料”[②]，具有无可争辩的社会性，课程的决策、编制、授受及评价等，无不体现出明显的社会文化特征。课程的社会本质，即是社会（统治阶层）对其未来成员（学生）加以控制（亦即社会控制）的一种中介。所谓社会控制，是指依据规范、价值、信仰等社会力量调整人们行为的过程。种种的社会力量在不同的社会阶段里有时是和谐的、标准趋同的，有时是冲突的。当相互冲突时，则需要一种统一的社会力量来实施社会控制。因此，课程有时是社会力量和谐的产物，有时是社会力量冲突的结果，只是因特定社会、不同时期的各种社会力量所表现的和谐或冲突的程度不同而异。

课程的社会控制是由社会主流意识形态决定的，是一种软性的控制，它在课程内容、课程结构、课程实施和课程评价等四个方面都有所体现。社会在选择标准上决定课程内容的发展变化，在宏观形式上决定课程结构形式的发展变化，在价值规范上决定课程实施的发展变化，在意识形态上决定课程评价的发展变化。

课程虽然是社会控制的中介，但倘若这一“中介”最终并未真正进入学校教育实际过程，并未真正成为学生的学习对象，那就不能实现社会控制的目的。英国教育社会学家埃格尔斯顿（J. Eggleston）曾经将课程与社会控制的问题分为两个层面：一是“社会对课程的控制”；二是“通过课程实现的控制”[③]。“社会对课程的控制”的成功标志是符合社会主流价值取向的课程最终编制成形；“通过课程实现的控制”意为课程处于学校师生互动系统中，其主要标志是课程知识对学生文化结构产生影响，其成功标志则是课程知识最终被

① 参见石筠弢著：《学前教育课程论》，北京师范大学出版社 1999 年版，第 61 页。

② ［英］丹尼斯·劳顿著，吴棠译：《课程设置的两大类理论》，载《外国教育资料》1982 年第 4 期。

③ Eggleston，J. *The Sociology of the School Curriculum*. London：Routledge & K. Paul，1977，p. 12.

学生内化为其文化结构的有机成分[①]。前者是课程形成过程，直接参与这一过程的主体包括教育行政机关的课程决策者、课程计划制定者、课程标准编订者及教科书编撰者等；后者是课程实践过程，直接参与这一过程的主体包括学校的课程管理人员、教师及学生等。从“社会对课程的控制”到“通过课程实现的控制”，必须经过“师生互动过程”或教师与学生的“课程实践过程”。

迄今为止，国内外教育专家对课程的社会控制都给予了自己的解释。在涂尔干（E. Durkheim）看来，社会事实是外在于我们的，不以人的意志为转移。阿普尔（M. W. Apple）认为课程是一种制度性的、法定的文化，课程知识研究应该是意识形态研究，即审视特定社会历史时期条件下，特定的社会集团或阶级把什么视为合法的知识。他主张从历史和当代两个角度去考察那些“规范的”、“合法的”文化、价值及概念是如何进入课程的。他将知识视为“文化资本”和“政治文化权力”的反映，它们在历史情境和社会结构中被控制和曲解，所以，只有进一步分析造成这种现象的历史的、政治的、文化的和经济的因素，才能深刻揭示课程中所蕴含的意识形态及其作用机制[②]。因此，他得出课程是传递统治阶级意识形态，进行阶级关系再生产的工具，同时也是经济与文化上的权力群体希望课程更能反映自身文化和政治传统的普通阶级之间冲突的结果[③]。伯恩斯坦（B. Bernstein）以“教育知识代码”为视点，用“分类”和“构架”的概念来说明课程结构及其在社会结构中的功能——权力分配和社会控制的实现。分类指不同教育领域分化的不同程度，反映着社会中的权力关系；构架是指教学情境中的教师与学生在教育知识的选择构成及教学进展中的自由程度，反映的是社会中的控制关系。课程的基本结构取决于分类强度，教学的基本结构取决于构架强度，评价的基本结构则为这两种强度的函数，课程、教学、评价构成了学校信息系统；而决定其系统的基本原则为“教育知识代码”，通过这种代码，社会控制得以实现，并形成人们的意识。

---

① 参见吴康宁著：《教育社会学》，人民教育出版社 1998 年版，第 229—230 页。

② Apple, M. W. *Ideology and Curriculum*. London: Routledge & Kegan Paul, 1979, pp. 26-42.

③ ［美］M. W. 阿普尔著，马和民译：《国家权力和法定知识的政治学》，载《华东师范大学学报》（教育科学版）1992 年第 2 期。

（二）保持和传递主流文化

与教育的多样化功能一样，课程的功能也是多重的。除了培养人这一内在本体功能以外，课程还具有政治、经济、文化等功能。其中，课程的文化功能尤为重要。作为独立的教育活动，课程本身并不直接参与社会的政治经济活动，课程的文化功能在继承和传递文化的过程中存在和运行，对主流文化和价值观念进行保持和传递。

由于学校不可能传授人类所有的经验，其突出作用是以最鲜明的观点进行文化传递，给儿童提供各种机会，使之获得最有影响的人类智慧的成果，以培养他们的聪明才智。而这些人类智慧的成果和经验大多以学校课程的形式出现。当然，人类文化的保持和传递并不只有课程这一种手段，其他如家庭、社会习俗以及现代社会的大众传媒也有同样作用。但是，作为制度化教育中的课程，在受教育权成为人的基本权利的现代社会，是最重要的传递手段。社会文化集中体现在学校的课程体系当中，并通过学校课程的实施，保证文化传递的系统性和完整性，从而使社会主流文化不断得到延续和发展。

另一方面，课程具有很强的社会制约性，课程所保持和传递的文化，一般来说都是社会占主导地位的阶级、集团的文化，即优势的和主流的文化。

（三）促进学生社会化

社会化是社会行为的塑造过程。通过这一过程，人们形成了为其生存环境所认可的社会行为模式，对其生存的社会文化环境中的各种简单或复杂的刺激能够给予合适、稳定的反应。美国心理学家班杜拉（A. Bandura）提出的社会学习理论认为，学习从本质上说就是受到积极强化、消极强化、无强化、惩罚的影响，而改变了行为的发生概率。

随着社会的不断发展，课程的价值观念由关注物的取向转为关注人的取向，更加注重个人的目的和取得个人平等待遇的需要。因此，课程的功能定位要以儿童的发展为中心，重视儿童的生长过程和自治自控，为每个学习者提供有助于个人自由发展的完满的经验，从而促使其自我成长、自我实现。在此基础上，学校的课程体系成为增强个人适应能力的重要途径。

不管是从心理学还是社会学的角度出发，要促进学生的社会化发展，学校的课程体系都极力强调课程内容在整个社会环境中的突出作用，试图把课程与社会发展结合起来，将课程视为促使学生学会处理社会问题的手段，从而促进学生的社会化发展。

以上从内在价值和外在功能两个不同的角度对课程的价值进行了简要分析。当然，根据划分维度的不同，课程价值还可以从课程的理想价值和现实价值、内在价值和工具性价值这些不同的角度进行分析。

【思考与练习】

1. 课程基础的多元化及其视角的多样化存在决定了多元化的课程理解，你是怎么理解课程的？

2. 如何理解课程的本质特征，进而挖掘课程的价值？

3. 古云“君子不器”，而现代社会强调专业化发展，那么，学校的课程该如何处理好“博”和“约”的关系？

第二章　课程的理论基础

【启发与引导】

• 有些人认为，课程既然作为一门独立学科就要有自己的独立性，所以没有必要探讨课程与其他学科的联系。你如何看待这一观点？

• 考察学科发展史，许多学科都是从哲学中分化而来的。从历史的角度，你如何看待课程与哲学的关系？

• “教育独立论”认为教育应不受社会的束缚与限制而具有自己的独立性，与之相应的则是“课程独立论”。对此，你有什么看法？

• 有人认为，心理学是研究人的内心世界的一门学科，而课程论则是探讨课程目标的设定、课程内容的选择与组织、课程实施以及课程评价的一门学科，二者风马牛不相及，你对此持何意见？

任何一门学科都不是凭空产生的，而是在一定的基础上发展起来的。课程也不例外，它也是在一定的基础上发展起来的。课程的基础是什么？虽然历来存在着不同的看法，但把哲学、社会学、心理学作为课程的基础或基础学科，是研究者们较为一致的观点。“这些基础学科能使课程理论和实践工作者更仔细地分析所提议的或所实施的课程计划，并更好地为之辩护。……它们为在课程领域中的思考和行动提供了必不可少的观念。”① 事实上，无论课程研究者持什么样的观点，都会在自己的研究中自觉或不自觉地用到哲学、社会学以及心理学的观点和理论。

第一节　课程的哲学基础

课程与哲学的关系非常密切，可以说，在课程论的各种理论基础中，哲学的影响是最为长久、最为深刻的。课程论的产生与发展，起源于哲学的发生与发展。离开哲学，课程论就失去其存在的根基与发展的动力。“就学校课程理论与实践而言，离不开其心理学、社会学和哲学的基础，而在这三者中，最重要的当推哲学基础。因为不仅课程的理论与实践以哲学为依托，而且心理学与社会学也是受哲学导引、支配的。”② 哲学作为时代精神的精华，其本质是批判和反思。任何一种课程理论的提出、体系的建构以及实施都须以哲学为依据，需要哲学层面的反思、批判、概括和总结。

一、课程与哲学关系的历史考察

课程与哲学的关系可谓源远流长，最早可以追溯至古希腊。在古希腊，苏格拉底、柏拉图、亚里士多德等先辈哲人的认识论和课程观在相当长的历史时期里发挥着重要作用。

苏格拉底以“人”为核心，认为有思考力的人、有知识的人就是有道德的人，提出了“美德即知识”、“美德是灵魂的一种属性”等论断，认为知识是人

①② 施良方著：《课程理论：课程的基础、原理与问题》，教育科学出版社1996年版，第59页。

获得美德的前提。教育的目的就在于通过认识自己达到获得知识，最终成为有智慧、有完善道德的人。为了实现教育目的，古希腊的“智者派”在课程设置方面，提出了设立“三艺”（文法、修辞学与辩证法）作为课程内容，以提高受教者的知识水平与道德素养。

被称为西方客观唯心主义第一人的柏拉图认为，世界可分为两种，即“现象世界”（可见世界）和“理念世界”（可知世界）。现象世界是变化多端的、缥缈的、虚幻的，它能为感觉所认识，是“意见”的对象；而理念世界则是绝对真实、永恒不变的，它只能为思维所认识，是“知识”的对象。柏拉图进一步认为，现象世界又分为两部分，即人们周围的实际东西，以及这些实际东西的“肖像”。相应地，“意见”也可分为两部分，即对应于实际东西的“相信”（又译“信念”），以及对应于事物“肖像”的“想象”（又译“猜测”）。同样，理念世界也可分为两部分，即不直接隶属于善本身的理念，以及直接隶属于善的理念和善本身。相应地，“知识”也可分为两部分，即知性与理性。知性知识是数学和科学研究的对象；理性知识是辩证法研究的对象。由此一来，柏拉图就把认识由低到高分为四个阶段——相信、想象、知性、理性。在柏拉图看来，真正的知识只能存在于理念世界中。他说：“没有任何一种配称为‘知识’的东西是从感官得来的，唯一真实的知识必须是关于概念的。”① 柏拉图进一步认为，人是由肉体和灵魂构成的。灵魂在取得人形之前，就早在肉体以外存在着。虽然灵魂存在于理念世界中，但灵魂对理念的认识，仍需一个恢复与学习的过程。“认识不是对物质世界的感受，而是对理念世界的回忆，认识真理就是接近最高的理念。认识真理的过程也就是回忆理念的过程。”② 柏拉图还将他的这种客观唯心主义思想运用于教育实践中。在其创办的学园中，学生除了学习“三艺”外，还必须学习天文学、算术、几何、音乐理论等内容。柏拉图所主张的教育内容，实际上是“七艺”的雏形，对后来整个欧洲的学校课程设置产生了广泛而深远的影响。

作为柏拉图的得意弟子，在“吾爱吾师，吾更爱真理”信条的支持下，亚

① ［英］罗素著，何兆武等译：《西方哲学史》（上册），商务印书馆 1976 年版，第 196 页。

② 王天一、夏之莲、朱美玉编著：《外国教育史》（上册），北京师范大学出版社 1992 年版，第 43 页。

里士多德并没有完全承袭柏拉图的思想，而是提出了与柏拉图不同的哲学主张与教育见解。他反对柏拉图将现实世界与理念世界割裂开来的做法，认为任何事物都是形式（物体的普遍属性）与质料（物体的特殊内容）相结合的统一体，理念不能离开现象而成为独立的实体。没有无质料的形式，也没有无形式的质料。在亚里士多德看来，任何事物都具有普遍的和特殊的属性；柏拉图理念论的根本错误，在于它把理念看做离开个别事物而独立存在的实体，也就是说，把事物的一般与个别割裂开来了。亚里士多德认为，感觉是认识的起源，没有感觉就没有认识活动，也就不可能获得知识。所需注意的是，感觉只能获得个别的知识，而理性才能获得一般的知识。教育的任务，就是发展人的理性认识，使人的理性得到充分的发展。为发展人的理性认识，他在西方教育史上第一个论证了体育、德育、智育的关系，主张教育的目的是通过“百科全书式的”训练，使学生的体、德、智得到和谐的发展。在课程设置上，他尤为重视体育课并将之置于首位。这与其身体是灵魂不可缺少的必要条件的认识论是密切相关的。柏拉图与亚里士多德的哲学思想，开了课程研究中理性主义与经验主义之先河。

在14—16世纪的欧洲文艺复兴运动中，新兴的资产阶级思想家打着“解放人性”的旗帜，要求把人从中世纪宗教统治的束缚下解放出来，反对对神的顶礼膜拜，主张确立人作为人类自身和客观世界主宰的世界观。在文艺复兴的影响下，英国唯物主义经验论哲学的创始人培根（F. Bacon，1561—1626）继承了亚里士多德关于认识来源于感官对外部世界感觉的观点，主张把理性认识与感性认识结合起来，并将其视为获得知识的正确的、有效的途径。在培根看来，人的认识只能来自感官对外部世界的感觉。他说：“人们若非想着发狂，则一切自然的知识都应发生于感觉。”① 当然，“经验如果听其自流，只是在暗中摸索，只足以使人混乱而不能教导人。但是如果它能够按照确定的规律，循着一定的程度进行而不被打乱，那么在知识上就可以得到更好的东西”②。因此，必须把感性认识与理性认识相结合，只有这样，人们才能获得知识。人们

①② 转引自施良方著：《课程理论：课程的基础、原理与问题》，教育科学出版社1996年版，第63页。

一旦掌握了科学知识，就能够发现从未被发现过的、从未想过的东西，“知识就是力量”。培根的这种知识观点燃了近代科学教育的火把，驱除了中世纪经院哲学统治下的黑暗，为学校课程的科学化奠定了一定的基础。在教育上，人文主义者大力宣传知识的作用，除了高度重视以希腊语、拉丁语为中心的人文课程外，为了摆脱教会和宗教的束缚，人文主义者还主张开设历史、地理、物理、自然等课程，以使受教育者通过这些课程的学习获得智慧与理性。这些课程的开设，弥补了以往课程设置中自然科学课程缺乏的状况，拓宽了课程研究的新领域。

受培根认识论与知识观的影响，捷克教育家夸美纽斯提倡认识客观世界和发展科学的时代精神。他发展了培根的感觉是一切知识源泉的思想，提出了“泛智论”，主张把一切知识教给一切人，实施百科全书式的教育。他高度重视教育在“人之所以真正成为人”过程中的作用。在泛智主义教育思想的指导下，夸美纽斯提出了比较系统的课程理论。他把初等学校定为国语学校，把拉丁语学校视为接受中等教育的场所，并为各级学校规定了百科全书式的教育内容。在国语学校，除了当时普遍开设的读、写、算和教义问答之外，他主张增加几何测量、自然常识、地理、历史、唱歌和手工技艺等。在拉丁语学校，除了当时普遍开设的“七艺”之外，他主张增加物理、地理、历史，还要学习拉丁语、希腊语、本民族语和一门现代外语课程。夸美纽斯所提出的包罗万象的知识体系，是教育史上第一个现代意义上的课程理论体系。

18世纪是人文主义思潮的鼎盛时期。人文主义倡导的尊重学生、崇尚自由的思想在卢梭（J. J. Rousseau，1712—1778）那里得到了发扬光大。卢梭认为，儿童天性善良、淳朴，教育者只要按其本性的自然发展倾向，因势利导，使之展现美好善良的本性，就可以达到教育的目的。他说：“在任何事情上都让大自然按它最喜欢的办法去照顾孩子。”① 他反对过早地把成人的教条灌输给儿童，主张让儿童到大自然中去活动，去学习，去发展。卢梭的自然主义思想及其课程观对后来实用主义、人本主义课程学派的诞生和发展产生了深远的影响。

① ［法］卢梭著，李平沤译：《爱弥儿——论教育》（上卷），人民教育出版社2001年版，第158页。

19 世纪，随着资本主义近代工业的突飞猛进，科学技术也日益显示出其重要性并走向兴盛。面对工业化对个人掌握基本文化知识和技能的客观要求与古典经院式教育根深蒂固的矛盾，英国实证主义哲学家斯宾塞提出了“什么知识最有价值”这一著名命题，开创了课程发展的新时代。斯宾塞认为，真正的教育目的与任务应该放在人的实际需要的基础上，教育应该为个人的完满生活做准备，因而要重视实际科学知识以及知识教育的实用价值。他从人类生活的五个方面得来的结论是：每个方面都离不开科学，只有科学才能为完满生活做准备。因此，科学的实用价值最高，科学应该在学校的课程中占重要地位。因而，他主张开设以数学、物理、化学、植物等为主的自然科学课程。同时，为巩固资产阶级的政治统治，他还主张增设历史、地理、本国语和外国语等人文学科。由此，自古希腊哲学家以来一直延续的重文轻理的课程取向，第一次转变为重理轻文。这不能不说是课程发展史上的一次重大变革。

20 世纪 50 年代以来，随着新技术革命的兴起，人们的思想观念以及生活方式都发生了极大的改变。各种哲学思潮层出不穷，实用主义、逻辑实证主义、批判理性主义、存在主义、结构主义、现象学、解释学、后现代主义都在不同程度上影响着人们的思维方式，进而影响着人们对教育的认识以及相应的课程设置。

由上所述，可以看出，哲学对课程的影响可谓源远流长，而这种影响还必将继续下去。事实上，课程理论与实践的每一次进展与提升，都离不开一定的哲学理论的支撑。任何课程理论的背后，都隐含着哲学的思考。

二、哲学对课程影响之分析

哲学对课程的影响主要表现在本体论、认识论、价值论以及方法论等方面。

（一）在本体论方面

本体论研究的是存在的本质、心物关系或物质与意识的关系。哲学的作用是为课程提供思辨的前提，课程中的重要原理是从哲学中推导演绎出来的，课程思想是哲学观点在教育领域的延伸。在本体论层次上，“哲学对于课程论的影响是与对整个教育理论的影响一致的，以特定的哲学理论关于自然、社会、人的学说诠释教育活动的性质、意义，并且贯彻到课程领域，表现为形成关于课程的各种基本理念：课程本质、课程的基本价值和终极目标，等等。各种课程流派为人们所识别和接受，首先是以对这样一些理念的界定实现的。而这样一些基本理念，又会贯彻到课程论的各个方面，通过关于课程的具体主张表现出来”①。不同哲学流派对本体论的认识不同导致了对课程的不同理解和主张。

唯心主义哲学在本体论上强调先天理性和自由意志，主张理性的、内省式的思维，以及培养这种思维能力的心智训练。于是在教育和课程上，认为课程是人类理性的体现，课程的学习过程就是不断唤醒沉睡在人脑中的既有理念的过程，强调文雅教育的普通课程而排斥实用教育的职业技术性课程，忽略经验与科学的重要性。

以古典唯实主义哲学为基础的永恒主义哲学认为，人的本性是永恒不变的，人类有思考和理解普遍真理的能力；因而，教育的本质也是不变的，其目的在于培养人区别于动物的根本特性，人类可以通过理智能力的训练获得绝对的真理，从而丰富理智的美德，使人成为真正具有智慧和理性的人。为了发展学生的理智能力，增强其意志力，培养其智慧美德，首先，学校课程内容必须是永恒的经典学科，教材以古典名著为主。那么，哪些是经典的永恒学科呢？永恒主义者认为，永恒的经典学科必须是那些经历了许多世纪而达到古典著作水平的书籍，尤其是古希腊、古罗马的思想家们的著作，如柏拉图的《理想国》、亚里士多德的《伦理学》等。其次，课程的实施以教师为主导，主要通过语言文字来教授。教师被认为是知识的权威，他们的知识是不可怀疑的。教师的任务就是要锻炼学生的意志，使之能够克服困难，最终掌握永恒的知识。

实用主义哲学认为，知识是动态的而不是静止的，更不是永恒不变的，现实是个人与环境或经验相互作用的产物，心智的发展有赖于经验。于是在教育和课程上，实用主义强调通过人与环境的交互作用获取知识经验，坚信活动课程的价值。实用主义主张教育应该积极主动，并且与儿童的兴趣相联系；学校应该以通过解决问题的方式来学习，而不是灌输教材；教育应该是生活本身而不是生活的准备；教师的职责不是依靠权威来指挥而是提供建议，应该由儿童

---

① 从立新著：《课程论问题》，教育科学出版社 2000 年版，第 304 页。

自己来决定他要学习的内容；学校应该有充分的民主，应该鼓励合作而不是竞争。在这种观念的主导下，课程应该做到以下几点。一是课程内容的选择、组织、实施以及评价都应该符合学生的心理，并与学生的兴趣相联系，以学生的兴趣、需要为基础。二是课程的类型主要是相关课程、活动课程。三是课程的学习主要应采用解决问题的方式，引导学生从实际问题到理论原则，从具体的感性知识到抽象的理性知识，培养学生解决现实问题的各种能力。

存在主义哲学把人的存在作为其全部哲学的基础和出发点，认为只有人才能意识到自己的存在。在存在主义看来，教育应以个人的自我完成为目标：教育应使人认识到自己的存在，形成一套不同于他人的较为独特的生活方式。与此相适应，学校课程也应当定位于启迪人的自由天性，注重学生完善的人格，形成健全的个性。

后现代主义则对启蒙运动以来现代主义二元对立的思维方式进行了消解，对理性至上的方法论进行了颠覆。可以说，反思、质疑和批判是后现代主义的精髓和核心。与以往的课程观不同，后现代主义认为，课程既非学科、教材，也非学生预期的学习结果或者教学计划。在后现代主义看来，上述界定都较为注重结果，而忽视了学生学习的过程。它主张课程内容的多样性，主张消减教师权威，注重师生之间的理解与沟通，从而使得后现代主义课程呈现出丰富多彩的局面。

（二）在认识论方面

认识论对课程理论和实践起着直接的指导作用。哲学为课程提供的认识论根据，主要表现在下述几个方面。

其一，哲学关于认识的来源和知识的性质对课程设计模式起着直接的指导作用。事实上，各种不同的知识就是课程设计的依据（题材）①。关于认识的来源和知识的性质，传统上主要划分为经验论和唯理论两大流派。起源于亚里士多德，后经培根等人发展形成的经验论，认为一切认识都来源于感觉，知识的性质是经验性的，只有通过人与外部世界的相互作用才能掌握知识。因此，

① ［英］丹尼斯·劳顿等著，张渭城等译：《课程研究的理论与实践》，人民教育出版社 1985 年版，第 18 页。

课程设计应注重知识和技能的传递，强调课程的经验化和体验性。而开始于柏拉图的唯理论，则认为认识来源于早就存在于人的内心世界的观念，知识的性质是永恒的。因此，课程设计应主要关注如何把学生先天已有的理念引导、挖掘出来，强调学生的理性活动和课程的理论化、抽象性。

其二，哲学关于认识的形式和知识的分类直接影响着课程的类型和门类。比如，唯心主义哲学认为，知识是主观的，来源于理性的作用，因而是先天的、永恒的，人类获取知识的过程是主动的而非被动的。基于这种思想，唯心主义者重视人文学科课程、理论学科课程和传统学科课程，要求学校应开设神学、历史、文学、哲学、艺术、天文、地理等课程。唯实主义认为，知识是发现事物本质以适应环境的经验，是客观的、永恒而普遍的真理。知识的获得是被动的，它受环境的影响和经验的制约。因此，唯实主义者认为学校应开设自然科学和基本的读、写、算等课程。实用主义哲学认为，知识既非领悟宇宙真理的内在观念，也非认识外在事物本质的结果，而是人与环境相互作用的产物。基于此，实用主义者要求任何一门学科材料必须来源于日常生活经验，体现生活即教育和从做中学，主张经验中心课程论。存在主义哲学认为，知识不是某种先天的理念，不是感知外部世界的经验，也不是经验改造的产物，而是人的主观意识。因此，存在主义者强调人文学科课程，如历史、文学、哲学和艺术，认为这些学科比其他学科更深刻而直接地揭示了人的本性与世界的冲突，有利于人的自由发展，注重学生情意的学习。

其三，哲学关于认识的价值取向影响着课程内容的选择与组织。认识的价值取向反映在课程中，也就是课程的价值取向问题。比较典型的课程价值取向有三种。一是课程的社会价值取向。它强调课程是用于服务特定社会利益的工具，由一定的社会需要来决定，课程应选择与组织适应社会发展的知识和技能作为其内容。二是课程的个体价值取向。它主张课程内容的选择与组织要以个体的兴趣、需要为基本依据和出发点，一方面追求个体的理智健全、人格完善，另一方面满足个体的需要、兴趣。三是课程的知识价值取向。它强调课程内容知识的内在价值，认为“课程内容知识的价值在于知识本身，为知识而掌握知识是值得的，知识是心智的食粮”①。

（三）在价值论方面

课程实践在本质上是一种价值创造活动，对价值问题的思考，是课程内容选择、组织、实施、评价的根本出发点和决定因素。任何国家在任何时期的课程建设都要优先考虑课程的价值、价值取向等问题。任何课程建构如若不优先考虑价值取向问题，如若没有哲学价值论的引领，都将陷入盲目和混乱，从而以失败而告终。对课程的价值评判主要包括课程实施对象的价值评判和课程内容的价值评判两大方面。

首先，对课程实施对象的价值评判。对课程实施对象的价值评判主要涉及人的本性，追问人的本性是什么，有没有教育的可能性②。对人的本性的认识不同，课程内容的选择以及教学方法也大不相同。比如，经验主义、行为主义认为人性无善恶之分，强调后天的发展，在选择课程内容时强调知识的真理价值。基督教神学认为人性是恶的，强调对个体加以限制、惩戒、心智训练，使之真正领悟神学的“真理”，因此在课程内容中神学占据主导地位，课程的实施强调训练、惩罚。而自然主义、人文主义认为人性是善的，强调尊重学生，反对体罚，在选择课程内容时注重那些具有实用价值、功利价值和审美价值的知识，在教学过程中强调学生学习的主动性。

其次，对课程内容的价值评判。对课程内容的价值评判主要涉及知识的价值，追问什么知识最有用。对知识的价值判断是确定课程范围、选择课程内容的基础③。在哲学史与课程史上，最早运用哲学价值论探讨课程问题的是英国思想家斯宾塞。在其著名的《什么知识最有价值》一文中，他提出并回答了“什么知识最有价值”这一经典课程问题，从而形成了科学课程论。英国当代教育学者赫斯特（P. H. Hirst）注重知识与心智的和谐性，认为有助于发展心智的最基本方面的知识最有价值；以此知识价值观为基础，就形成了他以博雅教育为目标的课程论。美国著名教育家杜威认为最有价值的知识是与儿童生活经验相联系的经验；以此知识价值观为基础，就形成了他的活动课程论、经验

① 廖哲勋、田慧生主编：《课程新论》，教育科学出版社2003年版，第96页。

②③ 杨爱程：《西方课程论的哲学社会学基础评介》，载《比较教育研究》1992年第6期。

课程论。

（四）在方法论方面

不同的哲学流派，其采取的方法论不同，直接导致了对课程的认识结果的不同。例如，客观唯心主义或经院哲学采用的是演绎方法，在课程设计和实施上要求学校课程应该是绝对无误的“真理”，按照演绎的逻辑组织知识。经验论者认为只有通过实践才能获得真理，在课程设计和实施上则要求通过归纳、推理、组织课程内容并进行教学活动，要求学校向学生提供经过实践证明的知识，训练学生从观察和实验中获取知识的真理。逻辑实证主义和语言分析哲学采用逻辑分析的方法，在课程设计和实施上则重视学生逻辑分析能力的培养，强调教材以及教学过程中使用的语言在逻辑上的严密性。后现代主义主张在课程标准上用“4R”（丰富性、回归性、关联性、严密性）取代传统的“3R”（读、写、算）；在课程范式上，反对传统的泰勒模式的封闭性，主张后现代范式的开放性，倡导采用类似自然科学中的不确定性原理、非线性观点、模糊数学等模式；在课程实施上，主张“去中心”、“边界松散”，主张消除学科之间的界限①。

第二节　课程的社会学基础

课程是培养人才、实现教育目的的重要手段，是联系教师与学生的中介。课程在本质上是一种社会文化的选择，受社会政治、经济的制约和影响。因此，将社会学作为课程的基础，探究课程与社会的关系，具有重要的价值和意义。布鲁纳曾说：“不顾教育过程的政治、经济和社会环境来论述教育学理论的心理学家和教育家，是自甘浅薄，势必在社会上和教室里受到蔑视。”② 而随着时代的发展，人们的价值观念和生活方式以及各种习俗、文化更是呈现出

① 有宝华：《课程开发范式的转型——解读〈后现代课程观〉》，载《教育发展研究》2000 年第 12 期。

② ［美］布鲁纳著，邵瑞珍、张渭城等译：《布鲁纳教育论著选》，人民教育出版社 1989 年版，第 367 页。

纷繁复杂的局面，更是要求课程研究者必须了解课程的社会学基础，以更好地把握课程的本质、目的、组织以及实施。

一、课程与社会关系的历史考察

如果说从社会学的角度来专门研究课程问题还是20世纪60年代以后的事情，那么，在社会大背景中考察课程设置则历史要久远得多。

在古希腊的理智教育中，对西方课程设置产生深远影响的“七艺”（文法、修辞、辩证法、算术、几何、天文、音乐）与雅典人的生活密切相关。比如：文法、修辞、辩证法有助于提高人的演说能力；算术、几何在各式各样的手艺中，在家庭经济中具有重要的实用价值；音乐则有助于陶冶人的心灵，故也受到一定的重视。“七艺”作为学校课程，一直沿用到文艺复兴运动之前。到了文艺复兴之后，学科开始分化。从一定意义上来说，现代学校课程体系是在“七艺”的基础上发展起来的。

此外，不能不提的是，在古希腊，柏拉图是第一个依据社会观来进行课程设置的人。在《理想国》一书中，柏拉图阐述了社会的阶级构成，并分析了不同社会等级所需要的课程。他把理想国的人划分为哲学家、军人、手工业者和农民三种不同的等级。哲学家负责管理国家；军人负责保卫国家；手工业者和农民是生产劳动者，应该服从统治。为了培养这三种不同等级的人，所需进行的课程设置也相应地不同。在柏拉图看来，儿童7岁以前主要是做游戏和听故事，7岁进入学校接受训练直至18岁左右，主要进行体育和音乐学习，旨在锻炼身体，陶冶心灵。对于农民和手工业者来说，学习训练到18岁已经足够了。另外两种人则在此基础上，继续深造，头两年进行军体训练，从20岁到30岁学习算术、几何、天文学和音乐理论。柏拉图认为，算术有助于培养人的思考能力；几何除了有助于认识永恒存在之功效外，还具有心智训练的价值，进而有利于学习别的科目；天文学对行军作战、农业以及航海都很有帮助。大多数人的学业到此就结束了，只有极少数人继续学习五年，主攻辩证法，旨在培养参与指导国家大事的管理人员。个别人经过多方面的考验后，在50岁左右成为“哲学王”，最终成为理想国的统治者。由此看来，柏拉图的

“本意是要在课程设置与社会构成之间形成对应关系”①，以满足社会稳定和发展的需要。

进入中世纪之后，随着古罗马帝国的灭亡，宗教势力开始快速崛起。随着宗教势力统治地位的确立，世俗课程遭到打压、排斥，宗教内容在课程中占据了绝对的优势。这种课程是与当时封闭、僵化的社会状况相一致的。

到了文艺复兴时期，随着宗教势力的衰减，新兴阶层开始出现。新兴的资产阶级和新贵族阶层为了对抗教会的意识形态，开始建立自己的世界观，其主要表现形式是对古希腊和古罗马文化的狂热追求，出现了人文主义的新思潮。于是，古希腊和古罗马时期智、体、美、德均衡发展的思想得以全面恢复。出于研究古希腊和古罗马人的思想和活动的需要，学习古典拉丁语和希腊语就成了衡量人的身份的重要表征。在学校课程中，拉丁语和希腊语占据了统治地位，它们与文法、修辞、辩证法一起构成了文艺复兴时期人文主义课程的核心。

17—18 世纪，随着英国资产阶级革命的兴起和法国资产阶级启蒙运动的展开，欧洲各国的政治、经济制度以及人们的思想观念都发生了极大的变化。一些思想家纷纷提出自己的社会观和课程观。例如，洛克（J. Locke，1632—1704）提出了“社会契约论”，认为社会制度是由大多数人的意志相结合而形成的“契约”的产物。在洛克看来，由资产阶级与封建贵族联合专政的君主立宪政体是符合“契约”的，而“绅士”是契约的履行者。他倡导以培养社会契约履行者为目标的绅士教育。洛克所讲的绅士教育，主要是针对英国新兴资产阶级和新贵族子弟的。他认为：“一旦这个阶层的人通过教育拨正方向，他们就会迅速地带领其他人踏上正轨。”② 为了培养绅士，洛克主张开设内容广泛的课程：①语文学科：拉丁文、希腊文、法文、英文、作文、文法、圣经；②数学学科：算术、几何、天文学；③社会学科：历史、伦理学、地理、编年史、法律；④手工工艺：绘图、园艺、铁工、木工、铸工；⑤体育活动：摔跤、剑术、舞蹈；⑥音乐；⑦职业性学科：簿记；⑧游戏或休闲③。

---

① 施良方著：《课程理论：课程的基础、原理与问题》，教育科学出版社 1996 年版，第 44 页。

② ［英］洛克著，杨汉麟译：《教育漫话》（全译·注释本），人民教育出版社 2006 年版，第 205 页。

③ 田本娜主编：《外国教学思想史》，人民教育出版社 2001 年版，第 153 页。

法国思想家、教育家卢梭发展了洛克有关社会契约的主张，他在分析私有制下邪恶笼罩、违背民意的状况后，提出了“自然主义”的教育思想，主张教育要避免不良社会风气的影响，回归自然，让儿童在优美的自然环境中自然成长。根据他的设想，教育分为四个时期。①由初生到 2 岁左右是婴儿期，身体软弱，教育以养护为主。②2 岁到 12 岁是儿童期，感觉发达，教育以身体锻炼和感官训练为主。比如，通过图画、几何形体和制图训练视觉，借助于唱歌和音乐发展听觉等，反对教儿童学习古典语言和历史。③12 岁到 15 岁是青年期，理性开始发达，教育以知识传授为主，应学习关于自然方面的知识，如天文、地理和物理等，而不是人文学科的知识。④15 岁到 20 岁是青春期，已意识到社会关系，这时就要通过学习历史、伟人传记、自然宗教等，实施道德教育和宗教教育①。

19 世纪是资本主义国家工商业和科学技术迅速发展时期，自然科学在学校课程中占据了重要地位，这在工业革命的发源地英国表现得尤为明显。例如，此时英国著名的哲学家、社会学家和教育学家斯宾塞提出了“社会有机论”。斯宾塞将社会视为生物机体，认为社会由个人组成，个人又是社会机体的一部分，不能因有无限的个人自由而影响整体；而社会的进步，国家的富强，又有赖于个体细胞的更新与发展，即国民个体的德、智、体三方面的素质。在斯宾塞看来，教育的功能就是要使学生为完美的生活做准备。他说：“为我们的完满生活做准备是教育应尽的职责，而评判一门教学科目的唯一合理办法就是看它对这个职责尽到什么程度。”② 他主张在编订一个合理的课程之前，应确定每项知识的比较价值，依据知识的比较价值，确定学科在课程中的地位。据此，他将教育分为五个部分，并提出了相应的课程：①准备直接保全自己的课程——解剖学、生理学、卫生学；②准备间接保全自己的课程——伦理学、算术、几何学、力学、物理学、化学、天文学、地质学、生物学、社会学、外语；③准备做父母的课程——生理学、心理学、教育学；④准备做公民的课程——历史、社会学；⑤准备生活中各项文化活动的课程——绘画、雕

---

① 中国大百科全书《教育》编辑委员会编：《中国大百科全书·教育》，中国大百科全书出版社 1985 年版，第 230—231 页。

② ［英］斯宾塞著，胡毅、王承绪译：《斯宾塞教育论著选》，人民教育出版社 2005 年版，第 11 页。

刻、音乐、诗歌。当然，在上述所有学科中，斯宾塞认为科学应该占主导地位。

进入20世纪后，随着社会的发展，人们的生产以及生活方式都发生了极大的变化，对教育也提出了新的挑战。为了适应社会的发展以及人们的需求，世界各国都加快了课程改革的步伐。世界课程发展呈现出现代化、多元化、综合化以及人本化的特点，这些都反映了社会发展对课程的深刻影响。

二、社会学对课程影响之分析

社会学对课程的影响主要表现为：一方面为课程提供了社会研究范式；另一方面为课程提供了制约机制。

（一）社会学为课程提供了社会学研究范式

范式是指从事同一个特殊领域研究的学者所持有的共同信念、理论、传统和方法，它是一种模式、形式或规则，支配着探究的行为、解释资料的方法以及看待问题的方式。社会学为课程研究提供了社会学范式。

我国当今的课程研究继承了西方课程研究的传统，即"工艺学模式"。"工艺学模式"课程研究的基本特征如下。①注重明确而具体的目标：教学系统必须先设特定的学习目标。②依赖工艺学：课程的编制、设计、教学都是技术问题，相信工艺学的策略和资料能解决所有的教育问题。③原子论的观点：就像把生产过程分成许多能达成预定结果的简单的单位一样，学生的活动也被分割成许多部分，而课程系统的有效性可由产生满足结果的程度来评价。④重视预定和效率：学生的行为在参与活动之前已被选好，这些行为被视为教学系统的最佳产品；同时发展某些程序以保证准确和效率，排除其他形式的价值，重视易被生产、易被确定、易被量化的因素①。工艺学模式的保守性以及技术倾向引起了许多社会学者的抨击，认为工艺学模式强调技术、效率，忽视了社会结构、师生互动对课程的影响，忽视了课程在分配不同形式的知识权力中所发挥的重要作用。

课程的社会学研究范式，侧重于分析课程的社会制约性问题，研究社会结

① 欧用生著：《课程研究方法论》，台北复文图书出版社1984年版，第99—100页。

构和师生互动对课程的影响、课程所扮演的社会角色以及社会权力在分配不同形式的课程知识中所占的地位等问题，进而从单纯的“工艺学模式”的技术层面转向关注政治、经济、意识形态层面，以解答单纯依靠“工艺学模式”而无法回答的课程现象与问题，给课程研究注入了强大的生命力。它主要包括以下几个方面的内容[①]。①核心概念是“社会控制”，关注课程中所蕴含的社会影响、社会制约、社会控制的成分。②基本命题是课程作为一种“法定文化”是社会控制的中介，社会通过制订和实施课程这种“法定文化”来维护现行社会秩序、稳定与和谐，并且满足统治阶级利益的需要。③基本问题有四个：一是学校课程所代表的是谁的知识；二是课程内容是由谁来选择的；三是为什么要这样来组织课程知识，并以这种方式来教，其社会原因是什么；四是课程的知识对特定社会群体是否有益。课程的社会学范式研究的所有课题，可以说都是这四个基本问题的具体展开。④基本研究方法包括理论研究和实证研究两种，并以实证研究为主。其中，理论研究主要用社会学理论对课程标准、内容及模式等有关范畴或因素给予合理的理论分析与解释，并对不同文化、经济发展水平、政治制度的国家或地区的课程的社会学属性加以比较，以找到其共同特征及各自的社会独特性；实证研究主要采用内容分析法、现场观察法、实验法、问卷法、访谈法等方式，运用社会学规律，探讨课程内容的实施、评价整个过程中的一系列问题。⑤基本研究途径：主要从分析课程的目标、内容、结构、类型、实施、评价等整个过程入手。

（二）社会学为课程提供了制约机制

第一，政治影响课程的机制。在学校课程中，采用何种方式制定其政策，如何分配有限的资源，如何筛选复杂多样的信息，如何评价其利弊得失，等等，对这些问题的回答主要取决于政治体系中的统治集团。也就是说，选择、决定、编排以及评价教育内容的行为主体都是“权力地位占有人”，是由占统治地位的阶级加以选择的结果。“纳入学校课程的知识从一开始就是由社会形成的。我们认为理所当然的关于什么是‘基本技能’、什么是知识的‘核心’

---

① 南京师大“课程的社会学研究”课题组：《简论课程研究的学科方式》，载《课程·教材·教法》1997年第7期。

领域、什么是知识地图上的界限的观念，都是一门复杂的政治学的产物，是由更广的社会权利分配形成的。”[①] 占统治地位的阶级根据不同知识领域之间的关系，以及要想取得和掌握这些知识所要受到的不同制约等差异，在知识体系内部形成上下高低的层级结构，从而使他们所选取的迎合其阶级利益与口味的内容占据一个偏离事实的突出地位，并经由学校将之抽象化、重点化、理想化和政治化，最终使之成为整个社会的合法知识。具体说来，政治对课程的影响主要体现在以下几个方面[②]。①在课程目标方面。占统治地位的阶级利用其拥有的各种权利，颁布一系列的教育法律、政策和规章，借此来合法地强制教育部门贯彻执行教育目的和课程目标，以维护和巩固其利益和地位。②在课程内容的选择及实施方面。课程内容的选择标准体现了统治阶级的意识形态，任何违反这一标准的知识都将被排除在课程之外。不仅课程的选择过程受政治权力的制约，就连课程的实施过程也要由政治权力来决定。例如，我国封建社会官学中的课程等级森严，不同阶层的人接受的课程是不同的。③在课程管理体制方面。与政治管理体制相对应，课程管理体制也有集权和分权之分。在集权制国家里，学校的课程、教材、教学大纲乃至各门学科的教学时数，都由国家相关部门统一规定，各个学校需严格执行。而在分权制国家，学校由地方政府负责管理，各地课程设置大不一样。④政治运动也会对课程产生冲击作用。一般而言，促进社会进步的政治变革对课程产生积极的推动作用，而阻碍社会进步的政治运动则对课程产生破坏性作用，使课程发展陷入低谷，影响着教育质量的提高。

第二，经济影响课程的机制。经济的发展水平决定着教育的发展规模和速度，而教育的发展程度又制约着课程从形式到内容等多方面的发展可能。因此，社会经济是课程进步的重要基础和必要保证。具体说来，经济主要从下述几个方面影响着课程[③]。①社会生产力发展水平制约着课程的设置、结构、范围和内容。在生产力水平相对低下的小农经济时期，由于生产过程和生产技术

---

① ［澳］康奈尔著，李复新、马小梅译：《教育、社会公正与知识》，载《华东师范大学学报》（教育科学版）1997 年第 2 期。

② 靳玉乐著：《现代课程论》，西南师范大学出版社 1995 年版，第 105—106 页。

③ 靳玉乐、黄清著：《课程研究方法论》，西南师范大学出版社 2000 年版，第 164—165 页。

都很简单，人们不需专门学习高深的文化知识和技能。学校课程主要面向统治阶级的后代，传授一些“高贵典雅”的知识，而将实用知识和技能排除在课程之外。随着生产力的发展，尤其是经过了几次产业革命之后，社会生产力对劳动者的文化技术素质提出越来越高的要求，学校课程开始吸收大量科学技术方面的知识，课程设置门类也越来越齐全。②社会经济发展的水平所能提供的教学设施和各种媒介决定着课程实现的程度。教学设施和各种媒介是课程的重要载体，如果没有进行物理、化学、生物实验的基本仪器，没有计算机供学习操作使用，这些课程即使规定了，也是形同虚设。③社会经济体制制约着课程发展的模式和价值取向。长期以来，我国以计划经济为主，这种经济体制导致了我国教育的统一化和课程发展模式的单一化。中国共产党十一届三中全会以后，随着社会主义市场经济体制的逐步确立，我国教育领域的僵化状况逐渐改变。体现在课程问题方面，就是逐步打破了“大一统”的发展模式，不断调整课程结构，改革课程内容，使学校课程呈现出多样化、个性化的发展趋势。在课程价值取向上，纠正了过去片面强调政治的倾向，学校课程非常强调学生的个性发展，并把它作为课程价值体系中极其重要的一个方面。④社会经济发展的不平衡决定了课程发展的多元化。从总体上看，课程建设要与国家经济发展的总体相适应。但就局部而言，任何一个国家的经济发展都有其不平衡性。这就要求课程建设同地方经济相适应，形成课程与地方经济建设之间的良性循环机制，这就必然导致课程的多元化。

第三，科学技术影响课程的机制。作为历史发展的“有力杠杆”和“革命力量”的科学对课程理论和实践有着根本性的影响，是课程发展的基本动因[①]。①科学技术发展水平制约着课程的设置、结构、范围和内容。从历史上看，科学技术发展的每一个阶段，都有与之相适应的课程结构和内容体系出现。在西方，当科学技术尚处于萌芽阶段，人类对自然的认识还不够深入时，为了适应当时的社会政治和文化的需要，出现了“七艺”课程，课程分类的逻辑基础还较薄弱。中世纪时期，神学统治着社会的各个方面，科学成为宗教的奴仆，致使课程出现了倒退。文艺复兴及其以后，科学从神学的束缚中解放出

① 靳玉乐、黄清著：《课程研究方法论》，西南师范大学出版社2000年版，第167—169页。

来，力学、数学、机械学、物理学、解剖学、动植物学等自然科学得到广泛的发展。与此时的科学发展相适应，夸美纽斯、培根等人提出了百科全书式的课程设想。18 世纪末到 20 世纪初，近代自然科学迅猛发展，基础科学的各个部分都基本上形成了自己的理论体系，成为各自独立的科学学科，并运用于工农业生产当中。科学技术成了最有价值的知识，在学校课程体系中日渐占据主导地位。20 世纪以来，由科学技术革命所引发的世界性教育课程改革可谓此起彼伏，从无间断。现代课程越来越注意吸收新的科技成果，不断调整课程结构，以适应科学技术发展对未来人才培养的要求。②科学发展规律制约着课程内容的结构特点。科学发展是有规律可循的。从科学发展的内部动力来看，它是循着“理论—实验—理论”这一运行机制发展起来的。这表明，实验乃是科学发展的重要基础和源泉。同样，实验在科学课程内容结构中占有十分重要的地位。科学教育课程只有建立在实验的基础上，才能使学生了解科学发展的规律，更好地掌握科学知识，学会科学方法，形成科学精神。从科学应用方面看，它是通过技术的“物化”中介而变成生产力的。科学通过技术与生产相联系，形成“科学—技术—生产”这一发展循环机制。这一机制对课程提出了必须与生产相结合，课程内容必须反映生产技术的要求。因此，加强课程中的技术教育的内容，使学生了解现代生产原理，是科学发展的必然要求。③科学发展的综合趋势和科学知识的急剧增长将导致课程形式的多样化。现代科学发展中各学科相互交叉、相互融合的综合化趋势猛烈地冲击着学校课程，从而打破了过去单一的分科课程形式，综合课程成为学校课程体系中一个重要的组成部分。同时，由于科学知识的急剧增长，导致了必修课与选修课、课内与课外的进一步结合，学生摄取知识的途径和渠道朝着日益多样化的方向发展。④科学技术的发展影响了课程理论的形成。每一种课程理论的孕育和形成，总是与一定的哲学思想相呼应，而一定的哲学思想又是以一定水平的科学知识为基础，科学的发展状况决定着每一时代哲学思想的形态。科学技术正是通过影响各个哲学派别的形成和发展，进而对课程理论产生深刻的影响。每一种课程理论的发展，无不打上了科学技术变革的烙印。

第四，社会文化影响课程的机制。课程是文化的一个组成部分，文化与课程自然有着十分密切的关系。如果说，科学技术对课程的影响是直接的、明显的，而社会文化对课程的影响则往往是潜在的。具体说来，社会文化对课程影响主要表现为以下方面[①]。①文化传统影响着课程的价值取向。每个民族都有自己的传统文化特点，因而课程建设和发展往往各具特色。例如，我国传统文化的精神支柱是儒家学说，因而儒家思想对课程建设的影响是深刻的。在课程目标上，非常重视“贤人”和“君子”的培养，把道德的完善放在首位。在课程内容上，重视道德教育，偏重人伦和社会方面的知识内容，忽视实证的自然科学知识。在课程设置上，以人的群性（共性）发展为出发点，忽视人的个性发展，强调“大道之行也，天下为公”、“天下兴亡，匹夫有责”等这些强烈的群体观念。在课程实施方式上，重视内省以“致良知良能”，忽视外求；重视整体把握，忽视逻辑分析；重视直觉、思辨，忽视实证分析；等等。②文化交流影响着课程发展。不同地区、不同民族之间的文化交流是文化赖以发展、提高的基础，也是课程发展的推动力量。在中国历史上，曾有过两次大的中外文化交流。第一次是西汉末年、东汉初年佛教传入，到魏晋、南北朝、隋唐时期，佛教广泛传播开来，对当时的文化教育产生了深刻的影响。同时，中国传统的儒学文化也传播到邻国如朝鲜和日本，对两国的教育产生了重要影响，课程建设也打上了中国文化的烙印，表现为儒学和儒家经典著作成为其课程的基本成分。第二次是清末民初的“西学东渐”，大量的西方科学技术传入中国，形成了“中学为体、西学为用”的课程发展模式，打破了伦理政治等人文科目一统天下的局面，自然科学开始在课程体系中占有一席之地，大大加速了我国课程的近代化、科学化乃至现代化的进程。③文化变革影响着课程改革。课程不仅具有传递文化的职能，更负有发展文化的使命。因此，课程建设一方面要适应文化传统，另一方面也要促进文化的变革。而文化的变革，反过来又极大地推动着课程改革与发展的步伐。每当文化发生大的变革时，课程也必然会作出相应的改革。

① 靳玉乐、黄清著：《课程研究方法论》，西南师范大学出版社 2000 年版，第 169—171 页。

第三节　课程的心理学基础

作为研究心理现象及其规律的科学，心理学是探讨学习活动、学习内容和学习方法的基础，因而经常被作为各种课程抉择的依据。事实上，心理学已被公认为课程的理论基础之一。至于心理学与课程的关系，杜威在《儿童与课程》中有过形象的描述："心理的考虑也许会遭到忽视或推在一边，但它们不能被排除出去。把它们从门里赶出去，它们又从窗子里爬进来。"① 由此看来，需要论证的不是学校课程与心理学是否存在联系，而是存在何种关系以及应该怎样联系。

一、课程与心理学关系的历史考察

关于课程与心理学的关系，最早可追溯至古希腊时期的柏拉图。作为西方客观唯心主义的创始人，柏拉图认为世界由"理念世界"和"现象世界"组成，理念世界是真实的存在，永恒不变，人类感官所接触到的现实世界，只不过是理念世界的影子，它由现象所组成，每种现象是因时空等因素而表现出暂时变动等特征。人的一切知识都由天赋而来，它以潜在的方式存在于人的灵魂之中。因此，认识不是对世界物质的感受，而是对理念世界的回忆。为了发展人的理性，柏拉图根据学生的心理特点，划分了几个年龄阶段，并分别授以不同的课程。3—6 岁的儿童在游乐场内进行故事、游戏、唱歌等活动。6 岁以后，儿童进入初等学校接受初级课程，为儿童安排了简单的读、写、算、唱歌，同时还十分重视体操等体育训练项目。17—20 岁的青年开始接受军事教育，同时学习算术、几何、天文、音乐等文化科目。20—30 岁，进行 10 年的科学教育，着重发展青年的思维能力。30 岁以后，经过挑选的学生要学习 5 年哲学②。

① ［美］杜威著，赵祥麟等译：《学校与社会·明日之学校》，人民教育出版社 2005 年版，第 125 页.
② 田本娜主编：《外国教学思想史》，人民教育出版社 2001 年版，第 23 页。

亚里士多德认为，灵魂是生命的本源，灵魂不仅赋予有机体以生命，而且使有机体潜在的特征得以展现。灵魂作为一种能动的本源，有着潜能或官能，它们以各种方式活动。在亚里士多德看来，灵魂可分为理性灵魂与非理性灵魂。理性灵魂的主要功能是思维、理解、判断、认识等，是灵魂的理智部分。非理性灵魂的功能主要是本能、感觉、欲望等，是灵魂的动物部分，所以又被称为动物灵魂。此外，亚里士多德还把身体部分叫做植物灵魂，它主要表现在营养、发育以及生长等生理方面。这样，对亚里士多德来说，灵魂共分为三个部分：植物灵魂、动物灵魂和理智灵魂。植物灵魂是灵魂中最低级的部分，动物灵魂属于中级部分，理智灵魂为高级部分。亚里士多德认为，儿童的身体、情感和理智三者的发展、训练顺序为：首先是身体的发育，继之为情感的培养，最后是理智的训练①。亚里士多德认为，感觉在人的认识过程中只起到一种诱发的作用，知识只有通过理性的思考才能获得。因此，亚里士多德认为，教育的目的是发展灵魂高级部分的理性。根据上述认识，亚里士多德设想按照儿童的年龄特征来划分教育阶段，并依次设置相应的课程。他的教育方案分四个阶段：①从出生到 6 岁，是体格发展时期，由家长训练；②7 岁到青春期，学体操、音乐、读、写、算的基本知识，由国家控制；③青春期到 17 岁，不仅学音乐和数学，而且修习文法、文学、地理学；④高等教育为青年中极少数优秀者实施，发展百科全书式的广泛兴趣，包括生物科学、物理科学、伦理学、修辞学和哲学②。

亚里士多德对后世课程的影响，不是体现在他对教育阶段的划分，而是体现在他对人类灵魂的心理官能的分析。在亚里士多德以后的许多世纪里，从官能的角度来描述心灵非常流行。直至文艺复兴及其后的年代里，官能心理学还是一种最为人们所接受的学说。按照这种学说，自然会得出这样的结论：学习寓于各种官能的操练之中。学习内容本身并不重要，官能的发展高于一切。知识的价值在于其为训练官能的材料。亚里士多德所提出的关于人的灵魂的三部分自然发展以及在此基础上进行课程设置的思想，奠定了其关于依据年龄设置

① 王天一、夏之莲、朱美玉编著：《外国教育史》（上册），北京师范大学出版社 1992 年版，第 53 页。

② 马骥雄著：《外国教育史略》，人民教育出版社 1991 年版，第 48 页。

课程并分期实施教学的认识论基础。这既是一个课程与教学适应自然的良好开端，也是把课程与教学理论建立在人类自身发展和教育发展规律之上的初步尝试。

如果说柏拉图、亚里士多德等人提出了按儿童年龄特征分期教学的主张，初步注意到了教育中的心理活动问题，那么，裴斯泰洛齐（J. H. Pestalozzi，1746—1827）则明确提出了在教学中充分注意不同年龄阶段儿童的心理特点，以及应从心理学的角度论证和阐述教学问题的观点，并将这种观点应用于教育实践。裴斯泰洛齐认为，人"本性"的发展呈现出一种顺序性的特征，个体从出生到成熟的本性发展并无突然的飞跃，而是按照一定的道路进行的，时机到来后人的内心深处会萌发出先天的动力，推动人的"本性"趋向成熟。他对人的发展规律的认识，奠定了其教育原则和方法论基础：第一，人的身心发展是统一的，教学中必须强调德智体的相互联系；第二，人的发展必须依靠内部力量，教学必须选择适当时机，尊重学生的自我发展；第三，人的发展是有序的，教学必须循序渐进①。为了促使人的"本性"的发展，他主张给学生开设阅读、书法、算术、几何、测量、绘画、唱歌、体操、历史、地理、自然等课程。为了在教育过程中遵循儿童的心理特点，他还提出了适应"自然"的原则、直观性原则、理论与实践相结合的原则，主张首先要寻找教学的"心理根源"，根据心理学的原理来组织教学，解决教学中的实际问题，才能掌握儿童的身心发展规律，促进儿童的成长发展。

赫尔巴特是教育史上最早把教育建立在心理学基础上的人。他在继承和发展前人成就的基础上，对将心理学引入教学进行了长期的研究。他指出，进行这种艰苦研究的动机，主要是自己"深信在我们的教育学领域中大部分的缺陷乃是缺乏心理学的结果"②。赫尔巴特否认心灵有与生俱来的官能，认为心灵空无一物。心灵通过感官媒介，与外界接触，获得最初的经验即观念。他把人的全部精神归结为观念，认为心理活动乃是观念的出现、结合和消失。他在运用观念说明其心理学理论时，首次运用了"意识阈"、"下意识"、"统觉"等心

① 田本娜主编：《外国教学思想史》，人民教育出版社2001年版，第180页。
② 滕大春主编：《外国教育通史》（第三卷），山东教育出版社1990年版，第264页。

理学中应用极广的概念。由个别观念构成体系的过程，赫尔巴特称之为“统觉”。所谓统觉过程，也就是使分散的观念联合成一个整体的过程，亦即用已有观念去解释和融化新观念的过程。赫尔巴特赋予“统觉”在教育过程中极大的意义，认为能否促进统觉的进行关系到教学的成败；他要求教师在教育过程中应尽可能地创造条件，促进旧观念的再现，使新观念能够更好、更快地被同化和吸收。同时，赫尔巴特还非常注重教学与儿童兴趣的结合。所谓兴趣，在赫尔巴特看来，“兴趣是同欲望、意志和审美有共同之处的，是同漠不关心相对立的”①。以其统觉论和兴趣论为基础，赫尔巴特构建了他的课程论。他认为，教材的选择和安排首先必须考虑学生的知识背景。其次，要适应学生的兴趣。儿童的兴趣可分为自然的和社会的两大类，共六种，并据此设置相应的学科。①根据经验兴趣，相应地设自然学科，如物理、化学、地理等学科。目的在于使学生对客观世界主要是自然的知识，有一定的认识。②根据思辨兴趣，相应地设数学、逻辑学、文法等学科。目的是培养学生的思维能力。③根据审美兴趣，相应地设文学、音乐、绘画等学科。目的主要在于培养学生的审美情感和艺术鉴赏能力。④根据同情的兴趣，相应地设古典语、本国语和现代外语等学科。目的主要是培养学生的友爱和谅解精神。⑤根据社会兴趣，相应地设历史、政治、法律等学科。目的在于培养学生的群体合作精神。⑥根据宗教兴趣，相应地设立神学学科。目的在于培养学生对宗教的兴趣和服从的精神②。

赫尔巴特的这些观点曾在学校课程史上产生过重大影响，但其心理学毕竟还处于“前科学”阶段，缺乏科学依据，因而遭到各种抨击和批判。其中，杜威在《民主主义与教育》中的批判，是言而中的的。杜威认为，形式训练说所设想的各种天赋官能纯粹是一种玄想，事实上根本就没有这类现成的能力等待训练。再者，离开具体的内容奢谈一般能力的训练是荒唐的。另一方面，赫尔巴特以为心灵是由课程内容构成的，因而教材的序列对心灵的形成有重大影响，这忽视了学生的能动作用。杜威既批判“教育就是从内部将潜在能力展开”，也反对“教育就是从外部进行塑造工作”，他认为，“教育是经验的继续

① ［德］赫尔巴特著，李其龙译：《普通教育学·教育学讲授纲要》，人民教育出版社 1989 年版，第 56 页。

② 田本娜主编：《外国教学思想史》，人民教育出版社 2001 年版，第 210—211 页。

不断的改组和改造”[1]。但是，杜威对“经验”的解释，与其说是心理学的论点，倒不如说是一种哲学主张。

二、心理学对课程影响之分析

（一）心理学为课程提供了心理学研究范式

任何一门科学研究或理论体系的建立与创新总是同方法的改进和创新分不开的，若没有方法的改进或创新，理论创新就会成为空谈。课程研究必须依据科学方法的创新与改进，特别需要从其基础学科中汲取方法论营养，获得研究范式。课程研究有哲学、社会学、心理学等多种学科范式，不同的学科从不同的视野去探究课程的不同层面与侧面。课程研究的心理学范式，属于事实性研究，研究对象是客观事实，主要对课程中的心理学现象和规律作出描述、解释和判断，侧重研究课程中的技术性问题、事实性问题。它包括以下几个方面的内容。①核心概念是“心理发展”，关注课程对于促进学生心理发展的意义。②基本命题为课程是影响学生个体心理发展的基本材料，课程的选择、编制与实施是否符合心理学规律，在很大程度上决定着教育对学生心理发展的影响力。③基本问题有两个：一是现有课程是否适应学生已有心理发展水平？二是课程对促进学生心理进一步发展有何意义？课程的心理学研究的所有课题，可以说都是这两个基本问题的具体展开。④基本研究方法包括理论研究和实证研究两种，并以实证研究为主。其中，理论研究主要用现有的心理学理论对课程标准、内容及模式等有关范畴或因素给予合理的理论分析与解释；实证研究主要采用观察法、实验法、问卷法、访谈法等，运用心理学规律，探讨课程开发整个过程的一系列问题。⑤基本研究途径主要从分析课程标准、课程模式、课程类型、课程评价等方面入手[2]。

（二）心理学为课程目标的制定提供了基础

尽管课程目标的内容主要受社会政治经济制度、哲学思想和办学宗旨等方

① ［美］杜威著，王承绪译：《民主主义与教育》，人民教育出版社 2001 年版，第 86 页。

② 南京师大“课程的社会学研究”课题组：《简论课程研究的学科方式》，载《课程·教材·教法》1997 年第 7 期。

面的影响，但心理学理论尤其是学习心理学有助于我们在确定课程目标时采用什么样的表达方式，或确定其目标能够达到何种程度。现代课程论之父泰勒就曾把心理学作为一个非常重要的“筛子”，对已选择出来的课程目标进行筛选。心理学对学校课程目标的筛选作用主要表现在两个方面：在较低层次上，学习心理学的知识有助于我们把可能期望通过学习过程使学生产生的变化，与不可能期望产生的变化区别开来；在较高层次上，学习心理学的知识有助于我们把在特定年龄阶段可行的目标，与那些可能需要花费很长时间或几乎不可能达到的目标区别开来①。依据心理学规律，学校课程目标既要有一个基本的共同性目标，以适应大多数学生的基本需要，符合学生心理发展的共性要求，又要在共同性目标的基础上确立差异性目标，以适合不同学生的需求，符合学生心理发展的个性特点；既应当具有整体性，在设计时考虑一个全面系统的目标，以促进学生在认知、情感、技能等方面全面发展，又应当具有层次性、差异性，有所侧重，从而构成不同层次的课程目标。

当然，需注意的是，不同的心理学流派对课程目标的观点又有所不同。比如，行为主义心理学注重可观察和可测量的外显行为，因而它非常强调行为目标。认知主义心理学认为，课程目标应能促进学生认知结构的形成与发展，课程设计应关注学科的知识结构和学生的认知结构。与认知主义心理学不同，人本主义心理学则认为，课程的价值在于为每个学习者提供真正有助于个性解放和成长的经验；它成功地将课程的重点从教材转移到个体身上，将课程的目标定位在促进个体的自我实现。这种课程目标超越了行为主义和认知主义，强调个性发展与创造性表现，旨在通过课程教学追求学生反应的多元化和个性化。建构主义心理学主张，课程目标应是生活体验价值取向的“生成性目标”，是学生在与学习情境交互过程中不断生成的目标，强调意义建构和引导学生获取生活经验。

（三）心理学为课程内容的选择提供了依据

不同的心理学流派对课程内容的看法不尽一致。在行为主义心理学研究者看来，学习是一种在外界刺激和奖励惩罚等作用下，使学习者作出正确反应，

---

① ［美］泰勒著，施良方译：《课程与教学的基本原理》，人民教育出版社 1994 年版，第 29 页。

逐步形成稳定行为方式的过程，其产生是外控的，保持是强化的结果，过程是被动、循序渐进、积少成多的，因而在课程内容方面强调由简到繁的累积，强调基本技能的训练。认知学习理论认为学习是学习者内部心理结构的形成和改组，而不是刺激—反应联结的形成或行为习惯的加强或改变，探讨的主题是学习者内部心理结构的性质以及它们是如何变化的，重视学习的迁移。该派主张课程的内容由概念、命题组成，强调学科的基本概念、基本原理，并按一定的结构呈现；设计时应尊重学生的认知规律，依据学科的知识结构和学生的认知结构，坚持简约和精要原则，尽量把教材化为概念、图式，鼓励学生对信息进行处理，主张螺旋式课程。人本主义心理学既不像行为主义过分地关注学习的结果，也不像认知主义过分地关注学习的过程，而是关注学生学习的起因，即学生学习的情感、信念、意图、态度等问题，认为学生是学习的主体，生来就有进行意义学习的潜能，学习的关键在于使学习具有个人意义。在人本主义者看来，学校课程内容必须是有意义的学习材料，要与学生的基本需要、所关心的事情密切联系起来，对学生情感的丰富和理智的发展具有重要意义。设计时要考虑学生的实际情况，贴近日常生活，符合他们的年龄特征，使课程内容生动活泼、充满激情，让学生从中找到对自己来说十分具体的意义。课程的形式包括“融合课程”、“意识课程”、“自我导向课程”等，其中最典型的是融合课程，体现情感与理智的整合、个人与社会的整合、教材与学生生活的整合①。而在建构主义心理学看来，学习不是由教师把知识简单地传递给学生，而是由学生自己建构知识的过程；学生不是简单被动地接收信息，而是根据自己的经验背景，对外部信息进行主动地选择、加工和处理，进而建构知识的意义，这种建构是无法由他人来代替的；学习意义的获得，是每个学习者以自己原有的知识经验为基础，通过同化和顺应，对新信息重新认识和编码，建构自己的理解。以建构主义心理学为基础，建构主义课程论认为，课程内容不是解释现实世界的“绝对参照”、绝对正确的“最终答案”，它具有动态性、发展性；课本知识不是解释现实的“模板”，在不同的情境下有其特异性。掌握知识并不意味着掌握了教条、掌握了规律，我们不能拿来便用，一用就灵，而需要把握在

① 单丁著：《课程流派研究》，山东教育出版社 1998 年版，第 175—176 页。

不同情境中的复杂变化，需要针对具体情境进行再创造[①]；课本知识只能说是一些信息、信号或符号，在被个体接受之前，它对个体来说是毫无意义的，只有通过个体的主动建构，变成认知结构中的知识它才能获得意义。

虽然不同的心理学流派在课程内容的选择上都提出了自己的主张，但从心理学角度而言，在选择课程内容时应遵循以下几个方面的原则。①动机在学生学习中具有重要作用，要重视培养学生学习的内在动机。②学生的主动参与对学习效果关系重大，要让学生积极主动地参与到课程内容中去，既包括外显式的参与，也包括内隐式的参与。③学生只有在面临问题时，才会认真思考，并从学习中获得满足感，应当鼓励学生尝试各种新的问题解决方式。④过难或过易的问题都会抑制学生学习的积极性，在选择时要考虑学生原有的认知水平，不能过深、过难、过多，也不能过浅、过易、过少，要难易适度、多少适量[②]。根据心理学原理，课程内容既要注重基本知识、基本技能，有一个比较统一的范围和共性要求；同时，还应体现差异性，反映课程的个性化，在难度上呈现层次性，在类型上体现多样性和灵活性。只有这样，才能促进学生全面而富有个性的发展。

（四）心理学为课程内容的组织提供了方法

在课程内容的组织方面，长期以来，存在着两种分歧较大的主张。有些研究者主张课程内容组织的逻辑顺序，有些研究者则主张课程内容组织的心理顺序。对于这两种各执一端的观点，杜威认为二者都陷于同样的根本性的错误。那么，如何做到既注重课程知识的逻辑顺序，又考虑学生的心理顺序，做到课程的逻辑顺序与学生的心理顺序的统一呢？对此，杜威认为，理想的课程应该是一种心理化的教材，即是“把教材作为在全部的和生长的经验中相关的因素来考虑的。这样来看，就是使教材心理化”[③]。根据心理学规律，学校课程内容的组织应该由浅入深，由简到繁，处理好每一门课程中知识分化与综合的关系，以及整个课程结构中分科课程与综合课程、必修课程与选修课程等方面的

① 陈琦、张建伟：《建构主义学习观要义评析》，载《华东师范大学学报》（教育科学版）1998年第1期。

② 施良方著：《课程理论：课程的基础、原理与问题》，教育科学出版社1996年版，第40页。

③ [美] 杜威著，赵祥麟等译：《学校与社会·明日之学校》，人民教育出版社2005年版，第123页。

关系。泰勒在分析了课程内容组织的逻辑顺序与心理顺序之间的关系后，提出了课程组织的三原则，即连续性、顺序性以及整合性。“连续性是指在学习者的经验中反复强调这些特定的要素，顺序性是指使学习者的发展不断增加广度和深度，整合性是指使学习者的行为与相关要素日益统一。”① 换句话说，连续性即直线式地陈述课程内容；顺序性强调后继的内容要以前面的内容为基础，同时不断增加广度和深度；整合性则要求注意各门课程的横向关系，使学生获得一种统一的观点，并把自己的行为与所学内容统一起来。

（五）心理学为课程实施与评价提供了参考

学校课程的实施与评价也应充分运用心理学知识，以更好地促进学生的自主学习和发展。在这方面，不同的心理学流派也提出了自己的见解。比如，行为主义心理学主张采用各种教学媒介进行个别教学，提倡教学设计或系统设计的模式，主张开发各种教学技术，赞同教学绩效、成本—效应分析和目标管理等做法。认知主义心理学认为，在课程实施的过程中，应强调认知方法、问题解决法和迁移学习法，主张学习作为自我与外部环境的交互作用的结果能够进行修改；在评价方面，主张对学生内隐性知识的评价，注重课程的认知过程而非行为结果。人本主义心理学高度重视学习中的情感因素，充分尊重学生个体，强调学生的主动精神，强调学生学习风格的培养和个性的发展，强调建立融洽的师生关系。它主张，课程实施应重视人际关系的改善和学生创造性的培养，以造就具有鲜明个性和主动精神的学生自我。建构主义心理学则主张，在课程实施过程中，应强调学生学习的主动性、社会性和情境性，认为课程学习不是被动地接受信息刺激，而是主动地建构意义，从而获得自身的意义。在这一过程中，教师只是课程意义建构的帮助者、促进者，而不是知识的提供者和灌输者，其作用从传统的传递知识的权威转变为学生学习的辅导者、合作者或“高级伙伴”。

总之，就心理学研究的发展趋势来看，心理学的观点要求我们在课程实施与评价过程中，应注意以下两点。首先，课程的实施要求教师必须改变传统的课程观念，不应只关注知识的传递，更应关注学生的学习兴趣、学习方式和学

① ［美］泰勒著，施良方译：《课程与教学的基本原理》，人民教育出版社 1994 年版，第 77 页。

习效果，树立以人为本的课程观。这就要求教师应认真分析课程的知识结构是如何转化为学生的认知结构的，课堂上师生关系之间的心理关系对知识的传递具有哪些影响，如何在教学过程中促进学生认知与情感的协调发展等问题。其次，在课程评价中，教师则应注意各种评价手段对于促进学生心理发展的有效性，研究各种评价手段本身对学生心理发展的影响，如考试对学生学习兴趣的影响、分数对学生自我意识的影响、排名次对学生自尊心以及自信心的影响等，转变考试观念，构建综合性的评价体系，以促进学生的全面发展。

【思考与练习】

1. 哲学对课程的影响主要体现在哪些方面?
2. 试论社会学对课程的影响。
3. 简要分析心理学对课程的影响。

第三章　课程理论

【启发与引导】

• 斯宾塞提出了“什么知识最有价值”这一问题，培根说“知识就是力量”，你如何看待这些论断？你认为知识是课程的核心吗？

• 学生是课程实施的对象，是课程的最终接受者。你认为学生与课程之间有什么联系？

• 课程作为一种特殊的社会现象，你认为它应该适应社会的需要，还是应该担负“批判”和“改造”社会的重任？

• 课程理论发展至今，已经形成了众多的理论派别，似乎已经很完善了。那么，你认为课程理论将如何发展下去？

课程论作为一个独立的研究领域伴随着课程改革不断获得新发展。总体上说，课程作为学校教育的主要途径，以向下一代传播和发展人类文化知识体系为主要目的，从而使他们具备未来步入社会所必需的基础知识、基本技能，获得终身学习的方法，形成正确的价值观和生活态度等。同时，作为一种社会现象，课程是一定社会的产物，必然体现特定时期、特定社会对人的发展的基本要求。因此，课程所涉及的主要因素无外乎三个，即知识、学生、社会。对这三个因素的关注程度，决定了课程理论的倾向性。从历史上看，课程理论主要形成了三种不同的研究倾向，即强调学术的知识中心课程理论，强调学生的学习者中心课程理论以及强调社会问题的社会中心课程理论。

第一节　知识中心课程理论

知识中心课程理论关注的是学科知识本身，重点探讨学校教育应选择什么知识、如何组织知识等问题。其中有代表性的理论主要有永恒主义课程理论、要素主义课程理论和结构主义课程理论。

一、永恒主义课程理论

永恒主义又被称为“古典主义”、“古典人文主义”，它于20世纪30年代产生于美国，覆盖面则遍及英、法等一些欧洲国家。永恒主义主张过去的东西是卓越的，特别是由“伟大”的著作家及其著作所代表的过去的东西是无与伦比的，其实质是为永久不变的东西，为宇宙、人性、知识和真善美的不变的本质作辩解。永恒主义课程理论的主要代表人物是美国的赫钦斯（R. M. Hutchins）、阿德勒（M. J. Adler），英国的利文斯通（R. Livingstone）和法国的阿兰（Alain）等，其观点主要有以下几个方面。

（一）课程的目的在于促进学生理性的发展

永恒主义者强调个人的完善是理性、道德和精神等诸方面充分的发展，但是，在他们看来，这三个方面并不是平行或并列的，理性的发展不容置疑地处于首要位置。关于理性，他们认为，人是有理性的，人和宇宙都是理性的产物。因为理性是人的最高属性，所以人必须按照经过深思熟虑而选择的目的，用理性来指导他的本能方面的天性。人的责任是按理性而生活，控制他难以控制的各种本能。我们不能原谅坏人，把坏人的恣意妄为归咎为环境不好或他个人遇到了困难；我们也不能宽恕儿童在学校中的任意胡为，认为他只是在表现他的真正自我或缓解他内在的紧张情绪。

永恒主义者笃信理性原则，认为“认识要经历从全然无知到经验的和意识的水平，再到理性和精神的水平”①。经验的水平是低级水平，感觉只能得到零碎、片段的知识，不可能获得自明的、先在的永恒原则，因而是不可靠的。理性是认识发展的高级阶段，只有经过理智能力才能获得普遍的、恒定的真理，获得永恒原则。认识之真正的对象只有永恒原则，所以认识的过程主要是一个抽象的思辨过程，是一个通过理解、推理、思考、概括获得永恒真理的过程。

鉴于此，永恒主义者把培养人的理性作为教育教学的最高目的。“因为推理是我们的最高目的，所以发展智力应该是教育教学的最高工作重点。”② 赫钦斯明确指出：“理智的美德是由理智能力的训练而获得的习惯。一种受过适当训练的理智，一种适当形成习惯的理智是一切领域里能够起着很好作用的理智。因此，不论学生是否注定从事沉思的生活或实际的生活，由理智美德的培养所组成的教育是最有用的教育。”③

（二）以“永恒学科”作为课程的内容

永恒主义者认为，在人的表面的差异背后，有某些永恒的东西。尽管人的生活环境是多种多样的，但人性是永恒的、不变的。赫钦斯说：“每个人有作为一个人的职责。但一个公民或国民的职责可能在各个社会并不相同，因而训练的制度，或适应的制度，或教学的制度，或满足直接需要的制度，可能随之而不同。但是人的职责在每个时代和每个社会都是一样的，因为这是作为一个人的本性所造成的。”④ 人在历史的长河中生生不息、变动不居，但在千差万

① 陆有铨著：《现代西方教育哲学》，河南人民出版社 1994 年版，第 156 页。

② ［美］A. C. 奥恩斯坦著，刘付忱等译：《美国教育学基础》，人民教育出版社 1984 年版，第 101 页。

③ ④ 王承绪、赵祥麟编译：《西方现代教育论著选》，人民教育出版社 2001 年版，第 204、223 页。

别、形形色色的背后，有一种永恒存在的东西，如在价值、尊严、权利、希望以及命运等问题上从未改变过。

从人性不变这一立足点出发，永恒主义者认为，既然人性不变，那么教育的性质也是不变的，“永恒”是教育的基本原则。阿德勒认为：“如果人是理性的动物，在全部历史时代中，其本性都是永恒不变的，那么，不管是什么文化或什么时代，在每种健全的教育计划中都必须有某种永恒不变的特色。”①

关于课程，永恒主义者基于“永恒”原则，认为课程是社会文化的综合，是人类知识精华的浓缩。每门学科都表现人类文化的某些观点，然而任何单一的课程或学科都不能完全地表述出一种文化中所出现的全部真理，因此建立一些“永恒学科”是很必要的。这些学科包含了主要的真理，并且在任何时间、任何地方，在任何政治、社会或经济条件下，每个孩子在其学校教育过程中都应该学习这些课程，因为一切社会都有着真正的相似之处。

什么是永恒学科？永恒主义者所指的永恒学科，是历代伟大思想家的著作，尤其是古希腊和古罗马的经典著作。赫钦斯认为：“永恒学科首先是那些经历了许多世纪而达到古典著作水平的书籍。许多这样的书籍都是古代和中世纪时期的。可是尽管那样，这些书还是属于当代的。一本古典著作是这样的书，它在任何时代里都是属于当代的。这就是它成为一本古典著作的原因……这样的书是永恒学科的一部分，而且是很大的一部分。它们是那样居于首要地位，因为它们是我们所知道的最好的书。一个从来没有读过西方世界里任何伟大的书的人，怎能称得上是受过教育的呢？……其次，这些书是普通教育的基本部分，因为没有它们，要想懂得任何问题或理解当代世界是不可能的。”②他举例说，如果我们读了牛顿的《原理》，就会看到一个伟大的天才在行动；我们就熟悉了一种绝无仅有的著作的简明和优美；我们也懂得了近代科学的基础。学生一旦掌握了这些名著，将有助于为专门科目和丰富多彩的普通教育做准备，还可以帮助学生养成阅读的习惯，掌握鉴赏和批评的标准。因此，他认为，永恒学科具有这样一些特点：①能开掘出人类的共同要素；②通过这些学

---

① 黄济著：《教育哲学通论》，山西教育出版社 2004 年版，第 230 页。

② 王承绪、赵祥麟编译：《西方现代教育论著选》，人民教育出版社 2001 年版，第 212 页。

科的学习，有助于人们形成共同的信念，有助于人们之间的相互沟通和联系；③永恒学科集历代伟人思想之精华，是人们学习人类文明最有效的途径；④永恒学科又是学生进一步学习高深学问以及进一步深入认识世界的基础[①]。利文斯通认为："古典的学问是我们各门学科得以生长的土壤，我们各门学科最后就是依靠这个土壤。"[②] 阿德勒的观点则把现代的名著也包括在内。他认为，古代、中世纪和现代各个时代的名著杰作是人类知识和智慧的宝库，它必定为每一新时代开创文化传统，阅读这些书的目的不是研究文物，其兴趣不是在于考古学，也不是在学语言学，而是因为这些书不因岁月流逝而改变其重要性，而且因为它们所论及的问题和提出的思想，不受生生不息规律（永无止境的进步规律）所支配。

基于此，永恒主义者提出了从小学到大学的一整套学校课程计划，这些课程计划是其课程编制思想的集中反映。在小学，他们强调在进行读、写、算等基本训练的同时，要求儿童熟记一些伟大的古典著作中的某些段落；在中学，开设古典语言课程，为学生学习伟大的古典著作打好基础；大学生必须阅读古代作家的名著，从中汲取那些永恒的东西。在这方面，最著名和最典型的当数"圣约翰计划"。赫钦斯和阿德勒在 1937 年接任圣约翰学院的董事会后，实施了以"名著"课程为主的"圣约翰计划"，旨在促进学生道德和精神的发展。该计划为期四年，相当于中等教育的高年级和大学的低年级（16—20 岁）。他们编辑了一套系统的名著教材，该套教材共 54 册，1952 年出版，所开列的名著范围相当广泛，涉及哲学、文学、史学、政治学、自然科学等方面，共收集了自柏拉图以来包括马克思、莎士比亚、达尔文、弗洛伊德等 70 多人的 100 多种著作。其中大多数是哲学家的著作，也有部分是自然科学家和文学家的著作。

在古典学科与现代学科、文科课程与自然科学课程的关系上，永恒主义者认为，现代的实验科学也许能够帮助我们决定事实，但是只有按照传统的永恒原则才能决定如何处置这些事实。尽管科学给人以力量，但这种力量仅仅有助

---

① 转引自赵祥麟主编：《外国教育家评传》（第三卷），上海教育出版社 1992 年版，第 84—85 页。
② 王承绪、赵祥麟编译：《西方现代教育论著选》，人民教育出版社 2001 年版，第 275 页。

于我们去掌握方法。而哲学、宗教以及人文学科在所有的方面都高于科学，它们告诉我们去调查什么，并为经验的研究奠定基础，然后，它们再来告诉我们怎样对待这些为科学分析所发现的事实。因此，永恒主义者强调西方传统文科课程如文学、哲学的重要性，认为应该让它们也只有它们成为课程的中心。这样，永恒主义者在学科之间划分了主次关系，把古典文科课程视为训练智慧的学科放在主要位置，把经验学科、职业技能方面的学科视为附属品放在次要位置。也就是说，倾向于"真、善、美"的文科教育为实际事务和职业生活做基础性的准备。

（三）教师指导下的学生主动学习

永恒主义者认为，教育是一种有目的、有计划地培养学生理智的活动，因此，教育教学不能一味地迁就学生的愿望和兴趣。学生应该有责任感和义务感，要服从教师的管教，在教师指导下学习。阿兰指出，学习不同于游戏，学习是艰苦的劳动而不是玩七巧板或吃蜜饯。人是靠辛苦的陶冶而成其为人的，先付后收，这是规律；给精力旺盛的儿童施加适当的压力以促使其学习并不是什么坏事，苦尽然后才会甘来。教师的责任就在于给儿童提出严格的要求，铁面无私地对儿童下命令，责令他们完成各种作业，而不是心慈手软地哄他们游戏。

永恒主义者提出的教师对学生严格管教，与灌输法有不同之处，他们主张一种教师指导下的师生合作学习。比如，阿德勒指出，教学是一种"合作"的艺术，总是涉及某一心灵与另一心灵的关系，教师要与学生进行对话，这种对话远甚于"谈话"，因为教学内容大都是不知不觉地由师生间的个人交换而传授下去的。教师给学生的自然学习进程以协助和指导，帮助学生领悟、判断和认识真理，引导学生自己学习和思考，其作用是使学生的学习更容易、更有效，而不是灌输固有的概念或教条。阿兰还提出，教师在树立威严的同时，要对儿童辅之以家长对孩子般的温情，两者结合、协调一致会产生更好的教育效果。

在教学方法上，永恒主义者特别推崇苏格拉底的问答法和读书法。问答法善于从任何一个极普通的论题中引出最重要的问题，并围绕问题展开批评、讨论、质疑、争辩，其中没有任何强迫、灌输。比如，采取讨论会的方式，一般吸收15—25名学生参加，至少配备2—3名教师，教师对内容不做讲解，像苏格拉底那样，以质问、暗示方式引导学生。读书本身具有交流思想的功用，更重要的是，它还具有理智训练的价值。真正的读书不仅仅是接受，读者要同作者进行讨论，通过读的时候发现的问题进行思考和推理，从而发展自己的理智。这也是社会中有些人不靠教师的帮助而成为学问广博和见解深刻的人的原因。

永恒主义课程理论重视教育内容的永恒价值，把文化遗产放在一个很重要的位置上，力图以古典名著的力量来促进学生理性的发展，这是符合学生（特别是中小学生）掌握基础知识的需要的。在以书本知识为中心、以学习间接经验为主的教学中，教师的严格要求和指导对学生的学习来说也是必不可少的。从这一点上看，永恒主义者的理论主张有其合理因素。但是，永恒主义课程理论也具有明显的缺陷，比如：偏重人文学科、古典名著，忽视自然科学、现代文化科学知识；视古典文科课程为训练学生理智能力最主要的途径，而职业技能方面的知识则与理性训练无关，这些都具有明显的主观色彩。

二、要素主义课程理论

要素主义又被称为“本质主义”、“精粹主义”、“精华主义”等，于20世纪30年代产生于美国。要素主义主张文化的价值具有永恒性和客观性，在人类文化遗产中有着共同的、不变的文化要素，教育的使命就是把这些最基本的要素传授给青年一代，授予他们社会所必需的“共同知识”和“共同价值”，以使学习者能够掌握社会所必需的“起码的知识、技能和态度”。要素主义课程理论的主要代表人物是美国的巴格莱、贝斯特（A. E. Bestor）和科南特（J. B. Conant）等，其观点主要有以下几个方面。

（一）课程的目的在于理智与道德训练

要素主义者认为，理智和道德的训练对于国家民主制度具有十分重要的意义。从政治层面看，民主国家要求公民具有高度的文化教养，在推理和判断能力方面受过严格的训练。否则，公民将会无从理解科学、经济学、政治学以及经常需要国家当机立断的国家关系等复杂问题，而有害于政治民主制度。从经济层面看，学校担负着培养各领域人才的重任。如果不进行这方面的工作，国家就将因为丧失智力而受到威胁，国家安全将受到影响。从精神层面看，国家的文化价值也应当通过学校去捍卫，否则，一个民族丧失对自己崇高目标的信念将会导致精神的堕落①。因此，要促进社会进步与民主，就必须通过对公民进行理智和道德的训练来保存人类文化遗产。

贝斯特认为，一种健全的教育制度应当提供充分的基本智力活动的训练，其他诸如道德行为、社会适应等活动，只能是在学校所特有的理智训练的框架内进行。在他看来，理智训练就是审慎地培养思考能力，它与基本技能和基础学科紧密相关。读、写、算能力关系到能否掌握文明所需要的各种复杂的技能、技巧，是重要的学习内容；基础学科包括历史学、哲学、数学、化学等，这些学科是人类经过多个世纪的探索过程，通过研究手段的不断完善而形成的，对于理智的发展有着重要意义。巴格莱还列举了理智与道德训练的一些具体内容，如有清晰而诚实的思想、具有尊重事实的观念和面对事实的意志、为别人着想、忠于职守、忠诚守信、面对不利形势勇敢而又不屈不挠，等等。

（二）以“人类共同文化要素”作为课程的内容

要素主义者认为，要对人进行理智训练，应当以人类的共同文化要素为基本素材。巴格莱指出，教育的本质就是传授人类种族传递下来的共同经验和文化精神，这是人类社会得以存在、繁衍和发展的重要前提。他说：“在最广泛的意义上讲，教育则是传递这些知识的过程，或者说教育是传递人类积累的知识中具有永久不朽价值的那部分的过程。”②

共同文化要素包括共同思想、共同理解、共同准则以及共同精神等方面，它是人类文明的精华，也是教育的核心内容。这些宝贵的文化要素主要涉及四个方面：①学习习惯和基本技能；②知识，包括观念、概念、含义、事实、原理、理论假说；③理想或情感化的准则；④态度，包括理论观点、顿悟、兴趣、忠诚等。

在将人类共同文化要素作为课程内容选择标准的同时，要素主义者还提出了课程设置应遵循的三大原则。①要考虑国家和民族的利益。巴格莱对当时美

---

① 参见吴式颖、任钟印主编：《外国教育思想通史》（第九卷），湖南教育出版社 2002 年版，第 435 页。

② ［美］巴格莱著，袁桂林译：《教育与新人》，人民教育出版社 1996 年版，第 48 页。

国的课程改革运动进行了严厉的批评，认为当时的课程改革理论没有认识到学校教学的内容与国家或民族有着一种利害关系，因而实际上否定了国家或民族的基础文化中，特别是在民主社会中所需要的共同要素。②要具有长期的目标。要素主义认为，"种族经验"比"个人经验"重要，这是因为前者具有永久的价值，对于个人一生的生活是受益匪浅的。过于重视眼前的利益，而失去了长远的目标，是不足取的。③要包含价值标准。要素主义课程的目的含有道德训练的特征，它所包含的是资产阶级所需要的"某种有关集体的价值标准，也就是社会上传统阶级的社会文化价值标准，本国政治领导人和思想界领导人（已故的和活着的）的价值标准，以及西方文明的'伟大'著作家的价值标准。为传递社会的传统，人们也必须传授社会的传统价值标准"①。

（三）强调学科课程和教材的逻辑组织

要素主义者指出，否定在学校中进行系统书本知识传授的做法，是一个潜在的、可悲的、非常危险的陷阱，它削弱基础知识，夸大浅薄的东西，贬低顺序性和系统性，而且还加重了较低级学校的弱点和缺乏效能，最终的结果必然导致教育质量的下降。要克服这些弊端，就要设计出稳定而系统的课程，给学生提供分化了的、有组织的知识。因此，他们认为，解决这一问题最有效能和最有效率的方法就是学科课程。这种课程的一个重要特点在于，它是由若干门学科组成的，而每一门学科都有自己特定的组织，这样，每一门学科及其智力训练的作用就能得到充分的发挥。

以此为基础，要素主义者提出，小学阶段学习的要素是：阅读、说话、写作、拼音和算术，以及以后的历史入门、地理、自然科学与生物科学、外语。次一等的是美术、音乐和体育。中学阶段要把小学的各门要素加以扩大，使之更专门、更艰深。例如，算术变成数学（包括代数、几何、三角、微积分），自然科学变成物理学、化学和地质学。次一等的是美术、音乐和体育，还有职业科目和业余爱好的科目。允许各种形式的课外活动，如各种学生社团、体育运动等。此外，只有在这些学科不致受到干扰的情况下才能学习一些非要素的

① ［美］理查德·D. 范科斯德等著，北京师范大学外国教育研究所译：《美国教育基础——社会展望》，教育科学出版社 1984 年版，第 54 页。

东西。

在教材的组织上，要素主义者主张教材的编写要按照学科固有的逻辑顺序循序渐进地编排。巴格莱在其《要素主义者的纲领》中，对进步主义教育进行了批判，认为它轻视学习的系统性和顺序性，断然否认学习材料中逻辑的、按年代顺序的和因果联系的任何价值，甚至否认按学习中的这些联系学完知识的可能性，这就把“附带学习”的理论提到了至高无上的地位。他认为：“大家认可的要素应当通过教师所应负责实施的各门学科和各种活动的系统的教学计划来讲授。学习者自发地通过经验的非正式的学习是重要的，而且在各年级有组织的教育的范围内应当处处为这类经验提供多种多样的机会。但是，如前所说，非正式的学习，除了在低年级可以适当占优先地位外，应当看做补充的，而不是核心的。”①

（四）教师权威下的学生接受式学习

从强调理智的训练和系统的学习出发，要素主义者认为，教学过程是学生受到严格训练和艰苦钻研的过程，不能凭学生自己的兴趣和爱好行事，教师在教学过程中对学生的管束是正当的。教师相对于学生而言，在掌握知识和社会经验方面更为成熟，能更清晰地识别和欣赏人类文化中的价值。因此，教师在教学过程中应该拥有较大的权威，要用其权威去对学生进行严格的控制。巴格莱说：“成年人对未成年人所负教导和管束的责任，对于人类的未成熟期和必需的依赖期具有生物学的意义。”②

要素主义者把教师的地位抬到了较高的位置，则必然对教师的素质要求较高。“这种教师必须受过通才教育，具有关于学习领域的广博知识，对儿童心理学和学习过程有深刻的理解；有传授事实、知识和理想给年轻一代的能力，能正确评价教育学的历史—哲学基础，并且忠诚于自己的工作。”③

在强调教师权威的同时，要素主义者对以学生兴趣为中心的观点也进行了严厉的批判：“他们不承认系统连贯地掌握各门课程的任何价值，而这些课程是一个民族付出了非常大的代价才学到的。他们宽容初学者拒绝从事不投合他

---

①② 王承绪、赵祥麟编译：《西方现代教育论著选》，人民教育出版社 2001 年版，第 163、161 页。
③ 陈友松主编：《当代西方教育哲学》，教育科学出版社 1982 年版，第 89—90 页。

兴趣的作业，认为他这样做是合理的。实际上他们为采取最容易的方法和付出最低限度的努力大开门路。”① 因此，要素主义者认为，教师与学生的关系是权威与服从的关系，应该利用“已形成的纪律”训练学生，让守纪律成为学生的习惯。

在教学方法上，要素主义者认为进步主义所倡导的问题教学法和设计教学法固然有一定的可取之处，但并无普遍的适用性。一方面，不是所有的内容都适合用这种方法；另一方面，这些方法可能将学生的注意力转移到一些具体的问题上，而忽视了对知识本身的掌握。因此，他们把教学过程理解为学生“接受”、“默认”教师所灌输的人类文化遗产的过程。学生的心灵不过“是一种容器，学校尽量多地往那里灌输传统和客观世界的组织起来的内容”②。

依据这一认识，他们设计了一些教学过程的标准模式，其中影响较大的是“莫里森制”。莫里森（H. C. Morrison）把学校的学科大体上分为五个类型：科学型、欣赏型、语言型、实科型、纯练习型。他把科学型学科的教学过程分为如下的五个阶段。①探索阶段：考察过去的经验，分析现有的水平，再把这些结果与要讲授的新经验联系起来，以唤起学习动机。②提示阶段：教师向学生传授新教材。③类化阶段：收集各种学习材料，在教师的指导下进行个别或分组学习，学习者把新教材和旧教材加以比较。④组织化阶段：通过整理所有材料，得出一般知识。⑤复述阶段：学生通过口述、讨论、写报告等方法，表达学习收获③。

（五）制定严格的学业成绩评价标准

在课程评价上，要素主义者反对进步主义教育完全放弃以严格的学业成绩标准作为升学的条件，而让全体学生“按照预定时间表”升学。这是基于以下两点理解：第一，它不能造就社会需要的合格人才，造成教育资源的浪费；第二，它对学习者和民主集体都是不公平的，威胁着学校和自由本身。巴格莱认为：“如果放弃严格的标准……那么许多人将虚度学校的十几年，只不过发现自己愚昧无知和缺乏基本训练，日益处于严重不利的困境。这简直无异于把小

---

① 王承绪、赵祥麟编译：《西方现代教育论著选》，人民教育出版社 2001 年版，第 161 页。

② 崔相录著：《20 世纪西方教育哲学》，黑龙江教育出版社 1989 年版，第 161—162 页。

③ 赵卿敏著：《课程论基础》，华中科技大学出版社 2004 年版，第 75—76 页。

孩连同洗澡水一起倒掉。”① 因此，要素主义者坚持要以严格的学业成绩标准作为课程评价的核心。贝斯特指出，如果学生达不到标准，就要判不及格，让他留级。留级固然不经济、不很有效，但不能否认其对学生的鞭策作用。巴格莱提出，严格的考核可以发现尖子学生，可让特优者跳级学习。但是，不应把“过分严厉的恶名施加于学生的不及格，认为不及格就是永远无能的标志”②。因为大量的事实表明，学生时代考试成绩不及格并不意味着就不能取得重大成就。

要素主义课程理论强调学科课程，主张以知识为中心来开发课程，并按照知识内在的逻辑规律来组织课程，使学校教育能够快速高效地传递人类文化遗产的精华，进而加速了新生一代文明化的进程；强调教师在教学中应有的积极性和主动性有利于教学进程的有序开展；制定严格的评价标准能够更好地保证教育教学质量。这些都是其积极意义。但是，其局限性也十分明显：把学生的个性需要、心理规律置于边缘，容易阻碍学生的个性发展；教育过程脱离社会实践和学生的生活实际，会压抑学生的学习积极性，不利于学生更好地适应未来的社会生活；严格的考核标准在有助于选拔优秀学生的同时，一定程度上也会阻碍学生创造力的发展。

三、结构主义课程理论

结构主义作为一种哲学思潮，最早产生于20世纪初的欧洲。结构主义认为事物是有结构的，事物的结构代表了事物之间相互关联的组合，事物的本质就是结构。结构主义课程理论主要是透过西方20世纪五六十年代声势浩大的“学科结构运动”而体现出来的，其代表人物有布鲁纳、施瓦布、费尼克斯等。布鲁纳是这场运动的发起人，也是该课程理论的典型代表，其理论观点主要有以下几个方面。

（一）使学生掌握学科的基本结构

布鲁纳从结构主义立场出发，指出学科知识在现代社会中迅速增长，有其

① ［美］巴格莱著，袁桂林译：《教育与新人》，人民教育出版社1996年版，第198页。
② 王承绪、赵祥麟编译：《西方现代教育论著选》，人民教育出版社2001年版，第163页。

不断“膨胀”的一面，但任何知识作为学科结构中的一部分都是相互联系的，知识发展的相互联系和结构化，使知识在“膨胀”的同时，又表现出“聚合”的一面。学校应当利用知识的聚合性来解决知识的膨胀所导致的学校教学内容日益增多、教不胜教的难题。因此，他在《教育过程》一书中提出：“不论我们选教什么学科，务必使学生理解该学科的基本结构。”① 所谓学科的基本结构，他解释道，“基本”就是指一个观念具有既广泛又强有力的适应性，而“结构”则指的是学科中的基本概念、原理和法则及其之间的关联性。“学科的基本结构”就是指每门学科中那些广泛起作用的概念、原理和法则的体系。学科的基本结构包括学科的题材结构和学科结构。前者指学科小单元教材的结构，如英语中的主、被动句转化的文句构造等；后者指整个学科的结构，如布鲁纳与其他研究者为美国小学五年级设计的人类学，其学科结构由五个基本概念构成：使用工具、语言、社会组织、长时期的儿童教育、心情的象征表达等。

布鲁纳认为，学习学科的基本结构具有以下几个优点。①更容易理解其他学科内容。任何一门学科都不是固定不变的，知识会不断更新，但是每一学科内在的那些广泛起作用、反复出现的概念、原理、法则等，仍然具有一定的客观性和相对的稳定性。只要掌握了这些基本的结构，就容易理解许多其他的学习内容。②便于记忆。从记忆来看，学科的基本结构是一种简化的、模式化的表达方式，它比一串互不关联的事实更容易保存在记忆里。他指出，除非把一件事情放进构造好的模式里面，否则很快就会忘记。而学习学科的基本结构，就会保证记忆不会全部丧失，而遗留下来的东西使我们在需要时能够把一件件事情重新回忆、组织起来。③便于迁移。掌握了学科的基本结构，学生可以将其运用到现在和将来遇到的问题当中，最终使问题得到解决。这就是迁移。他认为，基本结构既能产生使学生适应特定工作的“训练的特殊迁移”，即知识技能的迁移；又能产生学生日后认识和处理事物所应具有的“原理和态度的迁移”。④能够缩小“高级”知识和“低级”知识之间的差距。“现在由小学经中

① [美] 布鲁纳著，邵瑞珍、张渭城等译：《布鲁纳教育论著选》，人民教育出版社 1989 年版，第 27 页。

学到大学的进程中所存在的部分困难，不是由于早期所学材料过时，就是由于它落后于该学科领域的发展太远而把人引入歧途，这个缺陷，可以通过……在教学中强调结构和原理的办法来弥补。”①

（二）编制“螺旋式”课程

布鲁纳提出螺旋式课程的根据之一是关于“学习准备”的理念。他指出，学习准备并不是“让人单纯地去等待有准备”，而是要“教学生有准备，或者为准备提供机会”。为此，他提出了这样一个假设：“任何学科都能够用在智育上是诚实的方式，有效地教给任何发展阶段的任何儿童。”②这一假设的基本精神是，使学科结构适合儿童的能力和智力发展特征。比如，尽管微积分是难度较大的内容，但是同样可以以一定的形式教给儿童。由于儿童与成人的思维方式和接受能力等方面存在较大差别，所以，在微积分相关内容的选取和组织上，就要根据儿童智力发展的特征来组织，使儿童能够接受，而不是以成人可以接受的方式来组织。

关于儿童智力发展的特征，布鲁纳在皮亚杰等人研究的基础上将其归纳为三个阶段。①行为表征，即通过动作来形成认识。这是儿童最初的认知结构，是“从动作到认知”的阶段，不具有可逆性和守恒性。②图像表征，即把事物当做视觉或听觉的映像或者肖像来认识事物。也就是说，凭借头脑中的对事物的映象或者肖像来认识事物。③符号表征，即依靠语言符号来表现的认知，是最高的认知方式。这三个阶段平行存在于人的智力发展中，只是在不同发展时期三者的侧重有所不同而已，表现出了一定的顺序性。

螺旋式课程的根据之二是，现代课程必须重视学科结构的价值。因为科技的迅猛发展使得知识量激增，这就给教学内容的选择和组织带来一定的难度。而合理的学科结构对各领域的知识内容进行了精心的选择和组织，会使教育教学省时高效，有利于学生智力的培养。

鉴于这两点，布鲁纳提出了编制螺旋式课程的主张。所谓螺旋式课程，就是以与儿童的思维方式相符合的形式尽可能早地将学科的基本结构置于课程的

①② ［美］布鲁纳著，邵瑞珍、张渭城等译：《布鲁纳教育论著选》，人民教育出版社1989年版，第37、42页。

中心地位，随着年级的提升，使学科的基本结构不断拓宽与加深[①]。这样，学科结构在课程中就呈螺旋式上升的态势。螺旋式课程的基本内容，主要是学科的基本概念、原理、法则等的螺旋式组织，即是将这些内容以学生可接受的方式尽可能早地传授，并在以后各年级中不断使之拓宽加深，周而复始。在对上述内容进行螺旋式组织的同时，布鲁纳强调也要把相应的学习态度作同样的处理，使学生内在的学习动机逐渐得到发展，也呈逐步上升的态势。

（三）倡导发现学习

布鲁纳是当代“发现学习”教学方法的主要倡导者。何谓发现学习？布鲁纳认为，发现学习就是不把学习内容直接呈现给学习者，而是由学习者通过一系列发现行为（如转换、组合、领悟等）而发现并获得学习内容的过程。他提出了这样一个假设，即不论是学校中的儿童所进行的发现活动，还是科学家所从事的尖端的研究活动，从性质上来说，都是把现象重新进行组织和转换，从而超越已有的现象进行再组合，获得新的领悟。因此，儿童的发现和科学家的发现并没有本质区别，只是程度或层次不同而已。

布鲁纳在一系列文章中都谈到了发现的心理机制及发现行为的重要性。他认为，发现行为有如下价值。①有助于提高智力的潜力。学习者自己提出解决问题的探索模型，学习如何对信息进行转换和组织，有助于提高自己的智力水平。②有助于使外部奖赏向内部动机转移。他认为，通过发现例子之间的关系而学习一个概念或原则，比起给予学习者这一概念或原则的分析性的描述来，更能激发学生从学习过程中得到较大的满足。③有助于获得发现的最优化方法和策略。如果学习者具有有效发现过程的实践，他就能最好地学到如何去发现新的信息。④有助于记忆的保持。一般来说，学习者根据自己的兴趣和认知结构而组织起来的材料更容易在头脑中保存下来，并自由调出。

布鲁纳进一步研究并提出了促进发现学习的方法。①儿童是发现学习的主体，要鼓励儿童积极思考和探索。②激发儿童学习的内在动机。内在动机，特别是能力动机，是儿童学习的推动力，应启发儿童把学习与日后的生活联系起来，使之自主地学习，逐步培养和形成良好的学习习惯。③注意新旧知识的相

① 张华等著：《课程流派研究》，山东教育出版社2000年版，第124页。

容性。采用灵活多样的教学方法，创造良好的学习情境，促使学生发现新旧知识之间的内在联系，并把新知识纳入自己已有的知识结构，成为自己的知识。④培养学生运用假设、对照、操作的发现技能①。

在发现学习中，布鲁纳强调“直觉思维”的重要性。他认为，机智的推测、丰富的假设和大胆迅速地作出的结论，这是从事任何一项工作的思想家极其珍贵的品质。关于直觉思维的培养，他列举了几种方法。比如，赋予直觉思维以合理的地位；呈现丰富的情境；鼓励有组织的推测或猜测；运用发现技法，如渐次确定限定条件、缩小范围、将复杂关系还原为简单关系、利用类推、着眼于相似关系；等等。

（四）课程评价的目的是指导课程建设和教学

关于对课程评价的理解，布鲁纳指出：“评价，最好被看做一种教育智慧，它是指导课程建设和教学的。”② 在此基础上，他提出了对课程评价的一系列看法。第一，课程评价必须对实现教育目的作出贡献。教育的终极目的，就是促进人类的发展，使人类能够运用他们潜在的力量去获得美好的生活。第二，课程评价的真正性质是对被评价的课程提出质疑并为改进课程指明方向。布鲁纳指出，评价通常被看做对教材、教法等是否有效的一种检验，但是，这是评价最不重要的功能，它最重要的功能应该是提供指导，并使这些方面得到改进。第三，课程评价要有成效必须与教学过程相结合。要考虑到教师、学生、方法和手段等各种要素，否则评价就无法进行。第四，评价要产生作用必须有一个完备的组织。例如，包括有关学者、课程制定者、教师、评论者和学生的一个完善的课程设计小组③。

结构主义课程理论提出了诸多对课程与教学改革有着重要意义的观点，对世界教育的影响也是经久不衰的，如对学生认知能力、智力发展的关注，课程的螺旋式组织、发现学习等。可以说，结构主义课程理论作为课程改革的指导思想，充分考虑了知识、观念、原理、方法、态度等在学生心智培养中的意义

① 徐辉主编：《现代西方教育理论》，重庆出版社 2006 年版，第 22 页。
② ［美］布鲁纳著，邵瑞珍、张渭城等译：《布鲁纳教育论著选》，人民教育出版社 1989 年版，第 255 页。
③ 参见张华等著：《课程流派研究》，山东教育出版社 2000 年版，第 125—126 页。

与作用。但是，不少人也对其提出了批评意见，认为结构主义课程理论强调学术中心课程，强调课程的专业化和结构化，更多关心的是学科本身的组织，而忽略了学生的特点；片面强调知识结构论，内容不免过度理论化、抽象化，忽视了与社会现实生活、与学生生活的联系；社会科学各学科由于以世界观、历史观为基础，社会利益集团所设置的"禁区"随处皆是，难以找出它们的"基本结构"，让学生自己去发现它们的基本概念、原理、法则或规律的东西则更难。

第二节　学习者中心课程理论

学习者中心课程理论强调以学生个人的需要和兴趣组织课程与教学，而不是按照学科知识内在的逻辑体系施教。这一倾向的课程理论有代表性的主要有经验自然主义课程理论和人本主义课程理论。

一、经验自然主义课程理论

经验自然主义课程理论是美国著名教育家约翰·杜威基于其独特的哲学观、心理观和社会观，通过系统的理论研究和实践探索而确立起来的，其观点主要有以下几个方面。

（一）儿童与知识、社会相关联的课程设计

杜威在其名著《儿童与课程》中，剖析了儿童与知识之间最基本的差异：儿童的世界狭窄且个人化，课程则涉及非个人的无限宽广的时空；儿童的生活连贯而且一致，课程则呈专精分化；儿童的生活是实际而且富有情感的，课程中的逻辑分类与排列标准则是抽象的。他指出，传统教育固守学科中心论，认为儿童的经验混乱、模糊、不确定，而各门学科则提供了经过衡量的、精确的、永恒的真理。儿童的任务就是尽可能地接受这些真理，教师的使命就是以学科为核心对儿童进行训练、控制，从而使得这些真理没有成为儿童经验生长的工具。这不仅脱离了人类的生活经验，而且使儿童的完整而统一的经验被肢解，破坏了儿童自己生活的统一性和完整性。而某些"新教育"认为一切学科

只是处于从属的地位，它们是工具，并根据其服务于儿童生长的需要而衡量其价值。儿童的任务是充分地自由表现，教师的使命是满足儿童的需要，并为儿童的表现创设情境。这种观点过分强调儿童的直接经验，仅仅停留于儿童兴趣和能力的自发性方面，它强调一切系统科目必须从属于儿童的活动，忽视系统知识的学习，排斥对儿童心智的训练，这就从另外一方面阻碍了儿童的发展。

杜威通过"经验"（experience）把儿童与知识统一起来。在他看来，"经验"是指人与环境的相互作用。一方面，人主动地作用于环境；另一方面，人作用于环境所产生的结果反过来又影响人本身。因此，经验是人作用于环境和环境作用于人的双边过程。他提出了知行关系学说，从中可见其儿童经验与学科知识相统一的思想。他认为，一方面，观念、知识本质上就是经验，经验中包含着主动作用，包含着"做"（doing），包含着"行动"（action），所以观念、知识包含着行动；另一方面，人的行动是基于观念、知识的，受观念、知识的指引，是观念、知识的运行过程、具体化过程，从这个意义上说，行动就是知识①。

在此基础上，杜威认为儿童与社会是相互作用的。他说："我认为受教育的个人是社会的个人，而社会便是许多个人的有机结合。如果从儿童身上舍去社会的因素，我们便只剩下一个抽象的东西；如果我们从社会方面舍去个人的因素，我们便只剩下一个死板的、没有生命的集体。"② 社会在积极适应个人、满足个人需求的过程中，决定着个人的未来，同时也决定着社会自己的未来。个人在适应社会的过程中，也在积极改造着社会。因此，学科知识的选择应当采取一个"社会价值的标准"，因为教育必须首先是人类的，然后才是专业的。"一个课程计划必须考虑课程能适应现在社会生活的需要；选材时必须以改进我们的共同生活为目的，使将来比过去更美好。"③

在进行课程设计时，杜威认为必须把"要素"放在第一位。他所谓的"要素"，不是指简单呆板的作为谋生手段的"读、写、算"等基本技能，而是"在社会方面最基本的事物"，也即学校不再是脱离生活、专为学习功课的场

---

① 张华著：《课程与教学论》，上海教育出版社2000年版，第54页。

② ［美］杜威著，赵祥麟等译：《学校与社会·明日之学校》，人民教育出版社2005年版，第5页。

③ ［美］杜威著，王承绪译：《民主主义与教育》，人民教育出版社2001年版，第209页。

所，而是一个雏形的社会群体①。这些“要素”是有关人类生活的最深刻、最基本的问题，以此为基础的知识能够发展学生的社会洞察力和社会兴趣。并且，这种承认教育的社会责任的课程必须提供一种环境，在这种环境中，代表“社会生活中的各种标准要素”的各门学科应当成为“启迪社会价值的工具”。这样，学科知识与社会就是相互作用、相互依存的。知识和社会才能与儿童真正发生联系，使儿童在学校这样一个真实的社会情境中，从儿童现实的心理经验出发，通过经验的不断改造，逐步达到学科所蕴含的经验的高度。

（二）“主动作业”与“问题解决”的学习方式

杜威主张儿童、知识与社会相统一的课程设计，他所考虑的是怎样使儿童获得系统知识，使知识成为经验改造和生活的工具，既不违背儿童的心理发展水平，又符合社会的需要。在这一点上，他认为能够很好地连接三者的形式就是“活动”，因此，他倡导“主动作业”的学习方式。尽管杜威批判旧的以系统知识为表现形式的学科课程，但是他并未试图用活动来取代学科课程，或把两者对立起来，而是试图将两者加以调和，使之尽可能地统一起来，而且认为这种统一是建立在对学科课程进行新的认识和改造的基础上的。对此，杜威提出了“问题解决”的学科课程学习方式。

1. 主动作业

杜威指出，传统教育的特点“在于消极地对待儿童，机械地使儿童集合在一起，课程与教学方法划一”，尤其是学校的“重心是在儿童以外。重心在教师，在教科书以及在你所喜欢的任何地方和一切地方，唯独不在儿童自己的直接的本能和活动”②。因此，他极力倡导学生的“主动作业”。

所谓“作业”，不是指为使儿童坐在桌子边不淘气、不懒散而给予他们任何一种忙碌的工作或练习，而是指复演社会生活中进行的某种工作或与之平行的活动方式。也就是说，对社会生活中的典型职业进行分析、归纳和提炼而获得的各种活动方式。作业的方式很多，“除了无数种的游戏和竞技以外，还有户外短途旅行、园艺、烹饪、缝纫、印刷、书籍装订、纺织、油漆、绘画、唱

① ［美］杜威著，王承绪译：《民主主义与教育》，人民教育出版社 2001 年版，第 377 页。
② ［美］杜威著，赵祥麟等译：《学校与社会·明日之学校》，人民教育出版社 2005 年版，第 41 页。

歌、演剧、讲故事、阅读、书写等具有社会目的（不是仅仅作为练习，以获得为将来应用的技能）的主动作业”①。在杜威看来，主动作业可以为儿童提供真正的动机和直接的经验，满足儿童的心理需要，并使儿童接触现实，满足社会性的需要，还能使儿童对事物的认识具有统一性和完整性。

主动作业可以分为游戏和工作两个方面，二者并非对立关系。当儿童游戏时，他的活动本身就是目的，而不是按照一个将来具有的结果进行的。但是，当儿童能预见到相当遥远而具有一定特性的结果，并且愿意作出持久的努力来达到这种结果时，儿童活动的意义就增加了，游戏就变成了工作。杜威认为，游戏与工作的对立是人为造成的，游戏被视为是富人的消遣，工作则成为穷人不得已的劳动。要摆脱这种状况，应当使工作渗透着游戏态度，这种工作就成为一种艺术；游戏渗透着工作的因素，这种游戏就会更加有意义、有价值。

主动作业具有三个主要特点。①满足儿童的兴趣，适应儿童的发展要求。主动作业能够抓住儿童强烈的自发兴趣和注意力，更主要的是，它不仅使儿童获得了手工的技能和技艺，而且获得了智力的、道德的和审美的品质。②源于社会生活，代表了社会情境。主动作业把园艺、纺织、木工、金工、烹饪等反映人类基本的共同事务的活动引入课程中，加强了学校与社会生活的联系，使学校自身接近一种生动的社会生活的真正形式。这样，学生就不再仅仅局限于学习各种抽象的和间接的东西，学校的整个精神也得到改变。而且，学生通过相互间联合的主动作业，可以不断发展其合作精神、社会能力和社会品质。③符合科学的发展逻辑。从科学本身的发展逻辑来看，科学都是从有用的社会作业逐步发展起来的，经历了一个由“操作的知识”到“了解的知识”，再到完善的理论体系的过程。主动作业正是通过儿童的“操作”、“活动”，使儿童获得了与“作业”相关的各种科学事实和原理，而不仅仅是技能和技艺。

2. 问题解决

杜威认为，传统教育把教学方法与教材牵强地加以划分，由此产生了一系列弊端。①学校忽视了经验的具体情境，致使教学方法“机械地一律”。这不利于学生增长经验，使学生不能对经验运用自如。②使训练与兴趣对立。学校

① ［美］杜威著，王承绪译：《民主主义与教育》，人民教育出版社2001年版，第213页。

往往采用或迎合，或恐吓，或逼迫的方式要求学生学习教材。③使学生觉得“学习”本身就是一个直接的有意识的目的，这样就使学习与他自身经验的发展失去了联系。④使教师的教学方法呆板，不能随机应变，缺乏创造性①。因此，他主张学校应鼓励儿童在行动中通过解决问题来求得知识，这就是其著名的“问题解决法”。

“问题解决法”主要有五个步骤。①问题的感觉。学生在一个经验情境中遇到了困难，感受到了障碍，这些困难或障碍阻止了学生连续活动的进行。②问题的界定。将遇到的困难或障碍理智化，使其成为有待解决的难题和必须寻求答案的问题。③问题解决的假设。收集、分析各种资料信息，进行必要的观察，形成解决疑难问题的方法。④对假设的逻辑推理。对假设从理智上进行认真的推敲，判断其能否解决疑难。⑤检验假设。通过行动来检验所确定的解决问题的方法的有效性。

由“问题解决法”的观点出发，杜威对教师的教学也提出了相应的要求，这就是“五步教学法”。“五步教学法”主要分为这样五个步骤。①教师给儿童提供一个真实的经验情境。②使儿童有准备去应付在情境中产生的问题。③使儿童从资料的占有和必需的观察中，产生对解决问题的思考和假设。④儿童自己对解决问题的假设加以整理和排列。⑤儿童通过应用来检验他的假设是否有效。在杜威看来，这种教学过程中，儿童可以学到解决问题和创造知识的方法，但是他也承认，这种教学过程的应用不是一件容易的事。

（三）内在价值与工具价值相统一的课程评价

杜威把教育价值分为内在价值和工具价值。所谓内在价值，就是欣赏的价值，是指学生能在真正的生活情境中深切了解到事实、观念、原则和问题的重要意义；工具价值，就是比较价值，是指对特定情境目标的需要和满足的程度，对需要和满足程度进行权衡，通过比较和判断可以得出工具价值。

杜威指出，教育中往往过多地重视课程的工具价值，给每门课程都指定了独立的价值，并把整个课程看成是由各种独立的价值组合而成的混合体。他反对这种对课程进行单一的工具性价值判断的倾向，主张在课程评价中把内在价

① ［美］杜威著，王承绪译：《民主主义与教育》，人民教育出版社 2001 年版，第 184—185 页。

值与工具价值统一起来。他认为，与工具价值相比，课程的内在价值更为基础，因为“如果一个科目从来没有因其自身而被学生欣赏过，那么它就无法达到别的目的”①。对于儿童的发展来说，每门课程都具有其他课程无法替代的、独特的功能，各种课程的内在价值不能简单地进行比较。课程内在价值的评价标准由其对儿童经验发展所作出的贡献来决定，由儿童的“欣赏”、反应情况来决定。“任何一个课题只要能够立刻吸引人，就不需要问它有什么用处。”②但是，学校的学习时间是有限的，如何对都具有内在价值的课程作出取舍，就涉及课程的工具价值。在特定情境、特殊需要下，不同课程的工具价值有一定的区别，可以对其进行排序。但是，这种排序只是暂时有效的，因为情境和需要是会改变的。因此，课程的选择应该坚持其内在价值和工具价值的统一。

经验自然主义课程理论的倡导者杜威不仅出版了大量著作，在美国开展了相关的实验研究，而且，他的足迹遍布世界各地，其理论在世界范围内产生了极为重大的影响。这一理论力图消解传统教育中的种种对立与矛盾，如课程设计中儿童、知识与社会的对立，课程与教学的对立，课程评价的内在价值与工具价值的对立，实现各因素的统一和平衡；提出了新的关注儿童经验的教学方式，打破了传统教学的僵化模式，革新了课程与教学观念；主张内在价值与工具价值相统一的课程评价；等等。这些即使在今天看来依然闪烁着理智的光辉。但是，杜威的理论带有明显的理想主义色彩，在实践中实行的难度较大。他所提出的一些主张对教师的水平要求极高，远远超出了一般的师资水平，使教师难以进行学习指导，难以判定自己学习指导的成效。

二、人本主义课程理论

人本主义课程理论兴起于20世纪70年代的美国，作为当时广泛的人本主义教育运动的一部分，它直接起源于人本主义心理学的崛起。人本主义课程理论的代表人物有马斯洛、罗杰斯等人，他们秉持人本主义关于充分发挥人的潜能和价值，发展“完满人性”，追求“自我实现”的基本理念，提出了如下的课程主张。

---

①② [美] 杜威著，王承绪译:《民主主义与教育》，人民教育出版社2001年版，第258、260页。

（一）满足学生自我发展和自我实现需要的课程目的

人本主义课程以需要理论为基石，以自我实现的人格理想为核心。马斯洛认为，人的需要分为由低到高七个层次，其中，“自我实现”是理想人格追求的最高目标。“自我实现”强调完满的人性，强调以生物学为依据的人的本性的发展。“完满的人性”主要指人的友爱、合作、求知、审美、创造等特性或潜能，这些潜能充分实现，人也就达到了自我实现。罗杰斯认为，所有的人都有一种内在的需要，以生长、生存和提高自己，所有的生命内驱力都包括在实现倾向中。由此出发，人本主义者强调课程目的就是促进个人的成长和个人潜能的自我实现，进而促进人性的全面发展和人格的自我完善。

罗杰斯还具体描述了能够“自我实现”的这种人：能从事自发的活动，并对这些活动负责的人；能理智地选择和自定方向的人；是批判性的学习者，能评价他人所作出的贡献的人；获得有关解决问题知识的人；能灵活地和理智地适应新的问题情境的人；在自由地和创造性地运用所有有关经验时，融会贯通某种灵活处理问题的方式的人；能在各种活动中有效地与他人合作的人；不是为他人的赞许，而是按照他们自己的社会化目标工作的人①。

罗杰斯提出，要实现这一目的，课程目标就要包括知识、能力及情感三大方面，三者彼此渗透，相互融合，统一于学生的成长与发展。其中，知识是实现能力、情感目标的载体，能力是连接知识、情感目标的桥梁，情感是教学中知识、能力的进一步升华。三者的出发点和归宿都是培养学生适应环境的变化和知道如何学习，以及独特个性和各方面能力与潜能的充分发展。

（二）主张“意义学习”

罗杰斯将人类的学习分为两种类型：无意义学习和意义学习。无意义学习是一种机械式学习，只涉及心智，不涉及情感和个人意义，与完整人格无关，因而学习者的学习效率是极低的，故可以称其为“颈部以上”的学习。比如，无意义音节的学习，学习者要记住这些无意义音节是一项困难的任务，因为它们没有生气、枯燥无味、无关紧要，很快就会被忘记。他认为，学生在课堂里学习的内容，有许多对他们来说是无意义的，几乎每个学生都会发现，他们课

① 方展画著：《罗杰斯“学生为中心”教学理论述评》，教育科学出版社 1990 年版，第 79—80 页。

程中有很大一部分内容对自己是没有意义的。

意义学习，不是指那种仅仅涉及事实累积的学习，而是指一种使个体的行为、态度、个性以及在未来选择行为方针时发生重大变化的学习。这些重大变化主要包括以下几种：①个人以不同方式看待自己；②他承认和接受自己的感情，更完整了；③他对于自己变得更有信心，更加独立了；④他变得更像他喜欢做的那种人；⑤他自己的知觉变得更灵活，更少僵化；⑥他为自己采取的目标更加现实；⑦他的行为方式更加成熟；⑧他更改他的不良行为，即使年代已久，如嗜酒那种行为也改了；⑨他变得更易为别人接受；⑩他对在自己身上和身外发生的事变得更加开朗；⑪他循着建设性的道路，改变他内在的个人特性①。罗杰斯认为，意义学习不仅仅是一种增长知识的学习，而且是一种弥散性学习，是一种与每个人各部分经验都融合在一起的学习。

他指出，人的左、右半脑活动具有不同的功能。左半脑是以理性的方式参与思维的，注重逻辑和认知；右半脑是以直觉的方式参与思维，它考虑到整个形式，是以隐喻的方式运演的，注重审美而不是逻辑，能进行创造性的跳跃。在教育中，人们往往认为学习是一种左半脑的活动，而忽视右半脑的作用。他认为，意义学习能够使左、右半脑共同发挥作用，因为“意义学习把逻辑与直觉、理智与情感、概念与经验、观念与意义等结合在一起。当我们以这种方式学习时，我们就成了一个完整的人，即成了能够充分利用我们自己所有阳刚和阴柔方面的能力来学习的人”②。他举了一个例子来说明这一点。如果一个5岁小孩迁居到另一个国家，让他每天与新的小伙伴们一起玩耍，完全不进行任何正规的语言教学，他在几个月内就会掌握这种新的语言，并能很好地运用。因为他是在运用一种对自己有意义的方式来学习的，所以学习速度极快、效率极高。如果把他整天关在家里，请一名教师按正规语言教材的要求去教他，效果怎样是可想而知的。

由此，罗杰斯得出了意义学习的四个要素：①学习具有个人参与的性质，即整个人（包括情感和认知两方面）都投入学习活动；②学习是自我发起的，

① 巨瑛梅、刘旭东编著：《当代国外教学理论》，教育科学出版社2004年版，第98页。
② 施良方著：《学习论——学习心理学的理论与原理》，人民教育出版社1994年版，第404页。

即便在推动力或刺激来自外界时，发现、获得、掌握和领会的感觉仍是来自内部的；③学习是渗透性的，也就是说，它会使学生的行为、态度乃至个性都会发生变化；④学习是由学习者自我评价的，因为学习者最清楚这种学习是否满足自己的需要，是否有助于导致他想要知道的东西，是否明了自己原来不甚清楚的某些方面①。

（三）倡导以学生为中心的“非指导性教学”

罗杰斯对以教师为中心的传统教学进行了批判，认为传统教学只重视学生认知方面的发展，不重视把学生培养成“完满”的人；教师是知识和权力的拥有者，单纯灌输知识，学生只能接受和服从；学校实行强制管理，缺乏民主和信任感，学生经常处于怀疑和恐惧的状态之中。他非常希望看到一个更好的教育制度、一种给学生“自由学习”的环境，而不是一种高度组织了的学习环境。因此，他倡导一种不同于传统教学的方式，即以学生为中心的“非指导性教学”。

“非指导”并不是不要教师的指导，而是教师以另一种形式对学生进行指导，即教师的指导是间接性、非命令式的，而非传统教学中那种直接告诉、简单命令、详细指示式的指导。罗杰斯一再强调：“教师应把学生的感情和问题所在放在教学过程的中心地位，自己的发言要有所节制”；“我们不能直接地传授他人，我们只能使他人的学习得以容易地展开。”② 因此，“非指导性教学”的要旨在于，学生是教学活动的中心，学生通过自我反省活动及情感体验，在融洽的心理气氛中自由地表现自我、认识自我，最后达到改变自我、实现自我的目的。它不仅是罗杰斯提出的一种教学策略，更是一种教学设计模式、教学思想。

1. 教师角色

在“非指导性教学”中，教师应该成为学生学习的“促进者”，为学生提供丰富而广泛的学习资料，创造自由的学习氛围，以利于学生自由地发挥自身的认知、情感潜能。这一目的的实现，不但要求教师尊重学生的独立性，而且

---

① 施良方著：《学习论——学习心理学的理论与原理》，人民教育出版社 1994 年版，第 404 页。

② 钟启泉编译：《现代教学论发展》，教育科学出版社 1992 年版，第 202—203 页。

要求教师具有积极的自我观、真诚的意愿和促进学生成长的动机。教师要实现这一角色的转化，有赖于自身三种基本态度的形成和保持。①真实，即在师生关系中做一个真实的人、一个活生生的人，而不是扮演教师的角色。与学生形成平等的关系，彼此坦诚相待，思想感情表里一致。应能及时发现自我，接受自己的感受，并忠实表达情绪、情感和想法。“当促进者是一个真实的人，坦诚无疑，同学生建立关系时没有一种装腔作势或者一种假面孔，这个时候，他总是能富有成效的。”① ②接受，即教师信任学生，在尊重学生独立性的基础上，对学生有发自内心的、无条件的、不需任何理由的珍爱和关怀。相信学生有学习的内在动力和自主学习的能力，既能接受学生的优点，也能包容学生的缺点。③理解，即教师设身处地从学生的角度来体验教育内容的意义，对学生的情感和想法能够感同身受。这要求教师“移情理解”，真正地深入到学生的内心世界，设身处地为学生着想，分担他们的情感，以他们的感受为自己的感受，用他们的眼光看待世界和自己。同时，要把这种理解交还给学生，使他们深切地认识到教师对他们的理解和接受。

2. 教学方法

为了促进学生的意义学习，罗杰斯先后提出了十种他认为有效的方法。①构建真实的问题情境。他认为，学生要全身心地投入学习活动中，就必须面对对他们来说是有意义的或有关的问题情境。但学校教育总是力图把学生的学习与生活隔离开来，这就对学生的意义学习构成了障碍。因此，要想让学生进行意义学习、自由学习，教师就应该让他们直接面对各种现实问题。②提供学习的资源。教师不是像传统教学中那样，把大量时间放在教案编写和讲解上，而是放在为学生提供学习所需要的各种资源上，把精力集中在简化学生在利用资源时必须经历的实际步骤上。③使用合约。合约能够保证学生在自由学习氛围中学有所得，并对学习承担责任。合约允许学生在课程规定的范围内制定目标，计划自己的学习进程，并确定最终的评判标准。一般来说，合约包括这样几个要素：需要研究的问题，项目研究的持续时间，学生独立研究的具体时间，教师指导学生的时间，活动安排，评价方式，可利用的资源等。④利用社

① 方展画著：《罗杰斯“学生为中心”教学理论述评》，教育科学出版社 1990 年版，第 151 页。

区。社区有丰富的学习资源可供利用，而且，利用社区学习比任何课堂学习都更有价值。在这种自由的环境中，学生常常能得到由他们自己设计的、令人兴奋的学习经验，从中得到大量收获。⑤同伴教学。同伴教学对双方学生都有好处。在削减教育经费和采用大班教学方式的场合，同伴之间的相互指导方式不失为一种可以推广的、对所有人都有益的学习方法。⑥分组学习。他认识到，并非所有学生都愿意选择自由学习，总有一部分学生宁愿按传统方式学习。因此，一个简单而有效的办法是把学生分成两组：自我指导组和传统学习组。每个学生可以自由地选择并可以自由地进出。⑦探究训练。教师要指导学生制订探究计划，形成探究环境，为学生探究活动提供方便，尽可能使学生达到自主的发现，寻找真正的问题答案。⑧程序教学。一种编制合理、使用恰当的教学程序，有助于学生直接体验教材内容，掌握知识，理解学习过程，并增强自信心，感到任何内容都是可以学会的。⑨交朋友小组。这种小组的活动，可以使每个参与者面临一种与人坦诚交流的情境，从而有助于解除各种戒备心理，在人与人之间形成一种自由的、直接的和自发的沟通。⑩自我评价。当学习者自己决定评价的准则、学习的目标以及达到目标的程度时，他才是在真正地进行学习，才会对自己学习的方向真正地负责①。

3. 教学过程

“非指导性教学”作为一种非操纵性的、非命令式的教学，大致分为这样三个阶段。①阐明辅助情境。教师创设一种学生可接受的气氛或情境，以使学生可以无拘束地、自由地进行交谈。如教师可以提出“我们今天希望讨论什么或做什么”，使学生消除紧张状态。②探索问题。学生可以提出自己感兴趣的各种问题，教师都予以接受，并与所有学生进行讨论，确定共同感兴趣的问题。之后，可提供给学生一些可利用的资源，鼓励学生认真参与讨论，发表自己的看法，共同探讨问题。③鉴别结果。这个阶段主要是对探索过程的结果进行反思和讨论。当然，这种教学往往是没有固定的结果或结论的，各项讨论结果可能是悬而未决的，但是这并不重要。

① 参见施良方著：《学习论——学习心理学的理论与原理》，人民教育出版社 1994 年版，第 412—421 页。

罗杰斯的一个学生对他所执教的一堂课的情况做了详细的记述。他写道："这门课程完全是无组织的，确实是这样。在任何时候，任何人，甚至是教师本人都不知道课堂的下一刻会出现什么，会出现哪些讨论课题，会形成什么样的个人需要、感情和情绪。是罗杰斯先生自己造成了这样一种组织的自由气氛——如同人们允许彼此为所欲为那般自由。他用一种友好的、轻松的方式与学生一起围着一张大桌子坐下，并且说：'如果我们表达自己的愿望并作自我介绍，那是令人高兴的。'接踵而来的是一种紧张的寂静，没人说话。最后为了打破这种沉默，一位学生羞怯地举起手，发了言。又是一阵令人不快的安静，然后，又有一位学生举手。此后，举手的学生更多了。教师从没有催促任何学生发言。"①

（四）学生自我评价和教师鼓励性评价相结合的课程评价

罗杰斯认为，教师用分数或其他手段对学生的学习结果进行评价，实际上是对学习的干预，因为所谓的标准测验只是要求学生记住所学的东西，作出一些正确答案。这种评价方式的实质是，把学生的能力和熟练程度与别人作比较。而事实上，学习是学生个人的事，没有人可以真正了解另一个人学到了什么、学到了多少，只有自己最清楚自己学得怎样。因此，他主张进行自我评价。

自我评价就是指由学习者负起考核自己的责任，自己确定评价的标准，并实际执行评价，看是否达到了原来的目标。自我评价不是和别人进行比较，而是将自己前后不同的学习情况进行对照，不仅可以避免因分数竞争而造成的学生心理压力和厌恶情绪，而且可以端正学生的学习态度，使其对自己的学习负责，发展其独立性和判断性。自我评价的角度不限于知识的标准，也可以从学习态度、学习兴趣、抗挫折能力等方面来评价。评价的方式也可以是多种多样的，比如：全班学生讨论课程结束应达到的水平，在课程结束后，学生分别谈谈自己达到的程度；学生书面进行自我评价；等等。

罗杰斯也指出，完全由学生进行自我评价也是不现实的，学生的自我评价应当和教师的评价相结合。但是，教师的评价应是鼓励性的、表扬性的，而不

① 钟启泉、黄志成主编：《美国教学论流派》，陕西人民教育出版社 1993 年版，第 260—261 页。

是等级性的、批评性的，因为前两者比后两者更能促进学生的进步。在实施鼓励性评价的过程中，应尽量考虑学生的心理需要和心理规律，尽可能多地采用鼓励、表扬的方式，发掘学生的优点、学习的潜能和优势，使学生易于理解和接受。

人本主义课程理论具有重要的理论价值和现实意义。它充分肯定了学生的主体地位，认为学生是有自我实现需要的“完满”的人，主张知情合一，倡导以学生为中心的教学；强调课堂教学不应停留于识记知识的水平，而应通过传授知识促进学生人格的建设性变化；主张教学中重视学生的情感作用，创设良好的教学氛围，建立新型的师生关系，使学生主动、愉快地学习；等等。这些对于调动学生学习的积极性、充分发挥学生的潜能和创造力无疑具有积极的意义。有学者评价说：“它具有使人们行动起来的能力，使他们感到更自由，更坦率，更加具备适应能力。”① 但是，其局限性也比较明显。过于强调以学生为中心，教师只是促进者，会削弱教师在教学中应具有的地位和作用，容易形成学生的放任自流。在目标、内容、进程、方法和评价等方面都以学生为中心，很可能影响学生系统知识的获取，使学生在学习上走弯路，浪费学习时间。即使是罗杰斯本人，也在晚年对自己的思想产生了诸多怀疑和反思。

第三节　社会中心课程理论

社会中心课程理论强调以社会问题为中心，通过对社会问题的分析来进行课程设计。它赞同打破传统学科课程的界限，但其方法不是以学生的活动来组织课程，而是以社会现实问题为核心来设计课程。这一倾向的课程理论有代表性的是社会改造主义课程理论。

社会改造主义课程理论于 20 世纪 30 年代产生于美国，主要代表人物是康茨、拉格和布拉梅尔德（T. Brameld）等，其课程主张主要有以下几个方面。

---

① 林方著：《人的潜能和价值——人本主义心理学译文集》，华夏出版社 1987 年版，第 2 页。

一、改造社会的课程终极目的

社会改造主义者认为，社会需要进行持续不断的改造和变化，这种改造和变化需要利用教育。教育可以推动社会的变化，设计并实现理想的社会。而学生中心课程实质上是在帮助学生“适应”社会，不是使学生“改造”社会。尽管社会改造主义者也强调课程的经验性质，主张人的经验是第一位的，但是，他们所谓的经验不同于学生中心课程所强调的个人经验，而主要是指团体经验。团体经验的实质在于改造社会，因此，课程的最终目的是要发展学生改造现实社会的各种能力，如参加社会运动的能力、塑造新的社会秩序与社会文化的能力等，从而帮助学生摆脱对社会制度奴隶般的顺从，明确社会改革的需要，积极参与社会改革实践，成为改造社会、推动社会发展的主人。

二、以社会问题为中心的课程组织

社会改造主义者对当时的课程提出了尖锐的批评。拉格认为，现存课程主要的问题是传授过去的知识，而无视当前社会中的问题。因此，学生将无力解决未来的社会问题。布拉梅尔德也指出，现存学校课程就其结构来说，是一种过了时的“鸡蛋筐”式的课程，被划分成各自独立、相互不联系的学科，各门学科的教材之间只有很少的或毫无意义的联系，是“一个不相连贯的教材的大杂烩”①。

鉴于此，他们认为，学校课程应从社会问题中产生。康茨指出，美国遗产中的民主主义和平等主义尽管具有永久的文化价值，但是要对它们进行改造，使之与现代工业社会相结合。课程还应当包括一些重要课题，如贫困与种族歧视、环境污染、战争等。这些问题都与现实社会息息相关，对这些问题进行分析，可以培养学生关心社会的积极态度和解决社会问题的能力。

针对各科课程相互分离的现象，布拉梅尔德主张一种整体性的课程，这种课程必须围绕广泛的社会问题来组织。1957 年，他在《新时代的教育》一文中提出建立一个新型“初级学院”的设想：招收 17 岁到 20 岁的青年，4 年的

① 王承绪、赵祥麟编译：《西方现代教育论著选》，人民教育出版社 2001 年版，第 78 页。

课程都围绕一个中心，即“我们能有哪一种世界？我们要哪一种世界？”① 以此问题为中心，每一学期都研讨这个问题的各个方面，包括政治的、经济的、科学的、道德的、美术的、宗教的以及许多其他方面的知识。其中，第一年主要是引起学习者的动机，提供学习的方向，同时学习政治和经济方面的改造；第二年侧重研究科学和艺术领域的问题；第三年侧重研究教育与人类关系方面的问题；第四年侧重学习实现理想社会所需要的技巧和策略，总结过去学过的知识，从而形成综合的观点。

三、民主的学习过程

布拉梅尔德认为，民主的目的只有通过民主的过程才能真正得以实现，学校教育的过程应该成为一种民主的过程。为此，他把学生的学习过程分成了四个较为民主的阶段。

（一）证据阶段

团体中每一个学习者从各种材料中获得证据，提出自己的意见或观点。这些材料的来源主要是直接经验和间接经验。布拉梅尔德认为，对学习而言最基本的是那些关于我们的欲望的证据，这些欲望来自我们能够直接意识到的经验。这些经验就是直接经验。从间接经验中获取证据主要是指学习由科学和历史所提供的经验。理想的学习方法是在两种经验证据之间保持持续的相互作用，因为直接经验在历史和科学的帮助下将慢慢变得深刻，科学和历史所提供的间接经验也会随着学习者最大限度地实现自我而变得深刻。

（二）交流阶段

学习者之间相互交流意见和观点，相互影响。直接经验和间接经验都可以用来交流，并且，这种交流是互惠的，它可以使双方对各自的观点有更深刻的理解。作为民主实践过程的交流具有这样三个特点：①这种交流不只是通过教科书、讲义、图片等方式进行的自上而下的传递，而应该包括学生独立见解的表达；②这种交流不局限于课堂教学，演说、写作、艺术、表演等都是可供选择

① ［美］白恩斯、白劳纳编，瞿菊农译：《当代资产阶级教育哲学》，人民教育出版社 1964 年版，第 155 页。

的表达方式；③交流的范围不局限于学校，其他途径可以作为学校交流的补充[①]。

（三）**协商阶段**

学习者对各种认识和价值标准等进行商讨，以获得一致的看法。能否形成一致的看法，取决于经验证据的数量、质量以及交流得充分与否。但是，即使上述条件都具备，少数派的反对也总是存在的。不管在什么情况下，少数人的不同意见必须得到尊重，因为少数与多数之间的斗争和交流本身就具有丰富的学习价值，它使学习者意识到真理和价值不过是经验性的和暂时性的，达成的一致很可能需要进一步的修正或修改；它也会使学习者更敏感地意识到提供准确的证据或同他人进行明白无误的交流是多么困难。

（四）**行动阶段**

通过在实际情境中直接或间接地应用，来检验和证实达成一致的观点和看法。而且，尽管学习者交流协商所达成的一致存在少数反对力量，但是也应该作为制定政策或采取行动的依据。就如同在政治生活中一样，少数派的反对并不意味着他们可以拒绝实践多数人制定的合法化的政策。

四、“劝说”的教学方法

社会改造主义者对当时学校所使用的大多数教学方法持批评的态度，认为这些教学方法具有一种隐蔽性，支持并加强传统的价值和现状，它使学生接受现存的价值观念、适应现存的生活模式。这个过程中，教师通过他们的教育方法和过程来维持社会现状，教师实际上成为传统价值和观念的维护者，而教师对此却并不知情。

社会改造主义者以改造社会作为学校教育和课程的终极目的。为了实现这个目的，他们提出了关于教学方法的主张。布拉梅尔德主张“劝说”法。他认为，教师应该劝说学生去改造他们所生活的社会。通过劝说，使学生清楚地了解社会改造的重要意义和必要性，使他们形成达到“社会一致”理想的奉献精神，并为实现这一理想做准备。“教师的责任是说服学生；使他们相信改造主义者的解决办法是正确可靠并且是迫切需要的，而且他们必须审慎地把这种做

① 参见陆有铨著：《躁动的百年——20世纪的教育历程》，山东教育出版社1997年版，第47页。

法看做民主的程序。"① 在劝说的过程中，教师首先是以讨论领导者的身份出现的，鼓励学生批判、质疑、反思，允许学生充分表达自己的意见和看法。同时，教师也以参与者的身份加入学生的讨论中，并表达自己的观点。在这个过程中，教师与学生是平等的主体，教师没有任何超出学生的特权。在劝说的技巧上，由于人经常是在无意识的情况下接受情绪和非理性因素的影响，所以，教师可以利用神话、宗教和艺术等，使学生不知不觉地受到影响。

五、教师应担负社会改造的责任

社会改造主义者极为重视教师在社会发展中的作用。康茨指出，教师应该成为学校与社会之间联系的桥梁，主动思考社会未来的发展方向，向学生和社会阐明社会的发展前景，并鼓励学生去实现这种前景。作为领导者，教师不仅要关心学校事务，而且要在相互冲突的目标和价值中作出选择，在有争议的政治、经济和道德等问题上保持自己的立场，成为政策的制定者。

鉴于此，社会改造主义者强调教师的社会改造责任，认为教师应敢于参与社会政治，在社会改造方面发挥自己的作用。他们认识到，要引起真正的社会变革，只有通过三种途径：通过阴谋活动搞政变，通过公开的动员人民来反对现行的制度，说服现政权的掌权者②。前两种途径不可取，第三种途径较为切实可行。而教师在第三种途径中能够发挥重要作用。因此，教师应该始终站在斗争的前列，要比其他人具有更为强烈的参政愿望，要敢于参与政治活动，从而在社会改造方面起到模范的作用。

社会改造主义课程理论从课程的政治功能角度对学校课程进行了重新诠释：提出了社会改造的课程终极目的；主张加强课程与社会的联系，以社会问题为中心来组织课程；强调学习过程应当在一种民主、平等的氛围中进行，师生相互交流，共同协商，形成对问题的认识；强调教师是讨论的参与者和领导者，不仅用劝说的方式培养起学生改造社会的意识和能力，而且自身也要参与到社会改造的斗争中，担负起社会变革的责任。可以说，社会改造主义课程理

① 陈友松主编：《当代西方教育哲学》，教育科学出版社 1982 年版，第 96 页。

② 陆有铨著：《躁动的百年——20 世纪的教育历程》，山东教育出版社 1997 年版，第 48 页。

论开辟了一个研究课程问题的新视角，这无疑对我们全面认识课程问题具有积极的意义。但是，这一理论本身的缺陷也是十分明显的。试图通过教育和课程来实现社会变革、达到社会一致，无疑夸大了学校和课程的功能。学校作为一个特殊的社会机构，还不足以强大到能够通过课程促进社会秩序的改变。而且，过于强调课程的社会改造功能，容易忽视系统知识的传授，因此，社会改造主义常被指责为"过于迷恋变革和当前的社会危机，忽视了传统的、永久的价值的学习"①。

第四节　课程理论的综合探讨

课程理论发展至今，形成了众多的理论取向和研究派别，由于篇幅有限，这里我们仅对历史上较有代表性的课程理论予以介绍。可以说，课程理论的发展经历了一个短暂而又辉煌的历史进程。时至今日，其发展仍在继续，新的思想和观点不断产生，冲击着我们的视野，为我们呈现了波澜壮阔的课程图景。在课程理论发展进程中，不管我们是否意识到，其发展都呈现出一定的特点。而且，尽管课程作为一种社会现象有其内在的发展规律，但是时代的变迁也会使课程理论呈现出一种与社会发展相适应的发展态势。

一、课程理论的当代进展

在社会各领域相互交融、多元发展的时代背景下，20 世纪 70 年代以来，课程研究者也积极吸取其他学科的理论和思想，并将其运用到对课程问题的理解和反思中，使课程理论有了新的发展，呈现出多姿多彩的研究景象。以下简要介绍几种较有代表性的课程理论。

（一）诠释学课程理论

诠释学课程理论以当代西方哲学中的现象学、诠释学为理论基础，着眼于个体自我意识的提升与自我经验的重构。其主要代表人物有美国的派纳、格鲁

① 吴式颖、任钟印主编：《外国教育思想通史》（第九卷），湖南教育出版社 2002 年版，第 407 页。

梅特（M. R. Grumet）和加拿大的范梅南（M. Van Manen）、史密斯（D. J. Smith）等。

在课程本质观上，这一课程理论对传统“知识课程观”进行了批判，并对“课程”一词进行了概念重建。派纳认为：“课程是一种特别复杂的对话，课程不再是一个产品，而更是一个过程。它已成为一个动词、一种行动、一种社会实践、一种个人意义以及一种公众希望。”① 他将“课程”（curriculum）一词回复到该词的拉丁文词根“currere”。从词源学上来讲，作为名词的“curriculum”原始意义是“跑道”（race course）。在这里，课程是静态的、预设的。但是作为动词的“currere”（跑，跑的体验）却有着截然不同的内涵。它关注跑的动态过程与奔跑时主体产生的体验。于是，课程不再是学科知识的代名词，而成为学生体验的统一体，从而被赋予了动态的、个体的含义。这些主张体现了对课程本质的看法由“课程是学科知识”向“课程是生活经验的重构”的转变。

在课程目的观上，针对传统课程对人性的压抑和对个人主体的偏执，这一课程理论将解放主体性作为课程追求的目的。派纳认为，当今课程的主要弊端在于对自我意识的压抑和对个性的扭曲，它限制和剥夺了学生作为主体的自由体验、探究与表达的权力。要使被束缚的主体性解放出来，就应恢复和提高学生对“自我”的意识水平和感受能力。概念重建后的课程就是要通过个体对生活体验的反思与解释，最终将其主体性解放出来。认识到西方个人主义传统易于导致个人主体的过度张扬，派纳强调个人、他人与社会之间的有机统一，不能将解放看做针对某一孤立的个体进行的工作。史密斯则借鉴了东方的禅宗智慧，认为应该放弃区分自我与他人的企图，因为这二者是相辅相成的。“既不应把自我与他人看成彼此独立的个体，同样，也不应否定自我与他人的存在。”②

在课程内容观上，诠释学课程理论认为实证科学控制下的课程知识无助于

---

① Pinar, W. F., et al. *Understanding Curriculum: An Introduction to Study of Historical and Contemporary Curriculum Discourses*. New York: Peter Lang, 1995, p. 8.

② [加] 大卫·杰弗里·史密斯著，郭洋生译：《全球化与后现代教育学》，教育科学出版社 2000 年版，第 271 页。

提升自我意识水平。要实现解放主体性并建构交互主体性的目的，课程就应该关注学生在生活世界中的体验和生活经验，从而发现主体作为意义建构者的地位和价值。因此，这一派的课程论者将“生活体验”作为课程内容的源泉。派纳认为，为使文本阅读成为个体解放活动，注意的焦点就应由文本转向由文本、读者的即时反应和读者的“传记性情境”构成的生活连续体，其中主体的传记性情境是这个连续体的核心。它是主体生活体验的记载。范梅南明确指出，课程研究是以“生活体验”为研究对象的，其目的在于追问生活世界中教育事件的本质和意义。他认为反思所获得的知识与其他知识相比更有价值，“这一机智行动的、蕴含着思想的身体知识给我们的日常的普通行为和经历赋予了一种关心性的、思维的品质”①。

（二）**社会批判课程理论**

社会批判课程理论主要以德国法兰克福学派的“社会批判理论”为基础，把批判性的分析课程的社会背景因素（政治的、经济的和文化的等）作为课程研究的重心，意识形态色彩相当浓厚。其主要代表人物有英国的伯恩斯坦、法国的布迪厄（P. Bourdieu）和美国的阿普尔、吉鲁（H. A. Giroux）等。

在课程本质观上，社会批判课程论者将课程视为“反思性实践”②，认为课程不只是一套要实施的行动计划，它还是一个行动过程，是通过主体的行动和反思间的动态相互作用而得以开展的。因此，课程是在真实的学习情境中建构起来的，不是某些人在一个虚拟的情境中为其所想象的学生设计的，课程是师生对所有知识进行批判性反思的具有创造意义的实践过程。

在课程目的观上，这一课程理论主张培养学生的批判意识和批判能力，以实现社会正义和人类解放。吉鲁认为学校课程不是要使学生适应或顺从社会制度，而是“培养学生成为批判的公民，反省班级和其他教育场所之中权力和权威的运作，了解制度和文化不平等对某些团体的排挤、对某些知识形式的压迫

① ［加］马克斯·范梅南著，李树英译：《教学机智——教育智慧的意蕴》，教育科学出版社 2001 年版，第 279 页。

② 张华著：《经验课程论》，上海教育出版社 2000 年版，第 167 页。

和对批判对话的禁止”[①]。学校课程的目的在于：①激发学生的反省和批判意识与能力，抵抗社会不公正，获得自我的解放；②提升学生的历史意识，使学生了解不同历史条件下知识的传递、分配等有关意识形态的问题，帮助学生形成集体的批判意识和消除“文化霸权”的控制；③加强实践行动，即要将“认知”和“行动”结合起来，在对广泛的社会、政治、经济、文化现象具体把握的基础上，采取适切的行动，促进社会平等和正义[②]。

在课程内容观上，社会批判课程论者将知识分成三种类型，即实证性知识、解释性知识和再生性知识。实证性知识是指围绕生产效率、科学技术而组织的知识；解释性知识是指帮助个体形成日常生活行为的知识，一般通过对历史发展的描述分析和对社会状况的考察获得；再生性知识则是帮助人们理解社会关系如何形成、如何由权力关系制约，从而发展人的批判意识的知识。吉鲁指出，三种知识中再生性知识是真正有用的知识，是应该追求的知识。再生性知识具有两个性质：一是能够提供批判主流知识形式的基础；二是有助于发展挑战所有支配形式的策略，并同时形成主动社群的民主形式。也就是说，学校课程必须能够增进历史上被排除在主流文化之外的学生（如劳工阶级的子女）的社会分析能力，并能够指出促进社会转型的行动。这种课程不能以共同文化、高级文化或经典文化来涵盖，而是要容纳多元多样团体的文化资本，重视大众文化的价值，把与主流文化相异的价值、观念、思想引进课程领域，产生文本的“离心”现象。

在课程实施观上，这一课程理论认为课堂教学不是系统知识传授的场所，而是学生实践的场所，“是在教师的指引下直接参与认知的活动……它可以是像艺术、游戏般的活动，也可能是慎思性的思考，但最后它应该是‘批判’的活动”[③]。在这个过程中，学生是“批判者”，不能把文本作为单纯地继承下来的知识，要在教学过程中对文本进行批判和重新解读，分析过去是如何影响现

---

① 周佩仪著：《从社会批判到后现代——季胡课程理论之研究》，台北师大书苑有限公司 1999 年版，第 122 页。

② Mazza, K. A. Reconceptual Inquiry as an Alternative Mode of Curriculum Theory and Practice: A Critical Study. *Journal of Curriculum Theorizing*, vol. 4, No. 2, 1982.

③ 陈伯璋著：《潜在课程研究》，台北五南图书出版公司 1985 年版，第 228 页。

在的以及现在是如何诠释过去的，了解现存的历史如何以专断和整体化的叙事让某些人的声音隐而不显，来呈现主流的正义言说。学生要参与批判性的讨论、共同协作，通过自己的“声音”来重构历史，重写自我经验，颠覆、挑战或转化主流意识。当然，学生带到学校中的经验也不能照单全收，教师必须对学生“促进人类基本价值”与“导致破坏人类基本价值”的行为进行区分，只有前者才意味着“对自由与解放的追求”以及“为反对支配与服从而进行的斗争”。

（三）后现代主义课程理论

后现代主义课程理论以后现代主义为出发点，站在后现代的立场对课程问题进行了全面的解读，提出了许多新颖而独到的观点。其主要代表人物有美国的多尔（W. E. Doll）、斯莱特里（P. Slattery）等。

在课程本质观上，后现代主义课程理论把课程看成是学生生成与创造经验的过程；认为学生的现实经验和可能生活是课程的依据，课程不是由教育行政部门或学校对学生发展的“规定”，而是学生依据自己的经验进行的再创造。多尔指出，以往更多的是把课程当做一种文本，而忽视了学生的经历和体验。事实上，课程并不是预先设计的文本，课程的展开过程就是课程的生成过程，也是教师和学生发展的过程。因此，不必制定非常完备、具体的课程文本，而是要给师生留出足够大的空间，使他们在实践中共同创造课程。

在课程目的观上，后现代主义课程理论反对目标的外设性、还原性、再现性和封闭性，把课程目标看成是开放的、生成的、流变的①。多尔认为，课程作为一个自组织的过程，其最终目标是无法预测的。因此，课程目标应采取一种“一般的、宽松的、多少带点儿不确定性的方式”。课程目标“不仅单纯地先与行动，而且产生于行动之中”，是合作的、发展的，它利用意外性，指向“背景性认识”而非“技术性认识”，帮助学生获得“各种描述的不断扩展的全部技术”②。

在课程内容观上，后现代主义课程理论强调文化、知识的多元性，强调文

---

① 靳玉乐、于泽元著：《后现代主义课程理论》，人民教育出版社 2005 年版，第 116—118 页。

② ［美］小威廉姆 · E. 多尔著，王红宇译：《后现代课程观》，教育科学出版社 2000 年版，第 242 页。

化知识间通过对话形成有机性特征，强调学生对课程内容的生成或创造。多尔提出了课程的“4R”标准，即丰富性（rich）、回归性（recursive）、关联性（relational）和严密性（rigorous）。关联性包括两种联系：教育的联系和文化的联系。前者注重课程结构的内在联系，课程文本被当做需要修改的而不是必须遵从的材料，要求学生重新组织呈现的材料，选择或重新设计课程的内在结构，并将其同自己联系起来。因此，课程是由课堂社区来创造，而不是由课本作者来决定。后者则是指课程之外的文化或宇宙观联系，强调课程的地方性、背景性或境域性，提倡通过对话使地方性文化扩展开来。

在课程实施观上，后现代主义课程理论把课程实施视为一个诠释与创造的过程、交往与对话的过程。多尔将课程实施看成是一个“舞蹈”的过程，认为这种课程的舞步虽然是模式化的但却是独特的，是两个舞伴之间——教师与课本、教师与学生、学生与课本——交互作用的结果①。这一过程不是教师直接对学生的作用，它更多的是来自师生、生生、生本之间的对话与交流，更注重的是学生与教师的个人反思，因此，“开放的、互动的、共同的会话是构成后现代课程的关键”②。在这个过程中，学生和教师都是课程的开发者和创造者，课程是师生共同探索新知的发展过程。

在课程评价观上，后现代主义课程理论认为课程评价不是要评判学生对目标的达成度，而在于考查学生获得了怎样的发展。多尔指出：“评价模式不再以偏离规范和标准的程度——一种欠缺的概念，而是以生产的质量——一种启发性的、不易于测量的概念来衡量。”③事先确定的课程目标并非终极的标准，而是课程活动转化的起点，它随着课程活动的展开而不断丰富。对此，多尔做了一个形象的比喻：“开放的、转变性的系统本质上总是流动的，总是处于（热）动态的相互作用和调和之中。在这一过程中，吸引中心的确存在，但通常如出现时一样迅速地消散（如流动的溪水或起伏的云）。而且，正是转变的过程要求将达到的目标反馈（重复）到系统中，以促使这一过程的继续。”④

（四）生态主义课程理论

生态主义课程理论以生态主义为出发点，运用生态主义的基本观点对课程

①②③④ ［美］小威廉姆·E. 多尔著，王红宇译：《后现代课程观》，教育科学出版社2000年版，第9、11、21、245页。

问题进行了重新思考，形成了自身的理论特色。其主要代表人物是美国的卡普拉（F. Capra）。

在课程价值观上，生态主义课程主张摒弃西方对自然的二元论、还原论和功利主义态度，真正确立起系统整体观念、民主平等原则、尊重差异的思想以及动态发展的观点，处理好人与自然、人与社会、人与人、人与自我的辩证关系。具体来说，课程应体现以下价值理念。①增进对自然的理解、尊重与保护。生态主义课程价值的首要理念就在于它致力于增进学生对自然的理解、尊重和保护，促进正确自然观的形成。②增强社会发展的可持续性。课程价值也定位于促进社会可持续发展观的形成，提升社会发展的可持续性。③提升文化发展的生态化。生态文化代表了当代文化发展的方向，保护和促进文化生态的形成和发展是课程的一个重要职责。④促进个体发展的和谐性。促进个体身心的全面和谐发展，并使他们领略生命的意义、感悟生活的真谛，这是课程永恒的追求①。

在课程目标观上，生态主义课程致力于人的自然性、社会性和自主性的和谐健康发展，注重一致性与差异性的统一、理性与非理性的统一、意识与潜意识的统一，以及个体需要与社会需要的辩证统一，以培养自由和解放的公民。值得注意的是，通常确定课程目标的依据有三个方面：对学生的研究、对社会的研究、对学科的研究。自然被排斥在课程目标的来源之外。事实上，自然、社会、文化是一个有机统一的整体，自然是人类获得生命、灵感、智慧和激情的温馨家园，应该是课程目标的来源之一。因此，增强学生对自然的认识和了解，学会与自然和谐共存的技能，培养他们尊重自然、热爱自然的态度，形成维护生态平衡，与自我、社会、文化、自然环境和谐共存的价值观，都应成为课程目标的重要内容。

在课程内容观上，生态主义课程主张将各种课程资源整合起来，使之成为一个有机整体。具体来说，就是要打破把以强调系统知识传授为主的教材作为单一课程资源的状况，综合考察自然环境资源、社会环境资源、文化资源，以及学生自身经验资源等各个要素，并将各要素纳入到课程中来。这种课程的设

---

① 王牧华、靳玉乐：《论生态主义课程的价值取向》，载《当代教育科学》2008年第19期。

计应遵循和谐、联系和发展的理念①。和谐的理念包含三方面的内涵：天人和谐、人际和谐与身心和谐。这是课程设计的首要前提。联系的理念就是指反对二元对立的思维方式，将自然环境、社会进步、文化发展以及学生个体的成长看成一个整体，将课程看成是学生个体与自然环境、社会进步与文化发展之间交互作用而获得的整体的教育性经验。发展的理念是指课程设计以推动自然、社会、文化和学生个体的发展为目的，即它致力于推动自然生态的良性演化发展、社会的可持续发展、文化的生态化发展以及学生个体的和谐发展。

在课程实施观上，生态主义课程主张将生态意识整合、渗透到整个教学过程中；注重知识与知识之间的内在联系，注重学习经验、自然界以及生活本身的联系，注重课堂与社会的密切联系；摒弃单一的课堂教学形式，提倡学生深入社会进行实地考察、到大自然中去研究等教育形式。同时，在教学过程中，既要关注学生外在学习环境的平衡和保护，如注重学校建筑、教室布置等自然环境的整体和谐，也要注重学生个体内部心理品质的生态平衡，如情感、态度、潜意识等方面。

二、课程理论的发展特点

在前面的分析中，我们将课程理论分为三种取向，即知识中心课程理论、学习者中心课程理论和社会中心课程理论。尽管它们在理论观点上存在较大的差异，但是，它们在理论体系的形成和发展方面也具有一些共同点。

（一）都经历了一个由产生、发展到完善的历史过程

任何课程理论的形成，大致都要经历这样三个过程。理论来源于实践，并要运用到实践中去，以检验其合理性和科学性。任何理论的产生，都有其特定的时代和社会背景。实践中有了问题，时代有了新的需要，就会促进一种新的理论的产生。这也是不可否认的规律。

课程理论也是如此。当教育实践中出现了一些新问题，社会的发展对人有了新的要求时，以往的课程理论可能无法满足新的需要。在这种情况下，一些课程学者或实践家往往会根据形势的变化而思考一些新的问题，对课程实践进

① 王牧华、靳玉乐：《论生态主义课程设计的基本理念》，载《当代教育科学》2005 年第 1 期。

行观察，对社会需要进行审视，对以往的课程理论进行反思。于是，一种新的课程理论便会诞生。比如，要素主义课程理论就是在对进步主义教育进行反思的基础上提出的，人本主义课程理论是在对教育压抑人、控制人的现象进行反思的基础上提出的。而课程理论在提出的初期，由于处于探索阶段，缺乏实践的支撑和验证，理论往往存在一定的缺陷。随着志同道合的研究者的不断加入，以及实践中实验和论证的增多，课程理论就会处于一个不断修正和改进的过程中，从而不断获得新的发展，并最终走向成熟和完善。

（二）理论内部都或多或少地存在一些分歧

一般来说，我们把不同的学者归到一个课程理论派别下，主要是由于其思想的主旨和诸多主张与这个派别的核心思想有着同一性。但是，这不等于说同一派别下的学者的课程思想是完全一致、没有分歧的。

人是自然界最为高级的生物，这是由于人具有高级的思维能力。也因此，人的思想是极为复杂的。一方面，不同的人对同一事物会有不同的看法，从而形成了思维差别；另一方面，同一个体随着自身知识水平的不断提升、思维视野的不断开阔，在不同时期其思想也会发生改变。就课程理论而言，具有共同研究倾向的课程学者在一些大的理论方向上保持一致，并不等于他们对其中的所有问题都持相同的看法。而且，随着研究的深入，一些学者会对自己之前的理论进行反思，可能会出现与前期思想不同甚至相反的观点。因此，同一课程理论派别中经常会出现这样的现象：不同学者之间对某些问题的看法上存在着分歧，同一学者在不同时期对某一问题的看法也不完全相同。比如，社会改造主义者在教学方法上有的强调劝说，而有的则更重视传统的接受方式；经验自然主义者杜威本人的思想极为丰富，但是这些思想中前后也不乏矛盾之处。

（三）赞赏与批评共存

从上面的分析中我们可以看到，各种课程理论的产生由于有着特殊的时代背景，形成了自身有别于其他学派的独特的理论观点和体系。因此，每种课程理论都有其特定的适用范围，这有助于解决某种特殊的教育问题。从这一点上看，每种课程理论都对教育和课程实践具有重要的意义，能够为教育和课程实践作出贡献。比如，结构主义课程理论有助于学生系统知识的获取和掌握，提高学习效率；经验自然主义课程理论考虑到了学生的兴趣和需要，有助于改变课堂教学的呆板和控制局面；社会改造主义课程理论以社会问题为中心来组织课程，能够加强学校与社会的联系，有助于学生了解社会现实，培养起改造社会的意识和能力。

但是，不可否认的是，教育实践是复杂的、多变的，没有哪一种课程理论能够解决所有的教育问题。这也是课程理论形成了众多不同的流派或者说是学派的原因。每种课程理论的侧重点不同，所关注的问题和解决问题的方式也不同，因此，课程理论在关注某些方面的同时，必然会忽视甚至无视其他方面。这一方面形成了理论本身的特色，使其有别于其他理论，但同时也为自己的理论带来了缺陷。比如，从宏观上说，学科中心课程理论侧重探讨选择什么知识和如何组织知识，则忽视了学生的需要和兴趣；学习者中心课程理论侧重以学生个人的需要和兴趣组织课程与教学，则忽视了学科知识内在的逻辑体系；社会中心课程理论侧重以社会问题为中心来组织课程，则忽视了系统知识的传授。也正是在这一点上，我们评价课程理论时，通常都是从其价值和不足两个方面来进行。

三、课程理论的发展趋势

随着社会的变迁、时代的发展，人类社会呈现出了新的发展面貌。课程作为一种特殊的社会现象，自然也体现了一些新的时代特征。在新的社会状况下，课程理论总体上呈现出以下发展趋势。

（一）课程理论的发展将更为繁荣

人类社会经历了一个漫长的发展过程。时至今日，社会的生产力和科学技术水平已经达到了一个相当高的阶段。这些在古代社会是无法想象的。在不久的将来，社会将发展到何种水平、达到何种高度，也难以得出准确的推论。

人类社会的每一步发展，都将对社会系统的各个方面产生重要的影响。社会的发展程度越高，社会的组成部分就越复杂，各领域间充斥的问题也就越多。在当代社会，由于科学技术的迅猛发展，人们的生产生活方式发生了巨大的变化，新事物不断涌现，传统的观念和思想也不断被颠覆。课程领域主要涉及目标、内容、教师、学生等要素，在当前社会背景下，这些要素的特点和作用也都发生了极大的变化。比如，在信息时代，知识的更新速度加快、半衰期日益缩短；学生可以从多种渠道获取知识和信息，而不再仅仅依赖书本和教师；教师的权威受到挑战；等等。面对这些新变化，人们必然会对这些要素进行重新审视和思考，发展与此相适应的、能够更好地促进人的发展的课程理论。这样，新的课程理论就会产生和形成。这个过程是一个持续不断的发展过程，社会发展程度越高，课程理论的更新和发展就越快。而且，新的社会状况所产生的新的教育问题也越来越多，如新近受到重视的终身教育、多元文化教育等，这些都会对课程理论产生新的要求，也将促进课程理论的丰富和繁荣发展。

（二）课程理论的视野将更为开阔

在当前的社会状况下，各学科在原有的基础上都获得了新的发展和进步。而且，学科间的壁垒不断被打破，知识已经不再局限于单一门类的自主发展。不同学科之间彼此渗透、相互借鉴成为知识发展的一个重要趋势。交叉学科的形成就是这种趋势的体现。

课程理论也从中获得了新的发展机遇。不少学者运用其他学科的方法论来对课程问题进行解读，从而形成了诸多新的课程理解方式，如从政治学的角度理解课程、从美学的角度理解课程、从神学的角度理解课程、从生态学的角度理解课程，等等。肖特（E. C. Short）在 1991 年出版的《课程探究的形式》一书中就列出了课程研究的 17 种方式：分析性的、扩充性的、推测性的、历史性的、科学性的、人种志的、叙述性的、美学的、现象学的、解释学的、理论性的、规范性的、批判性的、评价性的、整合性的、慎思性的和行动研究[①]。时至今日，课程研究的方式和方法只能是日渐增多。在新的研究方式下，课程理论必将获得新的发展。

（三）课程理论的地位将更为独立

1918 年，课程开始成为一个专门的研究领域。在此之后不到百年的时间里，课程理论取得了令人瞩目的发展成就。在这个过程中，其他学科的进展为课程理论的发展提供了诸多启发和方法论基础。但是，也正因为如此，不少学者对课程理论的独立地位产生了怀疑，认为课程理论打上了其他学科的烙印，

---

① 靳玉乐、师雪琴：《课程论学科发展的方向》，载《课程·教材·教法》1998 年第 1 期。

几乎变成了其他学科的依附品，成为其他学科的应用领域，其自身的独立地位正在日渐消失。

对于这种观点，我们认为，在当今时代背景下，任何学科的发展都不能固守于自身领域之内，不同学科间应相互学习、相互借鉴，以从中获得新的发展动因。因为单就某一个领域来说，其涉及的范围是有限的，而借鉴其他学科的理论或运用其他学科的方法来对本领域进行研究，则扩大了本领域研究的视野，能够帮助我们更好地理解相关问题，从而合理地提出解决的办法。在这个过程中，其他学科的理论和方法只是我们用以解决问题的辅助手段或途径。因此，对于课程理论来说，尽管新的理解方式使人感到眼花缭乱、纷繁复杂，但是，其他学科的理论和方法不过是我们研究课程的手段，我们最终的目的仍然是为了分析和理解现实中的课程现象和课程问题，并提供良好的解决办法。况且，课程理论从来没有离开过它所要探讨的课程问题，如课程目标、课程内容、学生、教师等要素。因此，无论现在还是将来，只要课程论的学科地位不变，课程理论就不会走向"依附"，而是更加独立、自主。

【思考与练习】

1. 永恒主义课程理论和要素主义课程理论有什么区别？

2. 布鲁纳结构主义课程理论的基本观点是什么？

3. 杜威经验自然主义课程理论的基本观点是什么？

4. 课程理论的发展呈现出哪些特点？未来的发展趋势如何？

5. 对三种（知识中心、学习者中心和社会中心）课程理论进行比较，阐述三者的主要区别。

第四章　课程设计

【启发与引导】

• 学校要在学习者身上实现特定的教育目的或目标，就必须为学习者提供能够达成这些目的或目标的课程，因而就需要进行课程的"设计"。实际上，"设计"一词在日常生活以及工业、商业、建筑和服装等领域中经常被使用，人们通常用它来描述具有不同意义的活动。那么，在课程领域里，你知道课程的设计又是指称一种什么样的活动呢？

• 课程设计作为人类的一种教育活动，它必然涉及"谁来进行设计"的问题。实际上，带着这个问题考察不同的国家，你就可能获得不同的答案。那么，你能从诸多答案中总体地把握课程设计的主体吗？同时，你知道这些课程设计主体在进行课程设计时必须遵循怎样的规范或准则吗？

• 课程设计作为一项复杂的活动，它往往需要采取一系列的操作程序或行为流程，课程领域通常把它们称为课程设计的模式。你能说出哪些相对成熟的课程设计模式？你了解不同模式的运作过程吗？

• 通过理论研究与实践总结，人们已经创造了许多进行课程设计的具体方法，如哲学/理论演绎法、主观法、活动分析法、青少年需求中心法、经验法、实验法、生活情境中心法等。你知道这些方法在课程设计中如何被使用吗？

学校教育要使学习者在知识与技能、过程与方法、情感态度与价值观等方面朝预期的方向发展，就必须为学习者提供特定的教育性经验。因此，从特定的理论出发，有目的、有计划和有组织的课程设计也就成了课程领域的一项重要活动。为了全面而系统地认识课程设计活动，这里就需要对什么是课程设计、谁来进行课程设计、如何进行课程设计等一系列问题进行追问。

第一节　课程设计的概述

课程设计作为课程领域的一项复杂而系统的活动，要获得它的一般认识，就必须首先探讨它的活动本质、活动主体以及活动原则等重要内容。

一、课程设计的概念

迄今为止，在课程设计"究竟是什么"的问题上，学者们已给予了不同的回答（见表 4-1）。尽管这些回答存在差异，但每种回答都揭示出了课程设计的某些重要特征。因此，这里有必要从三个维度出发，对课程设计的主要特征进行系统的归纳和总结，以便获得全面而系统的认识。

表 4-1　"课程设计"概念的代表性观点

代表人物	对课程设计的界定
菲利普·泰勒（P. Taylor）	是指那些经过精心计划的活动，通过这些活动，设计出各种学程或教育活动方式，并将它们提供给教育机构中的人们，以此作为进行教育的方案①。
克莱因（M. F. Klein）	是指课程的组织形式或结构，也就是对课程的各种因素的安排，它基于理论基础和方法技术两个层面②。

---

① ［英］菲利普·泰勒等著，王伟廉等译：《课程研究导论》，春秋出版社 1989 年版，第 38 页。

② Klein，M. F. Curriculum Design. In：Husen & Postlethwaite（eds.）. *The International Encyclopedia of Education*. Oxford：Pergamon Press，1985，pp. 1163-1170.

续表

代表人物	对课程设计的界定
盖伊 (G. Gay)	是撰写教学目标、内容、活动和评价程序的技术，是课程决定中的最后产物①。
奥恩斯坦 (A. Ornstein)	是对课程进行构思和对课程的主要组成部分（学科材料内容、教学方法和资料、学习者的经验或活动）作出安排的方式，借以为我们编制课程提供定向和指导②。
王策三	课程设计就是制定课程，包括制订教学计划（学校课程标准）、编写教学大纲（学科课程标准）和教科书③。
靳玉乐	课程设计是一个有目的、有计划、有结构地产生课程计划、分科课程标准以及教材、教科书等的系统化活动④。
廖哲勋、田慧生	是按照育人的要求和课程内部各要素、各成分之间的必然联系而制定一定学校的课程计划、课程标准和编制各种教材的过程，是课程建设系统工程的一个组成部分⑤。
黄光雄、蔡清田	是一种教育实务工作，而不是一种纯粹理论的研究，旨在设计一套课程产品系统，以达成教育目标，而不只是去解释现有的课程现象⑥。

首先，从“过程—结果”维度来看课程设计。学者们既从动词上来界定课程设计，又从名词上来界定课程设计。前者把课程设计看做有计划、有组织地安排课程要素的活动过程，强调通过对课程要素的组织来创造课程计划、课程标准或教材等的实际历程；后者把课程设计看做对课程要素作出安排后的实体形态，即强调课程设计作为产品或结果。实际上，课程设计的具体过程与产生

① Gay, G. Curriculum Development. In: Husen & Postlethwaite (eds.). *The International Encyclopedia of Education*. Oxford: Pergamon Press, 1985, pp. 1170-1179.

② ［美］奥恩斯坦等著，柯森主译：《课程：基础、原理和问题》，江苏教育出版社 2002 年版，第 22 页。

③ 王策三著：《教学论稿》（第二版），人民教育出版社 2005 年版，第 217 页。

④ 靳玉乐著：《现代课程论》，西南师范大学出版社 1995 年版，第 217 页。

⑤ 廖哲勋、田慧生主编：《课程新论》，教育科学出版社 2003 年版，第 260 页。

⑥ 黄光雄、蔡清田著：《课程设计——理论与实际》，南京师范大学出版社 2005 年版，第 21 页。

的结果是一种因果关系，对课程设计的认识既有必要从设计的具体过程来理解获得的结果，又有必要从设计活动的结果来理解具体的设计过程。

其次，从“理论—实践”维度来看课程设计。一方面，学者们把课程设计看做探讨如何设计有效的课程形式或结构的理论研究过程，强调研究在安排课程要素时所依据的理论基础及其安排的一般原理和方法。另一方面，学者们又把课程设计看做技术的具体运用过程。它涉及制定课程计划、课程标准、教材或撰写教学目标、教学内容、教学活动与评价程序等的实践技术。也就是说，课程设计实际上既依赖一定的理论基础，又依赖一定的实践技术，它是两者的综合体现。

再次，从“深度—广度”维度来看课程设计。就课程设计的深度而言，它既可以是重新制定新的课程方案，从而导致对师生的双边活动具有深远意义的课程改革，又可以只是对目前的课程进行一些细微的修改或调整，或以更合理的方式将课程要素进行重新安排，但并不增加新的东西。就课程设计的广度而言，它既可以被狭义地理解为制定某个学程的具体过程，又可以被广义地理解为囊括所有形式的课程变化的实践活动。由此看来，课程设计包括了对课程领域不同范围内的要素进行的某种程度的改变。

综合以上观点，这里可以把课程设计看做这样一种活动，即课程设计主体以既有的课程理论或通过专门研究而建构的理论为基础，采用一定的实践模式，使用一些具体的方法或技术，有计划、有组织、有系统地对课程目标、课程内容、课程实施和课程评价等课程领域内的要素作出某种安排或不同程度的变革，从而为学校教育提供实现教育目标所需要的课程产品。

二、课程设计的主体

在不同国家和地区，参与课程设计的实际主体存在着差异（见表 4-2），这说明在课程领域中，课程设计的主体本身就具有多元性和复杂性。为了全面地把握课程设计的主体，这里从两种视角对这些主体进行分析和说明。

表 4-2　十个国家和地区主要的课程编制机构和人员①

	国家和地区一级	省、地方和学校一级
把课程编制作为主要职能或任务的机构和人员	学校课程和考试委员会（英格兰） 学校课程和考试委员会的课程设计小组（英格兰） 课程咨询委员会（丹麦） 课程编制基金会（荷兰） 课程委员会（荷兰） 全国课程中心（以色列） 全国课程问题顾问委员会（苏格兰） 全国课程中心（苏格兰）	教学中心（以色列） 课程协会（加拿大） 省教师团体（加拿大） 省协会（加拿大和德国） 地区学校咨询中心（荷兰） 课程编制中心（美国） 课程编制专职人员（英格兰） 学校课程负责人（美国） 课程协调人（英国） 教师中心（英国） 学校咨询委员会（英国）
把课程编制作为若干重要职能之一的机构和人员	纳非尔德基金会（英格兰） 英国广播公司，独立广播局（英国） 议会（丹麦、瑞典） 中央委员会（比利时） 在职培训部（以色列） 教育部（瑞典） 教育委员会（瑞典） 教育和科学部（英格兰） 中央教育研究基金会（英格兰） 全国教育研究基金会（英格兰） 大学中心* 国家视导员*	校务委员会（美国、荷兰） 州教育厅（美国） 教学联合会（比利时） 省教育行政局课程处（加拿大） 学生（丹麦） 地方视导员* 学校教职员* 特定的教师团体* 师范学院* 个体教师*

① 参见［英］菲利普·泰勒等著，王伟廉等译：《课程研究导论》，春秋出版社 1989 年版，第 44 页。

续表

	国家和地区一级	省、地方和学校一级
把课程编制作为若干重要职能之一的机构和人员	出版商* 专业组织* 工会* 各学科的学会* 考试委员会*	

*这里未写出国名的机构或人员，意指在所列出的国家或地区中一般都存在这样的机构或人员。

（一）从教育行政层级看课程设计的主体

不同国家的课程设计主体与该国的课程管理制度或教育行政建制密切相关。一般来讲，在中央集权制的国家，课程设计往往由国家教育行政部门组织或委托特定的机构、团体或人员专门进行，地方教育行政部门、机构、学校或团体往往不能成为课程设计的主体；在地方分权制的国家，国家教育行政部门往往并不直接参与课程设计，而地方教育行政部门、机构、学校或团体往往成为课程设计的主体。从20世纪后半叶开始，随着世界上主要国家在课程管理制度变革上的相互影响，原先在课程设计上采取中央集权制的国家和地方分权制的国家开始呈现折中的趋势。这表现为：主要由国家教育行政部门作为课程设计主体的国家，开始承认地方教育行政部门、机构、学校或团体的课程设计主体地位；而主要由地方教育行政部门、机构、教师或团体作为课程设计主体的国家，国家教育行政部门开始逐渐收回课程设计的部分权力，增强国家教育行政部门在课程设计中的影响力。

（二）从参与者的身份或角色看课程设计的主体

从世界各国课程设计者的身份或角色来看，课程设计主体主要有五类群体。

第一类群体是教育管理者，主要包括国家或地方层面的课程（或教育）决策者以及个别国家的学校校长等。这些主体受到政府的委派，他们通过直接参与或监督课程设计的过程来确保国家或地方课程（或教育）政策在课程设计中获得落实。

第二类群体是课程（或教育）专家，主要包括在教师教育机构、教育研究机构等部门从事课程（或教育）研究的教育理论工作者。这些主体为课程设计提供理论基础和技术指导，或直接参与国家、地方或学校层面的课程设计工作。

第三类群体是学科专家，主要包括在综合性大学或专门机构从事某学科领域研究的科学家或研究者。这些主体从学科发展的视角出发，为学科课程的目标、内容、实施和评价等要素的设计提供建议和帮助。在一些主要国家的某些课程改革中，这类群体甚至成为课程设计的核心主体。

第四类群体是教师。教师作为课程设计的主体在许多国家都受到重视，我国从 2001 年开始的基础教育课程改革也格外重视教师在课程设计中的主体地位。实际上，课程领域的一些重要事务，比如，活动课程、潜在课程以及各种课程的实施等，都需要经过学校中的教师进行设计或再设计。不仅如此，教师参与课程设计的程度直接影响着课程设计的质量①。

第五类群体是课程的其他利益相关者，包括课程教材的出版者、某些教育委员会的人员、教育文化机构的人员、学生、家长、社区人士等。

从整体上看，在不同国家中，课程设计主体的身份或角色以及参与的程度等方面都存在着差异。

迄今为止，世界上各主要国家参与课程设计的主体呈现“三级”结构：第一级是国家教育行政部门、机构或人员，其主要职能是负责制定全国统一的课程计划、课程标准，审定国家课程教材等；第二级是省、州或地方教育行政部门，其主要职能是根据国家课程标准来设置或自主设置和审查省、州或地方课程及其教材；第三级是学校，其主要职能是根据国家或地方教育行政部门的规定，在一定程度上参与国家或地方层级的课程设计，或在一定的范围内进行自主的课程设计。此外，不同国家的课程设计主体的“三级”结构在职能上或权力大小上都存在一些差异。

① [美] 麦克尼尔著，施良方等译：《课程导论》，辽宁教育出版社 1990 年版，第 325 页。

三、课程设计的原则

课程设计者要高效地进行课程设计，就必须遵循课程设计活动的规律。课程设计的原则就是为遵循课程设计活动的规律而制定的、用以规范和指导课程设计工作的基本要求或准则。到目前为止，课程理论工作者与实践工作者已经提出了诸多的课程设计原则。其中，有些原则源自学理的演绎，有些原则则源自课程设计的实践经验，但它们都对课程设计工作具有较大的指导作用。总体来讲，主要有以下七个原则。

（一）发展原则

发展原则主要指：在课程设计的复杂系统工作中，无论受到何种社会力量或课程（或教育）理论主张的影响，课程设计都必须坚持优先促进学习者发展的方向。在现实中，课程设计往往会受到多种社会力量的影响或制约，它们包括政治领域的力量、经济领域的力量、文化领域的力量和教育领域的力量等。这些不同的社会力量往往都会引导课程设计向有利于自己的方向发展。发展原则就要求课程设计者，无论受到这些社会力量中的哪种社会力量的牵引，课程设计都必须始终坚持以学习者为本、促进学习者全面和谐发展的目标。再者，课程设计往往会受到众多的、具有不同旨趣的甚至相互冲突的课程（或教育）理论的影响，因此，把何种理论作为课程设计必须坚持的理论依据，是课程设计者经常面临的决策过程。但是，无论选取哪种理论或观点，都必须考虑这种理论或观点是否符合学习者身心发展的规律，是否能够满足学习者的发展需要。

（二）系统原则

系统原则主要指：课程设计必须有组织、有计划、有步骤地进行。因此，它必须事先制定一套系统的课程设计程序或方案，通过这个程序或方案来协调参与课程设计的各级、各类主体的工作，并有条不紊地完成课程设计的各项任务，而无遗漏。一般来讲，确立课程设计的程序或方案主要是一个决策的过程，其中包括谁来进行课程设计、设计什么、采用何种方法、遵循怎样的步骤、依照什么标准或指导思想、借助哪些资源以及进行各项工作的日程安排等重要问题。进行课程设计的程序或方案形成以后，还必须获得参与课程设计的各级、各类主体的认同，从而使每个课程设计主体知晓自己在整个课程设计工作中的职责和位置，从而使课程设计工作在纵向维度上具有连续性和在横向维度上具有协调性。

（三）合作原则

合作原则主要指：课程设计必须发挥各类主体或机构的团队合作精神，共同解决课程设计所面临的一系列重大问题。哈夫洛克（R. Havelock）通过对课程设计的各项工作的分析发现，成功地完成课程设计一般需要19种角色共同发生作用。这些角色主要包括专家、指示者、训练者、提示者、协调者、示范者、说明者、倡导者、对抗者、咨询者、观察者、分析者、顾问、资料搜集者、分析者、诊断者、设计者、管理者、评价者①。一般来讲，一个课程设计主体很难同时具备扮演这些角色所需要的能力。这些能力往往都分散在不同的人身上，如课程管理者、学科专家、课程（或教育）专家、教师等。因此，课程设计工作就需要这些主体之间相互合作、形成课程设计团队，从而顺利且高效地完成课程设计的各项任务。在现实中，课程设计的合作表现为纵向合作和横向合作。就纵向合作来讲，需要国家层面、地方（省、州或学区）层面和学校层面之间进行合作；就横向合作来讲，需要各层级的内部主体之间进行合作。

（四）探究原则

探究原则主要指：课程设计需要通过理论探究来解决课程设计遇到的各种疑难问题。在具体的课程设计中，课程设计者往往会遇到课程设计中的各种现实问题。这些问题主要包括：采取怎样的课程（或教育）理论作为课程设计的基础；如何实现课程（或教育）理论向课程实践的转化；如何协调不同类型或层级的课程设计者的工作；采用何种模式开展课程设计的各项工作；采用哪些具体的方法进行课程设计；如何确定适切的课程目标；如何合理地组织课程内容；如何高效地进行课程实施；如何有效地进行课程评价；如何处理好各课程要素之间的关系；等等。课程设计者要合理地、有效地解决这些问题，就不能仅仅凭借个人的经验或主观臆断，而是必须进行深入而广泛的研究，从学理上

① Wiles，J. & Bondi，J. *Curriculum Development*：*A Guide to Practice*. Columbus：Charles E. Merrill，1979，pp. 82-90.

寻求解决这些问题的基本依据，构建解决这些问题的各种可能方案，最后通过审议确定可以采用的最佳方案。这种过程其实就是课程设计的理性探究过程。

（五）责权对等原则

责权对等原则主要指：基于课程设计工作具有多层次性的事实，课程设计就必须给每个层次进行赋权，从而实现责任与权力的对等性。这有利于各层级或个体更好地从事课程设计工作。事实上，赋权行为体现了课程设计中的分权思想，分权是促进各类课程设计主体有效地履行课程设计职责的基本要求。实行责权对等则有利于课程设计工作既满足国家的统一规定，又满足地方差异的要求，使课程设计能够充分地发挥各级、各类主体的创造力，有效地整合各种课程资源。课程设计中的责权对等需要注意两个方面：一是权力与责任的界限要分明，明晰的权力和责任分配有利于参与课程设计的各级主体各司其职；二是责任与权力要相当，责任与权力相当有利于激发和监督课程设计主体的各项工作，增强课程设计主体的责任意识，使课程设计工作能够灵活地、有弹性地进行。

（六）历史性与时代性相统一的原则

历史性与时代性相统一的原则主要指：课程设计既要继承课程在历史发展中形成的稳定特征，同时，又要敢于肯定时代赋予课程的新特征。在课程设计中，课程需要对社会的政治、经济、文化、知识、各种理论或思潮等因素作出反应，而特定时代的这些因素往往都是历史事物与新事物的整合体。因此，课程设计也必须实现课程的历史性与时代性的统一。坚持课程的历史性，其实就是要求课程设计要反映社会变迁中的恒定因素，从而确保社会的稳定性以及人的教育的历史继承性。坚持课程的时代性，其实就是要求课程设计要反映特定时代的社会变迁或发展。在特定时代进行的课程设计会受到政治、经济、文化、知识、理论或思潮等因素的新特征的影响，这些新特征往往促使课程设计通过课程变革对它们作出回应。实际上，坚持课程的时代性反映了不同时代培养人的规格的差异性，它是社会及人的教育向前推进的必然要求。因此，课程设计必须坚持历史性与时代性相统一的原则，使其相得益彰，共同服务于培养人的事业。

（七）学术性与政策性相统一的原则

学术性与政策性相统一的原则主要指：课程设计既要根据学术化的课程（或教育）理论来指导自己的工作，同时又要以特定社会的政策法规来规范自己的行为。课程设计的学术性是对课程设计的事实层面的揭示，它包括两个方面。一是就课程设计本身而言，它是一种客观的现象或活动，其必然存在着内在的、本质的、必然的联系，关于课程设计的学术探讨就是对这种联系的反映，因而课程设计需要遵循它。二是就课程内容而言，它是对客观事物进行学术探讨的结果，因而也是对事物内在的、本质的、必然的联系的反映，因而课程设计需要肯定它。课程设计的政策性主要指特定的国家所颁布的相关政策、法规或文件，它们主要属于一种价值规范，是特定社会价值取向的反映。课程设计只有既坚持其学术性又坚持其政策性，才能确保课程设计的合理性与合法性。

第二节　课程设计的模式

课程设计模式是根据课程理论或规律形成的、相对结构化和稳定化的课程设计操作程序及其策略体系，它是对课程设计思路的一种概括性和简约性描述，是连接课程理论和课程实践的“桥梁”。在课程论的学科化过程中，由于受到不同的意识形态、技术、认识论、心理学、社会学和社会背景等因素的影响，先后出现了不同的课程设计模式。这些模式为课程设计工作提供了方法论的指导，体现了人们对课程设计活动的多元理解和实践。总体来看，在课程设计中，具有较大影响和系统性的模式主要有：目标模式、过程模式、情境模式、自然模式等。了解这些模式，有助于把握人们在整个课程领域的实践活动。

一、目标模式

目标模式是课程设计者以确定教育目标为始点，展开课程设计工作的一种操作程序和策略体系。这种模式又被称为技术性模式或工学模式。最早提出目标模式的学者是博比特，经拉尔夫·泰勒的系统化后形成了泰勒模式。其后，塔巴、惠勒（D. K. Wheeler）和索托（M. L. Soto）等学者针对泰勒模式的缺陷进行了补充和发展，逐渐成了课程设计领域影响最为深远的经典模式。

（一）**泰勒的目标模式**

目标模式最早源于博比特提出的“活动分析”课程设计方法，但作为一种课程设计模式被确定下来却是由泰勒完成的（如图 4-1 所示）。实际上，泰勒主要通过《课程与教学的基本原理》确定了课程设计的目标模式。因此，这里从“泰勒原理”的主要内容出发，简要地描述其中包含的课程设计思路。泰勒把课程设计主要分为四个步骤，他认为课程设计者应该首先确立教育目标。而为了确定教育目标，课程设计者应该先对学生的需要、社会的需要和学科专家

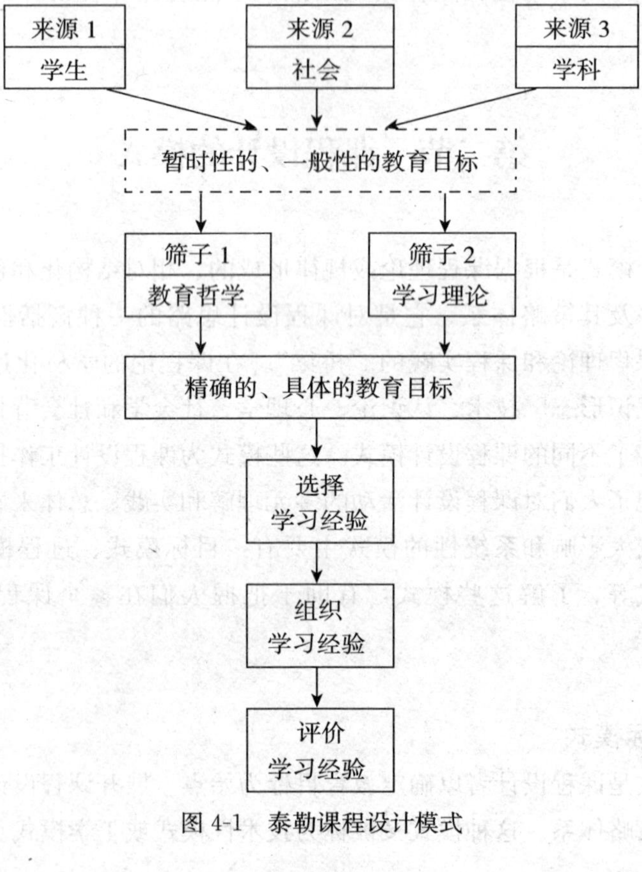

图 4-1　泰勒课程设计模式

的建议进行分析，从中获得暂时性的、一般性的教育目标，然后再根据一定的教育哲学和学习理论对这些初步的教育目标进行筛选，进而形成精确的、具体的教育目标。随后，课程设计者需要根据这些教育目标来依次从事选择学习经验、组织学习经验和评价学习经验的课程设计活动。从总体上看，泰勒的模式以课程目标的确定为始点，整个课程设计过程呈现出一种线性模式，并强调整个设计过程中的因果关系。

（二）泰勒模式的变型

泰勒模式涉及的目标、学习经验和评价层面构成了目标模式的雏形。在泰勒模式出现之后，一些学者在此基础上，又分别围绕着这三个层面对泰勒模式进行了补充和发展，进而发展出一系列泰勒模式的变型。

1. 塔巴的目标模式

塔巴对泰勒模式进行了补充和发展（如图 4-2 所示），他强调采用系统化、客观化、科学化和探究性的课程设计思路。他把泰勒模式中主要包括的四个步

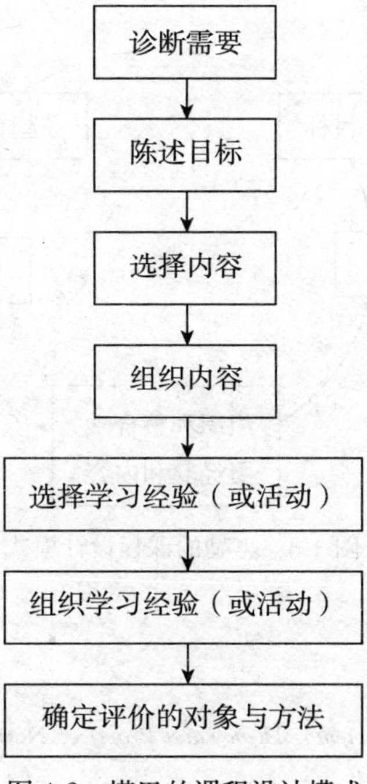

图 4-2　塔巴的课程设计模式

骤充实成七个步骤，即诊断需要、陈述目标、选择内容、组织内容、选择学习经验（或活动）、组织学习经验（或活动）、确定评价的对象与方法①。塔巴对目标模式的主要贡献在于区分了一般的教育目的和具体的教育目标，并把对一般教育目的的分析放在首位；同时，又把课程与教学区分开来，把课程内容的选择与组织放在前面，而把学习活动或教学设计放在后面。这更符合课程设计的实际情况，具有更严密的逻辑性。

2. 惠勒的目标模式

英国学者惠勒认为，塔巴模式与泰勒模式把课程设计作为一个直线过程来处理，其不能很好地实现反馈，也不能对课程设计及时不断地作出调整，从而使课程设计缺乏一个良性的循环机制。于是，他以泰勒模式为基础，将课程设计过程分为五个阶段，即建立教育宗旨、目的和目标；选择学习经验；选择内容；组织和整合学习经验和内容；进行评价。同时，惠勒强调评价结果对教育宗旨、目的和目标的反馈。因此，这五个阶段就形成了课程设计的循环模式（如图 4-3 所示）②。

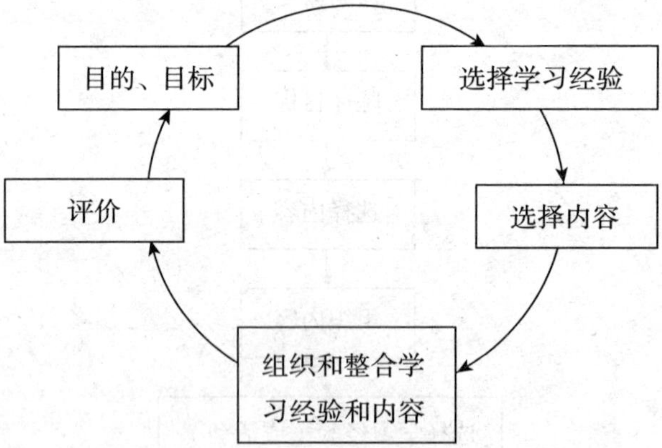

图 4-3　惠勒的课程设计模式

① Taba. H. *Curriculum Development*: *Theory and Practice*. New York: Harcourt Brace and World, 1962, pp. 347-379.

② 参见王文科著：《课程论》，台北五南图书出版公司 1988 年版，第 127 页。

3. 索托的目标模式

索托修订和扩充了泰勒的课程设计模式（如图 4-4 所示），认为课程设计的模式主要包含三个部分①。

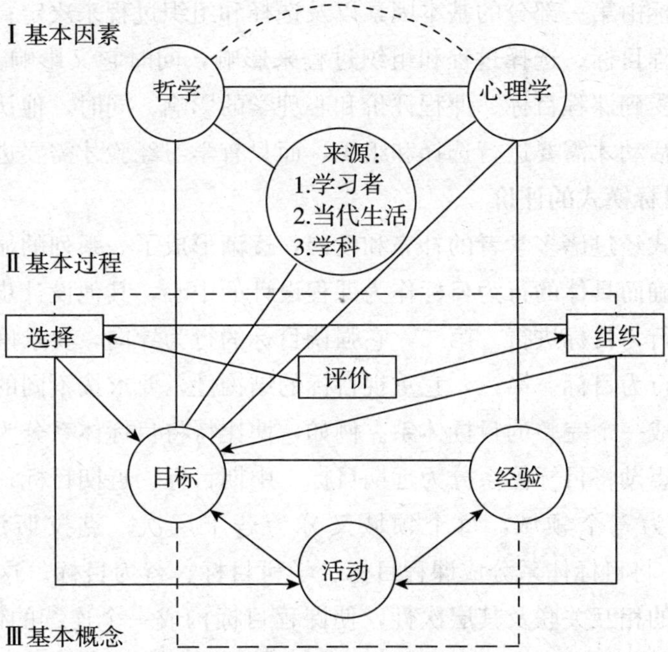

图 4-4　索托的课程设计模式

第一个部分是基本因素，主要包括哲学、心理学和课程目标的来源，这三者交互影响。他认为，学习者、当代生活与学科等课程目标的来源不应该分开，它们之间具有密切的联系，因而应该放在一起。同时，哲学和心理学也不一定必须在课程目标的来源后面发生作用，其既可以在课程目标的来源前面发生作用，也可以和课程目标的来源同时或在其后发生作用。哲学、心理学、学习者、当代生活与学科等都会对课程目标产生影响；心理学还会对学习经验产生影响。

第二个部分是基本过程，主要包括选择的过程、组织的过程和评价的过程。其中，选择活动与组织活动主要针对课程目标和学习活动，这两种活动之

① 参见黄政杰著：《课程设计》，台北东华书局 1991 年版，第 150—151 页。

间会产生相互影响。评价过程既包括对选择过程和组织过程的评价，又包括对学习经验的评价。

第三个部分是基本概念，主要包括课程目标、学习活动和学习经验。其中，课程目标由第一部分的基本因素以及选择和组织过程来决定；学习活动则主要受到课程目标、选择过程和组织过程来影响，同时它又影响着学习经验；学习经验则受到课程目标、课程评价和心理学的影响。同时，他认为只有课程目标与学习活动才需要进行选择和组织，而只有学习经验才需要进行评价。

（三）目标模式的评价

目标模式经过诸多学者的补充和发展，逐渐形成了一系列的显著特征。第一，它以明确而具体的行为目标作为课程设计的中心，其他设计步骤都围绕着预先设定的行为目标进行。第二，它强调目标的行为导向，要求确立明确而具体的外显性行为目标。第三，它重视目标的结构性，要求按不同的层次水平将各项目标组成一个完整的目标体系。例如，博比特将目标体系分为终极目标和渐进目标；惠勒将目标体系分为远期目标、中期目标、近期目标；布卢姆将目标具体地分为三个领域，每个领域又分为若干层次；克拉斯沃尔（D. R. Krathwohl）将目标体系分成课程目标、学科目标、行为目标。这些划分揭示了目标之间的相互关联及其层次性，使课程目标构成一个连续的体系。第四，它主张目标的价值中立，认为教育是一门科学而不是一门艺术，课程设计仅是一个技术问题，就像工程技术理论一样不受社会价值标准的约束，它只是为某一既定目标的实现提供手段，其本身可以单独由经验方法来确定，因而也拒绝对目标进行价值判断。第五，它以社会为出发点，强调学生对社会生活的适应，因而特别注重教师的作用。

从某种意义上讲，教育目标或课程目标在课程设计中的重要作用是不言而喻的，目标模式强调设定目标，并将其作为课程设计的始点，这有助于课程设计工作的开展。首先，目标模式对明确具体的行为目标的强调，改变了过去教育目标表述过于笼统以致难以把握的状况，极大地推动了课程设计活动的科学化、专业化进程。其次，目标模式在某种程度上促进了教育测量与教育评价的作用，加快了标准化测验的完善进程。再次，目标模式提出的基本问题成为其他课程设计模式都必须思考的基本问题，其形成的严密而系统的课程设计思路，为其他的课程设计模式的产生提供了榜样或反思对象。

但是，目标模式是以科学实证主义哲学和行为主义心理学为理论基础的课程设计思路，由于这些理论基础自身的缺陷，目标模式也存在诸多的片面性或局限性。第一，它忽视了课程结构的整体性，把由多种成分或多种要素组成的课程结构整体分割开来，片面强调目标的特殊性，将目标置于至高无上的地位，凌驾于其他各要素之上。这种设计思想，与现代课程设计注重系统化科学的方法论格格不入，它企图以局部的分析代替全面的总体设计，其结果必然导致种种偏差或失误。第二，它仅仅强调教育是一门科学而看不到教育也是一门艺术，其割裂了教育过程中的事实与价值，看不到教育过程是一个价值创造和意义诠释的过程，从而使课程设计局限于技术理性的框架之中，导致课程设计的机械性和缺乏艺术性。第三，它强调目标的具体性、可预期性和行为化，却忽视了非预期的学习结果，这样的课程设计只看到了正式课程而忽视了潜在课程，因而是一种不全面的课程设计。第四，它在根本上重视训练的机制，却忽视了对教育内涵的真正把握。这种教育把学校看做工厂，把学生看做原料，强调经过“输入—输出”的过程把学生训练成具有特定性格的社会成员，因而它必然导致学生主体地位的失落，压抑他们的积极性、主动性、独立性和创造性。

二、过程模式

针对目标模式的不足与弊端，课程设计的过程模式应运而生，该模式又被称为过程模式。过程模式并不预先制定目标，而是详细地说明内容和过程中的各种原理，即过程模式强调在设计中详细地说明所要学习的内容、所要采取的方法以及活动中的固有标准，而学生所创造的“最终产品”并不按照行为被事先地指定出来，而是在事后借助那些建立在该知识形式中的标准来加以评价。因此，从某种意义上讲，如果说目标模式选择内容的依据属于“学习者行为中心”，那么，过程模式选择内容的依据则属于“知识中心”。

（一）过程模式的主要观点

对课程设计持过程模式观点的主要代表人物有斯腾豪斯（L. Stenhouse）、布鲁纳、阿特金（J. M. Atkin）、巴恩斯（D. Barnes）等，他们的课程设计思想都是过程模式的重要组成部分。

1. 斯腾豪斯的过程模式

第一位明确地提出过程模式的学者是英国的斯腾豪斯。他认为，过程模式比目标模式更适合于那些以知识和理解为中心的课程领域。斯腾豪斯的基本思想是："人们可以通过详细说明内容和过程中的各种原理的方法来合乎理性地设计课程，而不必用目标预先指定所期望达成的结果。"① 他认为，可以从具有内在价值的知识形式中，挑选出那些足以体现该知识形式的内容，这些选择出来的内容，能够代表那些最重要的过程、最关键的概念和该知识的形式（或领域）中固有的标准。同时，对这样的内容进行选择，不是根据它所要引起的学生行为，而是根据它在多大程度上反映了该知识的形式，这种内容本身不需要从外部加以论证。斯腾豪斯以哲学为例，对过程模式如何应用于一切知识形式的课程设计做了说明。他说："如果你确定了某个哲学课程的内容，确定了构成正确的哲学教学步骤的那些东西，并确定了用来评价学生学习情况的清楚的标准，那么你就是在进行着不用目标的理性设计。"② 由此可见，在过程模式的课程设计中不存在行为目标，教师并不刻意寻求在学生身上形成任何特定的观点或引起任何特定的反应，其所强调的不是行为目标，而是注重确定在处理某些争议问题过程中的一些原理。

2. 布鲁纳的过程模式

布鲁纳按照结构主义课程理论所设计的《人：一门学程》（简称 MACS），充分地体现了他在课程设计上持有的过程模式思想。MACS 是适用于 9 岁至 13 岁儿童的社会科学课程，包括教科书、影片、海报、录音带、参考资料和游戏等，它以行为科学的观点及心理学、社会学、人类学等的研究成果作为课程内容的主要依据。在教育目标方面，它只提出了三条基本原则：

第一，了解在人类行为中，什么是人性？

第二，人性是如何发展起来的？

第三，能否使人性获得进一步发展？

该课程设计没有叙述行为目标、教学目标或作业目标，它仅仅提供了一些

①② 转引自［英］菲利普·泰勒等著，王伟廉等译：《课程研究导论》，春秋出版社 1989 年版，第 59 页。

题目和观念，要求由教师根据班级的特点、资料和实践自行修订使用，而且不提供任何特定的目标和评价工具。

在课程内容方面，则以上述三个含糊的主题为核心，根据社会科学和人类学的研究成果，让学生思考与人性相关的问题。其设计的概念主要有：

第一，生命周期；

第二，本能和习得的行为；

第三，适应；

第四，生物学上自然淘汰和选择；

第五，结构与功能；

第六，信息传播和沟通①。

这些概念共同构成了 MACS 的学科结构，教师在这个课程中主要是引导学生进行探究和发现。同时，该课程强调学习的过程和方法，而非学习的结果；强调引导学生进行发问、收集资料、建立假设、验证假设与形成结论，并对结论进行交流和反省等。

3. 阿特金的过程模式

阿特金于 1975 年在日本文部省召开的课程发展会议上提出的“罗生门模式”，体现了课程设计的过程模式思想。他认为，科学的课程设计如果只追求达成特定目标的效率，就会造成“教育公害”，因此，必须加以防范，而防止产生这种“教育公害”的办法就是采用“罗生门模式”。阿特金借用了日本小说家芥川龙之介的小说《罗生门模式》之名，其主要表明了立场不同、观点互异者对同一事件或事实的看法会有所不同的观点。阿特金采纳这种思想，将其运用到课程设计之中，认为不管教学目标如何，要先观察教学活动引起的一切事情，分别让专家、教师、儿童或父母根据不同的观点作出评价。其设计程序是：①设定一般目标；②实施有创造性的教学活动；③论述；④评价教学活动引起的结果。

4. 巴恩斯的过程模式②

巴恩斯认为，课程设计并非必须从学习目标的制定开始，其也可以从学习

①② 参见黄政杰著：《课程设计》，台北东华书局 1991 年版，第 179、175—176 页。

内容或活动的设计开始，注重教和学的过程以及学生在学的过程中的体验或经验，给予学生进行自由创造的机会，形成多样化的学习结果。他认为，课程设计应该遵循一定的原则，这些原则应该反映课程设计者的价值观，他把这样的原则称为“程序原则”。他认为课程设计需要采取这样的步骤：一是建立程序原则，其包括属于整个课程的通则和属于特定题材的原则；二是运用程序原则来选择活动，并指导教师在课程上的参与。程序原则具有多种类型，如用于选择活动的原则、用于选择内容的原则、用于选择问题的原则等。

（二）过程模式的评价

从各种课程设计的过程模式来看，其存在一些共同特征。第一，具有开放的课程设计思路。过程模式并非把学习看做直线过程，认为目标和内容虽然是必要的，但却不必预先决定，因为教学过程涉及的因素相当复杂，其经常变动不定，如出现偶发事件、兴趣的转移等。因此，课程设计不可能完全按照预定的目标来进行，它必须保持高度的动态性、开放性，需要针对具体情况不断地作出调整。为此，过程模式主张课程设计应该是研究性、实践性的活动，要能够提出改进教学的建议。第二，强调教育是一个过程。在这个过程中，儿童获得求知能力，增进批判能力，成为能适应现代社会生活的有教养的人。因此，教育不是达到目标的手段，不是使学生获得预定的知识技能，而在于促进智慧的发展。显然，过程模式反对工具主义的知识观，强调课程内容的内在价值。第三，强调师生合作，主张发展与探究的学习，要求学生积极主动地参与教学过程。第四，强调教育是经验改造，注重根据学生实际情况，相对灵活地选择和组织课程内容，促进学生能力的发展。第五，注重形成性评价的实施。过程模式的拥护者十分强调对课程实施过程的形成性评价，通过对这一过程的详细考察、研究和分析，明确课程存在的问题以及问题的原因和性质，进而提出改进的策略。第六，过程模式并不完全排斥目标，而是主张设立“总目标”，总目标的表述方式是笼统的，有很强的原则性。

总体来看，过程模式在课程设计的策略、评价、研究、目标与教材等方面都与目标模式存在差异（见表 4-3）。但是，课程设计的目标模式在各个方面的具体性、清晰性和可操作性，使人们对整个课程设计的过程与行为更易把握，因而更容易被广大实际工作者所接受和依从。课程设计的过程模式虽然重视教育过程，重视学生的主体能动性和创造性的发挥，但却忽视了具体、明确的目标的作用，过于强调价值的相对性，因而对学生的学习情况很难进行评价，对教师的要求也较高，其很难切实可行。有鉴于此，有人提出应该把目标模式和过程模式的优势整合起来，因而课程设计的情境模式又应运而生。

表 4-3　过程模式与目标模式的比较①

项目＼模式	目标模式	过程模式
评价	目标参照评价	不受目标限制的评价
研究	抽样法	个案研究法
目标	特定的行为目标	一般的非行为化目标
教材	从教材库中选取教材，然后加以安排	在教学活动中发现教材的价值
教学过程	预先计划	重视偶发
重点	教材的精选与排列	教师养成和进修

三、情境模式

情境模式又称为环境模式或文化分析模式。这种模式既具有目标模式的特点，又具有过程模式的特点。这种模式的代表人物主要有斯基尔贝克、劳顿、索基特等。

（一）斯基尔贝克的情境模式

斯基尔贝克强调按不同学校各自的情况，通过对学校环境进行全面的分析和评估来设计课程，其基本假设是："课程设计应该针对单个的学校和它的教师。换句话说，以学校为单位的课程设计乃是促进学校活动真正行之有效的方式。"② 斯基尔贝克指出，课程设计仅仅是一种手段，通过这种手段，教师就可以使学生领悟到各种文化价值，学会各种用来对文化进行解释的思想方法和符号系统，从而对学生的经验进行改造。因此，这种模式不是在脱离现实的"真空"里制定各种课程方案，而是必然带着某种政治色彩，因为不同

① 参见汤志民：《课程发展模式的评价》，载台北《国教研究》1988 年第 2 期。
② ［英］菲利普·泰勒等著，王伟廉等译：《课程研究导论》，春秋出版社 1989 年版，第 61 页。

的社会阶级和阶层，以及不同的意识形态，都在谋求对文化传递过程施加影响。

斯基尔贝克将进行课程设计的情境模式归纳为五个主要组成部分：分析情境；形成目标；设计方案；诠释与实施，检查、评价、反馈及重建（如图 4-5 所示）。

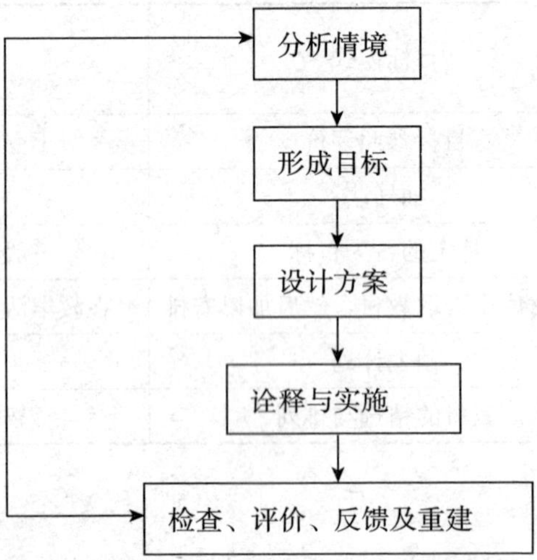

图 4-5　斯基尔贝克的课程设计过程模式①

1. 分析情境

其任务主要是考察和分析学校的环境，并对其中制约学校课程的内在与外在因素进行分析。考虑的事项主要包括：文化、社会变迁、意识形态的改变；家长、社区的愿望；教育制度、教育系统、学校的要求；学科性质的改变；教材内容的变化；学生的心理特点；教师的价值取向、态度、技能、知识、经验；学校文化、学习风气、物质条件、社会资源；当前课程面临的问题、改革的走向等。

2. 形成目标

目标的形成来源于情境分析的结果。目标设定需要考虑的事项主要包括：人类的价值和重要的经验；学生与当代文化的问题；在情境中学生学习求知的

① 李子建、黄显华著：《课程：范式、取向和设计》，香港中文大学出版社 1996 年版，第 165 页。

方式；根据情境分析获得的可能性和限制；教师和学生的行动；学生可达到的学习结果的预期。目标的类型很多，包括普遍的、特定的、短期的、长期的目标。目标应该是明确的，它反映了设计者的价值取向、价值判断和价值选择，其包括教师的行为、学生的行为、预期的学习结果和教学目标等指标。

3. 设计方案

根据已确定的课程目标设计教学活动，包括选择学习内容，设计教学活动方案，确立教学方法、活动方式、活动时间顺序，确定教材，确定合适的结构性环境，进行学校人事的调配和工作人员的角色定位，安排时间表和进行活动资源的准备等。

4. 诠释与实施

其主要任务是对课程方案实施过程中可能出现的相关问题作出解释，帮助提供解决问题的策略。课程的引进或者改革必定给人们原已熟知的情境带来挑战和冲击，教师可能会对新的方案置之不理、漠视、抗拒。因此，课程设计者应该有应对这种混乱情境的对策，加强对新方案的解读、宣传和推广，以使得人们能接受和实践新方案。

5. 检查、评价、反馈及重建

这个环节的主要工作是设计检查和沟通系统、评价系统，并且对反馈的意见进行整理，找出改进方案的新策略，使本设计方案更具有操作性和适应性。评价的范围包括学生在课堂活动中的表现，包括学生在课堂活动中的进步情况、学生学习态度、学习潜能的发挥等，以此作为反馈与重建的内容和依据。另外，设计者也会对课程实施过程进行评价，所有反馈的信息会成为讨论、反省和行动的依据。

（二）劳顿的情境模式

英国学者劳顿继承并进一步发展了斯基尔贝克的课程设计思想，提出了更详细的情境模式，该模式又被称为文化分析模式①。劳顿认为，进行课程设计

① 参见：李子建、黄显华著：《课程：范式、取向和设计》，香港中文大学出版社 1996 年版，第 167—169 页；欧用生著：《课程发展模式探讨》，台北复文图书出版社 1985 年版，第 16 页。

需要考虑三个方面的因素，即知识的本质、儿童的本性和社会情境。同时，他认为：教育的目标主要在于把文化中最重要的部分教授给学生①，因此，如何合理地选择文化中的最重要的部分也就成为劳顿的“文化分析模式”力图解决的主要问题。在文化分析模式中，劳顿把课程设计的过程分为七个阶段（如图4-6所示）。

阶段1：确立分析架构。其主要任务在于获得文化不变项，即人类文化中的普遍的或共同具有的要素。他把这些文化不变项分为九大文化子系统，即政治系统、经济系统、道德系统、沟通系统、理性系统、技术系统、信念系统、美学系统和成熟系统②。

阶段2：进行文化分析。用从“阶段1”中获得的人类文化不变项来分析特定社会的文化，考察特定社会在文化不变项中的具体表现，从而使这些文化不变项成为文化变项。

阶段3：根据“阶段2”分析的结果来选择共同的课程内容，确定最适合于每项子文化系统的知识或经验类别。同时，把文化不变项与现有的学校科目进行比较，找出它们之间的缺口、失谐或冲突。

阶段4：考虑关于学生心智发展、学习方法和学习动机以及教学等方面的心理学理论，从而为组织课程提供依据。

阶段5：根据文化选择的结果和心理学理论来设定课程目标，并把课程按照一定的顺序和阶段组织起来，形成学校课程。

阶段6：分析学校实际的师资和设备等情况。

阶段7：根据“阶段5”和“阶段6”的结果来编排课程表。

---

① Lawton, D. *Curriculum Studies and Educational Planning*. London: Edward Amold, 1983, p. 25.

② Lawton, D. *Curriculum, Culture and National Curriculum*. London: Hodder and Stoughton, 1989, p. 21.

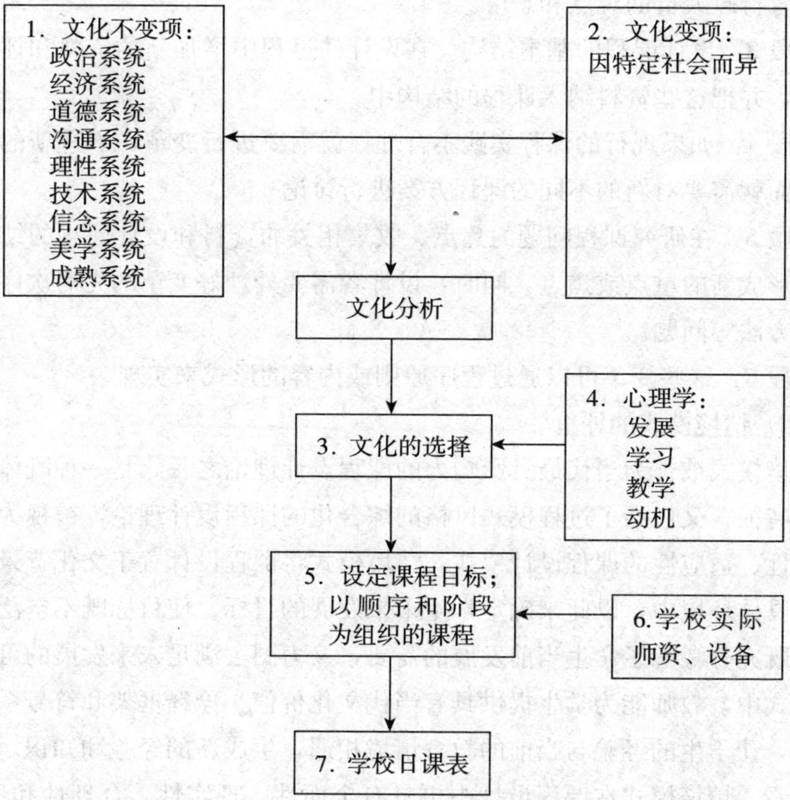

图 4-6　劳顿的文化分析模式

（三）索基特的情境模式

索基特认为课程设计的目标模式主要适用于技能发展的领域，因此，他在课程设计的很多方面都支持斯基尔贝克的情境模式，认为情境模式有助于透过课程的结构来进行课程设计。但是，同时他又受到过程模式的影响，认为课程设计可以通过程序原则或内容来完成。索基特主张通过以下六个阶段来进行课程设计①。

阶段 1：研究课程问题的现实焦点。

阶段 2：收集现行课程实践的情况、影响及其限制因素，了解教师、学

① 参见李子建、黄显华著：《课程：范式、取向和设计》，香港中文大学出版社 1996 年版，第 170 页。

生、教育行政人员的观点和态度。

阶段3：设计课程的基本结构。在设计的过程中增加新的资料和评估已有的资料，并把这些资料纳入课程的结构中。

阶段4：如果现行的课程实践不合理，就需要进行变革，引进新的课程实践，因而就需要对新的不同的课程方案进行讨论。

阶段5：在研究课程问题的焦点、收集相关的资料和设计课程的结构的过程中，形成新的重点或焦点，同时，设计者需要处理好变革的先后次序和实施变革的方法等问题。

阶段6：这些变革可以通过程序原则或内容的形式来实现。

（四）情境模式的评价

情境模式被誉为当代最具影响力的课程设计理论之一，是一种既体现了目标模式特征，又包括了过程模式风格的综合化的课程设计理论，被视为一种具有操作性、适应性的课程设计模式。情境模式将课程设计置于文化背景和学校教育的具体环境中，以此来确定学生未来发展的目标，使目标既不空泛，又不僵化；既充分考虑了学生当前发展的需要，又力图去满足未来发展的可能。在情境模式中，教师能为学生提供具有当代文化价值、诠释框架和符号系统的学习机会，让学生的经验与当前的教育情境相遇，生成新的经验和知识。从这个意义上看，情境模式在课程设计中更具有全面性、现实性、合理性和适切性，既克服了目标模式的机械性、固定性的弊端，又弥补了过程模式的无序性及理想化的不足。

然而，情境模式也存在着自身的不足。首先，就理论基础而言，情境模式试图通过文化分析的视角，来消解课程研究的社会中心论、儿童中心论、学科中心论等单一性的纷争；但文化分析的理论框架却依然是一个漫无边际的思想体系，文化分析在这里只停留于表层，难以深入问题的本质去思考在课程领域中存在的多种关系的关联性。其对文化与教育的思考，也仅限于文化的选择与传承，缺乏对教育作为一种文化现象的考察，也缺乏关于教育对文化的改造、批判、重建等功能的深入认识。其次，就适用性而言，情境模式主张以不同学校的具体情境分析作为课程设计的主要依据，从表面上看，体现了课程与真实问题情境结合的原则，赋予了课程灵活性的特点，但却造成课程设计“泛适应”的尴尬。如果课程设计只关注具体学校的情境，并以此作为课程设计的唯一依据，就会必然导致忽略课程对于文化传承的功能，忽略课程的政治性、未来性，也就不能为课程的未来发展绘制美好的蓝图。再次，就文化立场而言，情境模式关注文化本身的价值，而这种价值具有片面性。课程通常反映的是意识形态中的主流文化，而这种文化往往带有阶级特性，如果用文化分析的角度审视课程设计，通常反映的是共同文化的立场，而对于多元性社会而言，这种基于文化分析的课程设计模式本身就具有不可克服的弊端。

四、自然模式

斯坦福大学教授沃克（D. F. Walker）通过对成功的课程设计进行实证研究，提出了课程设计的自然模式。自然模式针对目标模式过于强调目标在课程设计中的优先地位、使设计工作偏离中心的缺陷，认为这种模式不能反映传统教育中实际发生的课程设计现象，因为在实际的课程设计中，尽管也需要涉及目标，但它仅仅是课程设计工作的附属部分，并非主要部分，课程设计同时还包括许多其他的重要层面①。基于此，沃克研究并参与了一项名为“科特林艺术课程”设计的实际过程。在参与课程的过程中，他详细记录了课程设计团队在课程设计的讨论、争议、决议的全过程，提炼出了这个过程的重要元素，并在分析的基础上将其发展成为课程设计的基本框架，从而形成了课程设计的自然模式。

（一）自然模式的主要内容

沃克的自然模式主要包括三个要素，即课程的立场、审议过程和设计过程（如图 4-7 所示）②。

首先，确定课程的立场是课程设计的自然模式的起始环节。它的重要任务在于明确课程设计人员的现有观念，其主要包括课程设计人员的信念、价值、假定、意象、理论、目的以及行动或决定的程序等③。课程的立场为课程设计人员提供了实然的和应然的观念，是课程设计人员在构思所要设计的课程时需

---

①③ 参见黄政杰著：《课程设计》，台北东华书局 1991 年版，第 164、165 页。

② Walker, D. F. A Naturalistic Model for Curriculum Development. *School Review*, 80 (1), 1971, pp. 51-65.

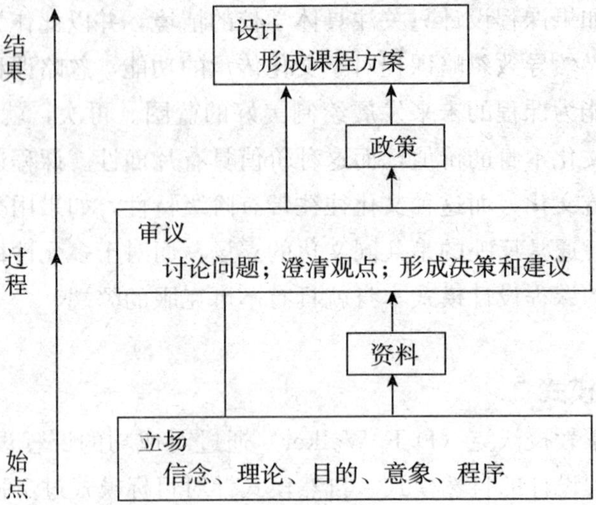

图 4-7　自然模式的主要成分

要共同遵循的准则或信念。

其次，进行审议是从课程立场到形成课程决策的过程。沃克的“审议”概念主要来自施瓦布，其认为在审议过程中，特定情境里的事实与目的和手段有关，因而需要将这些事实置于具体的个案或情境中，并对其进行事实判断和价值判断，以便识别问题和明确目的，然后形成各种可供选择的解决方案，并为这些方案提供辩护，最后决定最佳的解决方案。在此基础上，沃克指出课程设计的核心工作包括：课程设计人员找出决策点；形成决策点的各种备选方案；为各种备选方案提供辩护；从各个方面进行衡量，作出最佳的选择。沃克认为，为各种备选方案提供辩护是整个审议过程的核心，课程设计者需要从自己的课程立场出发。在审议过程中，课程设计者也可能需要通过收集额外的资料从实证方面来肯定或进一步澄清自己的课程立场。而且，通过课程审议获得的结果可以作为先例，从而成为以后课程决策的依据。沃克把这些先例的全体称为“政策”。

再次，进行设计是根据审议结果去形成课程方案。沃克认为课程设计主要在于将课程中的各种抽象关系具体化，而对学生产生影响的因素是这些抽象关系，而非物品本身。因此，他主张找出课程设计的架构来分析设计的要素及其要素之间的关系，他认为在审议过程中所形成的一系列课程决定就是这种架构。他指出，在课程设计中，有些决定需要通过外在的审议过程预先地作出，这种决定可以称为外显的课程设计；但有些设计行为则由课程设计者内在地、自动地完成，其并没有经过外在的审议过程，因而不能称为决定，其属于内隐的课程设计。在自然模式中，课程设计的结果不是一组物品、行为目标、行为经验，而是一系列行为决定或课程方案①。

（二）自然模式的评价

沃克的自然模式对课程设计的主要贡献在于：它描述了实际的课程设计过程，采用一种弹性化和非线性的方式开展课程设计工作，提出了课程设计中存在非理性成分，揭示了现实的课程设计者在观念、价值等方面存在的冲突与矛盾，并强调了通过审议的途径来解决问题和作出课程决定。这种课程设计的自然模式有利于课程各层次人员共同参与课程设计，因而形成的课程方案也更能适用于课程实践。

但是，自然模式也存在自身的不足。第一，课程审议很容易流于表面化。在自然模式中，其对于陈述立场、审议协商、形成决策的几个环节的时间和任务没有进行规定，无休止的讨论会耗费大量的时间和资源，从而使审议过程流于形式，难以实现预先的目的。第二，课程设计者的文化背景限制了审议的结果。对课程问题进行的审议，就是要充分考虑每一种方法的价值，考虑所有的课程知识的构成，考虑学生对于知识的可能接受程度等。但是，如果要对所有不同的意见和立场进行综合分析，就要求课程审议者本身必须具有客观而综合的视角和出色的判断能力；而对于一般审议者而言，很难使自己从自身的思想框架中脱离出来，客观地对审议的问题进行判断。此外，在现实中，课程设计者的知识和经验也存在局限性，其也会影响课程审议的结果。

第三节　课程设计的方法

课程设计的方法主要指课程设计者按照某种模式进行具体的课程设计时所

---

① 参见黄政杰著：《课程设计》，台北东华书局1991年版，第166页。

采取的方式、手段或行为的统称。在课程的学科化运动与课程实践的发展中，已经产生了各种各样的课程设计方法。其中，以下一些方法在课程设计领域中具有重要的影响。

一、哲学或理论演绎法

在实证科学的方法尚未引入课程设计领域之前，课程设计主要是从一种“理想人”的培养或特定社会秩序的维持出发，其确定课程的标准或理由主要源于一定的哲学思想或政治形态，形成的具体课程或教学内容主要来自这些哲学思想或政治形态的演绎。这里把这种课程设计的方法称为哲学或理论演绎法。在古希腊、古罗马、欧洲中世纪和中国古代的教育中，课程设计基本上都采用这种方法，甚至到了20世纪，该方法在课程设计的一些模式中仍然依稀可见。哲学法或理论演绎法的特点在于：①从特定的哲学观、知识观或理想人的模型出发来演绎课程结构；②课程结构及其内容与特定阶级或阶层的教育理想极其相关；③课程设计活动具有较强的思辨性，缺乏实证的分析和研究。

二、主观法

主观法又叫判断法，其中的“主观”主要是相对于客观和实验而言。在课程设计中，主观法主要指：“设置什么学科，组织什么活动，选择什么教材，怎样组织安排，等等，都是由某个人或集团的意志来决定。”① 这种方法也是古今中外长期沿用的课程设计方法之一，其特点表现为：不经过实验，不调查实际情况，仅仅由专家、学者根据自己的愿望来编辑教材，选择活动，具有较大的随意性。从某种意义上讲，主观法主要是就形式而言的，因为从表面上看选择和编写教材似乎是由某个人或某个社会集团决定的，但实质上，个人和集团的愿望不能脱离当时的社会背景，这也是社会客观现实的反映，归根结底取决于社会存在。因此，采用主观法进行的课程设计仍然具有客观性。

① 王策三著：《教学论稿》，人民教育出版社1985年版，第223页。

三、活动分析法

20世纪20年代，美国课程专家博比特和查特斯等人提倡所谓的活动分析法，他们根据社会调查和统计分析来决定成人生活的基本领域和需要，进而编写课程目标。博比特指出："人类生活虽然极其复杂，但不外乎完成各种特殊的活动。为生活做准备的教育，就是要确定完全为这些活动而准备。这些活动对于社会来说，无论多么复杂，都是可以发现的。重要的一点，人们应该深入到他们所处的世界中，去发现这些纷繁事务的具体情况。这些具体情况能够表达人的能力、态度、习惯、鉴赏力以及人类所需要的各种知识，这些将是课程的对象。"① 他在对社会生活活动作出大规模调查的基础上，将人类广泛的生活活动划分为10大类：①语言及社会沟通活动；②健康活动；③公民资格活动；④一般社交活动；⑤娱乐活动；⑥心理健康活动；⑦宗教活动；⑧双亲活动；⑨业余活动；⑩职业活动。博比特对此又做了进一步的详细分析，定出821个特殊而明确的目标，作为课程设计的基础。

苏联也有学者在课程设计中采用"个性—活动"分析法。他们从工人典型的活动及其相互关系中，分析出工人应具备的个性品质和才能模式。比如：典型的技能，主要包括机械技能、电力技能、自动化技能、组织技能；相应的知识，主要包括自然现象、社会和心理现象方面的知识；典型关系，主要包括直接发生的组织与经济关系，间接发生的道德、法律和审美联系。这些活动和关系，就构成了综合技术教育内容的理想模式。这种理想模式，结合某种具体时期、具体学校的实际，就产生出综合技术教育内容的具体模式②。

活动分析法通过对社会生活活动进行分析来选择教育目标和课程内容，使课程材料有较强的实用性和针对性，同现实生活的联系更加紧密，从而有助于学生适应成人生活。但是，尽管从现实生活出发选择有社会意义的课程材料是一个进步，但社会生活处在不断的发展变化中，活动分析出现的结果可能对于学生的将来生活并不实用。同时，这种课程设计方法以成人生活为对象，容易导致忽视学生的心理需要。

---

① ［美］博比特著，张师竹译：《课程》，商务印书馆1928年版，第47页。

② ［苏联］斯卡特金著，张天恩译：《现代教学论问题》，教育科学出版社1982年版，第34—36页。

在欧美一些国家，博比特等人创立的“活动分析法”已被演化成为“一般分析法”，即不是从分析社会生活活动出发来编制课程，而是对已经选择好的学习任务进行各种分析，并作出安排，以便学习者能够以最经济的方式掌握这些学习任务。尽管一般分析法受到很多批评，但由于它的独特性和实用性，直到现在仍是欧美一些国家流行的课程设计方法。一般分析法主要包括三个步骤：第一步，把所要学习的任务或作业组成适当的课程形式；第二步，把完成每项任务所必需的知识、技能加以组织，并排列成一个梯度序列；第三步，确定上述知识、技能中，哪些是完成该学习任务所必备的基本条件。这种方法在职业课程和包含程序学习的课程设计中非常实用，如今它已和系统分析更紧密地结合在一起，成为一种更加实用的课程设计方法。

四、青少年需求中心法

青少年需求中心法在1940年前后出现，它受进步主义教育的影响，倡导者是多恩（D. Doane）、艾伯特（H. Alberty）等人。这种方法的倡导者反对成人本位的课程，主张研究儿童，了解儿童的种种需求，然后再对社会需求加以考虑，从而选择和组织课程内容。这种方法强调详细分析儿童的共同需求，然后以这些需求为框架来选择和组织以学生发展为中心的课程内容体系。美国进步主义教育协会所属的中等学校课程委员会，曾以此提出了如下四个有关青少年基本生活侧面的主要需求①。

（1）个人生活：①个人健康的需要；②安全、自信的需要；③满意的生活理想与建立一个可以实践的人生观的需求；④各种个人的兴趣与审美满足的需求。

（2）个人之间的人际关系：①在家庭生活中，能持续增进圆满关系的需求；②与朋友之间能维持并增进圆满关系的需求。

（3）社会的公民关系：①对于重要的社会生活有参加的需求；②有被社会尊重的需求。

（4）经济关系：①获得长大成人之情绪上的需求；②获得职业选择指导及

① 汪霞：《国外几种课程编制的方法、程序及模式》，载《外国教育研究》1994年第1期。

职业准备的需求；③明智地选择并利用各种物质设施的需求；④以有效的方法来解决经济问题的需求。他们认为各门课程都应当以满足这些需求为设计原则。

五、经验法

所谓经验法，主要指设计什么学科、活动，选择什么教材，怎样组织等，都是根据从已有课程实践的经验教训中所获得的某种结论、认识或原则来作出选择或决定。经验教训通常包括：教师、学生、家长有什么反应，分量如何，等等。只要回顾新中国成立前后的教育就会发现，经验主义的方法曾是我国课程设计的主要方法，经常在删减或增加教材内容、加深或减轻教材难度之间左右徘徊，这些行为缺乏科学的理论依据和实验基础。正如有人指出的："旧中国的小学历史、地理，时而又合在博物学之内。中学数学，开始分算术、代数、集合、三角，时而又改为混合数学。新中国诞生后，对这些课程也时分时合。对分或合产生的教学效果，我们缺乏切实可靠的实验根据，只能以常情论，小学重点在学好语文、算术；为了减轻负担，有利于儿童发育和为中学分科做准备，设社会常识和自然常识，是合情合理的，也是合乎儿童心理特点的。"① 其中，"只能以常情论"道出了经验法的根本特征。

六、实验法

实验法就是指根据一定的理论研究和经验总结提出一种假设，然后设计出一定的课程并拿到一定学校、班级去试行，经过一段时间后取得各种数据，进行分析处理，获得相应的结论，肯定、否定或修改已有的课程。这种方法由来已久，西方从实验教育学开始，由局部的教学方法实验，逐步推广到课程、教材的实验。西方流行的"设计教学法"、"道尔顿制"、"莫礼生单元教学法"、"程序教学法"等，尽管都是教学试验法，但首先是一种课程试验法。在美国，影响最大、意义最为深远的课程实验就是"八年研究"。我国制定的课程计划（或教学计划）、课程标准（或教学大纲）和编写的教材都有"试行"、"试用"字样，在一定意义上也可以说是一种自然课程实验。

---

① 戴伯韬：《论研究学校课程的重要性》，载《课程·教材·教法》1981年第1期。

七、生活情境中心法

生活情境中心法又被称为问题领域法。1945 年前后，由斯特拉梅尔（F. B. Stralemyer）和艾伯特提出。他们认为，生活是儿童、成人共同追求社会理想的行为。撇开儿童，并无成人社会；离开了社会，亦无单独存在的儿童。因此，应研究现实社会中现实的儿童，研究他们所处的实实在在的生活情境，从中发现问题，并以这些最基本的问题领域作为选择和组织课程内容的中心。他们通过分析研究，把生活情境分为三大类十个部分，即要求个人能力成长的情境，包括健康、智力、道德选择、审美表现和鉴赏；要求社会参与成长的情境，包括人与人的关系、人与团体的关系以及团体之间的关系；要求应付环境因素和压力的能力生长的情境，包括自然环境、产业技术力量、政治经济与社会机构及其力量。这些生活情境中的基本成分便构成了课程内容的范围。这种课程设计兼顾了儿童与社会两个方面的需求，又协调了他们之间的关系，因而是有效的①。

从总体上看，上述每一种方法的出现，都有一定的社会背景或原因，都具有一定的实用性和局限性，因而不能一概地肯定或否定。在现代的课程设计中，课程设计者应该批判地、综合地借鉴和吸收这些课程设计方法，并根据一定的理论与实践积极地创建新的课程设计方法。

【思考与练习】

1. 如何定义课程设计？
2. 如何认识课程设计的主体？
3. 在课程设计中需要遵循哪些主要原则？
4. 通过这部分的学习，你了解到哪些课程设计的模式？每种模式怎样进行操作？除此之外，你还了解到哪些课程设计的模式？
5. 各种课程设计模式的利弊是什么？
6. 你觉得应该怎样进行课程设计？
7. 有哪些可用来进行课程设计的具体方法？

---

① 汪霞：《国外几种课程编制的方法、程序及模式》，载《外国教育研究》1994 年第 1 期。

第五章　课程目标

【启发与引导】

• 有些人认为，把人的素质整体“肢解分割”，把完整的学科知识体系机械分割的做法是不适宜的，因而不必对教育目的、培养目标、课程目标和教学目标做明晰的划分。你如何看待这一观点？

• 有人认为：“真正的教育目的是使个体的能力得到最大限度的发展……固定的标准，是人的身、心和精神充分发展的天敌。”因此，课程目标不能预先设定，而应该在课程与教学活动中不断生成。你对此有何意见？

• 关于课程目标的陈述，有人认为应该尽量作业化和可操作化；有人认为应该模糊一点，为人的创造性发挥留有余地。对此，你有何见解？

• 新课程的三维目标提出后，有人认为三维目标仅仅是提法的创新；有人担心强化实现三维目标，会弱化双基目标；还有些人困惑于如何落实三维目标。你持什么看法？

课程目标是课程设计与实施的出发点和归宿，它不仅制约着课程设计的方向，而且是选择和组织课程内容的依据，也是制定课程评价准则的参考，在整个课程运行过程中发挥着重要的作用。

第一节　课程目标的意义

纵观课程目标研究的发展，课程目标的含义一直是争论的焦点之一。迄今为止，在许多教育性文件和文章中对这一词语的用法和解释还存在歧义，造成课程实施者在实际工作中无所适从。随着我国新一轮课程改革的逐步推进，人们越来越意识到了澄清课程目标实质的重要性。

一、课程目标的实质

（一）课程目标的含义

在教育领域，关于目标的术语比较多，有教育方针、教育目的、培养目标、教学目标等，课程目标与之既存在密切的联系，又具有明显的差异。对于这几个概念的关系，有关学者和教育文献已经作出界定：此几者“分别表征了教育领域中目标问题的不同层次”①。

教育方针是国家或政党在一定历史阶段提出的有关教育工作的总的方向和总指针，是教育基本政策的总概括。它是确定教育事业发展方向、指导整个教育事业发展的战略原则和行动纲领，具有全局性的指导意义。《中华人民共和国教育法》规定，我国的教育方针是：“教育必须为社会主义现代化建设服务，必须与生产劳动相结合，培养德、智、体等方面全面发展的社会主义事业的建设者和接班人。”② 这一方针规定着我国教育的性质、目的、任务、功能及其实现途径，是我国教育事业发展的指导思想。

教育目的是一定社会对教育所要造就的社会个体的质量规格的总的设想或

① 张华著：《课程与教学论》，上海教育出版社 2000 年版，第 150 页。

② 《中华人民共和国教育法》，第一章第五条。

规定。它“是根据不同社会的政治、经济、科学、技术发展的要求和受教育者身心发展的状况确定的。它反映一定社会对受教育者的要求，是教育工作的出发点和最终目标，也是制定教育目标、确定教育内容、选择教育方法、评价教育效果的根本依据”①。我国现行宪法规定：“国家培养青年、少年、儿童在品德、智力、体质等方面全面发展。”② 这就是我国各级各类学校教育的目的，普遍适用于我国各级各类学校教育。从国家或整个社会的角度看，由于各地区、各级各类学校、各门学科的特点不一样，教育目的只能是总体性的、高度概括性的，而不可能是具体的、菜单式的。事实上，由于各地区、各学校、各学科的实际情况的不同以及一些教育工作者对教育目的理解上存在差异，为实现同一教育目的，不同地区和不同学校会有不同的做法。为了确保教育目的得到正确的贯彻落实，就需要根据各级各类学校的实际情况予以具体化，即要明确培养目标。

培养目标是对各级各类学校的具体培养要求，是根据国家的教育目的和各级各类学校的性质及任务对培养对象提出的特定要求。它体现的是不同阶段的教育和不同性质的教育的价值，如基础教育、高等教育、职业教育、成人教育等分别具有不同的培养目标。教育目的和培养目标没有实质性区别，只是概括性的程度不同：前者是整个国家各级各类学校的统一的质量要求，后者则是某级或某类学校的具体要求，后者是前者的具体化。但是，培养目标通常不涉及具体的学习领域，用“文化、科学、技术的基础知识和基本技能”这样的培养目标作为课程设计的依据，显然是过于概括了。为了培养目标的实现和课程编制工作的切实有效，还必须把培养目标落实到学校所设置的课程中，即要确定课程目标。

课程目标是一定教育阶段的学校课程力图促进该阶段学生的身心发展所要达到的程度，是特定阶段的学校课程所要达到的结果。它具有两方面的规定性：一是时限性，即课程目标要同特定教育阶段相联系，不是对所有阶段学习结果的笼统规定；二是针对性，即课程目标主要针对某类学科领域，是学生通

① 辞海编辑委员会编：《辞海·教育、心理分册》，上海辞书出版社1980年版，第1页。
② 《中华人民共和国宪法》，第二章第四十六条。

过某门课程的学习而应达到的学习结果。课程目标是指导整个课程编制过程最为关键的准则，是课程编制的起点和终点，具体体现了课程开发与设计中的教育价值。它的实现仍需进一步落实到具体的教学活动中，即要规定教学目标。

教学目标，也称教学任务，是指教师教学和学生学习的目标，是每个单元、每节课甚至每个教学环节、教学活动应该达到的具体目标。它是课程目标的进一步具体化，是指导、实施和评价教学的基本依据。

按照上述理解，我们以目的与目标的概括性程度为准则，可以将它们之间的关系表述为：教育方针→教育目的→培养目标→课程目标→教学目标。如果从抽象到具体，从一般到个别，从低密度到高密度，从制度目标对价值判断高依赖程度到低依赖程度的顺序排列，它们的关系如图 5-1 所示。

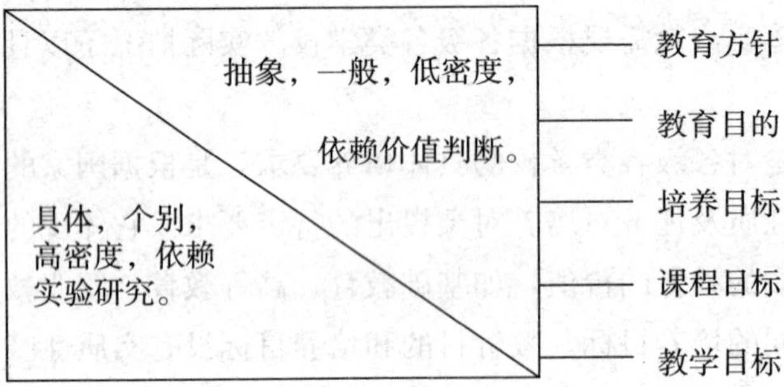

图 5-1　课程目标相关概念关系①

（二）课程目标的特点

课程目标作为学生在特定教育阶段通过学校课程的学习而应达到的学习结果，一般具有以下几个特点。

1. 既可以预设也可以生成

课程目标是学生发展状态的理想性规划，而不是已经达到的实际结果，所以，课程目标是可以预设的。学生的学习是有意识、有目的的行为，在课程实施之初，就会有一个基本的规划和要求，这是每一个学生都必须达到的，否则难以保证学校教育质量。同时，由于学生具有主体性和创造性，学生的发展也会受到学生所处的环境与课堂情境的影响，所以课程目标也会随着课程实施过

① 饶玲主编：《课程与教学论》，中国时代经济出版社 2004 年版，第 105 页。

程的展开而自然出现和产生，形成个性化的目标体系。可见，课程目标是预设与生成的统一，预设为生成指明了方向，而生成是预设课程的拓展、更新。在课程实施过程中，预设与生成相辅相成共同促进学生的发展。

2. 既有客观性又有主观性

课程目标不是由某个人随意构想的，而是要反映社会的政治、经济、文化和科技发展的要求，具有现实的内容。因此，它具有客观性，即其内容是客观的，是对现实的反映。然而，课程目标总是由人来制定的，是客观要求在人的主观意识中的反映。人们的认识不同，所依据的标准不同，所持的教育观和课程观不同，便会制定出不同的课程目标，因而课程目标又有主观性的一面，即其形式是主观的。可见，课程目标是客观内容与主观形式的统一。

3. 既有灵活性又有稳定性

由于课程目标既是课程设计与实施的出发点，又是进行课程评价的一个尺度，因此，课程目标一旦制定出来，在一定时期内就要保持相对的稳定性，不能随意变动。只有保持它的相对稳定性，课程实践才会有所遵循，如朝令夕改，则只能让人无所依从，造成混乱。当然，课程目标的稳定性是相对的而不是绝对的。随着社会的发展及课程理论与实践的丰富完善，对课程目标的客观要求会不断提高，对课程目标的主观认识也会不断深化，课程目标的客观内容和主观形式也相应地发生变化和发展。换言之，在课程实践中，课程目标常常随着社会的发展和认识的深化而不断调整、补充、修正或更新。

4. 具有系统性和层次性

课程目标要对学生的身心发展作出全面的规定，而学生身心发展是一个复杂完整的系统，包括认知的、情感的和操作的三个子系统。因此，课程目标不能是单一的，必须对学生身心发展的三个子系统作出明确而具体的发展规定，形成一个群集，这就要求课程目标具有系统整体性。当然，由于人的心理行为水平有高低之分，知识也有难易之别，课程目标系统中的各个子目标并不是都处在同一个层面的，而是分层级的。每一种较高层次目标的实现要以较低层次目标的实现为基础，而较低层次目标则是较高层次目标的分解或具体化。课程目标的实现不是一下子就可以完成的，它是一个渐进性的、累积性的过程，总是要经历由低级到高级、由简单到复杂的矛盾运动，最终达到目标。由此可见，课程目标不是一个平面示意图，而是一个立体形结构，具有层次性。

5. 具有时限性和操作性

课程目标要同特定的教育阶段相联系，指向一定的对象范围并需要在一定的时限内实现，具有时间的规定性。只有有了时限的规定，才能督促教师和学生努力争取时间按时完成教学任务，按期达到课程目标。而且，课程目标不同于教育目的，它不是一般性的规划。它所描述的学生身心发展的结果与学生所要达到的发展水平必须是明确的、可以付诸实施的。

二、课程目标的功能

美国学者麦克唐纳曾指出，教育目标的功能随着目标水平的不同（宏观、中观、微观）而各异，但它们有着共同的功能，这就是：通过明确教育活动的目标，提示旨在达到目标的最优的内容和方法，并且成为评价教育教学活动结果的一种标准。他具体描述了教育目标的五种功能：第一，明确教育进展的方向；第二，选择理想的学习经验；第三，界定教育计划的范围；第四，提示教育计划的要点；第五，作为评价的重要基础①。就课程目标而言，其功能主要包括以下四个方面。

（一）导向功能

课程目标是课程设计与实施的方向标，在课程设计与实施过程中起着指示方向、引导轨迹、规定结果的作用。可以说，整个课程设计与实施过程都要受到课程目标的指导和支配，课程设计与实施也是为了课程目标而展开的。倘若课程目标正确、合理，就会导致有效的课程设计和实施；反之，就会导致片面的课程设计与实施。

（二）调控功能

课程目标一经确定，就对课程的设计与实施起着调整的作用。课程目标既规范、控制着课程设计者的思想行为，使之按照课程目标规定的要求，设计出理想的、科学的课程；又制约着课程实施者和接受者的教学行为，使之取得理想的教学效果。课程目标的调控作用还表现在总体目标对各个子目标的规范和

① 转引自钟启泉编著：《现代课程论》，上海教育出版社1989年版，第299页。

制约上，也表现在高层次目标对低层次目标的约束上。

（三）中介功能

课程目标的中介功能主要表现为两点。第一，它是学校课程同社会需要发生联系的纽带。社会需要同课程发生联系，主要是通过课程目标实现的。社会有什么样的需要，就会对学校课程和人才素质提出相应的要求，这些要求经过课程工作者的整理和加工，便构成了课程目标的社会要求侧面，并成为课程的基本成分。因此，课程目标反映了社会政治、经济、科技文化等对学校课程的客观要求，并成为把这些客观要求转化为课程要素的中介。第二，它是课程系统内部各要素间的联系点。只有通过课程目标，才能把课程设计与实施活动中的各个要素有机地联系起来，构成一个复杂而有序的系统整体，提高课程的效果。

（四）评价功能

课程目标作为课程本身所要达成的结果，可以为课程的测量、检查、评价提供依据。课程目标包括“行为侧面”和“内容侧面”，课程评价也就要从两个方面进行：一是以课程目标的“内容侧面”为依据，评价课程设计与实施中所选择的事实、技能、知识等是否为学生掌握了；二是以课程目标的“行为侧面”为依据，确认学生的各种心理能力和品质以及行动方式是否产生了预期的变化。可见，课程目标可以为课程评价提供客观的与主观的依据，从而发挥着评价的作用。

第二节　课程目标的取向

课程目标是一定教育价值观在课程领域的具体化。由于人们对学生身心发展的规律、社会需求的重点以及知识的性质和价值的看法存在着差异，对这三者之间关系的理解不同，因而对课程目标的取向就会有所不同。这里所讲的课程目标的“取向”，主要是指课程目标所采用的形式，而不是指课程目标的实质内容。在课程目标的取向上，主要有行为目标取向、展开性目标取向和表现性目标取向三种基本形式。

一、行为目标取向

行为目标是以具体的、可操作的行为的形式来陈述课程目标，它要言明课程与教学过程结束后学生身上所发生的行为变化，其特点是目标的精确性、具体性、可操作性。

行为目标的早期倡导者是博比特。在《课程》一书中，他明确指出，20世纪已进入科学的时代，科学的时代要求精确性和具体性，因此，课程目标必须具体化、标准化。在其后的《怎样编制课程》一书中，博比特具体列举了10个领域中的800多个目标。泰勒系统发展了博比特的行为目标理念。在《课程与教学的基本原理》中，泰勒主张，课程目标确定后，要用一种最有助于选择学习内容和组织教学过程的方式来陈述目标；而陈述目标的最有效的形式，是既指出要使学生养成的那种行为，又言明这种行为能在其中运用的生活领域或内容。即是说，每一个课程目标都应该包括“行为”和“内容”两个方面，前者指明要求学生表现出来的行为，后者言明这种行为所适用的领域。尽管泰勒后来注意到了课程目标概括化的意义，但并未引起人们的重视，仍被冠以“行为目标之父”的称号。20世纪50—60年代，行为目标在布卢姆、波帕姆等人的推动下，越来越趋于具体、精细和机械。

在20世纪，行为目标几乎成为课程目标的同义语。行为目标之所以能在教育实践中长期居于支配地位，是与其“科技理性”的本质分不开的。行为目标取向受“科技理性”支配，体现了“唯科学主义”的教育价值观，把对行为的有效控制作为核心，认为真理即是主观对客观的符合，信奉整体等于部分之和的理念。为了对人的行为进行有效控制，可以对目标进行分解，使之尽可能具体和精确，从而具有最大程度的可操作性。20世纪是科学的世纪，行为目标取向适应了课程领域科学化的需求，加之行为目标取向的直接心理学基础——行为主义心理学在20世纪又大行其道，所以，该取向在20世纪的课程领域一度占据主导地位。

课程目标采用行为目标的方式具有以下长处。第一，行为目标是以具体行为的形式呈现的，因而很容易判断目标是否达成，便于准确评价。第二，将教学内容以行为目标的形式陈述，教师对其教学任务会清楚明了，便于教师有效控制教学过程。第三，行为目标便于教师将其教学内容准确地与教育督导、学生家长、学生本人展开交流。总之，行为目标适宜于基础知识和技能类目标，便于达成一些相对简单的教育目标。

行为目标的缺陷也是明显的。首先，课程开发与设计过程的创造性、人的学习的主体性被泯灭。人的行为是主体的行为、富有创造性的行为，这种行为具有很大程度的不可预知性。受“科技理性”支配的行为目标强调对课程开发和实施过程的有效控制，把课程开发视为一个可预先决定和操纵的机械过程，人的主体性和创造性难以发挥。其次，人的心理和行为的整体性被肢解。行为目标追求目标的精确化、具体化，将完整的人的心理与行为原子化，然而完整的人是不能分割的，除了一些简单的适于训练的知识技能可以进行一定程度的分解和具体化之外，试图将人的高级心理能力和素质分解开来加以培养，很可能造成南辕北辙的后果。再次，人的许多高级心理素质（如情感、态度、价值观、审美、情趣等）很难用可观察的外显行为来预先具体化。因为这些高级心理素质不只是行为，更主要的是意识问题。试图以可观察的行为对其加以具体化，会使难以转化为行为的内容从课程中消失。

二、展开性目标取向

展开性目标关注的不是由外部事先规定的目标，而是在教育情境之中随着教育过程的展开而自然生成的课程目标。“如果说行为目标是在教育过程之前或教育情境之外而预先制定的作为课程指令、课程文件、课程指南而存在的话，那么展开性目标则是教育情境的产物和问题解决的结果，是学生和教师关于经验和价值观生长的‘方向感’。”① 可以说，行为目标关注的是结果，而展开性目标注重的则是过程。

展开性目标的思想渊源可以追溯至杜威。杜威反对把某种外在的目的强加于教育，认为目的不是教育经验的预先具体化，而是教育经验的结果。在他看来，“教育即生长”、“教育即生活”、“教育即经验的不断改造”，生活、生长以及经验的改造本身即构成了教育的目的。因此，目的是在过程中内在决定的，而不是外在于过程的，只有将目的融入教育过程中，才能真正促进儿童的生

① 张华：《论课程目标的确定》，载《外国教育资料》2000年第1期。

长。英国学者斯腾豪斯是展开性目标的又一位倡导者。他认为，学校教育由技能的掌握、知识的获得、社会价值与规范的确立和思想体系的形成四个不同的过程构成，如果说前两项还能用预先规定的行为目标来表述的话，那么后两项则不行。由此他提出了一种过程模式，认为课程必须建立在对教学研究的基础上；教师必须是积极的课堂研究者，而不是被动的课程实施者；课程不应该以事先规定的、限制教师行为的目标为中心，而是以过程为中心，即要根据学生在课堂上实际学习情况而展开；教育的成功程度在于它所导致的学生不可预期的行为结果增加的程度，而非达到事先规定的模式或标准。尽管斯腾豪斯不否认行为目标的价值，但认为展开性目标是更为根本的。

展开性目标本质上是对“实践理性”的追求。它强调学生、教师与教育情境的交互作用，正是在这种交互作用中不断产生出课程目标，所以，展开性目标是过程取向的。正如课程专家塔巴所言：“教育基本上是一个演进过程。而且，它是渐进生长的，它扎根于过去而又指向未来，从这个意义上说，它又是一个有机的过程。在此过程的任何阶段上，我们能提出的目的，不管它们是什么，都不能看成是最终目的；也不能武断地将它们插到后面的教育过程中去。目的是演进着的，而不是预先存在的。目的是演进中的教育过程的方向的性质，而不是教育过程的某些具体阶段的或任何外部东西的方向的性质。它们对教育过程的价值，在于它们的挑战性，而不在于它们的终极状态。”①

展开性目标否定了预定目标对实际过程和手段的控制，强调课程目标是学生在教育过程中、在与教育情境的交互作用中所产生的自己的目标，而不是课程开发者和教师所强加的目标。学生有权利也能够决定什么是最值得学习的，教师也从被动的课程实施者变为积极的课堂研究者。师生的主动性得到了应有的尊重与发挥。

但是，展开性目标过于理想化，在实践上很难实行。首先，使用展开性目标，要求教师根据学生的需要和特点随时调整课程内容，并能与学生一起进行有意义的对话，而大多数教师没有受过这方面的训练。其次，即便教师受过这种训练，大多也不愿意采用，因为这需要大量额外的计划、工作。再次，学生

① 转引自张华著：《课程与教学论》，上海教育出版社2000年版，第176—177页。

不知道什么对他们最有价值，因为他们还不了解各门学科的具体情况。

三、表现性目标取向

表现性目标是指学生在与具体教育情境的相互作用中所产生的个性化表现。当学生的主体性充分发挥、个性充分发展的时候，他在具体教育情境中所学到的东西及具体的行为表现是无法准确预知的。因此，表现性目标关注的是学生在活动中表现出来的某种程度上首创性的反应形式，而不是事先规定好的结果；它追求的是学生反应的多样性、个体性，而不是一致性。

表现性目标来自美国课程学者艾斯纳（E. W. Eisner）对行为目标的批评。艾斯纳认为，行为目标可能适合某些教育目的，但不适于用来概括我们所珍视的大多数教育期望，因此，在设计和评价课程时，应该准备三类目标：①行为目标；②解决问题的目标；③表现性目标（如图 5-2 所示）。

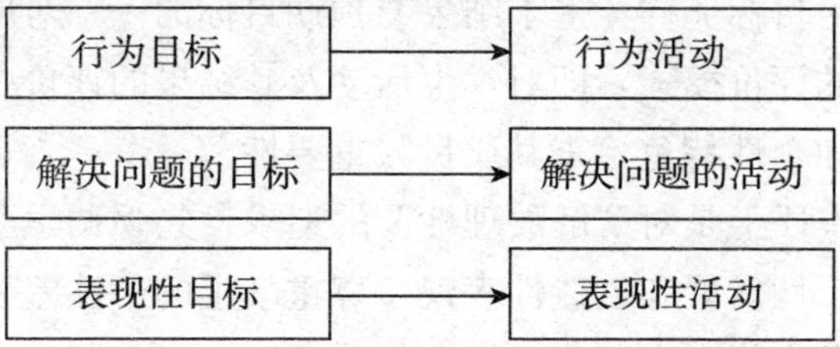

图 5-2　艾斯纳的三类目标①

行为目标是在课程计划中预先规定好的，这种规定明确指出了学生在完成一项或几项学习活动后所应习得的具体行为，如知识条目、技能等。解决问题的目标不同于行为目标，它不是把重点放在特定的行为上，而是放在认知灵活性、理智探索和高级心理过程上。由于解决问题的方式是多种多样的，解决问题的目标不可能事先予以明确规定。表现性目标是指人们在从事某种活动结束时有意或无意得到的结果，是课程活动的结果，旨在培养学生的创造性，强调个性化。表现性目标描述教育“际遇”：辨别孩子们作业的环境、处理的问题、从事的任务，但不指明他们从际遇、环境、问题或任务中学习了什么②。例

① 施良方著：《课程理论——课程的基础、原理与问题》，教育科学出版社 1996 年版，第 88 页。
② 张华：《论课程目标的确定》，载《外国教育资料》2000 年第 1 期。

如，我们去看电影之前，谁也不会去形成某种目标，也不会去制定衡量导演和演员成功与否的准则。但我们在看完电影后，确实会根据某些准则来评判这部电影。即是说，这种活动不是预先就能明确规定目标的，人们事先只能对这种活动作出粗略的、一般性的估计，然后在实际活动过程中就具体情况作出具体分析①。可见，表现性目标关注的是无法事先规定的结果，寻求的是某种首创的反应形式，它只是为学生提供活动的领域，结果则是开放的。

关于怎样制定表现性目标的问题，艾斯纳曾给出了典型例证："解释《失乐园》的意义"；"考察和评价《老人与海》的重要意义"；"在一个星期里读完《红与黑》，讨论时列出你印象最深的五件事情"；"参观动物园，讨论在那里看到的有趣的事情"；等等。艾斯纳强调，这些目标并不期望指明学生在参加教育活动后能做什么，而是给学生提供适切的学习情境。每个学生对事物的认识都有所不同，课程应该鼓励学生这种认知的独特性。"这样，对表现性目标的评价就不能像行为目标那样，追求结果与预期目标的一一对应关系，而应该是一种美学评论式的评价模式，即对学生活动及其结果的评价是一种鉴赏式的批评，依其创造性和个性特色检查其质量与重要性。"②

表现性目标本质上是对"解放理性"的追求，它强调学生的自主性和主体性，关注学生的个性发展和创造性表现，尊重学生的个性差异，指向人的自由与解放，体现的是当代人本主义的教育价值观。

由此可见，表现性目标以人的个性解放为根本目的，强调学生和教师在课程与教学中的主体精神和创造性表现。它不像行为目标那样是封闭的，而是开放的，重点放在"课程活动的结果上"③，可以使教师和学生摆脱行为目标的束缚，以便学生有机会去探索、发现他们自己特别感兴趣的问题或课题。

然而，表现性目标过于模糊，很难起到课程指南的作用。在教育过程中，教育工作者所做的任何事情，都会有一些对预期结果的看法，即为什么要这样做。更重要的是，对于某些学科领域，表现性目标很难保证学生掌握他们必须掌握的学科知识体系。

---

①② 施良方：《简论课程目标的三种取向》，载《课程·教材·教法》1995年第6期。

③ 施良方著：《课程理论——课程的基础、原理与问题》，教育科学出版社1996年版，第88页。

四、三种课程目标取向的关系

行为目标取向是随着课程领域独立与科学化而产生的，主要盛行于 20 世纪初至 20 世纪六七十年代这段时期。展开性目标取向早在 20 世纪初杜威的思想中即已诞生，但真正在课程领域中流行开来却是在 20 世纪 70 年代。表现性目标取向是最新的，流行于 20 世纪 80 年代以后的课程领域。它们三者之间的关系可以表述如下。

第一，由行为目标取向发展到展开性目标取向，再发展到表现性目标取向，体现了在课程与教学中对人的主体价值和个性解放的不懈追求，反映了时代精神的发展方向。从三种课程目标取向的实质来看，行为目标取向追求“科技理性”，是控制本位的，注重目标设置的技术性。展开性目标取向与行为目标取向存在本质区别，它追求“实践理性”，强调学习者与具体情境的交互作用，对学习者、教育者在课程与教学中的主动性给出了应有的尊重。表现性目标取向是对行为目标的根本反动，比展开性目标更进一步，它追求“解放理性”，强调学习者和教育者在课程与教学中的主体精神和创造性表现，以人的个性解放为根本目的。由此可见，展开性目标和表现性目标作为从对行为目标的批判中成长起来的目标模式，无疑表明了课程目标取向的发展趋势，即注重人的主体性发展的价值取向。展开性目标取向和表现性目标取向并不否定行为目标取向的合理性，而是基于更高的价值追求对行为目标取向的超越。

第二，三种课程目标取向各有其特点和优势，可以互为补充，而不是相互对立。诚如前所述，行为目标具体、明确，便于操作和评价，然而，人的许多心理素质难以完全用外显行为的方式来表述。展开性目标考虑到学生能力的形成、兴趣的变化和个性的发展等方面，但在目前的班级授课的情况下很难落实。表现性目标顾及学生的首创性和独特性，但很难保证使所有的学生都达到课程计划的基本要求。至于具体应该采取什么形式的课程目标，这主要取决于这门课程要解决哪些具体问题。一般而言，若重点放在基础知识和基本技能上，行为目标的形式比较有效；若放在培养学生解决问题的能力上，展开性目标的形式比较有用；若要培养学生的创造性精神，表现性目标的形式则更为合适。需要注意的是，在采取某一目标形式解决某类问题比较有效的同时，难免会产生片面性，所以，应特别注意三种目标取向相互配合、扬长避短的问题。

我国新一轮基础教育课程改革中的课程目标即是采用了上述三种取向相互配合来进行表述的。新课程目标包括三个方面：知识与技能、过程与方法、情感态度与价值观。知识与技能适合用行为目标来表述，强调的是每个学科的基础知识和基本技能；过程与方法适合用展开性目标进行表述，注重的是了解科学探究的过程和方法，学会发现问题、思考问题、解决问题的方法，学会学习，形成创新精神和实践能力等；而情感态度与价值观则适合用表现性目标表述，关注的是形成积极的学习态度、健康向上的人生态度，具有科学精神和正确的世界观、人生观、价值观，成为有责任感和使命感的社会公民。

第三节　课程目标的确定与陈述

把教育目的、培养目标转化成课程目标，以此来指导整个课程编制过程，最终使其成为学生的学习经验，这是课程工作者的一项重要任务，也是一项极具创造性的工作。

一、课程目标的来源

关于课程目标的来源或确定问题，美国课程论专家泰勒的观点已基本成为课程工作者的共识。在《课程与教学的基本原理》一书中，泰勒将课程目标的来源归纳为三个方面：对学生的研究、对当代社会生活的研究和学科专家的建议。“任何单一的信息来源，都不足以为明智而又全面地选择目标提供基础。上述每一种来源都有其某些价值。在设计任何一项全面的课程计划时，对每一种来源都应予以一定的考虑。”① 泰勒进一步指出，通过上述三个来源得到的建议目标要比课程目标多得多。因此，必须利用教育哲学和学习心理学理论作为两个筛子，对大量庞杂的目标进行筛选，以便剔除那些不重要和相互矛盾的目标。泰勒确定课程目标的过程如图 5-3 所示②。下面，我们将结合泰勒的这

① ［美］泰勒著，施良方译：《课程与教学的基本原理》，人民教育出版社 1994 年版，第 3 页。

② Popham，W. J. & Baker，E. L. *Establishing Instructional Goals*. New Jersey：Prentice Hall，1970，pp. 81-100.

一理论对课程目标的来源进行分析。

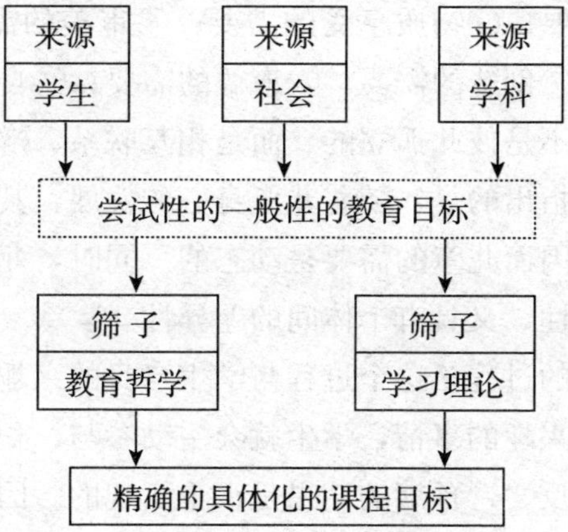

图 5-3 泰勒确定课程目标的过程

（一）对学生的研究

课程是学生的课程，课程的基本功能是促进学生的身心发展，因而课程目标的制定需要关注对学生的研究。一般来说，对学生的研究包括三方面的内容：①了解学生个体的需要；②了解学生的兴趣和个性差异；③了解学生身心发展的现状，并把它与理想的常模加以比较，确认其中存在的差距。

学生作为"完整的人"，需要是十分丰富的。泰勒将初中学生的需要分为以下几个方面：①健康；②直接的社会关系，包括家庭生活以及与亲朋好友的关系；③社会公民关系，包括在学校和社区的公民生活；④消费者方面的生活；⑤职业生活；⑥娱乐活动①。美国学者奥利娃（P. F. Oliva）采用分类和分层的方法，把学生的需要分为六个层次和四个种类。六个层次分别是：人类层次、国家层次、地区层次、社区层次、学校层次和个人层次。四个种类是：身体需要、社会心理需要、教育的需要和发展任务的需要。这种分类试图较为完整地描述出学生的需要，保证不遗漏一些重要的方面②。我们认为，需要是人脑对生理的、社会的要求所产生的反映。它包括两个方面：一方面，个体的生理性需要，如吃、穿、住、休息等；另一方面，个体的社会性需要，如种种

① ［美］泰勒著，施良方译：《课程与教学的基本原理》，人民教育出版社 1994 年版，第 6 页。

② Oliva，P. F. *Developing the Curriculum*.（*3rd ed.*）. Publication Services. Inc. 1992. pp. 222-226.

物质需要和种种精神需要。据此，可以将学生的需要划分为如下方面：①健身的需要；②认识的需要；③物质享受的需要；④审美的需要；⑤社交的需要；⑥了解自我的需要；⑦创造的需要；⑧道德的需要；⑨自尊自主的需要；⑩成就的需要。这些需要不是彼此孤立的，而是相互联系、辩证统一的，构成了学生的需要结构。需要指出的是，随着儿童身心的发展，其需要会不断变化、不断生成、不断提升，因而儿童的需要是动态的。同时，儿童身心发展的需要既具有年龄阶段的差异性，又具有个体间的差异性。

教育是一种主动的过程，这个过程与学生自身的兴趣是紧密相连的。倘若学校能为学生提供感兴趣的事情，学生就会主动参与、积极努力，从而学会有效地应对这些情境；反之，预期的结果是很难实现的。因此，我们在选择和确定课程目标时，还必须了解儿童的兴趣，以便这些兴趣能够成为教育上注意的焦点。

在对学生的需要与兴趣进行研究之后，如何将其纳入课程目标之中呢？较为常用的方法是常模比较法，即把学生目前的身心发展现状与理想的常模加以比较，确认其中存在的差距，发现教育上的需要，从而提出课程目标。但用这种方法确定的课程目标容易漠视学生需要的个性差异，并且把成人认为学生的需要等同于学习者自己的需要。由此，人们提出了自主选择法。自主选择法就是让学生在教师的帮助和引导下，选择和确定由自己的年龄阶段和个性特征所决定的需要。在尊重学生个性的前提下，以对个人和社会都有意义的方式，既帮助学生满足共同的需求，又帮助他们满足具有个性特征的需要。需要明确的是，确定学生需要的过程，本质上是尊重学生的个性、体现学生意志的过程，教师或其他成人对儿童的帮助只是一个对儿童的发展需要进行引导以使其上升为儿童的自觉需要的过程，而非不顾儿童的选择而强加成人意志的过程。只有这样，课程目标才能和学生发生有实质意义的联系。

（二）对当代社会生活的研究

儿童不仅生活于学校之中，而且还生活于社会之中，儿童的成长过程是一个不断社会化的过程。因此，对当代社会生活的研究理应成为课程目标的一个重要来源。从对当代社会生活的研究中获得课程目标，是为了实现课程的社会价值，使课程为社会进步与发展服务。

对当代社会生活的研究涉及的内容极为广泛，在课程领域里通常采用的方法是把当代社会生活划分为若干有意义的方面，再分别对各个方面进行调查分析，获得对确立课程目标有实际意义的信息。例如，泰勒曾把当代社会生活分为健康、家庭、娱乐、职业、宗教、消费、公民等七个方面。他举过这样一个例子："学校里的学生花几天时间，从他们的父母那里获得他们必须解决的、涉及算术的有关问题。对这类问题的收集和分析，提示了成人一般会遇到的算术运算和各种数学问题，从而形成了算术课程的基础。"①"弗吉尼亚课程研究会"对社会需要进行了更为详细的分类，其类别分别是：生命的保护与维持、自然资源、物品与劳务的生产及生产赢利的分配、物品与劳务的消费、物品与人员的沟通与运输、娱乐、教育、审美冲动的表现、宗教冲动的表现、自由的范围个体的整合和探索等。通过这些研究，可以获得对课程目标有实际意义的信息，有助于制定出合理的课程目标。但将学校课程的功能仅仅定格在对社会生活的适应性方面，忽略了学校课程对社会生活的批判改造功能与相对独立性，有明显的不足。

把当代社会生活需求作为确定课程目标的来源时，应注意以下几点。第一，社会生活的需求究竟是谁的需求？是社会某一阶层的需求，还是社会大众的需求？是社会不利阶层的需求，还是社会优势阶层的需求？在大众主义时代，作为课程目标的社会需求应体现社会民主和社会公平的原则。在国际化时代，课程目标应具有国际视野，把本社区、本民族、本国家的需求与整个人类的需求统一起来。第二，课程目标的确立不能完全依赖对现存社会的研究，更要注重对未来社会生活需要的研究。在信息时代，学校教育与社会的关系发生了深刻变化。教育不再只是社会的附庸，被动地适应着社会的需要；不再只是维持着现有的社会状态和再现着过去的社会状态，而是在预示着某些新的社会状态，在为一个尚未存在的社会培养着新人。简言之，教育不仅适应当下的社会需求，更主要的是超越当下的社会现实，走在社会发展的前头，预示新的社会状态。因此，课程目标不仅只是反映当下社会需求，更主要的是反映社会的未来发展趋势。第三，要明确区分"学校课程能够满足的社会需求"和"学校

---

① ［美］泰勒著，施良方译：《课程与教学的基本原理》，人民教育出版社 1994 年版，第 19 页。

课程只有通过社会上其他各种机构的合力才能满足的社会需求”。学校课程并非是一把万能的钥匙，学校课程的功能是有限的。比如，在良好的公民道德素养的形成过程中，学校课程不可否认是一个重要的影响因素，但形成良好的公民道德素养仍需要社区、家庭等诸多因素的共同影响。我们必须对学校课程的功能作出正确评价，否则将使学校课程功能泛化为“万能论”，课程目标也将无法实现。

（三）学科专家的建议

知识是任何形式课程的本源，没有知识的课程是不存在的，而学科是知识的最主要的支柱。众所周知，大多数课程的教科书通常是由学科专家编写的，其课程目标在反映社会需求和学生需要的同时，也体现了学科专家的意见和观点。因此，把学科专家的建议作为课程目标的一个来源是不可缺少的。

从学科专家的建议中获得课程目标，有很多益处。不同的学科专家谙熟自己学科领域内的基本概念、逻辑结构、探究方式、发展趋势以及该学科的一般功能及其与其他学科的关系，能够准确地选择本学科领域中的关键性知识，了解哪些知识是学生可以和必须掌握的，从而提出合理的课程目标。但是，学科专家提出的课程目标往往太专门化和专业化，只注重本门学科的特殊功能——即把学生看做将来要从事这个领域高深研究的人，似乎是在为那些打算成为某个学科领域专家的学生提供课程目标，却忽视了这门学科的一般功能——即对一般公民有何用处。美国20世纪60年代初期的课程改革运动，事实上是以各学科专家之间的“论战”为特征的。由于学科专家忽视了学科的一般功能，将课程目标定位在把每一个学生都培养为各门学科的专家，纷纷“论证”本学科在课程中的优势地位，其失败自然是意料之中的事情。因此，在利用学科专家的建议确定课程目标时，要向学科专家提出这样的问题：“你这门学科对那些不会成为这个领域专家的年轻人的教育有什么功用？你这门学科对外行或一般公民有什么贡献？”① 以避免课程目标过于注重学科特殊功能而忽视一般功能的倾向。

从上述三个来源中获得的课程目标是大量的甚至是相互冲突的，由于达成

① ［美］泰勒著，施良方译：《课程与教学的基本原理》，人民教育出版社1994年版，第21页。

课程目标需要一定的时间，我们只能从中选择少量真正重要的、相互一致的而且能够达到的目标，这就要运用教育哲学、学习心理学、课程理论和教学理论这几把筛子进行过滤。

1. 教育哲学（或办学宗旨）

学校的教育哲学或办学宗旨制约着课程目标的性质和方向，不同的办学宗旨，导致课程目标的不同价值取向。例如，倘若学校认为教育的基本职能是教学生顺应社会，那么，学校所选择的课程目标就会十分重视顺应现实的权威、忠于目前的制度与传统，以及把当今生活方式持续下去的技能；反之，倘若学校注重社会改造的职能，那么，它在选择课程目标时就会更多地关注批判性分析、应付新问题的能力、独立性和自我指导、自由和自律等。倘若学校认为社会阶层的差异是合理的，那么，它就会为不同类型的学生制定不同的课程目标；反之，倘若学校认为社会阶层差异是不合理的，那么，它就会选择对个人和社会都有意义的共同的课程目标，并创造各种条件使不同阶层的年轻人都达到这些共同的目标。倘若学校的宗旨是提供普通教育，那么它的课程目标在首先反映提高公民素质的客观要求的前提下，还要适当反映学生准备升学与就业的基本要求；倘若学校的宗旨是提供职业教育，其课程目标就会具有鲜明的职业技术性，目标中所包含的认知、道德、审美、健身等要素都应带有职业技术的特点。

2. 学习心理学（或学习理论）

课程目标是必须通过学生的学习而达成，因此，它必须同学生学习的心理规律相一致，否则就没有指导作用。学习心理学或学习理论有助于揭示学习过程的性质、学习是如何发生的、在什么条件下发生的、是哪一种机制在起作用，等等。这些理论对课程目标具有重要意义。第一，可以帮助我们了解哪些课程目标是可以通过学习过程达到的，哪些课程目标是不能通过学习过程达到的。比如，学生可以通过学习过程养成卫生的习惯和掌握健康的知识，但他们不可能通过学习过程直接增长自己的身高。第二，有助于我们把在特定年龄阶段可行的目标，与那些可能需要花费很长时间或几乎不可能达到的目标区别开来。比如，在幼儿园和小学期间，儿童的个性结构是能够通过教育经验予以很大改变的，但旨在使 18 岁学生的个性结构产生深刻变化的课程目标在很大程度上是无法实现的。第三，可以使我们了解达到某一课程目标所需要的时间长度，以及某种努力能最有效地起作用的年龄阶段。换言之，学习心理学有助于我们确定特定年龄阶段的课程目标，亦即课程目标的“年级安排”或课程目标顺序性排列。当然，不同的学习理论，对课程目标的确定与陈述有相当大的影响。例如，根据刺激—反应学习理论，课程目标的阐述应该是具体的，数目应该是比较多的；根据类化学习理论，课程目标的陈述就会是一般的，不那么具体、琐碎。

3. 课程理论

课程目标的选择是课程理论的一个重要问题，因此，应遵循课程理论的指导。课程理论可以有效地规定课程目标的“内容侧面”，即明确课程目标所规定的知识要求能否转化为切实可行的课程内容以及这些内容能否被有效地组织起来。因此，课程目标的选择与确定离不开课程理论。

4. 教学理论

课程目标的实现必须借助于教学过程。教学理论能够告诉我们，哪些课程目标是可教的，哪些课程目标是不可教的；哪些课程目标是教师能够胜任的，哪些课程目标是教师所不能胜任的，如此等等。显然，课程目标的选择与确定离不开教学理论的指导。

通过上述三个来源和四把筛子，课程目标就可以被确定下来。这三个来源和四把筛子是辩证地联系在一起的，缺一不可，否则将导致课程本身的发展失衡。课程史上的学生中心课程、社会中心课程和学科中心课程就是这种失衡的典型例子，而它们的弊端也在实践过程中日益显露出来，受到社会的批判。当然，处理好它们的关系并不容易，需要通过课程实施过程的不断调整，需要课程研制者对课程目标现状的不断反思。

二、课程目标的陈述

当课程目标确定之后，就要用准确的语言加以陈述。陈述清晰、准确的课程目标，将有助于选择课程内容和指导教学；反之，就会对课程和教学活动产生误导。

（一）**课程目标陈述的误区**

当人们在陈述课程目标时，往往容易产生以下的误区。

1. 把目标作为教师所要做的事情来陈述，但并未陈述希望学生发生什么变化

课程目标是学生经过某一学段之后所要达到的预期结果，因此，课程目标的主体是学生，课程目标的任何陈述，都应该是期望学生发生的变化。但人们常常把课程目标的行为主体当做教师而不是学生，把课程目标作为教师要做的事情来陈述，并没有表明期望学生发生什么变化。例如，介绍进化论；演示归纳证明的性质；使学生掌握知识的方法；利用牛顿第二定律提高学生的科学探究精神；等等。虽然这些陈述没有明确行为主体，但不难发现其隐含的主体是教师而不是学生。这些陈述只指出了教师计划做些什么事情，但并未反映学生应该发生什么变化。这是不符合课程目标实质的。

2. 只列举一门或几门课程所涉及的课题、概念、原理或其他内容要素，但没有具体说明希望学生如何处理这些要素

例如，历史课要探讨的是“唐朝政治”，那么，我们期望学生从这门课中得到些什么呢？是要学生记住有关“唐朝政治”的某些事实呢？还是要让学生识别“唐朝政治”的运行规律并能够发展政治批判能力？这些问题，绝不是仅仅用陈述课程内容要素的方式就可以回答的。

3. 采用概括化的行为方式来陈述课程目标，但没有具体指明这种行为所能运用的生活领域或内容

例如，“培养创造力”，“发展批判性思维”，“形成广泛的兴趣”，“培养鉴赏力”，等等。用这种形式陈述目标，确实指出了通过教育在学生身上引起某些变化，而且基本上涉及了课程应对学生发展所起到的哪些作用。然而，仅仅描述出如此概括化的行为变化而未指出这种行为运用的内容或将要应用这一行为的生活领域，仅仅论及发展批判性思维而不提及从事批判思维所需要的内容和所涉及的各种问题，这是不恰当的、不清晰的。

（二）**课程目标陈述的要求**

为了避免课程目标的陈述出现上述错误，最为有效的陈述方式应该注意以下几点要求。

1. 课程目标既要指出期望学生发生的心理与行为的变化，又要说明这些心理与行为变化的内容或所运用的社会领域

课程目标要包括行为和内容两个方面。例如，“能写出清晰而又有条理的社会学科计划的报告”这样的目标，既包括指明某种行为——写出清晰而又有条理的报告，也包括这类行为的内容——社会学科计划。

由于一个阐述清晰的课程目标包括两个维度——行为方面和内容方面，为了能够准确清晰地表述课程目标，有的学者建议采用二维图表的形式来分析目标。一维指出旨在使学生发生哪些心理与行为的变化；另一维规定为达到每一种行为目标要使用的特定材料、特定观念和特定情境。下面即是一个用二维图表陈述高中生物学课程目标的例证（见表 5-1）。

表 5-1 高中学生生物科学学程教育目标二维图表用法例证①

		目标的行为方面						
		1. 理解重要的事实和原理	2. 熟悉可靠的信息来源	3. 解释资料的能力	4. 运用原理的能力	5. 研究和报告结果的能力	6. 广泛和成熟的兴趣	7. 社会态度
目标的内容方面	A. 人类有机体的功能							
	1. 营养	×	×	×	×	×	×	×
	2. 消化	×		×	×	×	×	
	3. 循环	×		×	×		×	
	4. 呼吸	×		×	×	×	×	
	5. 生殖	×	×	×	×	×	×	×

2. 课程目标的陈述应该尽量作业化

在陈述课程目标的行为方面时，要尽量使用具体化和作业化的术语。像

① ［美］泰勒著，施良方译：《课程与教学的基本原理》，人民教育出版社 1994 年版，第 38 页。

“掌握”、“理解”、“懂得”、“欣赏”、“学会”等这类词语都过于笼统，不便于在实际的教学中进行把握和评价。就拿英文单词来说，“学会”至少可以有四种水平：会认（再认水平）；会拼写（记忆水平）；会造句（模仿应用水平）；会很自然地用于口头和笔头表达（熟练应用水平）。所以，在陈述课程目标时，应当明确限定在什么水平上要求学生“学会”哪些英文单词，而不是笼统地说“学会”英文单词。再比如说，为了使一项认知目标明确、具体和作业化，可以从四个方面加以陈述：知识类型、知识掌握水平、智力操作方式、智力活动水平。

课程目标应该具体化和作业化到什么程度呢？一般来说，课程目标应该尽量作业化到可以测量的精确程度，这实际上就是要求目标能够陈述或者描述作为课程实施结果的学生可观察或可测量的行为表现。例如，为了更好地描述高中化学课程目标中动态性的目标，化学课程标准使用了大量科学、合理、准确的行为动词（见表5-2）。

表 5-2　高中化学新课程标准规定的要求①

学习领域	行为动词	水平层次
认知性目标	知道、说出、识别、描述、举例	知道
	了解、认识、能表示、辨认、区分、比较	了解
	理解、解释、说明、判断、预期、分类、归纳、概述	理解
	应用、设计、评价、优选、使用、解决、检验、证明	应用
技能性目标	初步学习、模仿	模仿
	初步学会、独立操作、完成、测量	独立操作
	学会、掌握、迁移、灵活应用	应用
体验性目标	感受、经历、尝试、体验、参与、交流、讨论、合作、参观	经历
	认同、体会、认识、关注、遵守、赞赏、重视、珍惜	反应
	养成、形成、具有、树立、建立、保持、发展、增强	领悟

① 教育部：《普通高中化学课程标准（实验）》，2003年。

（三）课程目标陈述的方式

由于课程目标的知识类型不同，其陈述的方式也不同。教师可以根据课程与教学活动的实际需要，针对相应的课程目标内容，选择不同的陈述方式。目前国内外较流行的陈述方法有以下几种。

1. 行为性目标的陈述

行为性目标的陈述是指用可观察和可测量的具体行为来表述学生的学习结果。比如，新课程目标中的知识与技能维度的目标，就可采用行为性目标来表述。上文提到的“二维图表”实质上就是陈述行为性目标的一种方法，这里不再赘述。

另有学者提出了行为性目标叙写的 ABCD 模式。这种模式认为，一个规范的目标应该包括四个要素：对象（audience）、行为（behavior）、条件（condition）和标准（degree）。为了便于记忆，人们将这四个编写目标的基本要素简称为 ABCD 模式，见表 5-3 例证。

表 5-3　ABCD 模式例证

学习目标要素 / 目标领域	对象	条件	行为	标准
认知学习	学生	在观察实际的云或观看云的图片时	应能将卷云、层云、积云和雨云标记出来	正确率至少 80%
动作学习	学生	给你 3 页手稿，30 分钟内	应能将它键入电脑	错字不超过 10 个
情感学习	学生	看到有同学在桌上涂鸦时	应能对他劝说	但不发生争吵

A：对象，即应阐明课程与教学的对象，通常是学生。比如，培养学生……使学生……提高学生……虽然在目标描述中常常将行为主体“学生”省略，但行为主体已隐含在目标中。

B：行为，即应说明通过学习以后，学习者应能做什么（行为的变化）。行为动词应是可测量、可评价、具体而明确的。比如，说出、举例、模仿、测量……

C：条件，即应说明上述行为在什么条件下产生。比如，要求学生“能跑一万米”，条件则可能指“在什么气候下？在什么地区？在什么道路上？”等环境因素。条件通常包括环境因素（空间、光线、气温等）、人的因素（个人单独完成、小组集体完成等）、设备因素（计算器、说明书、词典等）、时间因素（速度、时间限制等）。

D：标准，即应规定达到上述行为的最低标准（即达到所要求行为的程度），一般从行为的速度、准确性和质量三个方面来确定。比如，“在1分钟以内准备好必需的消防器材”，“加工件质量要达到国家二级标准”，等等。

需要指出的是，在实际运用中，往往不需要、也不可能完全机械地按上述要求编写目标。在目标陈述的过程中，条件和标准是两个可选择的部分，常常被省略。

行为性目标虽然避免了用传统方法表述目标的含糊性，但它本身也有缺点：只强调了行为结果，而未注意内在的心理过程，因而可能引导人们只注意学生外在行为变化而忽视其内在的心理和情感的变化。

2. 内部过程与外显行为相结合的陈述

在具体的教学实践中，有许多心理与情感类的目标无法行为化，如理解、欣赏、热爱、尊重等，把这类目标转化为可观察性和可测量性的行为目标是非常困难的。为了能间接地测量和观察这类目标，需要运用内部过程与外显行为相结合的目标陈述方式。

内部过程与外显行为相结合的目标陈述方式是格朗伦（N. E. Gronlund）在《课堂教学目标的表述》一书中提出的。该方法是将内部心理过程与外显行为结合起来陈述目标，一般分为两步：第一步，用描述内部过程的术语来表述一般性的目标，以反映内在的心理变化；第二步，列举反映这些内在变化的例子以表述具体性目标，使内在心理变化可以观察和测量。这种方法一般适用于陈述那些难以行为化的情感、能力方面的目标。例如，地理课程中的“学生能树立可持续发展的观点”这一目标，可陈述如下：

一般性目标：学生能树立可持续发展的观点。

具体性目标：学生能说出可持续发展的大概意思；能运用所学的知识批判

现实中破坏环境的思想和行为；举出不符合可持续发展思想的例子，能指出这些例子并作出批判和评述。

本例中，“一般性目标”是对内部过程的表述，“具体性目标”是内部过程种种表现的例子，我们可以把“具体性目标”作为“一般性目标”已达到的证据而加以接受。“树立……观点”是一个内部心理过程，无法观察和测量，但有后面这些证明“树立……观点”能力的行为实例，目标就具体化了。情感、能力类目标有了这些具体的行为指标作为判断依据，其可操作性无疑加强了。显然，两者相结合的表述方法既避免了用内部心理特征表述目标的抽象性，也防止了行为目标的机械性与局限性。

3. 表现性目标的陈述

多数情况下，人的认识和情感变化并不是参加一两次教育活动以后即能见效的，教师也很难预期通过一定的教育活动后学生的内部心理过程将产生什么变化。为了弥补上述编写方法的不足，艾斯纳提出了表现性目标，主要用于陈述长期才能实现的情感、能力方面的目标或无须结果化的目标。表现性目标的陈述要求明确规定学习者应参加的活动及情境，但不提出可测量的学习结果。使用表现性目标，意在为学生提供一个主题，学生围绕它可以运用原来学到的知识、技能，并且通过它得以扩展和加深，同时赋予它个人特点。比如，“使用电线和木材，设计三维空间的形式”，“访问动物园，讨论其中的趣味”等目标，均指出了学生工作的项目或问题，但学生的学习结果如何并未指出。尽管表现性目标不能精确规定学习者应从教学活动中习得什么，但至少有助于我们认识目标教学的内容，使我们能着手研究实现目标的方法。

第四节　课程目标的分类

教育领域中的目标分类历来是课程与教学理论研究及其教学设计实践关注的焦点，许多教育学家和心理学家纷纷提出自己的主张、观点及分类体系，形成了关于目标分类的若干理论。下面择其几种影响较大的观点和体系作简要的介绍。

一、国外课程目标分类

国外比较重视课程目标或教育目标的研究，其中关于教育目标的分类研究最为突出。这些研究，在实质上十分接近课程目标的分类研究，并对课程目标的分类具有启示和借鉴意义。

（一）布卢姆等人的教育目标分类

美国芝加哥大学教授布卢姆于 1956 年出版了《教育目标分类学》一书，第一次把分类学的理论应用于教育领域。在他的推动下，教育目标分类研究成为教育理论研究的一个专门领域。布卢姆认为，教育目标分类应遵循以下原则。①教育原则。各类别之间的主要区分应大体上反映教师在实际教学中对学生的行为所进行的区分。②逻辑原则。分类应合乎逻辑，保持内在的逻辑一致性，始终用一种前后一致的方式来界说和使用每个术语。③心理原则。分类学应与我们目前了解的心理现象一致，充分考虑心理学的可靠的研究成果。④中立原则。分类应该是一种纯粹描述性的体系，需要以比较中立的态度来表述每种教育目的。

布卢姆的教育目标体系包括三大领域：认知领域、情感领域和动作技能领域。其中，布卢姆本人提出了认知领域的目标分类，情感目标和技能目标的分类是由克拉斯沃尔和哈罗（A. J. Harrow）分别于 1964 年和 1972 年提出来的。分类结果详见表 5-4。

表 5-4　布卢姆等人的教育目标分类体系

目标领域	亚类目标及层阶
认知领域	知识、理解、运用、分析、综合、评价
情感领域	接受、反应、价值的评定、价值的组织、价值或价值体系的个性化
动作技能领域	知觉、准备、有指导的反应、机械动作、复杂的外显反应适应、创造

布卢姆等人的教育目标分类学自问世以来产生了广泛而深远的影响，为课程的设计和评价提供了重要的工具，但也带来不少批评。首先，将目标分为认知、情感、动作技能三个领域，有较重的人为痕迹。在人的现实发展中，这三者总是交织融为一体的，很难分割开来。其次，各行为要素和亚类行为要素之

间的界限不明确。比如，知识与理解的内在关系的界限是含糊的，分析和理解、分析与评价的界限也不分明，注意与反应之间的界限也难以区分，等等。再次，各领域中的目标不应该按层次排列，而应该看做平行的结构。

（二）加涅的教育目标分类

美国当代著名的教育心理学家加涅在《学习的条件》一书中，依据其对学习结果的研究，将教育目标划分为五个类别：智慧技能、认知策略、言语信息、动作技能、态度；他又将智慧技能分出五个亚类，并按其复杂程度排列为：鉴别作用、具体概念、为概念下定义、规则和高级规则，详见表 5-5。

表 5-5 五类习得的能力①

能力	例子	作用	行为类型
智慧技能	用比喻描述一个物体	进一步学习与思维的组成成分	表明智慧运算怎样在具体条件下进行
认知策略	归纳出磁场概念	控制学生在学习和思维中的行为	有效方法解决各种实践问题
言语信息	“水的沸点是 100 ℃”	①为学习提供指导 ②有助于学习迁移	陈述传达信息
动作技能	写字	对运动操作起中介作用	在各种背景下进行操作活动
态度	特别喜爱听音乐	改变人的行为选择	对一类人、物或事件行动方向

（三）巴班斯基的教学任务分类

苏联教育家巴班斯基（Ю. К. Бабанский）根据总的教育教学目的，提出“综合规划和具体确定课堂教学任务”的课题，将教学的较为具体的任务分为三类。①教养任务，即形成理论知识和该学科所特有的专业技能技巧，比如，保证在课堂教学中掌握（复习、巩固）下列基本概念、规律和理论等（教师写

① 参见瞿葆奎主编，陈玉琨、赵永年选编：《教育学文集·教育评价》，人民教育出版社 1989 年版，第 435 页。

出可能的名称)。②教育任务,即教师应设法掌握对学生进行共产主义教育的各个基本方面:培养他们的辩证唯物主义世界观,进行思想政治教育、劳动教育、道德教育、美育和体育。③发展任务,即发展学生的智力、意志、情感和动机(需要、兴趣等)。

(四)鲍良克的教学任务分类理论

南斯拉夫的鲍良克(V. Poljak)在其所著的《教学论》中认为,教学任务希望达到的结果是三个方面的:物质的、功能的和教育的。他把教学的物质任务和功能任务划归教养的范畴,并进一步指出,教学的物质任务与获得各门学科所研究的客观事物的知识(包括事实和概括)有关,而知识按质的不同又可分为不同的等级:记忆性的知识、再认性的知识、再现性的知识、运用性的知识、独创性的知识。教学的功能任务与发展大量的、人的不同类的能力相关,而能力根据人的活动范围的不同又可分为以下种类:感觉和知觉能力、体力的或实践的能力、表达能力、智慧能力(如图 5-4 所示)。鲍良克对教养的分析,实际上也就是对教学目标所进行的初步分类。

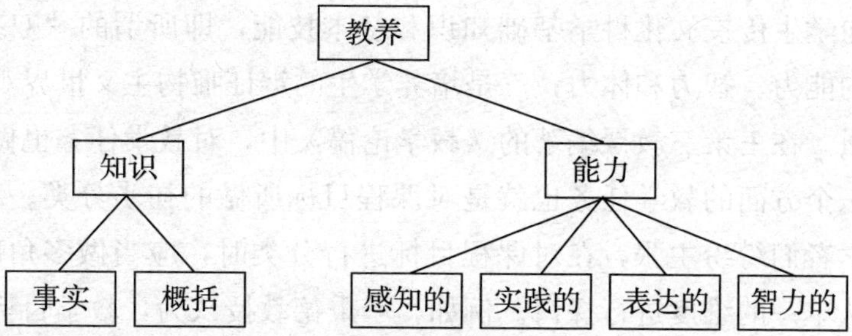

图 5-4 鲍良克的教学任务分类

(五)梶田叡一的教学目标分类理论

日本教育家梶田叡一结合东方人的意识,从目标实现的形态角度把各个领域的目标分为三大类:基础目标、提高目标和体验目标。基础目标是指通过一系列的指导期待在学生身上发生明显的变化,是要求学生必须掌握的具体知识的能力,是任何人都应达到的要求;提高目标是指通过多方面的指导,要求学生向某种方向不断深化、不断提高、发展的目标;体验目标不是以学生产生的某种行为变化为目的,而是以产生特定的内在体验、感受为目的。教师可以通过师生之间的情感交流、对话和分析学生习作等来了解学生这种内在体验到达的程度①。梶田叡一提出，把教学目标按内容和形态的分类组合起来，可以得出下列几种亚目标（见表 5-6）。

表 5-6　三种目标类型

目标形态 目标内容	基础目标	提高目标	体验目标
认知领域	知识、理解等	逻辑思维能力、创造力等	发现等
情感领域	兴趣、爱好等	态度、价值观等	感触、感动等
动作技能领域	技能、技术等	熟练等	技术成就等

二、国内课程目标分类

我国课程目标分类研究起步较晚，至今获得的成果也还是有限的。在 20 世纪 80 年代，我国对课程目标的研究集中体现在对“教学任务”的阐述上。华中师院等院校合作编写的《教育学》中认为，教学任务一般来说包括三个方面：一是向学生传授文化科学基础知识和基本技能，即所谓的“双基”；二是发展学生的能力、智力和体力；三是培养学生的辩证唯物主义世界观和共产主义道德品质。在王策三教授编著的《教学论稿》中，对教学任务也做了类似的区分。这三个方面的教学任务也就是对课程目标所做的初步分类。20 世纪 90 年代后，学者们纷纷主张，在对课程目标进行分类时，应当做多角度的考察，而不应只从单一的维度进行探讨。例如，李秉德教授认为，教学目标可以从三个主要的维度展开②。第一个是教育目标的组成部分，即德育、智育、体育、美育、劳动技术教育，简称为德智体美劳。第二是通过教育教学所要形成的学生个性心理要素，包括知识、智能（智力、能力、创造力）、价值（理智的、道德的、审美的）、情意（情感、动机、态度、意志）和行为（动作技能、行为规范、行为习惯）。第三个是各部分和各要素的发展水平。着眼于这三个维度进行分类，便可形成一个全面完整的三维立体结构（如图 5-5 所示）。

① 参见钟启泉编著：《现代课程论》，上海教育出版社 1989 年版，第 311 页。
② 李秉德主编：《教学论》，人民教育出版社 1991 年版，第 57—58 页。

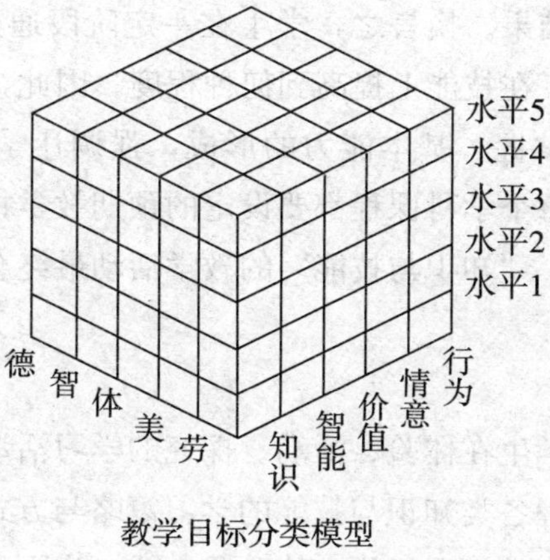

图 5-5 教学目标分类模型

进入 21 世纪，伴随着新一轮基础教育课程改革的不断展开，《基础教育课程改革纲要（试行）》明确提出："改革课程过于注重知识传授的倾向，强调形成积极主动的学习态度，使获得基础知识与基本技能的过程同时成为学会学习和形成正确价值观的过程"，从而"体现国家对不同阶段的学生在知识与技能、过程与方法、情感态度与价值观等方面的基本要求"。由此形成了"知识与技能，过程与方法，情感态度与价值观"三维课程目标体系。三维课程目标作为国家新课程基本理念的重要体现，表征着新课程的价值追求，是各学科课程目标的共同框架。

（一）知识与技能

所谓知识，是指个体与其环境相互作用后获得的信息及其组织。这里的"知识"不再囿于客观认识论的知识观念，而是充分认识到知识的层次性、整体性与价值性，从而将知识区分为公共知识与个性知识、显性知识与隐性知识、确定性知识与不确定性知识等类别，并将其价值与意义纳入知识的结构范畴。所谓技能，是指个体通过训练或经验而获得的程序和方法。它显然不限于认知，还包括表达交流、问题解决、信息处理、实验实践、创新创造等。知识与技能是人整体素质结构中的重要组成部分，对学生的全面、持续发展具有奠基性的作用。

知识与技能目标又被称为结果性目标，即是通过一定时间的教学，学生学习行为变化要达成的结果。换言之，学生在一定阶段通过对一门课程的学习，在知识方面获取多少，在技能上提高到何种程度。因此，这一维度重视学生学习过程中基本知识的掌握、基本能力的形成，强调让学生学得知识、发展能力。这一目标维度是每个学科课程都要设定的预期教学指标，也是开展有效教学的根本保证；偏离了“知识与技能”的教学活动最终会偏离新课程理念，与新课程改革背道而驰。

（二）**过程与方法**

所谓过程是指让学生在体验、活动、探究的学习活动中经历知识与技能的形成过程。方法是掌握各类知识与技能的学习策略与方式。重视过程，强调方法，其实质是尊重学生的学习经历、体验和方式，进而保护学生学习的能动性与创造性。

过程与方法目标的提出是对传统教学过分重视“双基”而忽略其他的一种反思，是为了突出“知识与技能”这一结果性目标产生、发展和形成的过程。它强调如何指导学生学会学习、学会发展、学会创新，从而着眼于学生的可持续发展，使学生形成学习的能力和终身学习的意识，进而勤于实践、勇于创新。需要指出的是，这一维度目标的实现是建立在“知识与技能”维度之上的，没有“知识与技能”的学习也就根本谈不上“过程与方法”的反思。强调学习活动过程，不仅要明确知识与能力的获得要经过哪些步骤、程序和阶段，还要懂得在过程的前、中、后应选取何种具体做法，才能使整个学习活动过程实现最优化。注重学习方法，就要考虑这一方法的功能效用在何种程度才能有效发挥；哪种类型的学生在哪一步应该采取何种方法，个体与整体学习效果才能达到最佳。

为什么要把“过程”与“方法”放在一起，合成为一个维度的目标呢？这是因为，过程与方法是相辅相成的一个整体，离开任何一方，都会失去应有的价值。也就是说，脱离了具体过程讲方法，方法无所谓优劣；离开方法去讲过程，过程无所谓好坏。因此，过程与方法二者的关系是统一的、辩证的，方法寓于过程之中，过程体现探究方法。只有把过程与方法统整起来去思考、去学习，才能取得理想的效果。

（三）情感态度与价值观

所谓情感是人们对外界刺激肯定或否定的心理反应，在教学上，它包括学习动机、学习兴趣、学习情绪和内心的丰富体验。态度是指人对于事情的看法和采取的行动，既指学习态度、学习责任，更指科学态度、生活态度和人生态度。价值观是指人对人生、社会价值系统的理论和看法。三者中，情感决定并形成态度，而态度体现情感，往往积极的情感形成正确的态度，消极的情感形成错误的态度。而情感、态度是价值观形成的基础，价值观是情感态度的升华，没有积极的情感和正确的态度就不会有科学的价值观。

情感态度与价值观目标，又称为体验性目标。它从根本上体现了社会主义教育的本质，突出了人文主义的课程文化观，是人全面发展的基本诉求。作为教师教学的主要任务之一，就是要引导学生形成积极的情感、正确的态度和科学的价值观，真正实现学生的全面发展。

与以往传统的道德目标相比，情感、态度与价值观的提法更为具体、可行。传统教育重认知轻情感，不关注学生在教学活动中的情绪变化和情感体验；重智育轻德育，忽视学生在教学活动中的道德养护、人格养成。而情感态度与价值观培养目标的确立，反映了在多元文化并存的全球化时代对学生价值选择的尊重，它是引导学生健康向上、乐观积极的精神基石。当然，这一维度的达成又有赖于前两个维度的实施与深化，同时，也是对前两个维度的意义价值的提升。

通过以上分析，我们可以看出，新课程三维目标中知识与技能、过程与方法、情感态度与价值观三者之间是一个辩证的、有机的统一体，是一个完整的人在学习活动中实现素质建构的三个侧面。在具体教学实践中，不应该将它们设计为三个环节分别操作。正像有的学者所论述的那样，课程目标的每一维都可以成为学习的目标，而同时也可作为达成其他二维目标的辅助和凭借：第一，“过程与方法”可以作为“知识与技能”生成的导控保障系统，“情感态度与价值观”可以作为“知识与技能”学习的动力支持系统而体现其价值，从而实现“知识与技能”学习的高效和优质；第二，“知识与技能”、“过程与方法”也可以作为实现“情感态度与价值观”培育的凭借与途径，作为“情感态度与价值观”养成的方法与手段；第三，“知识与技能”、“情感态度与价值观”也可以作为一种教学资源服务于过程的体验与反思、方法的习得与训练①。

总之，新课程的三维目标是辩证统一的有机整体，缺一不可（如图 5-6 所示），它们完整地构成了新课程改革的核心理念：促进人的全面发展。教师只有正确把握新课程三维目标的科学内涵和内在联系，并在教学中躬行实践，才能够较好地推进课程改革。

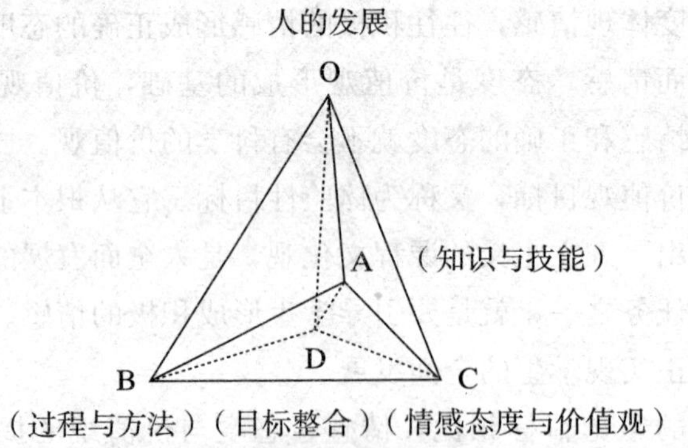

图 5-6　三维目标的关系②

【思考与练习】

1. 课程目标的实质是什么？它与教育方针、教育目的、培养目标、教学目标等相关概念是什么关系？

2. 三种课程目标取向的实质是什么？它们之间的关系如何？

3. 举例说明如何陈述不同种类的课程目标。

4. 新一轮基础教育课程改革提出的三维目标对教育实践有何重要意义？在教育过程中如何落实三维目标？

---

① 黄伟：《教学三维目标的落实》，载《教育研究》2007 年第 10 期。

② 余文森：《“三维目标”就像一个立方体的“长、宽、高”》，载《中国教育报》2007 年 4 月 20 日。

第六章　课程内容

【启发与引导】

• 课程内容构成了课程的主体部分。那么，究竟什么是课程内容？有人认为课程内容就是教材，也有人认为课程内容就是教学内容。你赞成这样的观点吗？

• 课程内容的选择是教育的一个重要问题，有人强调课程内容的选择应该以知识为主，有人认为应该从社会的需要出发来选择课程内容，也有人提出课程内容的选择是一个不断根据学习者的变化而变化的动态的经验选择过程。你对此有什么看法？

• 课程内容组织是课程理论和课程实践联系最密切的领域之一。我们知道，可以按照纵向与横向、直线式与螺旋式、逻辑顺序与心理顺序等多种方法来对课程内容进行组织。那么，你认为在这些组织类型的基础上，我们还应该采用哪些原则来作为方法论指导才能将课程内容组织得更加合理呢？

• 课程内容的改革，要在继承原有课程内容的优点并借鉴当今世界各国先进经验的基础上，构建与目标一致的课程内容体系。你认为课程内容改革的方向是什么？

课程内容是构成课程的基本要素，它与课程目标之间有着内在的逻辑联系，影响着课程实施中教和学的方式，是课程内在结构的核心部分。课程内容质量的好坏，直接影响到课程目标能否顺利实现以及教育质量能否得到全面的提高。因此，系统地学习和研究课程内容的概念、选择和组织等问题是十分重要的。

第一节　课程内容概述

课程内容是课程内部结构的一个重要成分，更确切地说，课程内容是课程的主体部分，它存在于学校的各科教科书和各种活动之中。什么是课程内容？这是课程理论无法回避的基本问题。对这一问题的回答，深刻影响着课程内容的选择与组织。要考察课程内容的内涵，也需要对其相关概念进行辨析。

一、课程内容的含义

对课程内容的定义，国外的课程理论主要有两种观点。一种观点认为，课程内容是在教育机构范围内要向学生灌输的知识；另一种观点认为，课程内容是指一门课中所传授或所包含的知识，也指各门学科中特定的事实、观点、法则和问题等①。实际上，二者体现了不同的观点、视角。前者是课程知识的社会学观点，后者则是技术学的观点，是从课程设计及构成的角度来定义课程内容的。二者在课程内容的取向和出发点上有很大的差别。

我国学者对课程内容也有着不同的理解。有学者认为：“课程内容是指由符合课程目标要求的一系列比较系统的间接经验与学生的某些直接经验组成的用以构成学校课程的基本材料。”② 也有学者认为：“课程内容是指各门学科中特定的事实、观点、原理和问题，以及处理它们的方式。”③ 还有学者认为：

① 江山野主编译：《简明国际教育百科全书·课程》，教育科学出版社1991年版，第68页。
② 廖哲勋著：《课程学》，华中师范大学出版社1991年版，第98页。
③ 施良方著：《课程理论——课程的基础、原理与问题》，教育科学出版社1996年版，第106页。

“课程内容是指根据课程目标，有目的选择的各种直接经验和间接经验的知识体系。”① 从这些论述中我们发现，课程内容是一个开放性的概念，持有不同课程观就会对课程内容有不同的理解。一些学者将课程内容这一概念放在学校的总体课程内容组织和结构中使用，而有的学者则将课程内容概念限定在对单一的学科进行描述和研究中使用。

我们认为，课程内容是符合课程目标要求的一系列比较规范的由间接经验和直接经验组成的用以构成学校课程的文化知识体系，是课程的主体部分。从对课程内容的界定中可以分析得出：第一，课程内容是按照课程目标的要求从社会文化知识体系中选择出来的，所以，它受制于社会文化知识体系的发展水平，同时经过教育学、心理学等加工后而富有了教育的意义；第二，课程内容所包含的文化知识体系，不仅仅是科学文化知识，而且也包含了学生在学校生活世界中通过自身活动所获得的各种各样的经验。由此观之，课程内容的构成要素包括三个维度：科学知识、社会生活经验、学习活动。

二、课程内容的相关概念辨析

为了更好地理解课程内容的内涵，我们有必要对课程内容的相关概念进行辨析。

（一）课程内容与教材

课程内容与教材有着密切的关系。对教材的定义，国内目前没有一致的看法。《中国大百科全书·教育》对教材的定义是：“关于教材，一般有两种解释：一是根据一定学科的任务编选和组织具有一定范围和深度的知识和技能体系，它一般以教科书的形式来具体反映；二是教师指导学生学习的一切教学资料，包括教科书、讲义、讲授提纲、参考书、辅导材料以及教学辅助材料。”② 有学者归纳了约七种关于教材的不同定义，指出教材随时代的进步而不断发展，其外延在不断扩大，内涵也在不断丰富，因此对教材的认识也应不断更

---

① 郭元祥著：《教育逻辑学》，人民教育出版社 2003 年版，第 239 页。

② 中国大百科全书《教育》编辑委员会编：《中国大百科全书·教育》，中国大百科全书出版社 1985 年版，第 144 页。

新。“教材是以一定育人目标、学习内容和学习活动方式为基本成分而分门别类组成的提供给学生认识世界的规范化、程序化、具体化的育人媒体。”①

无论什么样的教材，都应该具备以下一些基本特征。第一，教材是课程内容的载体，而载体的形式又是多种多样的，如书本、光盘等。第二，教材可以向学生传递某学科的信息，而这些信息不是随意堆砌在一起的，而是根据一定的育人目标、学习内容、学习方式进行加工处理，并按照一定的规范和程序编排在一起的。因此，教材是经过科学信息加工处理后的结果。第三，教材的内容结构是丰富的，它不仅包含了某学科的知识、技能等要素，而且还包含了能力、态度、情感、价值观等因素以及蕴藏在教材之中的对学习方式的引领。应当指出，教材是课程内容的载体，但是二者之间不能画等号。因为教材只是体现了某学科的部分课程内容，而不是全部，课程内容的某些要素如学生的学习经验在教材中是无法体现的，这也是课程内容与教材的区别所在。

（二）课程内容与教学内容

课程内容一般指特定形态课程中学生需要学习的事实、概念、原理、技能、策略、方法、态度及价值观念等。学科中的课程内容往往以课程标准的形式规定下来，具有法定的地位，因而是相对稳定、不能轻易改变的。而教学内容是教师对课程的物化形式，即对教材这个中介进行的创造性的、个性化的演绎。课程内容规定的是学科某一阶段共同的、统一的标准或要求，教学内容则是教师应对具体教学情境的，因而是具体的、个别的，并能体现差异。课程内容是一种抽象的存在，不能作为学生直接掌握的对象；教学内容是具体、生动并动态变化的，是教师和学生直接操作的对象。课程内容通常以书面的文字材料进行表述；教学内容则可以通过多种多样的文字和非文字手段进行表征，不仅包括形式各异的素材内容，也包括一些活动、方法、观念、实践操作等。

三、课程内容的结构

课程内容的构成要素包括三个维度：科学知识、社会生活经验、学习活

① 廖哲勋、田慧生主编：《课程新论》，教育科学出版社 2003 年版，第 317—319 页。

动。对此，我们可以用图 6-1 表示。

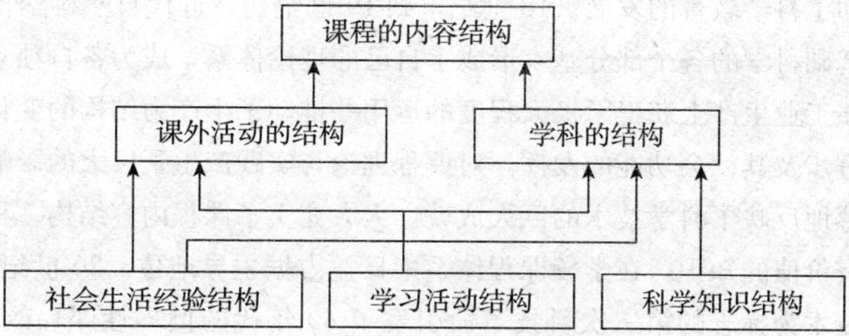

图 6-1　课程内容的统一结构①

（一）科学知识结构

虽然科学知识不等于课程，但一般来说课程内容的主体就是具有教育性的科学知识。就形式而言，课程表现为一种知识体系，课程研制的核心内容也就主要表现为对知识的选择与组织。因而，“知识是课程的最直接的一级制约因素，而其他因素诸如社会或学生是通过赋予知识以某种价值取向及方法的方式来影响、制约课程的，是以知识为中介的二级制约因素。抛开了知识，课程就成了无源之水、无本之木”②。而科学知识的结构就是指人类知识包括哪些范畴。通常我们把知识总体划分四个主要的结构范畴：自然科学、社会科学、人文科学和数学。在选择课程内容时，课程设计者还要进一步明确每个主要的结构范畴的分支学科及其之间的关系③，并在此基础上根据课程目标的要求按照学科对这些知识进行选择和组织。

科学知识的发展经历了一个不断深入、完善的过程，而在科学知识发展的每个阶段都出现了与之相适应的课程内容体系。文艺复兴后，科学从神学的束缚中获得了解放，实验方法和数学方法的应用弥补了哲学思辨和自然观察的局限，大大推动了科学发展，力学、数学、机械学、物理学、解剖学、生理学和动植物学等自然科学知识获得了广泛系统的发展。捷克教育家夸美纽斯如实地

① ③　靳玉乐著：《现代课程论》，西南师范大学出版社 1995 年版，第 195、196 页。
②　郝德永著：《课程研制方法论》，教育科学出版社 2000 年版，第 76 页。

反映了科学取得的巨大成就，提出了“将一切事物教给全人类”[①] 的响亮口号，推动了科学教育的发展。18 世纪末到 19 世纪初，近代自然科学得到迅猛发展，基础科学的各个部分基本形成了自己的理论体系，成为各自独立的科学学科，在工业生产上获得了极大程度的运用并推动了生产力结构的变化。科学技术的进步及其社会功能的发挥，对课程理论与实践产生了巨大的影响。学校课程敏感地反映了科学技术的巨大成就，大大充实了课程内容结构。科学知识成了最有价值的知识，在学校课程体系中日益占据主导地位。20 世纪后半期，以电子技术为标志的第三次科技革命引发了 60 年代的世界性课程改革热潮。现代课程普遍加强了理论性，精选基本学科和内容，注意吸收最新科技成果，并广泛开设选修课。历史的发展表明，人类科学每一次大的进步都使课程内容发生了深刻变化。从总体上说，科学与课程内容的发展基本是同步的，科学的发展水平制约着课程内容结构以及特点。

在科学知识结构的划分问题上，美国学者泰克西纳（J. T. Tykociner）提出的知识分类方法是很有特色的。泰克西纳把人类的所有系统化了的知识划分为相互联系的 12 个领域[②]：

艺术领域包括建筑学、戏剧、用符号表示舞蹈动作的艺术、书画刻印艺术、工艺设计、自然美化、文学、音乐、绘画、雕塑；

信息的符号领域包括语言、逻辑学、数学和信息论；

物质能领域包括物理学、化学、天文学、地质学、矿物学；

生物领域包括植物学、动物学、分类学、形态学、遗传学、细胞学；

心理学领域包括心理物理学、普通心理学、生理心理学、实验心理学、社会心理学；

社会学领域包括社会学、群体行为研究、人类生态学、人口统计学、社会制度学、人种学；

演进领域包括历史科学、对生物演化的研究，对宇宙起源的研究等，可以概括为三个分支，即关于世界总体的演进、人类总体的演进、社会及其文化的

---

① ［捷］夸美纽斯著，任钟印译：《大教学论·教学法解析》，人民教育出版社 2006 年版，第 5 页。
② 转引自靳玉乐著：《现代课程论》，西南师范大学出版社 1995 年版，第 199—200 页。

演进；

未来领域包括农业、药学、技术、国防，这都是一些与延续人类生命有关的科学；

调节领域或称“社会控制论”包括法学、政治学、经济学、管理学与行政学；

传播领域包括教育学、教育心理学、职业指导、图书馆学、新闻学、大众通信；

探究领域包括探究学、问题学、探究活动研究、普通方法论、环境条件与刺激研究、旨在培养探究活动能力的教育、研究中心的组织与发展；

统合领域包括哲学的、愿望的（神学）和普通系统论的几个分支。

泰克西纳指出，上述12个领域是动态的，它们是相互联系的，处于不断探索过程中。这12个领域可以依据其功能再归纳为5个“系”：第一个系包括第1和第2领域，旨在通过发展那些用符号代表直觉的认识活动的系统，以促进信息交流；第二个系包括第3、4、5、6领域，其功能是提供关于世界上各种事实及其相互关系的知识；第三个系以第二个系为基础，包括第7、8、9、10领域，其功能是拓展人们过去的知识，并应用第二个系获得的结果来提供和建立未来，并对从过去到未来的条件加以控制；第四个系是探究领域，它的功能在于探索所有领域的发展问题；第五个系是统合领域，其功能在于对所有领域进行综合。

泰克西纳的知识分类理论为我们确立课程内容提供了一个有意义的参照系：一方面有助于选择和组织学科课程的知识内容；另一方面也可以检验现行课程内容的知识覆盖面。

（二）社会生活经验结构

培养全面发展的人需要的不仅只有科学知识，科学知识以外的那些有助于发展学生智能、形成丰富情感和良好道德品质的社会生活经验，也应当成为课程内容的重要组成部分。社会生活经验的构成要素主要包括三个方面：关于活动方法、方式的经验；关于创造性活动的经验；关于情感与态度的经验。

1. 关于活动方法、方式的经验

人类在长期的社会实践中积累了一系列有关活动方法、方式的经验。学生出于参加学习活动、社交活动以及基本生产活动的需要，就有必要吸取前人积累的有关这些活动的方法、方式的经验。学生只有具备了这类经验，才能形成自己的技能技巧，而选择这类社会生活经验的目的也就是要让学生形成一系列基本的技能技巧。技能可以分为智力技能和操作技能。智力技能是运用知识和经验完成某种智力活动的方式，它是在头脑内部对事物进行分析与综合、抽象与概括的技能。操作技能则是运用知识和经验去完成某种机体运动或操作某种对象的活动方式。这两种技能的形成，都离不开有关活动方法、方式的经验。这就要求课程内容必须包含与此类经验有关的学习材料。

2. 关于创造性活动的经验

人类在长期的社会实践中逐步形成的关于创造性活动的经验对学生也有特殊的教育意义。这种经验虽然不是系统的认识成果，却是课程内容不可缺少的重要方面。如果不给学生提供创造性活动的经验，他们的各种能力特别是创造能力的发展就将受到限制，不利于培养开拓型、创造型的人才。因此，为了使学生获得这种经验以促进其创造能力的发展，在选择和组织课程内容时，应注意提供与这类经验有关的学习材料，注意通过设计各种实际活动特别是创造性活动，来使学生获得这方面的经验，从而发展其多方面的才干。

3. 关于情感与态度的经验

情感是人对所经历过事实的心理体验，这种体验有积极的也有消极的，而态度则是人内在体验的外在流露。情感与态度的经验可以起到发展学生非智力心理因素及其价值观体系的重要作用，是理性化、概念化的知识体系所不能替代的。因此，要培养学生具备正确的情感与态度经验，就需要课程内容的范围扩充到学校社会关系、心理环境等领域当中，通过合理设计课程使学生获得有关情感、态度的丰富经验，促进学生个性的完善发展。

（三）学习活动结构

学习活动深刻地反映了学习过程的内部联系，是学生达到课程目标、掌握科学知识和社会生活经验的必然要求。因此，学习活动是课程内容的重要基础。学习活动与学习经验不同。在西方课程史上，20 世纪初的教育文献中还没有提出“学习活动”与“学习经验”这两个概念。关于课程内容的考虑，主要集中在知识选择问题上。随着心理学的发展和杜威著作的影响，加之 1918

年课程作为一个专门研究领域的诞生，学习活动日益成为课程内容中的一个关键性因素。到 1925 年，许多课程论著作和课程指导文件都把学习活动看做课程与教学情境中的重要因素。这一时期的课程通常都要包含一系列有助于学生获得学科知识的各种活动。随着课程研究的深入，学习活动在课程内容中的作用越来越受到重视。

课程内容中的学习活动与教学过程中的学习活动有联系也有区别。首先，从时间上看，课程内容中的学习活动的选择与组织发生在教学过程中的学习活动之前，后者是以前者为前提的，是前者的展开和具体化。其次，从结构上看，课程内容中的学习活动结构主要阐明学习活动的种类有哪些，与每种活动相适应的活动方式是什么，它不涉及每一种活动的运行程序。而教学中的学习活动结构所要探明的是每一种活动的心理结构和运行程序，是对过程的刻画而不是对活动范围的划分。教学活动中的学习活动结构一般由以下成分构成：需要、动机、学习任务、动作与操作。

因此，从学校教育活动体系出发，就可以将课程内容中的学习活动划分为两类：一是与学科相联系的学习活动；二是与校内外活动相联系的学习活动。这两类活动又可以具体化为：体育卫生的学习活动，科学知识的学习活动，发展智力与能力的学习活动，生产劳动的学习活动，审美与创造美的学习活动，道德的与行为的学习活动①。这几类学习活动分别反映在课程规划、各科教材以及活动指导书之中。

总之，课程内容来源于科学知识、社会生活经验和学生的各种学习活动，三者是紧密联系、辩证统一的，而只有包含了这三种要素的课程内容，才是充实和完善的，也才有助于实现课程目标。

第二节　课程内容的选择

由于学生接受学校教育的时间有限以及科学知识更新速度的加快，我们的

① 靳玉乐著：《现代课程论》，西南师范大学出版社 1995 年版，第 207 页。

教育不可能把人类所有的科学知识、生活经验和社会技能都教给学生，这样，课程内容的选择就成为教育的一个重要问题。课程内容选择是根据特定的教育价值观及相应的课程目标从学科知识、当代社会生活经验或学习者的经验中选择课程要素的过程①。在这个过程中，课程设计者需要根据教育价值观以及课程目标的要求，对课程内容中包含的概念、原理、技能、方法以及价值观等作出合理的抉择。

一、课程内容选择的取向

1859 年，英国哲学家、社会学家和教育学家斯宾塞提出“什么知识最有价值”的著名命题，在课程论发展史上第一次明确提出了课程内容选择问题。1949 年，美国泰勒在《课程与教学的基本原理》一书中提出了“怎样选择有助于达到教育目标的学习经验”的问题，课程内容的选择就成为“泰勒原理”的重要内容。自此以后，课程内容的选择问题逐渐成为课程论的基本问题之一，而课程内容选择的取向则主要有以下三种。

（一）课程内容的知识本位取向

当课程目标的来源主要是学科发展的时候，学科知识就成为课程的主要内容。应该说，随着人类社会步入工业社会，科学的发展以及在此基础上逐渐形成的学科以及学科的发展就成了这个时代发展的主导方向，“科技理性”也就成了社会的主导价值观。在这样一种价值观支配下，当被问及“什么知识最有价值”时，斯宾塞的回答是“科学”，这也反映了自 19 世纪上半叶以来课程内容选择的主导倾向。历史上的要素主义教育、永恒主义教育以及结构主义课程论，都主张“课程内容即学科知识”。

在知识本位的课程内容选择取向中，课程成为以学科课程为主，辅之以一定的技术与实践训练的培养模式，课程内容涵盖了科学知识与人文社会知识。这种取向认为，学科是传递社会文化遗产的最系统、最经济有效的形式。各门学科所反映的科学知识，具有巨大的认识功能和实践功能。科学的任务是正确地解释现实世界的过程和现象，探究其运动规律，揭示客观真理，进而对事物

① 张华：《论课程选择的基本取向》，载《外国教育资料》1999 年第 5 期。

的发展作出正确的预见，指导人们的实践。而在社会发展中，科学始终是进步的因素，是一种在历史上起推动作用的革命的力量，它是推动生产力发展的巨大力量，它也影响与推动整个社会生活变革发展，促进整个社会事业繁荣。因此，课程内容一定要体现并积极向学生传递这些知识。同时，在以知识为本位的课程内容选择取向中，知识的价值成了判断课程价值的标准。因此，课程内容的选择与组织都要强调知识的系统性、顺序性和完整性，在教学的过程中，强调教师、教材与课堂的三中心，关注教师对教学的控制性。

（二）课程内容的社会本位取向

当课程目标主要来源于当代社会生活的需求时，当代社会的生活经验便成为课程的主要内容。社会本位的课程取向认为，社会价值高于个人价值，教育应该从社会的需要出发，根据社会的需要来决定，教育的目的就在于使受教育者社会化，以保证社会生活的稳定和延续[①]。在社会本位的课程内容选择中，选择课程的标准不是“什么知识最有价值”，而是什么社会经验最有价值。基于社会本位的教育价值观，教育或者课程的目标就是向受教育者传授能够更好地帮助其适应社会的生活经验以及社会需要个体具有的那些生活经验。因此，在社会本位的课程内容选择中，学校课程与社会生活经验的关系就成了选择“什么社会经验最有价值”的问题。在课程史上，对二者之间的关系主要存在着被动适应论、主动适应论和超越论三种观点。

被动适应论认为，社会的发展总是先于学校课程的发展，在与社会的关系中，学校课程始终处于被动地位，只能被动地适应社会的发展以及接受社会对人的要求，并按此要求对学生进行培养。教育是为未来生活做准备的，学校课程则是学习者适应当代社会生活的工具。因此，学校课程就应当以帮助学生适应当代社会的发展和需要为根本目的，学生的学习活动就应以当代社会的生活经验为基本内容。被动适应论的缺陷在于，将当前的生活经验作为课程内容，简单复制和传递社会经验，没有意识到学校课程也是社会生活的有机组成部分，它们也实实在在地参与到了社会生活之中，并且在社会生活、社会对人的要求等方面都产生了一定影响。

---

① 刘宇文：《论社会本位思潮对教育的影响》，载《高等教育研究》2005年第9期。

主动适应论认为，学校课程的发展并不总是落后于社会的发展，二者之间是互动的、有机统一的关系。学校课程总是在不断地适应社会发展的同时，又主动加入到社会发展的进程中，一方面反映自身发展的需要，另一方面也通过育人活动对社会产生影响，成为社会的参与者、建设者和推动者。主动适应论者认为，教育即生活本身，其本质上的问题在于使个人的特性能够与社会目的和价值达到统一，学校课程与社会的统一则是使个人与社会能够达到统一的前提条件。因此，学校课程就不能只是对社会生活的忠实反映和对已有社会生活经验的简单传递，它还必须包括对社会现实的反思和对未来的展望，从而通过对社会产生影响来使社会需要与学校课程自身发展相统一。与被动适应论相比，主动适应论注意到了学校课程与社会交互影响的过程，并在一定程度上肯定了课程在社会活动中的主体性表现。

超越论是一种比主动适应论更“主动”的观点，它与被动适应论相对，认为学校课程应当主导社会的发展。持有超越论观点的学者普遍认为，教育本身就是一种社会主体，学校课程本身既是一种社会生活经验，更是先进理论的拥有者和代表者。学校课程是理论的先行者，它影响着社会的发展，所以，在二者的关系中，学校课程应该处于绝对的主动地位。因此，学校课程作为社会中的主体，有权利也有义务在时代精神的建构中贡献自己的力量。学校课程作为一种社会生活经验与其他社会生活经验的关系是对话的、交往的以及超越的，这种超越主要体现在学校课程主动选择社会生活经验，并不断批判和超越社会生活经验，而且还不断建构新的社会生活经验。

（三）课程内容的学习者本位取向

当课程目标的基本来源是学习者的时候，学习者的经验就成了课程的主要内容。在课程发展史上，凡倡导经验课程的课程理论流派大都把学习者的经验置于课程内容的核心或重要地位①。在学习者本位的课程内容选择中，学习者本身就是课程的主体，他们不仅是课程内容的接受者，也是课程内容的开发者以及社会生活经验的创造者。在此取向中，人的主体地位得到了最大程度的凸显。课程强调要尊重学习者的自主性和个性的发展，因此，对学习者经验的选

---

① 张华：《论课程选择的基本取向》，载《外国教育资料》1999年第5期。

择过程就必须以尊重学习者的个性差异为前提。在这种价值观的决定下，课程成了一种人本主义的体现，而课程内容也会随着教学过程中学习者的变化而变化的，它是一个不断地根据学习者的变化而变化的动态的经验选择过程。18世纪卢梭倡导的“自然教育论”以及相应的浪漫自然主义经验课程理论，20世纪上半叶杜威倡导的“进步教育论”及相应的经验自然主义课程理论都属于这个范畴。在我国，由于长期受苏联凯洛夫教育学的影响，在课程内容的选择取向上一直是以知识本位为中心的。随着课程改革的推进，人的主体地位和促进学生能力的发展日益受到重视，与之相应学习者本位的课程内容取向开始受到重视。

在学习者本位的取向中，课程内容的选择要注意以下问题。首先，课程内容应该是符合社会文化发展要求的。社会现存的文化通常以社会生活经验的形式存在于社会环境之中，并影响社会文化的发展方向。学习者则不仅是知识的接收者，也是文化的创造者。为了促进学习者自身的发展，帮助他们更好地适应社会以及发展创造知识的能力，在选择课程内容时就要注意符合社会发展方向要求。其次，课程内容应该有助于促进学习者主体发展。学习者本位的课程内容取向是以尊重学习者的个别差异为前提的，每个学习者都是在自己内在目的的指引下获得发展的，它充分展现了学习者自身独特的潜能和价值。在这样的课程选择中，教育者的作用就是创设情境和条件、提供帮助与指导，学习完全成为学习者个人主动性的发挥过程。再次，课程内容应该是符合学习者自身发展水平的。学习者在此取向中具有很大的自主性，但由于他们正处在由不成熟到成熟的发展过程中，经验的缺乏使得他们很难对自身的发展水平作出准确的判断。因此，学习者自己选择的课程内容就容易出现不符合自身发展水平的情况。如果选择的课程内容超出学习者的自身发展水平，则学习者不能在规定时间内达到学习目标的要求，难以完成学习任务；而如果所选择的课程内容落后于学习者的自身发展水平，则学习者的学习能力不能得到有效提升，其知识构成体系也会有所欠缺。

课程内容选择的三种取向从不同方面揭示了课程内容选择的影响因素，三者之间的差异本质上是由于其所处的价值立场不同而产生的。在现实的课程内容选择过程中，三种取向同时存在，它们之间是相互交叉和影响的关系。在课程论史上，少有倡导“课程内容即学科知识”的学者完全无视或者否定社会生活经验和学习者经验的重要性，只不过在他们看来社会生活经验和学习者的经验只有被转化或者塑造成为学科知识，才能更有效地促进知识的传递和发展。而倡导“课程内容即社会生活经验的”的学者也极少有否定学科知识和学习者经验的价值的，他们多数认为学科知识和学习者的经验更应该被视为社会生活经验的一种传递载体，应该在适应社会需求的基础上被选择、改造或传递，他们关注的中心问题是社会需要什么，因此学科知识和学习者经验一定就是要围绕着社会的需求而产生，是为社会服务的。倡导“课程内容即学习者的经验”的学者也不会轻易地否认学科知识和当代社会生活经验的价值，只是他们认为，无论是学科知识还是社会生活经验，都是能够促进个体本身发展的外在载体，这些载体只有被学习者主动选择并转化成为学习者经验，才会对学习者的主体发展产生影响。因此，课程内容既应该体现学科知识的最新成果，也应该反映出当代社会生活的经验，更应该与学习者的学习经验相结合。

二、课程内容选择的原则

一般而言，在课程内容的选择过程中，需要遵循以下原则。

（一）合目的性原则

课程内容的选择必须符合既定的课程目标，既要为实现既定的目标服务，又不能违背课程目标所设定的价值体系。课程目标不可避免地要遵从特定社会所公认的道德价值，世界上不存在“价值中立”课程目标。而课程内容的选择与传授又必须和课程目标所设定的价值体系保持一致。因此，在课程范围内为学生提供的各种课堂内外的活动，在培养学生的态度和价值观等人格特征方面就不可以出现矛盾和冲突。例如，要培养学生团结他人、与人合作的态度和习惯，却不鼓励学生们在课堂上互相交流思想，互相帮助，共同解决学习上的困难，甚至把学生互相隔离，让他们互相展开激烈的竞争，那么结果就只能是把学生培养成自私、狭隘、孤独、妒忌的人。因此，在选择某一课程内容时，首先就要考虑通过这一内容的教学能够达到的目标是什么？除了达到主要的外显性目标外，这一内容还会带来哪些伴随而来的隐蔽性后果？这些隐蔽性后果是积极的还是消极的？是符合还是违背既定的目标？

（二）适切性原则

课程内容要既适合某一特定群体学生的一般发展水平，又要适合该群体内个别学生的发展水平。通过心理学对各年龄组儿童所进行的观察以及对不同年龄的儿童所进行的个案研究，已经可以相当准确地认识儿童发展的年龄特征和儿童身心发展的一般顺序了。一般来说，课程内容的选择要与儿童的身心发展顺序相平行，遵循由近及远、由简到繁、由易到难、由直观到抽象的顺序。各个阶段之间的过渡要尽可能平缓，转折不可太急，要让新的内容自然而然地从已经学过的内容中孕育和浮现出来，而不能跳跃式地前进，从而脱离儿童的一般发展顺序和年龄特征。课程内容除了适合儿童的一般发展顺序和年龄特征外，还要适合儿童的个别差异。不同的儿童会以不同的方式对同样的情境作出反应，而且他们的需要、兴趣、能力、心理准备和体质都不完全一样。因此，课程内容在总体上要适合于同一年龄组儿童的一般特征，同时又要选择一些适合于儿童个别差异的具体内容，以弥补统一要求与个性发展之间的空缺。

（三）结构性原则

课程内容的选择要在各部分内容之间保持适当的比例，要在文理之间、学术性与非学术性之间、民族性与国际性之间、博与专之间、知识与技能之间、脑力与体力之间、智力能力与情感价值之间、接受学习与探究创造之间、集体和个体之间、课内与课外、校内与校外之间，均能取得一定的平衡。否则，选择出来的课程内容就会失去协调，表现出片面性。除了考虑各部分之间的平衡外，还要注意把它们有机地组合在一起，成为一个有机的整体，避免各部分之间的过分肢解。

（四）多样性原则

尽管课程目标是选择课程内容的直接决定因素，内容必须符合目标，但这并不意味着一项目标只能用一种内容去体现。恰恰相反，一项目标可以通过学习多种多样的内容去实现，具体内容越是丰富多样，越是有助于一项教学目标的实现。多种形式、多种风格、多种角度的具体材料，在适当安排、互相配合的情况下，可以大大提高教学内容的生动性和趣味性，调动学生学习的积极性，从而更有效、更充分地实现预定的教学目标。因此，在课程内容的选择中应注意具体内容的丰富性和多样性。

强调课程内容的多样性，也是适应学生个性多样性，实施因材施教原则的需要。由于学生来自各不相同的家庭、社区、阶层、民族，他们所具有的文化背景和经验就会有很大的差异。即使是有着相同家庭和社会背景的学生，也会因个性差异，兴趣、爱好、行为、习惯和动机的不同，而表现出学习风格上的差别。因此，同一种内容就不可能适应和满足所有学生的需要，不同的学生更容易接受和掌握不同形式或风格的内容，只有多样化的课程内容才能很好地适应和满足多样化的学生需要。

（五）量力性原则

量力性原则是指所选择出来的课程内容应当是学生经过努力可以理解和掌握的。如果课程内容难度太大，或者学生的知识准备不足，超出了学生的“最近发展区”太多，导致其无法掌握学习内容，课程目标就难以实现。在这种情况下，要么重新选择课程内容，要么采取补救措施使学生具备预备性的知识。

第三节　课程内容的组织

课程内容一旦被选定，接下来的任务就是如何把它们有效地组织起来。组织是指根据一定的目的、任务或形式对各部分之间加以安排，使之成为有序有效的整体。对于什么是课程内容组织，人们的理解不尽一致。有学者认为，如果认为“课程即学科”，那么课程内容组织便是对学科知识及结构的组织；如果视“课程即经验”、“课程即活动”，则课程内容组织一般仅涉及对经验、活动的选择、编排①。有学者认为，课程内容组织是把学习经验组织成单元、学程和教学计划的程序，包括了组织的对象（即学习内容）、“产品”（即单元、学程、教学计划）以及组织程序②。也有学者认为，课程内容组织是将教育系统或机构的课程要素加以安排、联系或排列的方式。这些要素包括这样一些一般因素：教学计划与方案、学习材料、学校器材与学校设备、教学力量的专业

① 参见石筠弢著：《学前教育课程论》，北京师范大学出版社 1999 年版，第 140 页。

② ［美］泰勒著，施良方译：《课程与教学的基本原理》，人民教育出版社 1994 年版，第 66 页。

知识以及评价与检查体系的要求等①。还有学者认为："所谓课程组织，就是在一定的教育价值观的指引下，将所选出的各种课程要素妥善地组织成课程结构，使各种课程要素在动态运行的课程结构系统中产生合力，以有效地实现课程目标。"②

课程内容组织作为课程编制过程中的一个重要环节，它是课程目标确定之后的接续步骤。课程内容采取何种逻辑形式进行编排和组织，直接影响着课程内容结构的性质，制约着课程实施方式。同时，课程内容的组织也是课程评价的基础和前提，如果课程组织得不合理，不但教育效果无法达到最大化，而且各因素的力量可能互相冲突、互相抵消，从而出现负面的效果。因此，"良好的课程组织，使学生学习之际易于理解课程各要素的关系，而不是陷入零碎片断之知识矩阵中，因此可以迅速掌握意义，容易发现所学之应用途径。此外课程有了良好的组织，学生学起来容易，动机增强，学习时间可以缩短，这样的教育显然是非常经济的"③。

一、课程内容的组织要素

课程内容的组织要素即课程的基本构成。当把选择出来的课程内容按照一定的原理组织起来时，就形成了某种"结构"，我们可以把这种结构称为"课程内容组织结构"。"课程内容组织结构"既然是一种结构，就必然具备各种要素或基本单位，如知识、技能、经验、活动等，我们称这些基本单位为"课程内容的组织要素"。"课程内容的组织要素"有大有小，因此可相对地把较大的因素称为"宏观因素"，诸如一个单元、一门课程或一类课程，而把较小因素称为"微观因素"，如一项具体的知识、技能或能力的培养办法。有课程学者认为，课程组织要素主要包括概念、原理、技能、价值观等。概念是许多学术课程计划的最基本构成，如物理学中的"力"、化学中的"元素"、生物学中的"细胞"、文学中的"风格"等。原理是科学家通过观察实验而得出的结论，如

---

① Skibeck, M. Curriculum Organization. In: Lewy, A. (ed.). *The International Encyclopedia of Curriculum*. Oxford: Pergamon Press, 1991, p. 342.

② 张华著：《课程与教学论》，上海教育出版社 2000 年版，第 230 页。

③ 黄政杰著：《课程设计》，台北东华书局 1991 年版，第 288 页。

“直角三角形斜边的平方等于两条直角边的平方和”。技能如基础教育中的读写算技能、实验技能、资料搜集与解释技能。价值观是支配行为的基本信念，如“尊重自我”、“人类应与自然和谐相处”等。价值观是支配课程的核心要素①。

二、课程内容的组织水平

“课程内容组织结构”既然是一种结构，就必然有层次之分，我们称之为“课程内容的组织水平”。“课程内容的组织水平”反映的是课程结构的不同层次之间的划分以及各个层次之间的相互关联性。一般而言，课程组织结构有三种水平。在最高层次上，组织结构反映的是学校课程的总体构成。按照泰勒的观点，它包括学科课程、广域课程、核心课程、完全未分化的结构（即把整个教学计划作为一个单元来处理）。林本及李祖寿则将其分为六类：科目本位课程、相关课程、融合课程、广域课程、核心课程、经验本位课程②。我们认为，它应包括分科课程、综合课程、活动课程、潜在课程。在中间层次上，课程组织结构有：按顺序组织的学程（如社会学科Ⅰ、社会学科Ⅱ、社会学科Ⅲ）；以学期或学年为单位的学程。在最低层次上的课程组织结构有：课（指每天的教学单元）；课题（一个单元可以持续若干天或若干周）；单元（每个单元一般包括持续若干周的课程内容要素，而且是围绕一些问题或学习的主要目标来加以组织）。

上述每种课程组织结构中不同条件下都各有其利弊。为了扬长避短，在组织课程时，一般要采取三个步骤：对课程组织的总体框架作出合理的规划；遵循课程组织的连续性、顺序性和统整性原则，对一门或一类课程进行恰当的安排；确定有效的教学单元。

三、课程内容的组织原则

课程内容组织原则是指对各种课程类型所包含的事实、原理、情感、经验

① McNeil, J. *Curriculum: A Comprehensive Introduction*. (5th ed.). New York: Harper Collins, 1996. p. 183.

② 李子建、黄显华著：《课程：范式、取向和设计》，香港中文大学出版社1996年版，第266页。

以及学习环境中非预期性的知识、价值观念、态度等方面进行组织时所坚持的准则。课程内容组织原则是开放的、变化的，而不是封闭的、僵死的，它需要在实践中予以更新和补充。关于课程内容的组织原则，很多课程论学者都结合自己的经验和研究提出了不同的观点。结合现实中课程实践的需要，我们认为课程内容组织的原则应该包括以下方面。

（一）连续性原则

这一原则要求直线式地陈述主要的课程组织要素，并将需要学习的课程要素在不同的学习阶段予以重复，以便学生复习和巩固。例如，在品德与社会课程中，如果认为培养学生阅读品德与社会方面材料的能力是一个重要目标，那么在课程安排上就必须使学生有机会反复地、连续地锻炼和发展这一能力。如果课程安排不能为学生提供连续发展能力的机会，或者中间出现明显的间断，那么这样的课程组织就是不合理的。

（二）顺序性原则

顺序性原则是指将选出的课程要素根据学科的逻辑体系和学生的身心发展阶段由浅入深、由简到繁组织起来。这一原则基本上是讲学习先后的问题，即哪些先教、哪些后教。实际上，强调学习要从已知到未知、从具体到抽象，这是符合人类认识规律的。顺序性与连续性是相互联系的，但它又超越了连续性。因为，如果完全只是在同一水平上重现某一主要的课程要素，虽然保持了课程内容的连续性，但是却不能保证学生在技能、态度、能力和其他某些因素方面有不同的发展。只有在连续性的基础上，保持顺序性，才能真正使课程要素在不同水平上不断深化展开，从而促进学生的发展。例如，要培养学生的阅读技能，在组织课程要素时就要保证有这样的顺序性：提供逐渐复杂的阅读材料；逐步扩大阅读这些材料时所涉及的技能操作的广度；逐渐增加分析的深度；使高年级的课程计划不仅仅是重复低年级已经涉及的那些阅读技能，而是要对这些技能做更广泛、更深入的处理。

（三）统整性原则

统整性是指课程内容的横向联系，即打破学科之间的界限和传统的知识体系，找出各种课程内容之间的内在联系，整合为一个有机的课程整体。这一原则克服了对学生经验、社会生活以及知识本身的整体性进行分割的缺陷，有利于把学生既有经验和新的需要、兴趣、经验等整合在一起，从而使学生形成完整的人格；有利于消除学科之间彼此孤立、壁垒森严的对立局面，以知识的广度求得知识的深度，从而产生最大限度的累积效应；有利于弱化将学生完整的生活分割而形成的家庭生活、学校生活、社会生活的鸿沟。

关于统整原则的讨论，目前大致有三个方向。第一个方向是知识的统整。学校课程大都受到知识分类和学科门类的影响，其组织形态大都是以学科为中心的。如此一来，随着知识的不断发展就形成了一些新的问题，如现代科学常常产生一些边缘性知识，那么这类知识应该归于哪一门学科就成了问题。因此，许多人倡导知识的统整，希望课程内容组织能排除不必要的界限，使知识更有利于学生综合地掌握与应用。第二个方向是学生经验的统整。每个学生都有对能力、经验、兴趣的不同需要，这些构成了学习者自己的意义架构；当学习者不断进行学习时这个意义架构就有了不断扩大的机会。为了适应学生的需求，在组织课程内容时，就应该基于这一架构并且强化它的作用。由于每个个体都是特殊的，其意义架构也是具有特殊性的，故统整就不能只停留在知识统整的层面上，而应该让知识和学生的经验结合起来。由此看来，统整就应该是发生在学生个体身上的，知识最终也要成为个人意义体系的一个部分。第三个方向是社会的统整。持这一观点的学者认为，课程的内容与活动必须与社会生活关联起来。社会统整就是要让课程能培养学生适应生活的能力，让他们认识及练习解决社会的问题。因此，课程的内容与活动就不能停留在知识研究的象牙塔之中，而必须走入社会并为社会服务。

无论上述三种统整方向中的哪一种，都是与提倡者的课程取向密切相关的，这三种统整的方向最终形成了三种课程形态——学科课程、活动课程和核心课程。但无论是以学生经验为中心的整合，还是以学科知识为中心的整合或者是以社会生活为中心的整合，都要求课程内容组织者精通各门学科的内容，而目前的教师队伍距离达到这些条件还存在着很大的差距。因此，课程内容组织的统整性原则的运用，一定要在适合现实水平的情况下逐步进行、逐渐提高。

（四）弹性原则

弹性原则是指在对课程内容进行组织时，既要有统一性，又要有灵活多变性。统一是指导思想的统一，是以教育目的、学校培养目标和课程目标为归宿的统一。在统一的前提下，还要机动灵活，这样才能做到统而不死、活而不乱。所谓灵活多变性，是在对地方课程和校本课程的内容进行组织时而言的。这些课程要在参照国家课程的前提下，根据当地的历史、文化、风俗、思维方式、价值观念、心理特点以及学校的类别、层次、培养目标和学生的年龄特征等进行课程内容组织。这样既可避免一刀切，又能做到因地制宜，尤其是对活动课程、经验课程和隐性课程的内容进行组织时更要注意到这一点。

四、课程内容的组织方法

关于课程内容的组织，主要有以下几种方法：纵向组织与横向组织；直线式组织与螺旋式组织；逻辑顺序组织与心理顺序组织；渐进性组织与跨越性组织。

（一）纵向组织与横向组织

纵向组织又称序列组织，是指按照某些准则以先后顺序排列课程内容。纵向组织是教育史上影响最大的课程内容组织方法，多数教育家都主张将课程内容按从具体到抽象、从已知到未知、从简单到复杂的顺序呈现给学生。例如，我国古代的《学记》中就强调“不陵节而施”，而美国课程学者泰勒的连续性原则中也包含了由简单到复杂、由已知到未知的意思。纵向组织强调学科内在逻辑结构的严密性和相对独立性，在内容上注重知识的关联性和递进性，它有助于学生对科学体系中各分化单元或领域的深入认识和把握。一般而言，分科课程较普遍采用纵向组织形式来组织课程内容。其缺陷主要在于，它过于强调科学体系中各学科或领域的分化以及相互独立，对学生关于科学体系的整体把握和实践能力的养成产生了一定的限制作用。

横向组织是有针对性地解决课程内容极端分化趋向的一般方式和方法，它原则上是依据一致性原则，将学科间相近的内容、方法、原理等要素进行统整而形成的，其组织起来的课程内容又必须使学习者将所学的概念、原理、原则等关联起来，成为一个有意义的整体①。一般而言，综合课程多采用横向组织

① 黄政杰著：《课程设计》，台北东华书局 1991 年版，第 297 页。

方式。这是因为综合课程的目的就是要加强学科之间的联系，让学生在更广阔的领域学习和理解知识的真正意义，在了解各门学科知识之间关系的基础上获得对知识的整体印象①。这样才能让学生学会用整体的观点分析事物，发展他们的综合思维能力和创造能力，同时这也有助于提升学生的学习兴趣，培养和激发他们的求知欲。

（二）直线式组织与螺旋式组织

直线式组织就是把一门学科的内容组织成一条在逻辑上前后联系的线，前后内容基本上不重复，这与泰勒的连续性原则相对应②。苏联教育家赞科夫就主张采用直线式课程内容组织，他认为教师所讲的内容只要学生懂了就可以往下讲，过多重复同一内容会使学生厌倦，只有不断呈现新内容才能使学生保持学习兴趣。一般而言，直线式组织的优点主要在于它能够较完整地反映一门学科的逻辑体系，能够避免课程内容不必要的重复，并有利于培养学生逻辑思维能力，其缺点则主要在于它不能很好地体现学生心理发展的特点，不利于将学科发展的前沿成果尽早地反映到课程内容之中。

螺旋式组织要求课程内容在不同阶段重复出现，但要逐渐扩大范围并加深程度。美国学者布鲁纳就明确主张采用螺旋式课程，他认为学生要学的是学科基本结构，一定要从整体上把握，开始时可以简单一些，以后要不断在更高层次上重复它们，直至学生全部掌握。螺旋式组织的优点主要在于它有利于照顾到学生的心理特点，既能尽早地将学科发展的前沿成果反映到课程内容中，又能使学生对学科知识的理解逐渐加深，并有益于学习者创造性思维的发展。其缺点主要在于，它容易造成课程内容的臃肿和不必要的重复。我们认为，如数学等逻辑性强的学科宜以直线式组织为主，而语文、政治等学科则宜以螺旋式组织为主。

（三）逻辑顺序组织与心理顺序组织

课程内容的组织既要考虑逻辑顺序，又要考虑心理顺序。逻辑顺序是指按照学科本身的系统和内在联系来组织课程内容。心理顺序则是指按照学生心理

---

① 张廷凯：《普通高中课程结构改革的探讨》，载《课程·教材·教法》1994 年第 1 期。

② 丁念金著：《课程论》，福建教育出版社 2007 年版，第 105 页。

发展特点组织课程内容。实际上，以逻辑顺序组织课程内容，还是以心理顺序组织课程内容，这历来是很有争议的问题。主张以逻辑顺序方式组织课程内容的学者大都强调学科本身的逻辑顺序，而不是考虑这种逻辑顺序与儿童有何联系。主张以心理顺序方式组织课程的学者，则强调根据儿童发展特点以及儿童的兴趣、需要和能力组织课程，而较少考虑学科逻辑顺序。实际上，课程组织的逻辑顺序和心理顺序不是对立而是统一互补的。这是因为：一方面，学科体系本身是有内在逻辑关系的，只有把握了这一逻辑关系才能对某一领域有深入系统的了解；另一方面，课程内容是为学生安排的，如果不符合学生的心理发展特点，学生就难以接受。

（四）渐进性组织与跨越性组织

渐进性组织与逻辑顺序组织既有相同之处，又有所不同。相同之处在于二者都是指课程内容组织过程中要按照知识的内在联系组织课程内容，不同之处在于渐进性组织所强调的渐进过程不仅是要按照知识的难易程度、逻辑顺序来进行排列，同时也要照顾到学生心理发展的顺序。

跨越性组织并不是指课程内容组织可以忽略知识本身的系统性，它更强调知识之间的联系。课程内容组织的跨越性主要基于以下几方面原因。第一，由于综合课程的逐步开展，不同学科知识之间的综合性大大提高。因此，对这类形式的课程的课程内容进行组织，就必须将此建立在比分科课程更大的内容框架之上，这就需要增大课程内容之间的跨越性。第二，虽然课程内容是按照学科知识的逻辑体系编排并呈现在教材中的，但由于教学的需要，课程内容的学习顺序却并非完全与教材顺序一致。教师可能会打乱教材原定顺序，将较难的课程内容提前到较简单的课程内容之前进行学习。因此，课程内容组织具有一定的跨越性并不与学生的学习规律相违背，适度的跨越性还能让学生通过超前学习加深对课程内容的理解。第三，考查学生实际运用知识的情况是衡量学生掌握课程内容的程度的一个很重要的指标。在学生实际运用知识的过程中，大多数任务都需要学生通过不同层次课程内容之间的转换才能完成。比如，在不同学科间、在同一学科的不同单元间、在不同主题间等进行知识的转换，这种知识间的转换过程是跨越性的。因此，要更好地训练学生对知识的运用能力，在课程内容组织中就有必要加入一些跨越性组织的内容，使学生在日常学习中逐步提高对知识综合应用的能力。

第四节 课程内容改革的趋势

当今世界面临着激烈的社会政治、经济、文化与技术的挑战，世界发达国家纷纷对本国的基础教育进行大规模改革，而课程改革作为教育改革的核心问题，备受各国政府和教育界的极大关注。20 世纪 80 年代以来，许多国家都发起了面向 21 世纪的基础教育课程改革。由于世界发达国家的社会、民族、文化与教育的历史传统各异，课程改革也各有千秋。但是，纵观其发展历程，我们仍能从中发现当今世界课程内容改革的发展趋势。

一、课程内容的综合化

课程内容综合化，就是强调课程内容之间的联系和一致性，避免过早地或过分地强调各个领域的区别和界限，从而防止各个领域之间彼此孤立、相互重复或脱节的隔离状态的一种课程设计思想。课程综合化与当代科学知识发展的综合化倾向是分不开的。随着边缘学科、交叉学科的大量涌现，科学知识的分类越来越细，相互之间的关系也越来越紧密。课程内容综合化的原因主要有以下三个方面。首先，社会发展的要求。各种带有普遍性的问题，如环境问题、生态问题、科学危机、贫困问题、粮食问题、文化冲突等，都不是依靠单一学科能解决的，而需要依赖多种学科的共同努力。其次，个性发展的要求。学生个性发展的标志不是知识的积累和技能的熟练，而是在复杂的情境中作出明智选择和解决问题能力的提高，这就需要突破传统的以分科为特点的"学科主义"的束缚。再次，脑科学研究的进展。脑科学研究指出，脑是以整合的方式而非分散的方式对知识进行加工，知识越整合越易于学习①。

中小学课程综合化目前已成为各国课程改革的共同倾向，为众多国家所接受。基于以上原因，许多国家纷纷开设了综合课程。综合课程打破了学科界

① 欧用生：《从"课程统整"的概念评九年一贯课程》，载《教育研究资讯》1999 年第 7 期。

限，减少了学科门类和内容，减轻了学生的学习负担，弥补了分科课程造成的学生知识面狭窄的缺陷，有利于学生的全面发展和各种能力的培养。国际上流行的STS（即科学、技术、社会）课程就是将科学技术和人文科学融为一体的综合课程。美国在《2061计划——普及全体美国人的科学教育》中提出的课程改革，注重自然科学、社会科学和数学的综合。这个计划将中小学生12年中应获得的基本科学知识浓缩为12大类：科学、数学、技术的本质、自然界构成、生存环境、人体机能、人类社会、技术世界、数学世界、科学史观、共同主题和思维习惯。此外，加拿大在小学开设了“生活科学”、“太空科学”、“地球科学”、“加拿大研究”等综合课程，英国的“统合教学日”以及日本的“综合学习时间”也都属于综合课程。我国基础教育新课程改革也力图改变课程门类过多和缺乏整合的现状，从而减轻学生的学习负担，使他们能更好地理解和把握世界。

二、课程内容的现代化

现代化作为一股势不可当的时代潮流目前正影响着人类社会的各个方面，而教育也处在现代化的改革浪潮之中。课程作为教育过程的一个重要环节，与人类社会的现代化更是息息相关。课程内容的现代化就是不断吸取新的科学技术和文化成果，改革陈旧的内容。实际上，课程内容只有不断更新才能跟上科学技术发展的步伐，也才能满足学生发展和成长的需要。美国20世纪60年代的中小学教育改革实际上就是一场课程改革，这场改革以“新三艺”为特点，重在加强数学、自然科学和外语这三门学科的教学。20世纪70年代以后，美国学校为迅速引入新学科，采取“短、平、快”的形式，开设了微型课程，重点讲授新兴学科、边缘学科等方面的知识，深受学生的欢迎。80年代以来，美国又提出加强“新基础课”，把英语、数学、自然、社会、计算机等五门课程列为新的基础课程，计算机课程首次成了学校的基础课。法国20世纪80年代以来的中小学课程改革的一个突出特点就是将信息科学技术知识引入课程，小学独立开设了科学与技术课，初中的综合技术课中增加了信息科学技术的内容，高中开设了信息科学选修课。俄罗斯在2004年基础教育教学计划中为适应社会发展需要和科学技术进步的要求增设新课程，而这些新的课程内容正是为了俄罗斯的社会政治经济的发展乃至整个社会的转型适应现代化的发展，如信息学与信息技术、经济学、法学等。

课程内容反映科学技术的最新进展，不仅是全球课程改革的趋势之一，也是我国基础教育课程改革所追求的目标。与发达国家相比，我国的现代化进程起步较晚，但课程内容现代化问题也日趋突出。我国新一轮基础教育课程改革的内容一方面剔除了陈旧、烦琐和艰深的内容，另一方面注重吸收现代科技的最新成果，特别是现代信息技术的应用，并且使课程内容与学生生活相联系。2003 年颁布的《普通高中课程方案（实验）》指出，课程内容的选择应体现当代社会进步和科技发展，反映各学科的发展趋势，关注学生的经验，增强课程内容与社会生活的联系。

应当指出，课程内容要反映科学技术发展的最新成就，反映社会变化和社会问题，但是更要反映学习者的状况，如果课程内容不适合学生的发展状况，它就不会对学习者产生多大的影响。美国 20 世纪 60 年代轰轰烈烈的课程现代化运动之所以失败，其中的原因固然很多，但是课程内容过难就是个重要的原因。

三、课程内容的生活化

基础教育的基本任务是使学生有效掌握人类文化遗产中的精华，充分发挥自身的能力，以适应未来社会发展的需要。所以课程内容应让学生了解社会、接触社会，学习并掌握解决社会问题的基本技能。实际上，课程也只有反映社会及生活的需要，帮助学生了解社会和生活，使学校成为社会生活的一部分，才能体现课程的本质功能。课程内容生活化意味着课程直接面向社会，与生活融为一体，既使课程与学生生活和现实社会实际之间保持密切的联系，又使实践和生活成为学生发展的活的源头。美国教育家杜威曾指出：“学校必须呈现现在的生活——即对于儿童来说是真实而生气勃勃的生活。像他在家庭里，在邻里间，在运动场上所经历的生活那样。”① 为此，课程应增加学生与社会现实生活相关的部分，使课程内容更加具体、更富有生活气息，课程内容的选择

① ［美］杜威著，赵祥麟等译：《学校与社会·明日之学校》，人民教育出版社 2005 年版，第 6 页。

和编制应珍视童年生活的价值，承认儿童生活和成人生活的等价性，尊重他们现实的生活及其兴趣需要等的独特价值。总之，课程内容生活化作为现代课程发展的一个重要理念，已经渗透到各国的课程改革实践之中。美国《2061计划——普及全体美国人的科学教育》提出的课程内容选择标准是：实用、社会责任、知识的内在价值、哲学价值、丰富孩子的童年时代、既非全新又非一成不变。荷兰的中等教育课程改革就追求一种“真实的教育学”，这种“真实的教育学”的含义是：“在纯粹的真实的工作环境中建构知识；知识的建构要与学生的个体世界紧密相连；重视学校之外的学习活动的价值；合作与交流。”①

四、课程内容的最优化

课程内容的结构反映了课程各部分和各要素的配合与组织，它是课程体系的“骨架”，主要规定了组织课程体系的学科门类，以及各学科课时的比例关系，必修课程与选修课程、分科课程与综合课程的搭配等。课程内容结构优化的具体标志体现在以下三点：首先，课程系统内各种课程类型的划分以及各科目和活动项目的设置要合理，能满足课程总体目标的多方面要求，这是课程内容结构优化物质性标志；其次，课程系统内各部分要最充分地相互协调，形成一个有机的整体，而不能产生功能冲突，这是课程内容结构的关系性标志；再次，课程宏观结构、中观结构和微观结构的优化要相互协调，这是内容结构优化的整体性标志②。可以说，课程内容结构与人的素质结构具有对应性和同构性，对课程内容结构的设计就是对人的设计。面对“全人发展”教育的新理念，当代世界各国都重视课程的整体功能，力图实现知识与智力、认知与情感、主体精神和社会责任感的统一，实现课程内部的和谐，寻求课程内容结构上的有机关联与平衡。概括而言，世界各国课程内容结构呈现出以下发展趋势。

第一，为保证课程的基础性、多样性和选择性的统一，谋求必修课程与选修课程的多样化结合。芬兰普通高中课程由三部分构成：必修课程、专业选修

---

① 王文静：《荷兰中等教育课程改革新动向》，载《外国教育资料》2000年第1期。

② 廖哲勋、田慧生主编：《课程新论》，教育科学出版社2003年版，第241页。

课程和应用课程。芬兰通过配套的“无年级制”使学生有多次机会学习必修课程，从而使必修课程有了选择；通过限定专业选修课程的最低数量（每一所学校必须开设的最低数量，以及学生必选的最低数量），从而使选修课程有了规范；通过留出21%—27%的自主选择空间，满足了学生个性充分发展的要求。1998年日本的新课程方案调整了课时比例，缩减必修课，扩大选择学习幅度，增设了“综合学习时间”，从而使得日本的课程结构由“必修学科”、“道德”、“特别活动”三个板块变成四个板块。俄罗斯的基础教育课程改革，也扩大了地方课程和学校课程的权限，采取课程计划的多种方案，同时增加选修课的比重。德国中学也普遍开设选修课，包括理科、技术和经济、音乐或艺术、德语、经济与社会等。

第二，为保证课程对学生和社会的适应性，谋求学术性课程与非学术性课程（即职业类、生活类课程）的结合。英国、日本、韩国的普通高中均体现出把学术性课程与非学术性课程有机结合起来的综合化倾向。这是走出高中教育的“精英主义”倾向、深化教育民主化进程的重要举措。美国在20世纪90年代以来颁布的一系列文件中规划了中小学课程结构，其特点是以学术性科目为轴心，以非学术性科目为外围，削减点缀性科目比重，从而追求学术性科目和经验性科目之间的新平衡。

第三，为培养学生多方面能力、发展学生个性，谋求学科课程与活动课程的结合。世界各国除了在传统的学科课程中引进与课程目标相匹配的、鲜活的、具有时代感的课程内容外，也适时增加了新的课程领域或门类。日本在中小学开设了“综合学习时间”，英国在高一设置了“综合学习”课程，法国在高二和高三设立了注重学生个人（或集体）探讨的“框架性个人研究”课程。这些内容与我国的综合实践活动课程颇为类似，均属活动课程或综合课程的范畴。通过这些课程的设置，反映了这样的课程理念——学生的直接经验或个人知识不是可以被学科知识代替的东西，也不是有效掌握学科课程的媒介，它本身就是课程。

【思考与练习】

1. 如何理解课程内容的含义及其组织原则？

2. 如何理解课程内容选择的多元取向?

3. 如何理解课程内容选择社会本位取向的三种典型观点?

4. 试描述世界课程内容改革的发展趋势。

5. 下面这段材料是一个学校教育活动中教师选取课程内容的实例，请结合所掌握知识理解课程内容的实质，思考应如何使课程内容的选择科学而合理?

难忘的“教训”①

记得参加工作的第一年，学校安排我任教初三年级的体育课。那时，我一心想做个好教师，所以对学生的要求异常严格。有一次准备活动，我根据教学计划安排了枯燥乏味的队列队形练习，并以军事化的眼光审视着学生的练习情况。有个学生一开始就显得心不在焉，动作总是不到位、慢半拍，经过反复的集体练习，他还是跟不上大队的“步伐”。我一气之下在全班学生众目睽睽之下把他“揪”到前面，狠狠地批评了一顿，勒令他当着全班同学练习，导致他很不服气地离开了操场。我“赢”了，而我看到的是学生满眼的不解、无奈和愤怒。下课后，我冷静下来，深深地反思着刚才那一幕“激烈的战斗情景”。学生对枯燥的队列练习没有兴趣，为什么我们的体育课就不能从学生的需求出发让他们“快乐”地学，“疯狂”地玩?毕竟他们还只是初三的学生，情绪化的现象还相当严重，对于毫无兴趣的练习出现“走神”也在所难免。再说，学生本身就有很大的差异，而我们教师的职责不就在于教育学生、培养学生吗?

我猛然醒悟：教学是合作，是交流，是教学生，而不是教教材。可我今天是在教教材、教技术，而不是在教学生。我应该向他道歉，向全班同学道歉，但碍于我作为人民教师的“尊严”，一直鼓不起向学生认错的勇气。没过多久，学生毕业了，也留下了我终身的遗憾。这段难忘的经历，时刻提醒我要从学生的实际需要出发，尊重我们的每一个学生。

---

① 改编自 http://www.gtdn.com/web/xxt/，作者为浙江省平湖市教师进修学校姚玉良，发布时间为2008年4月29日。

第七章　课程类型

【启发与引导】

• 根据不同的分类标准，课程可以分为不同的类型。如果由你来对课程进行分类，你会采取什么样的分类标准，将课程分为哪些不同的类型？

• 正规课程和潜在课程是构成课程体系的不同类型。根据你的教育经历，你认为哪些课程属于潜在课程，它们有哪些特征？

• 分科课程是学校教育中常见的课程类型，有人认为分科课程已经不适合当前课程发展的趋势。你认为分科课程有没有必要，为什么？

• 必修课程和选修课程的比例分配是学校课程设置中需要考虑的问题。你认为应该怎样处理必修课程和选修课程的关系？

从不同的角度和标准出发，人们将课程分成不同的类型，有人将课程分为综合课程和分科课程，有人将课程分为学科课程和活动课程，有人将课程分为正规课程和潜在课程，等等。不同的课程思想、课程流派有不同的课程价值观，也就有了不同的课程类型及相应的组织结构。

第一节　课程的分类

不同课程类型的形成，是因为人们对课程进行分类时，采用的维度各不相同。以下从知识的性质、知识的组织模式等不同的维度出发，将课程划分为不同的类型。

一、依据知识的性质分类

从本质上说，课程是一种教育性经验体系，亦即知识体系。因此，依据知识的性质对课程分类是一个恰当的维度。依据知识的性质对课程分类，又可分两种情况：一是以知识的认识论特征为依据分类；二是以知识的社会学特征为依据分类。

（一）以知识的认识论特征为依据进行分类

这种分类是建立在知识的客观形态基础之上，也就是以知识的分化和综合形态、直接经验和间接经验形态为依据对课程进行分类。这种课程分类又可划分为以下几种情况①。

第一，六分法。一些课程学者将学校课程分为六类，即科目本位课程、相关课程、融合课程、广域课程、核心课程和经验本位课程②。这六类课程构成了完整的学校课程体系。

第二，四分法。一些课程学者将学校课程分为四种类型，如科目课程、广域课程、核心课程和经验课程，或学科课程、活动课程、综合课程和潜在

---

① 靳玉乐著：《现代课程论》，西南师范大学出版社1995年版，第68页。

② 参见林本著：《现代的理想中学课程》，台北开明书局1966年版，第236—237页。

课程[1]。

第三，三分法。将学校课程分为三类：科目课程、活动课程和核心课程[2]。科目课程又包括分科课程、相关课程和广域课程。

第四，二分法。将学校课程分为学科课程和活动课程。学科课程指由一系列各自具有独立体系、彼此缺乏相应联系的科目所组成的课程，它强调保持科学本身的体系，忽视各科目之间的联系。活动课程又叫经验本位课程，与学科课程相对，从儿童的兴趣和需要出发，以儿童的活动为中心，为改造儿童的经验而设计的课程。

（二）以知识的社会学特征为依据进行分类

一些课程社会学研究者提出，课程知识就其社会本质而言，是统治阶级实施社会控制的重要手段。因此，课程的分类并不是按照知识本身的逻辑结构进行的，而是由社会权力的分配所决定的。对课程进行分类时必须充分考虑到知识的社会学特征。在这方面的课程分类研究中，代表人物就是英国教育社会学家伯恩斯坦。伯恩斯坦区分了两种类型的教育知识代码，一是集合代码，另一是整合代码，课程由此分为两类：集合型课程和整合型课程。他进而以“分类”的性质说明学科间“疆域维持”的程度（即内容之间分离的程度），以“架构”来说明师生之间的相互作用[3]。他认为，集合型课程分类严谨，知识是通过一系列明显分离的学科等级来加以组织和分配，因而是一种高度分化和相互隔离的分科课程。这种课程无形中强化了教师的权威，抑制了学生的积极性和主动性，变成了维护社会现状和社会等级制度的工具。相比之下，整合型课程的知识组织的分类较弱，学科间的分化松散且易被统整起来。这样，就降低了教师的权威性，提高了学生的积极性和主动性，师生之间的关系也变得平等而友好。于是，整合型课程便成了一种改变社会权力和维护社会正义的手段[4]。课程社会学研究者试图从社会学角度对课程进行分类，以区别于传统的以知识的逻辑结构或认识论特征为依据对课程类型所进行的划分，抓住了课程

---

① 参见刘克兰主编：《现代教学论》，西南师范大学出版社 1988 年版，第 116—137 页。

② 参见孙亢曾等著：《现代教育论丛》，台北开明书局 1968 年版，第 135—136 页。

③④ Bernstein，B. *Class，Code and Control：Towards a Theory of Educational Transmissions*. Vol. 3，1977，pp. 88-90，pp. 106-109.

内容的社会学特征或社会性质，为课程的分类提供了一种新的视角。

二、依据知识的组织模式分类

从20世纪后半叶开始，随着知识总量的激增，知识更新速度的加快以及教育价值取向的转变，分科课程的弊端和局限性愈加明显地表现出来，从而引发了理论界对分科课程的反思和质疑，综合课程正是在这种背景下提出的。

分科课程与综合课程的分界在于不同的知识组织模式：分科课程是一种单学科的知识组织模式，它强调不同学科门类知识的相对独立性，强调一门学科的逻辑体系的完整性；综合课程是一种多学科的知识组织模式，它强调知识之间的关联性、统一性和内在联系①。

我国古代的"六艺"以及古希腊、古罗马的"七艺"都是古老的分科课程。近代分科课程的出现是捷克教育家夸美纽斯提出的"百科全书式的课程"，其内容就是以获取知识和技能为目标的自然科学体系，如博物、化学、生理、地理、数学、语法等。而综合课程则包含着两种或两种以上的学科的课程要素，打破分科课程所保持的完整知识体系和严密逻辑结构，以现实生活或模拟情境中的主题或问题为中心进行课程要素的组织。

分科课程与综合课程表面上是课程类型和结构的迥异，实际的差别在于两者反映的是不同的课程哲学。分科课程所遵循的是一种分析—还原主义的课程哲学，这种课程哲学将整个世界划分为不同的板块，对这些不同板块的认识就形成了不同的学科。只要掌握了这些不同的板块（学科）知识，通过还原，就形成了对整个世界的认识，人们的一切行为或是世界的种种现象都可以得到理解与支配。而综合课程体现的一种整体主义的课程哲学。整体主义认为任何一个整体都是有机的系统，一旦割裂整体就失去原来的意义，整体中的部分即使还原也已经不是原来的整体，不能把对世界的认识分割成不同的部分，不能人为地把整个知识体系划分为不同的学科，课程应该打破学科之间的严格界限。

① 张华著：《课程与教学论》，上海教育出版社2000年版，第267页。

三、依据学生的心理发展分类①

促进学生的心理发展或个性发展是学校课程的出发点和归宿。因此，学校设置哪些课程类型，要以学生的心理发展需要为标准。例如，学生的心理活动一般分认知与情意两部分，与此相对应，学校课程应分为认知性课程和情意性课程。前者着眼于学生知识的获得和认知能力的发展，后者则着眼于情感的陶冶和意志的磨炼、价值观和人生观的形成等。也有研究者将学校课程划分为学术性课程和人本性课程。学术性课程是通过掌握学科的基本结构和研究方法，发展学生智能的课程。人本性课程又称人本化课程，是重视学生的情意学习和个性发展的课程。

美国教育学者福谢伊把人的全部能力领域划分为理智、情绪、社会、身体、审美和灵性六个方面。为了全面发展上述六个方面的能力，他提出了课程 1、2、3 三个方案，被称为并行课程。课程 1 是正规的学术性课程及有计划的课外活动。课程 2 是社会经验课程，亦即一种突出“参与集体与人际关系”的课程。它以战争与和平、种族歧视、经济贫困、人口增长、环境污染等同学生的社会生活密切相关的活生生的现实问题为题材。课程 3 是自我觉醒和自我发展的课程，旨在唤起儿童对于人生意义的探求，为促进学生人格的解放和发展提供经验，从而帮助学生的人格成长及其自律性的确立。福谢伊认为，要使学生由生物的人成长为历史的、社会的、自我实现的人，就得考虑由知识课程、情意课程和体验课程来构成完整的学校课程结构体系（如图 7-1 所示）②。

从学生心理发展需要出发，对学校课程进行分类，抓住了课程的一些基本特征，表现出一定的合理性。但如果仅从制约课程的心理基础出发对课程进行分类，就有脱离社会现实需要的危险。在我们看来，个人发展与社会需要相互协调，是课程分类研究必须遵循的方法论原则。

---

① 参见靳玉乐著：《现代课程论》，西南师范大学出版社 1995 年版，第 73 页。

② 参见钟启泉编著：《现代课程论》，上海教育出版社 1989 年版，第 135—163 页。

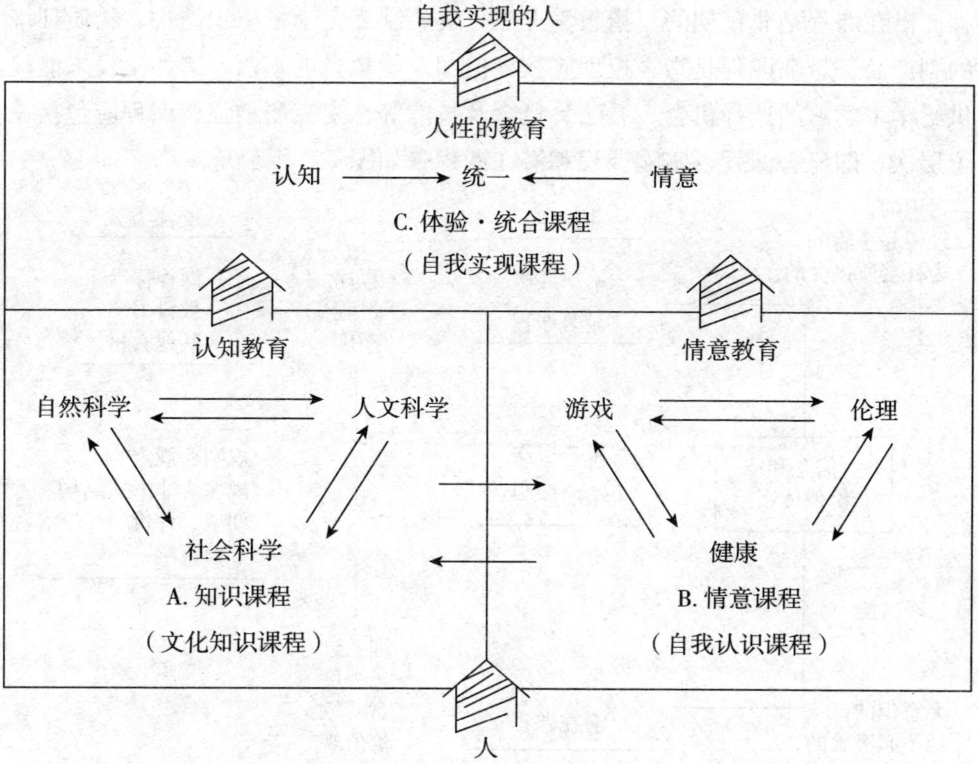

图 7-1　人本主义课程的结构（分类）

四、依据教育影响的方式分类

课程的最终目的是对学习者产生教育影响，但影响的方式有所不同，有些课程主要通过有计划的、书面的方式产生预期性的教育影响，有些课程则是通过非计划的、潜移默化的方式产生非预期性的教育影响。显然，根据影响方式的不同，课程被划分为正规课程和潜在课程两种类型。

美国学者哈格利夫斯（A. Hargreaves）就认为学校传授了两类课程：第一种是正规课程，指学校有目的、有计划传授的学科；第二种是潜在课程，因其不是有意设计的，所以往往不受重视。美国斯坦福大学教育与艺术教授艾斯纳曾将学校课程划分为正规课程、潜在课程和悬缺课程三种类型。他认为，正规课程是官方规定必须教授的课程，是有计划、有意识地对学生施加影响的课程。潜在课程是非预期的，指教学方法、奖惩制度、学校组织结构、物质环境的副产品。悬缺课程是指学校理应教导但却未能教导的东西，诸如学校未能提供给学生学习的选择机会、看法、概念及技能等。麦克唐纳强调课程应包括三个层次，即显著课程、暗喻课程和潜在课程（如图 7-2 所示）。

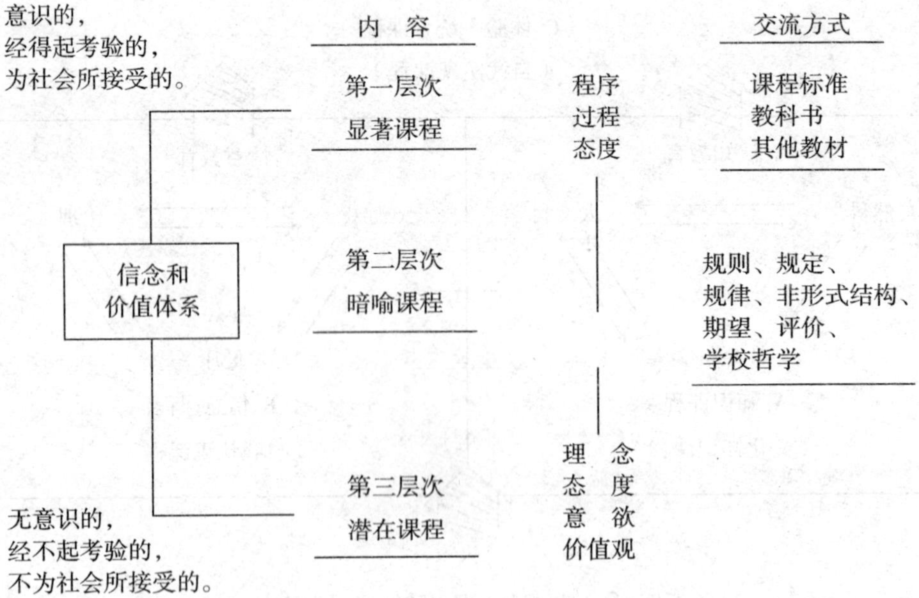

图 7-2　课程层级分类①

以上列举了四种不同的课程分类维度，我们还可以依据其他的分类维度将课程分为必修课程和选修课程、基础课程和专业课程，等等。上述的课程分类方式都有可取之处，但又都有不妥之处。我们认为，要给课程以恰当的分类，切实保证各种类型课程的相对独立性、逻辑同一和恰如其分的包容性，在方法论上必须遵循以下几点要求②。

第一，分类必须建立在客观存在的课程实践基础之上。离开课程实践，没有根基，就不会得出正确的认识。

第二，分类的依据应当兼顾各个方面，既要从知识的性质和学科发展来考

① 参见欧用生著：《课程发展的基本原理》，台北复文图书出版社 1985 年版，第 9—10 页。

② 靳玉乐著：《现代课程论》，西南师范大学出版社 1995 年版，第 78 页。

虑，又要兼顾课程的教育性和社会性方面。

第三，课程的分类必须遵循科学分类的规则和要求，根据上述认识并汲取以往课程分类的合理成分。

根据以上三点要求，我们把学校课程划分为正规课程和潜在课程两大类。正规课程又包括学科课程和活动课程。学科课程又进一步划分为分科课程和综合课程。可将这种课程分类如图 7-3 所示。

- 课程
  - 正规课程
    - 学科课程
      - 分科课程
      - 综合课程
    - 活动课程
  - 潜在课程
    - 教科书的社会背景
    - 物质、文化、社会心理环境等

图 7-3　课程分类①

在这里还应当说明以下三点。

第一，将课程分为正规课程与潜在课程，是以课程的外在表现形式为依据进行分类。正规课程是以文本、活动等形式出现，并通过课程表表现出来的学校正式课程。而潜在课程是以一种隐性的方式出现，但同样起到教育影响作用的非正式的课程，如校园文化、教科书的社会背景等。

第二，有研究者把学科课程等同于分科课程，与综合课程相对应。我们不赞成这种观点。因为综合课程最终还将以学科的形式出现。从科学发展的趋势看，分化与综合是对立统一的。分科课程与综合课程也是对立统一的。对立表现为各自是独立的，互不包含；统一表现为二者是相互联系的。二者同属学科课程范畴。因此，学科课程应包括分科课程和综合课程。

第三，有研究者认为活动课程也是一种综合课程，要将活动课程划入综合课程。的确，从某种意义上说，活动课程是综合课程的一种形式。但一般意义上的综合课程是指学科之间的综合，不是各种活动之间的综合。学科综合课程主要是以文字符号为载体的知识体系，而活动课程则是以活动为载体的知识、经验体系。二者之间已呈现出质的差异，是两种事物。

① 靳玉乐著：《现代课程论》，西南师范大学出版社 1995 年版，第 79 页。

第二节 学科课程

学科课程一直是课程理论和实践关注的重要方面，不少课程理论和实践的基本问题都是围绕学科课程展开的。但是自 20 世纪初期以来，学科课程的一些弊端日益凸显，对它的争议越来越大。因此，如何正确地认识学科课程，显得非常重要。

一、学科课程的意义与特点

学科课程历史最为悠久，也是课程最主要、最基本的组织形态，至今仍然处于不断变化、调整和完善的动态发展过程之中。

（一）学科课程的发展及其必然性

人类的学习和认识受其器官的限制，学科分化彰显的是人们认识和学习的策略性。教育作为追求人无限发展的实践活动的必要性，就是因为人类在历史发展中所积累下的知识与新生一代无知之间的矛盾。这又产生了教育中的两个基本矛盾，即科学知识的丰富性与学习时间的有限性之间的矛盾，以及儿童素质发展的可能性、广阔性与社会要求的有限性及学生成长期限的有限性之间的矛盾①。学科课程是教育力图解决其基本矛盾的基本手段。学科课程总是想在有限的时间内，努力教授自己认为最有价值和适合学生学习的知识，让学生学得更好。这就要求对知识有所选择。知识的选择和编排总是要有根据和规则，这就出现体系化的分科必然②。

要素主义认为："各门学科知识构成了人类'文化要素'，这是每个公民所必须具备的。"③ 事实上，课程概念的形成和变迁正是反映了要素主义对人类经验的基本看法，并以学科这一历史存在为前提，课程的传统也正是以"学

① 王策三：《观察教学论发展的若干线索》，载《江西教育研究》1993 年第 3 期。
② 黄黎明、靳玉乐：《学科课程的追求与辩护》，载《高等教育研究》2008 年第 10 期。
③ 和学新：《学科课程理论形态的确立——要素主义课程述评》，载《西北师大学报》（社会科学版）2001 年第 6 期。

科”为历史根据的。20 世纪以来，人们提出了各种试图超越传统的“课程”的定义，并大多表现为对课程的“应然状态”的描述和构想，反映的是人们期望的“好课程”的观念，但就其基本内核看，仍然延续了传统的基点——学科①。

（二）学科课程的意义

当今世界各国仍然以学科知识为中心来建构学校课程体系的这一现状，“不是某个人的意志所能决定的，也不是某些人的意愿可以改变的，它是人类发展历史的选择”②。学科课程经历长久的历史发展依然成为学校课程体系的核心部分，其原因在于学科课程自身的重要意义，主要表现在以下几个方面。

1. 学科课程是传承人类文化遗产的主要载体

学科课程所体现的教育价值正如要素主义考察了人类教育发展的历史后所认为：“‘种族经验’和‘文化遗产’概括了千百万人的经验，这些经验比个人经验更有意义，比未经检验的学生的经验更有意义。‘文化遗产’仅靠受教育者本身的生活经验是学不到的，不学习历史，学生的见闻就不能超越时空的限制，就不能了解整个世界……各门学科中的知识构成了人类‘文化要素’，这是每个公民所必须具备的。”③ 学科课程将人类文化遗产的要素加以组织和系统化，成为人类文化遗产的载体，学校教育以这个载体为教学的媒介，将人类文化遗产进行传承。

2. 学科课程是学习系统文化知识的最佳途径

在前科学时代，就已经存在初具形态的多种门类的学科。例如，在中国，春秋时期已有“孔子以六艺教人”，经汉代董仲舒“独尊儒术”，延续为儒家的“四书”、“五经”等课程内容；在西方，亚里士多德已经提到构成学科课程的最下层的读、写、体验、音乐及图画这一类基本的训练性学科，古希腊、罗马的学校中就有了文法、修辞、辩证法（逻辑学）和算术、几何、天文、和声

---

① 陈桂生著：《教育学“视界”辨析》，华东师范大学出版社 1997 年版，第 106 页。

② 孙喜亭：《当前基础教育的改革是要取代以学科知识为中心的课程体系吗——与一种课程观讨论》，载《教育研究与实验》1998 年第 2 期。

③ 和学新：《学科课程理论形态的确立——要素主义课程述评》，载《西北师大学报》（社会科学版）2001 年第 6 期。

（音乐）等“七艺”。17世纪自然科学的迅速发展，独立的科学分支越来越多，人们的生活日益分化为不同的领域，资本主义经济所赖以支撑的机器大生产也迫切需要教育提供掌握专门化了的科学知识与生产技术的实用型的专门人才。这样，人类的文化知识体系变成由许多不同领域所构成的庞大的学科系统。学习者通过学习不同领域、不同科目的学科课程，可以比较系统地掌握人类的文化知识。

3. 学科课程是提高教学效率的重要手段

学科课程的知识体系主要由间接经验构成，它可以在有限的时间内让学生高效率地掌握系统的学科知识。事实上，一个人所接受到的知识，绝大部分都是间接经验的东西，每代人都把前人的认识当做自己认识的起点，又都以自己的认识成果充实人类知识的宝库，作为下代人认识的基础。人类通过世世代代的知识积累和交流，推动着认识的发展。摒弃前人的认识成果，一切都从头开始，人类的认识就会永远停留在原始的最低水平上，得不到发展和提高。

（三）学科课程的基本特点

迄今为止，出现了三种典型的学科课程，即科目本位课程、学术中心课程和综合学科课程。它们有以下两个特点①。

第一，强调知识的系统传授。无论是要素主义者、永恒主义者还是结构主义论者，都主张课程要发挥知识传递的功能。要素主义者重视种族经验和社会文化遗产的传递。永恒主义者则主张设置“永恒的学科”，让学生掌握完整系统的古典文化知识，从而成为具有“理性精神”的人。结构主义者强调掌握学科的基本结构、基本概念和基本原理，目的就是为了使学生获得迁移能力，能够更好地学习和掌握知识。

第二，强调根据知识的逻辑理性编排课程。学科课程主张按学科的逻辑顺序来组织课程内容，把课程内容的重点放在逻辑的分段和顺序上。一门学科本身就是一个概念体系，因此在课程编排上，要严格按照学科的基本结构选择和编排内容。

① 张华著：《课程与教学论》，上海教育出版社2000年版，第243页。

二、分科课程与综合课程

分科课程与综合课程共同构成学科课程体系，我们可以从以下三个方面来理解分科课程与综合课程。

（一）分科课程与综合课程的关系

分科是综合的基础。只有在深入分化的基础上，才可能有较高水平的综合。否则，综合只能是表面和肤浅的。例如，古代社会中科学的综合，是基于当时人们对世界的认识还未完全分化，没有在任何一个领域或部门深入到直观和经验的水平之上。因为缺少分科的基础，综合也就只能是低水平的，如果不打破这种综合，也就不会有现代科学技术的辉煌，更不可能有今天人们追求的高水平的综合，在科学和课程领域都是如此。

强调二者联系的绝对性和独立的相对性，包括这样的含义：分科的深化程度决定综合的层次，也只有在这样的认识基础上，科学的综合才是可能的。完全抛弃分科，科学和真理的严肃性将有可能遭到破坏，综合将有可能流于肤浅和表面。

分化与综合，是课程设计的一对永恒矛盾，它贯穿了课程发展的整个历史过程。综观历史，世界课程的发展经历了综合—分化—综合的辩证过程。综合课程并不是一个新问题，在国外，尤其是英美等国，课程的综合化不仅是学术研究的一个多产领域，而且也是教育实践中的一个既成事实。

传统的科学分类主要是按照科学分化的体系来确定的，各门学科都有其独立的、严密的体系和独特的研究对象，这在一定历史条件下是十分必要的。而且正是由于这种分门别类的研究，才为进一步综合化提供了基础。但是，“科学乃是一个统一的整体，将科学划分为若干不同领域，这与其说是由事物本身的性质决定的，还不如说是由人类认识能力的局限性造成的。其实，从物理学和化学，通过生物学和人类学直到社会科学，这中间存在着连续不断的环节”①。随着人类认识能力的不断提高和科学研究手段、方法的不断改进，科学现在已发展到了很高的程度，以致它再也不能逃避辩证的综合，大量涌现的

① ［苏联］B. 戈特等著，王兴权译：《科学知识整体化的基本方向、因素和手段》，载《国外社会科学》1984 年第 6 期。

交叉学科、综合学科和横向学科预示着科学知识的综合化趋势已属必然，是根本不可逆转的。

课程综合化是以分科课程的改进形态出现的，而不是作为分科课程的对立形态出现的。正如英国学者英格拉姆（J. B. Ingram）所说："与其说综合教学是分科教学的背离，毋宁说综合教学是分科教学的延伸和拓宽。"[①] 的确，严格的分科课程不利于学生整体地认识世界和把握世界，不利于学生形成完整的知识结构。但同时也要看到，分科课程本身还有许多综合课程无法替代的优点：有利于系统知识的传递和学习；有利于提高教学效率；有利于学生掌握高深的学术理论知识；等等。另一方面，在综合占优势的20世纪的今天，分化的过程也并没有中止，科学知识是在新的水平上深入发展着。大量新学科的出现表明，新的分化和综合正紧密地交织在一起。这就意味着，知识的分化和综合是辩证统一的，是相互渗透、相互转化的。分化和综合看似矛盾，但当今科学发展恰巧处在一个高度分化和高度综合相结合的过程当中。过分地强调分化，就会导致形而上学，用绝对的"非此即彼"的观点看待事物，就不可能把握住事物的本质；反之，如果过分强调综合，则又会陷于空泛、笼统和虚幻的所谓整体观念之中，同样也无法认识事物的本质。因此，在学校课程体系中，分科课程和综合课程同样重要，二者缺一不可。

（二）综合课程的目的与功能

课程的综合化也是由教育目的的综合性决定的。马克思主义关于人的全面发展的理论，就集中地体现了教育目的的统一性和综合性。全面发展的教育追求的是个人在德、智、体、美、劳几方面共同得到发展。德智体美劳作为一个有机的统一体，它要求的知识结构也必然是一个有机的统一体。这种有机体的统一性来自高度的综合性。从德、智、体、美、劳几方面的有机统一，到个人拥有的知识结构的有机统一，再到课程结构的有机统一，这就形成了课程的综合化发展的一个因果链。这个因果关系的基础是心理的、内在的，它与人类的知识体系的综合化进程互相呼应，共同促使人们更加自觉地正视课程综合化的要求。

英国学者英格拉姆在其《综合课程和终身教育》（1979年）一书中，曾全

① ［英］英格拉姆著，吕达译：《综合课程的作用》，载《课程·教材·教法》1985年第2期。

面论述了综合课程的具体作用，归纳起来有三个方面①。

1. 认识论方面的作用，即关于知识教学方面的作用

第一，综合课程可以帮助师生应对知识的变化。就知识的扩充而言，综合课程能够帮助教师和学生处理知识量激增的问题。因为在有限的时间内，“如果课程是围绕着那些代表来自相关领域综合观点的关键概念和基本原理来编制的话，就可以包括较为广泛的学科范围。在学习中，获得对这些关键概念和基本原理的理解，比吸收许多往往不连贯、无系统的事实，似乎显得更有效也更经济得多”②。就知识的退化而言，综合课程由于富有弹性，而比分科课程那种事实上的永久性和僵硬性，更易于更新知识的内容。就知识的破碎而言，综合课程有助于抵消总是增长着的专门化而导致的知识的破碎，而向我们提供整体的观点，帮助我们“既见树木，又见森林”。第二，综合课程有助于融合学科领域，恢复人类知识经验的完整性。第三，综合课程有助于完成学校教育的整体目的，而不只是各学科的个别目的。如果仅按分科课程进行教学，学生由一门学科转向另一门学科时，就会碰到不同的世界观、人生观和现实情况，从而使他们的思想处于无休止的混乱之中，显然不利于实现教育目的。综合课程的目的就是要保证不同领域的知识相互关联，构成一个有机整体，让学生全面地了解现实并理解人生的意义，从而有助于实现学校的整体教育目的。

2. 心理方面的作用，即学习心理方面的作用

第一，综合课程注意按学生的心理顺序来组织教学内容，有助于激发学生的学习兴趣和动机。第二，综合课程的教学同日常生活中产生的具体经验和实际情况有密切的联系，从而使学生通过适当的教育环境的体验和探索，来发展自己的思维方式。第三，综合课程考虑到了学生不同的学习方式。一些学生乐于用整体化的，也就是用综合的方式，而不是用部分的或单元的方式来接受知识。当然，也有一些学生倾向用分化的、具体的方式来接受知识。这对课程设计者来说，就要充分考虑这些学习方式，编制多样化的课程。其中综合课程便是适应综合化学习方式的一种课程类型。第四，综合课程的内容是不同知识领域类别的融合体，它不仅涉及学术性的知识，而且还包含着情感的、道德的以

---

①② ［英］英格拉姆著，吕达译：《综合课程的作用》，载《课程·教材·教法》1985 年第 2 期。

至于社会的经验，因而有助于学生才智和个性的协调发展。加之综合课程特别强调自我学习和个人责任心的综合教学，必然促进学生良好的自我观念的发展，从而发展其个性。

3. 社会方面的作用

第一，综合课程有助于促使教师和学生共同进行创造性、促进性和合作性的教学。第二，综合课程有助于学校教育中更好地处理当代社会问题的内容。例如，对学生进行性教育，就不可能只靠一门学科解决，而要通过诸如心理学和社会学等学科的综合才能收效。第三，综合课程有助于沟通学校与社会之间的联系。

当然，对综合课程的作用不能夸大，而应该看它的作用是否是分科课程所不能起到的以及实际的教学效果。在我国现实的情况下，开设综合课程确实有助于保证课程结构的优化，有利于课程的现代化，有助于培养学生的整体认识能力和适应能力，等等。

（三）综合课程的类型

课程的综合化或一体化可以分成四大类。第一类是一门学科之内课程的综合化。例如，它可以采取在某一学科中借用另一学科领域的思想和概念，也可以采取在某一学科中有效地利用另一学科领域的方法和其他认识手段，然后在学科内部把各个知识点之间的逻辑关系联系起来，综合成相互印证、相互补充和相互照应的整体性学科知识结构。第二类是学科之间知识的综合化。就是把两门或两门以上学科的知识内容有机组合成一门新的课程内容，或在已有知识领域交叉处形成新的“边缘学科”。其中有的是在自然学科或社会学科内部展开的综合，而有的则是超越了自然、人文和社会各学科的传统界限，把关于自然、社会和人的知识综合为一个有机的整体。第三类是以社会所面临的问题为中心的课程综合化，人类社会所面临的全球性问题是多种多样的，诸如人口增长、环境污染、能源枯竭等，都不是由单一学科知识所能解决得了的，必须围绕着这些社会问题开展跨学科研究，这就要求学校课程进行大范围的综合化。第四类是学生以其兴趣为中心或者个人深入钻研或者向他人学习而获得的知识综合化，它反映的是学科和学生之间的关联性。

由此可见，综合课程有不同的表现形式，比较常见的综合课程有以下几种。

1. 相关课程

相关课程是指两种或两种以上学科既在一些主题或观点上相互联系，又保持各学科原来的相对独立性①。随着学科的高度综合化趋势，相关课程表现在诸多领域，如物理、化学和数学等课程，历史、地理和社会等课程。相关课程是针对分科课程过分强调学科自身的逻辑体系而造成的彼此封闭、各自为政的现状应运而生的，把原来“不相干”的课程通过共同的主题或观点联系在一起。

2. 融合课程

融合课程是将有关学科融合为一门新的学科，融合之后原来学科之间的界限不复存在。例如，历史、地理、公民融合为综合社会科，物理、化学、生物融合为综合理科，植物学、动物学、解剖学、生理学融合为生物学，西方历史、西方地理、西方音乐、西方文学融合为西方文明，等等。融合课程并非原先的几门传统学科的拼盘或混合，而是打破或超越了被融合的各学科的固有逻辑，形成了一个新的有机体——融合课程的逻辑。由此看来，融合课程在学科综合的程度上超出了相关课程。从课程实践看，融合课程并不普遍。原因是设计融合课程存在许多障碍。每门学科通常被认为是相互独立的，怎样将不同学科内容整合起来以形成新的体系，这很难达成一致意见。实际上，开发融合课程所存在的困难不仅是不同学科内容本身的关系问题，从更深层的社会背景看，每门学科所代表的是某一群体的利益，学科融合会打破业已确立起来的不同群体间的利益平衡，导致利益冲突，这必然会使课程融合产生困难。

3. 广域课程

广域课程是指能够涵盖整个知识领域的课程整体②。广域课程在其出发点上与融合课程存在某种相似，即都是围绕一个所选择的组织核心而将分支学科组织为一个新的课程整体，而且被整合的每门学科都将失去其独立性。广域课程与融合课程也有区别，即广域课程在范围上要比融合课程来得大，融合课程的范围主要限于与学科有关的领域，而广域课程则不仅包括与学科有关的领

---

①② 张华著：《课程与教学论》，上海教育出版社2000年版，第258、260页。

域，人类的所有知识与认知的领域都可以被整合起来。像“19 世纪美洲的移民”这样的主题就可以整合很多知识领域，而不只是相关学科，由此形成的课程即是广域课程。

4. 核心课程

对核心课程这一定义有两种理解。第一种理解认为核心课程是一种课程设计理念。在此设计中，儿童的学习有一个中心，所有的学习活动都围绕着这个中心进行。核心课程是 1880 年左右开始兴起的学科综合化趋势发展的结果。在 1930—1955 年风行时，有三种类型：一是以学科为核心，即以分科、相关、融合或广域课程为核心；二是以活动为核心；三是以社会生活领域或社会问题为核心。第二种理解认为核心课程是指所有学生都要学习的共同学科。它是学校（或系科）所设课程中最重要、最基础的部分，是核心学科、共同基础课的同义语。这些学科被认为是“普通教育的核心”。在小学，一般将道德、母语、外国语、数学、自然、社会、体育、音乐、美术作为核心课程；在中学，一般将道德、母语、外国语、数学、历史、地理、物理、化学、生物、体育、艺术作为核心课程①。在泰勒看来，核心课程是指选择对学习者有直接意义的学习内容，并且给学习者足够时间对所选内容进行充分学习的计划。在 20 世纪 30—60 年代，核心课程十分风行，有三种类型的“核心课程”非常普遍，即文化时代核心课程、青少年需求核心课程和社会问题核心课程。

三、必修课程与选修课程

一般来说，必修课系指同一学年的所有学生都必须学习的公共课程或教学科目，它体现了国家对各阶段的学生发展的共同的基本要求。例如，我国从 2001 年开始实施的新课程计划规定，小学阶段开设的品德与生活、品德与社会、语文、数学、英语、音乐、美术、科学、体育与健康、信息技术等和初中开设的思想品德、历史与社会、语文、数学、外语、历史、地理、物理、化学、生物、体育与健康、音乐、美术、信息技术等，均为国家规定的必修科目。选修课是指学校所开设的课程，并不要求学生人人都学，但学生可以根据

① 顾明远主编：《教育大辞典》（增订合编本），上海教育出版社 1998 年版，第 1349 页。

自己的需要、兴趣和能力有一定选择自由的教学科目。与此相应的规定就是选修课制度或叫选课制。实行学分制也给高中学生选修课程提供了机会。根据《普通高中课程方案（实验）》的精神，国家规定学生在三年内至少获得 144 学分，必修学分不低于 116 学分，选修学分总共不低于 28 学分。这表明，学生可以根据自己的学习兴趣和未来发展需要选择适合自己的选修课程。

（一）**必修课程与选修课程的关系**

在学校课程的发展历程中，必修课程一直占据重要地位，在我国曾出现过全是必修课制的情况，即只有必修课，没有选修课。近年来，选修课程在中小学校教育中开始涌现，在课程中的比重逐渐增大。如何处理必修课程与选修课程的关系，和课程制度自身有紧密联系。

1. 全必修课制

全必修课制要求所有学生都学习完全相同的课程，因而这也是一种统一的课程制度①。在这种课程制度下，学校的课程体系中没有选修课程，只开设必修课程。这些必修课程的门类和内容都是最基本的，是各地区、各学校普遍需要并且能够开设的，也是所有学生必须学习的。学校只需要一张课程表就可以开展教学，既方便管理，又可以很好地发挥班级授课制的优点。但这种只有必修课程的课程制度，其缺陷也显而易见，既不能符合学生个性发展的需要，也不能满足社会多样化的需求。

2. 全选修课制

全选修课制是根据学校的培养目标，设置能够达到各类培养目标的多样化的课程体系。学生从自身的实际情况、兴趣爱好，在教师的指导下，选择适合自己发展需要，符合培养目标的课程。全选修课程制度没有对全体学习者作出强制性的课程要求，所有课程都由学习者自己选定。这种课程制度出现在欧美中学的高年级和大学阶段，并且和学分制紧密结合。和全必修课制的刚性相比，全选修课制体现出了十足的弹性，但全选修课制忽视了必修课程在课程体系中的作用，不仅容易造成学生忽视一些一般性、基础性的课程学习，而且对

① 江山野：《关于必修课与选修课相结合的课程制度》（上），载《课程·教材·教法》1995 年第 9 期。

学校的课程实施条件提出了高的要求。

3. 必修课与选修课结合制

必修课程为人才的培养提供了统一性的要求，因此，它在学校课程体系的支柱作用毋庸置疑，而选修课制度是个性化教育的必要条件。我们认为，要正确处理必修课程与选修课程之间的关系，需要建立一种必修课与选修课相结合的课程制度。

第一，精简必修课程。精简必修课程并不是降低必修课程的重要性或是减少必修课程的内容，而是要科学分析对某一阶段、类型的学习者的共同要求，以这些要求来开设必修课程。但是要解决这个问题并不容易，如基础教育的起始阶段和高等教育阶段在必修课程的比例上就会有明显不同，同一年龄阶段的学习者，普通教育和职业教育所提出的共同要求也有所不同。

第二，适当增加选修课程的比例。精简必修课程的同时也是在为选修课程“让路”，原因就在于选修课程同样也是构成整个课程体系的重要部分，承担着促进学习者个性发展的重任。要促进学生个性发展，又要满足一定的社会要求，就需要求得课程设置在“个性”与“社会性”的高度统一，要求学校要调节好必修课程与选修课程的关系，形成合理的学校课程结构。

（二）选修课程的分类

不同的教育阶段和类型，选修课程的类型也不相同，如高中阶段的选修课程和大学阶段的选修课程类型有所不同。一般来说，选修课程可以分为限制性选修课程和任意性选修课程两种。

1. 限制性选修课程

这里的限制，指的是学习者在一个可供选择的课程群当中，必须选择一定数量或课时的课程。限制性选修课程是在必修课程的基础上，根据这个学习群体的培养目标形成一个课程群。

例如，在高中阶段的文科、理科或者职业类课程中，学生必须各选择几门，总计必须选择几门课程都有规定。学生必须按规定选课，不能不选，也不能少选。而且，所有这类课程都有规定的标准和教学要求，以至有统一的课程标准和教材。学生的学习成绩，如同必修课一样，要经过考核，必须达到合格标准，才能毕业。因此，这样课程实质上也带有必修的性质，所以也有人称之为“选择性必修课”或“必须选修课”①。在大学，限制性选修课程也比较普遍，不同学科领域下的专业在设置课程时，往往要根据本专业的培养目标设置若干限制性的选修课程，以保证学习者专业能力的获得。

2.任意性选修课程

任意性选修课程又叫自由选修课程，学校对这类选修课程没有硬性要求，学生从自己的兴趣爱好和未来出发，根据课时和学分进行符合自身实际情况的自由选择，种类和科目不限。任意性选修课的目的主要是扩展学生的学习领域，培养和发展他们的兴趣爱好和特长，并不一定与学生的升学或就业直接相关。在我国基础教育阶段，任意性选修课程设置还比较少。在大学，任意性选修课程往往以全校通选课等形式存在。

限制性选修课程和任意性选修课程在课程性质和开设方式上各有特点。不过，这两类选修课不能截然划分，因为它们是有联系的，并且在学校的课程设计思想和课程内容自身不断发展的情况下，限制性选修课程和任意性选修课程可能会相互转换。

第三节 活动课程

活动课程和学科课程共同构成学校的正规课程，是课程结构中一个不可或缺的重要组成部分。但目前人们对活动课程的本质与特征、意义与功能，类型与实施等诸方面的认识都还存在不少误区，需要我们对上述问题进行深入探讨和研究。

一、活动课程的本质与特征

人们对活动课程本质的认识，往往存在两个方面的误区。一是在价值论方面，没有从教育对人的全面发展这一高度去认识活动课程的价值与意义，出现了一些诸如“主次论”、“从属论”和“并重论”的观点②。“主次论”认为，

① 江山野：《关于必修课与选修课相结合的课程制度》（上），载《课程·教材·教法》1995年第9期。

② 靳玉乐著：《现代课程论》，西南师范大学出版社1995年版，第329页。

学科课程是主导的、主要的方面，活动课程是非主导的、次要的方面，学科课程远比活动课程重要得多；“从属论”认为，活动课程是学科课程的延伸和补充，是为学科课程服务的；“并重论”认为，学科课程和活动课程是同等重要的，在教学安排上应一视同仁，不能重此轻彼。二是在本体论方面，没有对活动课程进行清晰的界定，活动课程的定义显得比较混乱。直到现在，依然还有不少学者把活动课程视为学科课程的辅助。更有甚者，依据旧版《辞海》（1983年版）教育心理分册“课程即教学的科目”、“教学的科目即学科”等观点，推导出“课程和学科是等义的”的结论，认为活动的实质只是方法和手段，不能与学科相提并论。显然，按照如此狭义的课程观推导下去，活动课程再也没有必要存在了①。

（一）活动课程的本质

活动课程是指学生通过各种有计划、有组织、有目的的活动而获得的促进其身心全面发展的教育性经验②。也就是说，活动课程就是一种经过教育者设计，以学习者为主体，以问题、主题等方式开展的具有教育性影响的活动，它的目的在于使学习者在参与和体验活动的过程中获得直接经验及感性认识，并促进其情意、认知和能力的发展。

活动课程与经验课程有所不同。经验课程是杜威提出的一种课程理论，强调以儿童的兴趣、需要、经验为中心来组织学校课程，其具体的表现形态是儿童的各种各样的活动，诸如木工、缝纫、开商店等。从经验课程的组织形态来看，它确实和活动课程相似，存在着联系。但经验课程是以否定学科课程为出发点的，是作为学科课程的对立面出现的，而活动课程不仅历史久远，并且从一开始就是作为学科课程的补充或改进形态出现的，它不以否定学科课程为前提。如果要把二者联系起来看，也只能说经验课程是活动课程在某一特定时期的极端化发展，不能说活动课程就是经验课程。

（二）活动课程的特征

根据以上对活动课程的界定，和其他类型的课程比较，活动课程的特征主

① 李臣之：《活动课程的再认识——问题、目标与实质》，载《课程·教材·教法》1999年第11期。

② 靳玉乐著：《现代课程论》，西南师范大学出版社1995年版，第335页。

要表现在以下几个方面。

1. 相对独立性

活动课程作为一种和学科课程对应的课程类型，在课程的形式和内容上都具有相对的独立性，活动课程不是学科课程的附庸或点缀，在课程的表现形式上主要以一些主题活动、问题探究等方式呈现，在内容上注重学习者的直接经验。

2. 整合性

活动课程打破了学科课程的逻辑框架，从问题或主题出发，在活动的过程中将不同的学科知识、能力整合到活动的开展过程中，具体表现在活动课程的目标、内容和方式上可以不受学科知识的束缚，根据问题的解决或主题的探究而进行有机整合。

3. 开放性

活动课程提供给学生的是一个丰富多彩的、广阔的、充满着弹性的开放生活空间。首先，在内容上具有广泛性，在活动主题的确定上有较大空间，可以根据教学目标进行多样化的选择。其次，活动课程的组织实施方式具有灵活性。由于活动课程的内容广泛多样，与之相适应的活动方式也是丰富多彩的。

4. 主体性

确立学生的主体地位并发挥其自觉自主性，是活动课程的先决条件。学科课程虽然和学生的主体性并不相违背，但却可能在没有实现学生主体地位的条件下完成。而活动课程则不然，离开学生的主体作用，不能发挥其自觉自主性，则难以实施。无论活动课程的内容是什么，进程怎样，都要求学生自觉自主地参加和完成，根本不可能像学科课程那样凭借教师的讲授来进行。

5. 过程性

活动课程明显区别于学科课程的，在于它对教学过程的关注超过对于教学结果的关注。活动课程以活动的形式开展，其目的也就在于让学生通过过程的参与获得切身的体会和体验。

二、活动课程的功能

活动课程是以学科课程的改进形态出现的，而不是作为学科课程的对立形态出现的。由夸美纽斯、赫尔巴特等教育家奠定基础的学科课程，在几百年的时间内不断完善发展并且显示出强大的生命力，它所取得的巨大成就不容否认。因此，学科课程基本上在世界范围内占据了主流，成为学校课程结构中的主体。我国的基础教育向来重视学科课程，强调学科自身的知识系统及学科之间的内在联系，主张高效率地传授某一学科的基础知识和基本技能，并在此基础上陶冶了学生情操，提高了学生能力。不过，对学科课程的过分强调也会带来一些弊端。比如，学科课程以课堂教学为主，通过教师传授书本知识，因此它为学生全面发展提供的环境和条件比较狭隘，有局限性；等等。

实际上，活动课程和学科课程是相互补充、相互完善的，并行不悖。历史上曾经出现的学科课程论和经验课程论，就犯了极端化的错误，企图用一种片面性去代替另一种片面性。极端的学科课程论者强调的是"教育准备生活"、知识本位、社会本位以及分化的系统理论知识，否定活动课程的教育作用；经验课程论强调的是"教育即生活"、儿童本位、学习过程以及按照心理顺序组织起来的直接经验，否定学科课程的教育价值。尽管学科课程论不是以否定经验课程论为出发点的，但在实践上却导致了对活动课程的忽视甚至排斥。经验课程论则是针对学科课程论的，是在系统否定学科课程的基础上建构的一种课程理论。对直接经验的强调，在实践中必然导致对活动课程的过分重视，对学科课程的贬低。

学科课程和活动课程各有其自身的特点，具有各自特殊的教育作用，不能相互代替。正是在这个意义上，我们说活动课程和学科课程具有同等重要的价值，无主次之分。但这决不意味着在教学安排上可以"等量齐观"，即安排相同的教学时数等。学科课程与活动课程的课时安排，要依据学校教育特点、学生年龄阶段特征和具体的教学目标来确定。

活动课程在课程体系中具有独特意义，是因为活动课程具有学科课程所不能替代的功能。活动课程的功能表现在以下几个方面①。

第一，陶冶情操，培养品德。情感、意志和良好的品德行为是在学生感兴趣并积极参与的活动中形成、巩固和发展的。学生在生动、活泼的自主活动中

① 靳玉乐著：《现代课程论》，西南师范大学出版社 1995 年版，第 333 页。

获得亲身体验，有助于形成积极的思想和道德情感、正确的道德观念、分辨是非的能力以及民主、合作、竞争、进取等意识；有助于陶冶情操，磨炼意志，丰富生活，追求美与创造美，崇尚文明礼貌和团结友爱；有助于学生在自我管理和自我教育中形成认真负责、诚实、勤俭、坚毅等良好的品质和行为习惯等。

第二，丰富知识，开阔视野，完善心理结构。活动课程的内容丰富，涉及的领域广泛，可以把课内与课外、理论与实际、个人与集体、知识与生活、学校与社会等辩证地统一起来。这样，有助于学生通过各种可接受的方式去接触新的事物，获得各种新的知识信息，不断丰富学生的知识领域，扩大学生的视野；有助于巩固、充实、扩展、增进学科课程所传递的知识技能，补充、完善学科课程的不足，形成学生合理的知识结构；有助于把理智、情感、意志和技能技巧统整起来，调动各种心理活动因素，使之协调发展，形成完善的心理结构。例如，要参加一项活动，要有兴趣和热情，能正确地发表见解和作出明智的判断与选择，还要能与同学友好相处，认真负责，等等。

第三，发挥特长，促进个性发展，增长才干。活动课程的内容广泛，形式多样，适应各类学生发展的需要。学生可以根据自己的兴趣爱好，自由选择参加何种活动，从而发挥其特长，进而形成独特的心理品质，发展个性。由于活动课程强调学生的自主自动的实际操作，必然有助于培养学生的自学能力即主动地、独立地获取新知识的能力或实现自我知识更新的能力、实践能力以及探索精神和创造能力。活动课程提供的各类活动，既可以把知识与生活联系起来，又可以把个人与个人、个人与集体、集体与集体联系起来，故可以培养学生的社会适应能力和社交才能，这在学科课程中是很难学到和形成的。

第四，增强体质，强健体魄。群众性的体育锻炼和体育竞技活动是活动课程的重要组成部分，也是养成锻炼习惯，培养自我保健能力的重要途径。开展各类活动都需要有良好的体质、充沛的精力、准确的动作、灵活快速的反应力、持久的耐力等基本素质。故可以通过各种活动增强体质，强健体魄。同时，经常性的卫生保健活动，可以消除各种致病因素，保持健康的身体。

三、活动课程的类型

尽管活动课程和学科课程一样都属于学校正规课程，但和学科课程不同的是，活动课程的开设和学校、班级的实际情况紧密联系。结合目前活动课程开展的情况，我们将活动课程主要归纳为以下几种基本类型。

（一）社会实践活动课程

这类活动课程旨在沟通学校、社会、家庭之间的联系，组织学生参加社会生产劳动和社会服务、社会调查、参观访问以及军事训练等活动，引导学生接触工农，了解社会，增强劳动态度和社会责任感；此外，通过游览，了解大自然，热爱大自然，树立保护大自然生态平衡的意识等。社会实践活动课程的开设，在中小学和大学，普通学校和职业学校，根据不同阶段的性质，具体的课程名称和表现形式也各不相同。

（二）主题式活动课程

主题式活动课程是根据某一现实生活或学科课程中的某一个主题，设置一定的活动，以主题为线索组织课程内容。这种主题式活动课程，完全脱离了学科课程的樊篱，是一个相对完整的活动计划，也就是一个基于实际问题的研究计划，主要包括单元主题、框架问题、实施方案、评价量规四个部分①。主题式活动课程的内容和课时并没有统一的规定，而是根据学习的需要和主题自身的性质而定。

（三）班级活动课程

这类活动课程旨在对学生进行日常训练和思想品德教育，包括晨会、班队活动（含学校传统活动）、班级读书活动、班级例会、开学前训练、毕业仪式、升学仪式、群众性和竞技性体育活动、卫生保健活动等。班级活动课程具有很强的灵活性，没有固定的内容和模式，但它不是简单的课外活动，而是构成班级正规课程的一个重要部分。

（四）科技文体活动课程

这类活动课程主要包括体育锻炼、科技活动以及旨在锻炼学生素质的文娱体育活动。需要指出的是，这些课程当中的一些内容和学科课程的体育、音乐

① 艾兴：《“未来”离我们有多远》，载《贵州教育学院学报》（社会科学版）2008年第1期。

和美术等课程有交叉之处。

以上各类活动课程，均有各自特定的目的、任务、内容要求和相关的注意事项。但总体来说，活动课程是一个复杂的体系，随着课程理论与实践的发展，活动课程的内容和形式还会发展变化。

四、综合实践活动课程

综合实践活动课程作为活动课程的一种特殊发展形态，在我国新一轮基础教育课程改革中备受关注。

（一）综合实践活动课程的意义与特征

活动课程的设置出现在20世纪90年代初期，将活动课程纳入课程计划，成为我国中小学课程体系的一个重要组成部分，反映了当代课程改革的发展趋势，是我国基础教育的一项重大改革。活动课程设置以来，积累了正反两方面的经验和教训，使人们逐渐认识到，活动课程的设置是为了克服单纯学科教育的弊端而在学科之外为学生获得直接经验和培养综合能力设计的新型课程。既然要强调基于实践的学习，面对学生完整的生活领域，那就不妨放弃寓意不准的活动课程的提法，突出"综合"和"实践"的特点，旗帜鲜明地构建"综合实践活动"课程的内容和体系①。可见，综合实践活动课程是在活动课程多年实践的基础上形成起来的，是活动课程的深化、发展、规范和提高。

综合实践活动课程是基于学生的直接经验、密切联系学生自身生活和社会生活、体现对知识的综合运用的课程形态。这是一种以学生的经验与生活为核心的实践性课程②。它将人类社会的现实性问题、跨学科性知识的综合性问题和学生感兴趣的实践性问题以实践课程和探究活动的形式统整起来，并实现了学问性知识与体验性知识、单一学科知识与跨学科性知识、理论与实践、课内与课外、校内与校外的有机结合，具有以下基本特征③。

---

① 陈树杰、黄建平主编：《小学综合实践活动》，首都师范大学出版社2003年版，第7—8页。

② 钟启泉、崔允漷、张华主编：《为了中华民族的复兴，为了每位学生的发展——〈基础教育课程改革纲要（试行）〉解读》，华东师范大学出版社2001年版，第73页。

③ 蔡其勇主编：《综合实践活动：理论与实践》，电子科技大学出版社2005年版，第20页。

1. 课程目标注重实践和体验

综合实践活动课程的目标是多方面的，具有综合性的特点。首先是认知性目标。综合实践活动课程要求学生掌握必要的学科知识和科学知识。这种知识已不是局限于书本知识尤其是教科书所规定的知识，而是侧重于操作性知识和实践性知识。这些知识既可以让学生通过各种实践活动获得，也可以从心理层面上对自己或他人的亲身经历进行再体验来获得。其次是技能性目标。综合实践活动课程追求的并不是学生的一项或几项特殊技能的获得和提高，而是各方面综合能力的培养。

2. 课程内容注重现实性和融合性

综合实践活动课程超越了传统单一学科的界限，课程知识常常会跨越多门学科课程知识，并且依据学生的身心发展水平、学习兴趣、生活需求、社会实践以及跨学科的综合性知识为基础设计课程内容，强调学科间知识的联系与知识的综合运用。综合实践活动课程主要以主题或专题的形式来引导学生开展学习活动，而活动的主题或专题往往是横跨几个学科领域知识高度综合的内容，主题范围包括了学生与自然、学生与社会生活、学生与自我关系的基本情境和问题。

3. 课程实施注重灵活性和多样性

综合实践活动课程要实现综合性的课程目标，要满足综合性课程内容的要求，必须要有与之相适应的综合性的学习方式。综合实践活动课程强调运用一切有利于调动学生活动积极性和激发学生探索兴趣的学习方式，强调运用能调动学生多种感官参与和多种心理能力投入的各种或多种方式。

（二）综合实践活动课程的构成

《国务院关于基础教育改革与发展的决定》第十六条中规定："小学加强综合课程，初中分科课程与综合课程相结合，高中以分科课程为主。从小学起逐步按地区统一开设外语课，中小学增设信息技术教育课和综合实践活动，中学设置选修课。"教育部于 2001 年颁发的《基础教育课程改革纲要（试行）》，明确地将综合实践活动课程规定为小学中高年级即 3 年级以上到高中的必修课程。在第二部分"课程结构"的第五条有如下的论述："从小学至高中设置综合实践活动课程并作为必修课程，其内容主要包括：信息技术教育、研究性学习、社区服务与社会实践以及劳动与技术教育。强调学生通过实践，增强探究和创新意识，学习科学研究的方法，发展综合运用知识的能力。增进学校与社会的密切联系，培养学生的社会责任感。在课程实施的过程中，加强信息技术教育，培养学生利用信息技术的意识和能力。了解必要的通用技术和职业分工，形成初步技术能力。”

从以上论述我们可以明确，综合实践活动课程是一类独立的课程，它不单是学科的补充和延伸，也不是传统意义上的课外活动，而是一门独立于学科之外的，以学生实践为基本特征的新的课程类型。它包含了四个指定领域①。

1. 研究性学习

研究性学习是指学生基于自身兴趣，在教师指导下，从自然、社会和学生自身生活中选择和确定研究专题，主动地获取知识、应用知识、解决问题的学习领域。它强调学生通过实践，增强探究和创新意识，学习科学方法，发展综合运用知识的能力。学生通过研究性学习活动，形成一种积极、主动、生动的自主、合作、探究的学习方式。

2. 社区服务与社会实践

社区服务与社会实践是指学生在教师指导下，走出教室，参与社区和社会实践活动，以获取直接经验、发展实践能力、增强社会责任感为主旨的学习领域。通过该学习领域，可以增进学校与社会的密切联系，不断提升学生的精神境界、道德意识和实践能力，使学生人格臻于完善。

3. 劳动与技术教育

劳动与技术教育是以学生获得积极劳动体验、形成良好技术素养为主的，以多方面发展为目标，且以操作性学习为特征的学习领域。它强调学生通过人与物的作用、人与人的互动来从事操作性学习，强调学生动手与动脑相结合。通过该领域使学生了解必要的通用技术和职业分工，形成初步的技术意识和技术实践能力。

4. 信息技术教育

信息技术教育不仅是综合实践活动有效实施的重要手段，而且是综合实践

① 朱慕菊主编：《走进新课程——与课程实施者对话》，北京师范大学出版社2002年版，第30—32页。

活动探究的重要内容。信息技术教育的目的在于帮助学生发展适应信息时代需要的信息素养。这既包括发展学生利用信息技术的意识和能力，还包括发展学生对浩如烟海的信息的反思和辨别能力，形成健康向上的信息伦理。

以上四大领域并不是并列的关系，也不是相互割裂的关系。一方面，“研究性学习”作为综合实践活动的基础，倡导探究的学习方式，这一方式渗透于综合实践活动的全部内容中。另一方面，“社区服务与社会实践”、“信息技术教育”、“劳动与技术教育”则是“研究性学习”探究的重要内容。因此，在实践过程中，四大指定领域是以配合的形态呈现的。

除上述指定领域以外，综合实践活动还包括大量非指定领域，如班团队活动、校传统活动、学生同伴间的交往活动等。指定领域与非指定领域互为补充，共同构成内容丰富、形式多样的综合实践活动。由此我们可以看出，在新的基础教育课程体系中，综合实践活动与各学科领域形成一个有机整体。二者既有其相对独立性，又存在紧密联系。具体说来有以下三方面的联系：第一，学科领域的知识可能在综合实践活动中延伸、综合、重组与提升；第二，综合实践活动中所发现的问题、所获得的知识技能可以在各学科领域的教学中拓展和加深；第三，在某些情况下，综合实践活动也可以和某些学科教学打通进行。因此，我们在教学过程中要妥善处理综合实践活动与各学科领域的关系。

第四节 潜 在 课 程

潜在课程和正规课程是整个课程体系中的两个组成部分。正规课程以一种外显的方式存在，在课程体系似乎占据着“主流”的地位。事实上，尽管潜在课程的表现和作用的方式比较“隐秘”，但它在学校的课程体系起着正规课程难以发挥的作用。

一、潜在课程的本质与特点

潜在课程作为一个独立的课程类型，有其独特的内涵和外延。要把握潜在课程的本质，首先要对潜在课程进行明确的界定。

（一）潜在课程的定义

在国际课程研究文献中，潜在课程一词已经是公认的教育术语。但迄今为止，对它的定义还众说纷纭。

美国学者瓦兰斯（E. Vallance）认为："潜在课程一词，是指学校教育的非学术结果，这些结果不但重要而且系统发生。"① 后来，她又进一步指出："潜在课程是指那些在课程指导和学校政策中并不明确的学校教育实践和结果……潜在课程也许被认为是不公开的、非预期的、隐含的或未被认识的。"② 马丁（J. Martin）给潜在课程下的定义是："潜在课程是在学校或学校以外的教育环境中产生的某些结果或副产品，特别是那些学生已经学到、但未公开宣称为有意产生的学习态度。"③ 美国教育哲学家戈顿（D. Gordon）从结果、环境和影响方式三个角度分析了潜在课程的概念，认为潜在课程是学校物质与社会环境无意传递给学生的非学术性学习结果④。

国内对潜在课程的定义也颇有分歧，有代表性的是：潜在课程是指"学生在学校情境中无意识地获得的经验"⑤；潜在课程是"课内外间接的、内隐的，通过受教育者无意识的、非特定心理反应发生作用的教育影响因素"⑥；潜在课程是指"学校（含班级）社会关系结构以及学校正规课程有意或无意地传递给学生的价值、态度、信仰等非学术的知识"⑦。

上述定义的共同之处在：强调潜在课程是非学术性的学习结果，它对学生的影响主要是无意的、隐含的和非预期的。这些理解反映了潜在课程某些方面

---

① Vallance, E. Hiding the Hidden Curriculum: An Interpretation of the Language of Justification in Nineteenth-century Educational Reform. In: Giroux, H. & Purpel, D. (eds.). *The Hidden Curriculum and Moral Education*. Mc Cutchan Publishing Corporation, 1983, pp. 10-11.

② Vallance, E. Hidden Curriculum, In: Lewy, A. (ed.). *The International Encyclopedia of Curriculum*. Oxford, New York: Pergamon Press, 1991, p. 40.

③ Martin, J. *What Should We Do With a Hidden Curriculum When We Find One*? In: Giroux, H. & Purpel, D. (eds.). *The Hidden Curriculum and Moral Education*. Mc Cutchan Publishing Corporation, 1983, p. 124.

④ Gordon, D. The Concept of the Hidden Curriculum. *Journal of Philosopy of Education*, 1982, 16 (2), pp. 187-198.

⑤ 郑金洲：《隐蔽课程：一些理论上的思考》，载《外国教育动态》1989年第1期。

⑥ 班华：《隐蔽课程与个性品德形成》，载《教育研究》1989年第12期。

⑦ 唐晓杰：《西方"隐蔽"课程研究的探析》，载《华东师范大学学报》（教育科学版）1988年第12期。

的特征，但并没有完整地概括出潜在课程的本质。要给潜在课程下一个准确的定义是比较困难的，但至少应当明确以下几点①。

第一，潜在课程是一种独立的课程形态，是一种教育性经验，因而它不是一般意义上的教育影响因素。如果把潜在课程视为一般意义上的教育影响因素，潜在课程的边界将会无限扩大而最终导致否定潜在课程。

第二，潜在课程以非学术性的教育经验为主，但也存在学术性教育经验的成分。潜在课程的确比较偏重于非学术性的教育经验，但它并未完全排除学术性的内容。例如：同学之间的知识交流；教师认知方式和教学方式对学生思维方式的影响等。

第三，潜在课程是非预期性与可预期性、有意识性和无意识性的统一。一方面，潜在课程是一种自然的潜在，我们无法对它的教育影响进行准确的判定，具有非预期性的一面。但潜在课程的可预期性也比较明显。比如，通过营造良好的师生关系和教学环境来提高教学效果。另一方面，学校环境、校园文化对学生潜移默化的熏陶，教师人格和行为对学生的感染等，都是潜在课程无意识性的表现。但目前有关课程社会学、课程文化学的研究表明，通过对潜在课程的设计，可以达到一定的课程目标。因此，潜在课程对学习者的影响是有意识性与无意识性的辩证统一。

可见，国内外对潜在课程的理解有所不同。根据我国教育的实际情况，我们这里将潜在课程定义为：学校通过教育环境（包括物质的、文化的和社会关系结构的）有意或无意地传递给学生的非公开性教育经验（包括学术的与非学术的）。②

（二）潜在课程的基本特征

与正规课程相比较，潜在课程具有以下基本特征。

1. 隐含性

正规学科是学校教育中有计划的学科体系，包括教材内容、规划、目标、教学大纲、教学指导书等，出现在学校等教育机构的课程表当中，由公开的内容构成。而潜在课程则是隐含在课程表之后，以一种非公开的形式存在的课

①② 靳玉乐著：《现代课程论》，西南师范大学出版社 1995 年版，第 358、366 页。

程，它以一种隐蔽的力量对教育产生作用。

2. 依附性

潜在课程尽管是隐含在课程表之后，但同样需要客观的物质载体，需要借助于某种客体才能传递它蕴含的经验，发挥其功能。如果说正规课程是以书面的文字符号为物质承担者的话，那么，潜在课程的物质承担者则是具体的人、事、物，例如，教师、校园物质环境、文化氛围、学校组织结构、社会关系结构和正规课程中隐含的某些“背景因素”（即指特定社会的和时代的政治、价值、文化传统等意识形态层面的内容），等等。离开了这些客观的物质载体，潜在课程也就失去了它存在的基础。

3. 持久性

一方面，作为潜在课程载体的物质环境、学校传统、校园文化以及正规课程的意识形态背景，等等，在一定时期内是稳定的、持久的。另一方面，学生长期在潜在课程的“熏陶”下，往往会形成某些稳定的个性心理品质，能够持久地伴随人的一生。潜在课程主要靠日积月累、滴水穿石的力量，使其形成自己的态度、价值观、人生观和行为方式等，在教育影响上具有长久性。

4. 非量化性

正规课程具有明确的内容和目标，我们可以根据这些目标和内容制定出相应的评价指标体系，因此可以用考试或其他测量手段加以量化。但潜在课程并没有明确的内容及其界限，难以通过量化的方式对其效果加以检测。

二、潜在课程的内容与功能

尽管潜在课程主要通过无意识的、非预期的方式对学习者产生影响，但在进行课程设计时，则要尽可能做到有意识性和预期性。这首先要求我们对潜在课程的主要内容进行归纳。

（一）潜在课程的内容

潜在课程与学科课程、活动课程不同，它的构成因素十分复杂、多变。大体来说，潜在课程主要由以下四个部分构成①。

---

① 参见王桂林：《潜在课程：一种不容忽视的教育资源》，载《教育探索》2003年第6期。

1. 社会背景

指的是隐藏在正规课程背后的社会文化、意识形态、主流的价值观念等，这部分的潜在课程往往通过对教材内容的加工、选择产生作用。

2. 物质环境

学校的物质环境潜藏着一定的价值、观念、美感等，对学生的心理品质会产生潜在的影响。学校的物质空间涵盖面广，应进行系统规划。学校所在地域的气候条件、地理位置、自然景观构成的氛围，以及学校的建筑设计都要符合建筑学、心理学、卫生学、美学的原理，使学校建筑层次分明、错落有致、空间宽敞、个性鲜明，从而具有韵律、和谐、平衡等审美心理效果。教室内的设计应从学生的年龄特征和身心发展考虑。教室内应当空气清新、桌椅整齐、光线充足、环境优雅。校内外建筑、花草树木等色彩的协调既能给学生一种美感，也能潜在地产生一种充满进取的心态。

3. 师生互动

师生互动是教育心理学、教育社会学研究的重要范畴，也是潜在地影响学生的认知、情意、人格等心理品质形成的重要因素。师生互动过程对每一学生个体而言是一种有意或无意的学习过程，从而潜在地影响其心理品质的形成。心理学家罗森塔尔（R. Rosenthal）和雅各布森（E. Jacobson）关于教师期望的经典实验表明了教师的期望可以对学生产生重要的影响。因为教师对学生的不同的期望影响到教师对学生的态度和行为，这种态度和行为有意或无意影响学生的成就动机和归因方式，从而影响学生的积极性和学业成绩，乃至教学过程的质量。

4. 校园（班级）文化

文化层面的潜在课程，表现为学校的校风班风、教风学风等，它们影响着学生心理活动和心理品质的形成。作为文化层面的潜在课程，其心理学基础主要体现为无意识心理活动的原理。人在特定的心理氛围中，通过暗示、感召、移情、认同、模仿、熏陶等形式逐步使心理品质发生变化，在特定情境控制下还能超水平地调动人的心理潜能，达到常规教育、教学情境所无法达到的效果。

（二）潜在课程的功能

不同的潜在课程起到不同的作用，就整体而言，潜在课程对社会和个人都能产生相应的功能。

1. 社会功能

潜在课程作为学校教育的“附生物”，与学校教育并存了几千年。几千年来，尽管人们未能明确认识到它的存在，但它却一直潜移默化地发挥着社会控制功能。到了 20 世纪 60 年代中期以后，潜在课程的社会控制功能日益为人们所认识。美国学者瓦兰斯就曾明确指出，潜在课程往往通过把统治阶级的意识形态、价值观等转变为一种“深层结构”来达到其社会控制的功能①。

美国学者安庸（J. Anyon）也指出，不同类型的学校环境有着不同的物质、教育、文化和精神的特征，因而包含着不同的潜在课程。这种潜在课程以一种微妙而隐蔽的特殊方式与“产出”过程相联系，教给学生不同的知识、技能、态度和价值观，而这些内容又是和学生将来的社会地位有内在联系。所以说，潜在课程再生产了不平等的社会关系结构，发挥着社会控制的职能②。

在我国学校中当然存在着潜在课程，同样发挥着社会控制的职能。其目的在于潜移默化地教导学生树立主流的价值观念和思想品质，成为符合社会需要的人。

2. 个体功能

潜在课程作为一种特殊的教育现象，在学生个体发展中所发挥的巨大作用日益为人们所重视，这一点在德育过程中表现得尤其明显。潜在课程在学校德育中的地位和作用，已为不少学者所肯定。美国著名道德教育理论家科尔伯格（L. Kolberg）指出，潜在课程作为道德教育的重要手段，比正规课程来得更加有力。因此，他要求“利用潜在课程进行道德教育”③。科尔伯格又曾明确

---

① Vallance，E. Hiding the Hidden Curriculum：An Interpretation of the Language of Justification in Nineteenth-century Educational Reform. In：Giroux，H. & Purpel，D.（eds）. *The Hidden Curriculum and Moral Education*. Mc Cutchan Publishing Corporation，1983，pp. 9-24.

② Anyon，J. Social Class and the Hidden Curriculum of Work. In：Giroux，H. & Purpel，D.（eds.）. *The Hidden Curriculum and Moral Education*. Mc Cutchan Publishing Corporation，1983，pp. 142-166.

③ Pouer，C. & Kolberg，L. Using a Hidden Curriculum for Moral Education. *The Education Digest*，Vol. II. No. 9. 1987.

地说过，“日常的道德教育活动”可以被看做“‘潜在’或‘自发’的课程”①。“唯一综合地考虑潜在课程的方法就是把它看做道德教育”，“讨论潜在课程的教育影响，就是讨论它是否以一种在道德上可以接受的方式传送某种有价值的东西，或是否能使某种有价值的东西以一种在道德上可以接受的方式得到传递”②。在这里。科尔伯格几乎把潜在课程看做道德教育，因而把潜在课程的德育功能强调到了无以复加的地步。

潜在课程对个体产生的作用，不仅体现在德育过程中，更重要的是通过对潜在课程的设计，能使我们的教育机构形成某种氛围和环境，达到“蓬生麻中，不扶而直”③ 的境界，即产生一种无形的约束力，可以通过一定文化背景中的价值观念和大多数人的行为方式，对个体思想和行为产生影响，即导向功能。

三、潜在课程的研究

相对而言，潜在课程是一个课程论领域中比较新的课题，这里对潜在课程研究的发展做一个简要的描述。

（一）潜在课程研究的产生与发展

“潜在课程”一词是由美国学者杰克逊（P. W. Jackson）于 1968 年在其《教室生活》一书中首次提出来的。但若就其本质而言，在 20 世纪初已有一些学者，如杜威和克伯屈，就已提出类似概念。但这些类似概念的提出往往是伴随其他问题而引出，并没有作为一个专门的研究领域加以细述。

潜在课程作为研究领域从 20 世纪 60 年代末逐步形成和发展起来，在不同的发展阶段具有不同的特点。

第一阶段是从 20 世纪 60 年代末开始，这一时期的潜在课程学者多从教育社会学的角度，针对学校或班级作为社会体系的一部分，研究学校如何间接地

---

① Kolberg. L. & Turiel. E. Moral Development and Moral Education. In：Lesser，S. G. (ed.). *Psychology and Educational Practice*. Scott Foresman，1971.

② Kolberg，L. The Moral Atmosphere of the School. In：Giroux，H. & Purpel，D. (eds.). *The Hidden Curriculum and Moral Education*. Mc Cutchan Publishing Corporation，1983，p. 64.

③ 《荀子·劝学》。

让学生学到规范、价值、信念或意识形态的问题，着重探讨教室中的规则或评价、师生关系及教师期望等对学生学习的影响。

第二阶段是从20世纪70年代末开始，这一时期潜在课程的研究重点转为课程知识的社会形成过程，对课程知识进行社会学分析，探讨课程知识与人、社会之间的联系。

第三阶段是20世纪末到现在，这一阶段的潜在课程研究开始出现研究理论基础的多元化和研究观点的多样化，不同的研究者对潜在课程的本质、类型进行具体的分析，潜在课程的研究走向深入。

（二）潜在课程研究的三大流派

半个多世纪以来，有关潜在课程的研究形成了诸多的观点和流派。这里简要介绍三个主要的研究派别。

1. “结构—功能论”派别

结构—功能主义是以美国社会学家帕森斯（T. Parsons）、默顿（R. K. Merton）为代表的侧重于对社会系统的制度性结构进行功能分析的学说。它主张任何一种文化现象，不论是抽象的社会现象，如社会制度、风俗习惯、思想道德等，还是具体的物质现象，如手杖、工具器皿等，都具有满足人类实际生活需要的作用，即具有一定的功能。它们中的每一个与其他现象互相关联、互相作用，都是整体中不可分割的一部分。结构—功能主义十分注重研究社会运行和社会发展的平衡、协调的机制，是一种维护型的社会学，它强调的往往是“稳定的秩序”。

从潜在课程的研究来看，“结构—功能论”者强调道德规范及社会一致性价值学习的重要性，并将学校的学习历程视为完成这些规范和价值的“社会化”过程。因此，他们对潜在课程的研究偏重于分析学校结构、教师期望、青少年文化等影响学生学习的因素。认为潜在课程的表现形式主要是社会意识形态、主流价值观念和社会文化在课程中的渗透。一方面，潜在课程的功能就在于通过价值的判断和社会的选择来影响学生的社会化过程。另一方面，“学生在学校及班级的环境里（包括物质、社会及文化体系），有意或无意中经由团体活动或社会关系，习得‘正式课程’所未包含的或是不同甚至相反的知识、规范、价值或态度”①。因为潜在课程蕴含着不同于正规课程，学习者可以从中获得相应的文化观念。

2．“现象—诠释学”派别

“现象—诠释学”课程理论是当代北美课程领域中一个重要的理论流派，它以现象学、诠释学为哲学和方法论基础。派纳的“概念重建主义”、范梅南的“现象学课程研究”以及史密斯的“诠释学教育学”反映了其基本主张。

“现象—诠释学”学者从促进学生意识的觉醒、反省与批判作为意义建构和行为改变的基础框架，强调人际关系中意义的诠释、沟通和创造，因而偏重于情意学习的研究，尤其是非限定性情境中的师生对话、生生对话能够形成或扩展学生的存在经验。这种对话能形成学生协商的文化观念，有助于学生自主个性与独立人格的成熟。因此，要通过潜在课程，在动态的、生活化的等非限定性的教育环境中有意识地为学生创造对话的机会，借此培养学生协商的文化观念。

3．“社会批判理论”派别

自20世纪70年代以来，批判课程论在美国教育界兴盛起来，其产生的社会历史背景是唯科学主义文化的泛滥，社会公正的衰微以及人的意识的日益虚假化，其主要代表人物有阿普尔、吉鲁等。批判课程论从社会批判理论和新教育社会学的基本理论出发，形成了著名的“再生产理论”和“抵制理论”。社会批判课程理论还和之后建立的“隐蔽（或称隐性、潜在）课程”理念结合起来，形成了一个丰富、系统的课程研究流派。社会批判课程通过探讨课程对社会阶级的不平等结构、意识形态、经济、文化等再生产的机制，揭示出课程维持社会现有价值观、信念和规范的隐性功能，从而进一步说明学校、教师和学生在课程设计和实施中发生“抵制行为”的底蕴。

在我国，潜在课程的研究还处在一个发展的阶段，有关潜在课程的概念、内容和设计还存在不少分歧，但作为一个相对独立的研究领域，越来越多的人认识到潜在课程研究的重要性，它为我们观察课程现象打开了一扇新的窗口。

① 陈伯璋著：《潜在课程研究》，台北五南图书出版公司1985年版，第4页。

【思考与练习】

1. 分科课程与综合课程究竟是一种什么样的关系？

2. 活动课程的类型有哪些？

3. 简要叙述潜在课程的结构与功能。

4. 有人认为潜在课程只是诸多教育影响中的一种，并不是真正的课程。你是否赞同这个观点？谈谈你对潜在课程的认识。

第八章　课程文件

【启发与引导】

• 课程设计模式及其相关理论对学校课程的影响需要借助一系列文本产品，这些文本产品在课程领域中通常被称为课程文件。在现代教育中，课程文件是学校课程实践展开的基础和前提。因此，颁发或出版指导学校课程实践的课程文件就成为各国发展学校教育的一项重要工作。那么，你知道我国为了指导学校课程实践而颁发或出版了哪些重要的课程文件吗？

• 课程计划作为指导学校课程实践的一种课程文件，它直接决定了学校教育培养人的基本规格。那么，你知道我国课程计划的基本属性吗？你了解我国课程计划的演变过程和内部结构吗？

• 课程标准作为根据课程计划而形成的另一种课程文件，它直接反映了对课程计划所设置的各门课程的具体要求。那么，你知道课程标准的基本性质吗？你了解课程标准的内在结构吗？你了解课程标准在我国学校课程实践中的功能吗？

• 教科书作为依据课程标准而编写的一种课程文件，是学校课程实践的重要凭借。在现代教育中，教科书往往成为不同国家学校课程实践关注的中心。那么，你知道教科书的基本性质吗？你了解教科书的基本结构吗？你了解教科书对于课程实施的重要作用吗？

课程文件主要是指一定国家或地区运用特定的课程设计模式和方法开发出来的课程产品。在我国，课程文件主要由课程计划、课程标准和教科书三个部分构成，它是我国学校教育和学生发展的重要凭借。因此，这里需要对这三类课程文件的相关问题进行探讨，以更好地理解和明确它们在教育中的重要地位和作用。

第一节　课程计划

课程计划[①]是国家或地区教育主管部门根据国家或地区的教育方针、政策、目的以及学校的性质统一制定和颁发的、对一定学段的课程进行总体规划的课程文件。为了全面而深刻地理解课程计划，这里对它的性质、演变过程和内在结构等重要问题进行分析和探讨。

一、课程计划的性质

从课程计划及其在教育领域中的历史作用来看，这种课程文件主要具有五种性质。

（一）思想性：课程计划作为一种政治文本

课程计划的思想性主要表现为政治性。课程计划往往受到国家意识形态的影响和制约，是教育为国家的政治、经济、文化、科技等领域服务的综合反映，也是教育对培养的人的政治素养的基本要求。例如，我国不同时期颁发的课程计划的思想性与特定时期的政治生活主题密切相关，它们都较为鲜明地突出了教育的社会主义性质和我国政治生活的状态。比如，在1992年国家教委颁发的《九年义务教育全日制小学、初级中学课程计划（试行）》中明文规定："本课程计划遵循教育要面向现代化、面向世界、面向未来的战略思想，贯彻国家的教育方针，坚持教育为社会主义建设服务，实行教育与生

① 我国在1992年前后颁发的"教学计划"和"课程计划"属于同种性质和类型的课程文件。为了表述的方便，本章把"教学计划"和"课程计划"统称为"课程计划"。

产劳动相结合，对学生进行德育、智育、体育、美育和劳动教育，以全面提高义务教育质量。”同时，该课程计划还明确地指出，要“把坚定正确的政治方向放在第一位”①。事实上，从我国不同时期颁发的课程计划内容来看，思想性始终是课程计划的首要属性，它使课程计划成为教育领域的一种重要政治文本。

（二）强制性：课程计划作为一种政策文本

课程计划是国家教育主管部门或相关的教育行政机构统一制定和颁布的官方文件，它具有强制实施的性质。在我国的课程计划中，义务教育阶段的课程计划直接根据义务教育法来制定，被视为国家实施义务教育的具体保障，其强制性更为突出。例如，我国1992年颁布的《义务教育全日制小学、初级中学课程计划（试行）》，在正文中开门见山地指出：“九年义务教育全日制小学、初级中学课程计划是依据《中华人民共和国义务教育法》制定的。”这就是说，义务教育课程计划是义务教育法的实施计划，体现了义务教育法的基本精神，它必须被强制实施。同时，在该课程计划的实施要求中还明确地规定：“本课程计划国家安排课程规定的课程门类、教学内容、教学要求和课时分配，体现了国家对义务教育的基本要求，是各级教育部门和小学、初级中学组织安排教育活动的依据，是编定教学大纲和编写教材的依据，也是督导、评估学校教育工作的依据。各省、自治区、直辖市教育委员会、教育厅（局）在本计划的指导下，可结合本地区的实际情况进行适当调整，并对地方安排课程的课程设置、课时分配等作出明确规定。调整后的课程计划，报国家教育委员会备案，各地学校必须严格执行。”②因此，即使义务教育课程计划可以作出适当的调整，但仍然需要报国家教委审核或批准。

（三）科学性：课程计划作为一种理论文本

课程计划的科学性又可以称为“学理性”，它是指制订课程计划依赖于一定的理论成果，注重从教育及人的发展的客观规律出发来对课程进行总体规划。随着教育理论研究及其教育实践的发展，我国越来越重视课程计划的科学

---

①② 国家教委：《九年义务教育全日制小学、初级中学课程计划（试行）》，载《课程·教材·教法》1992年第10期。

性。这种特征在我国1992年以来制订和颁发的课程计划中体现较为明显。例如，在从2001年开始的新一轮基础教育课程改革中，课程计划的相关内容就充分地体现了全人发展的课程理论、科学与人文整合的课程理论、回归生活的课程理论、综合取向的课程设计理论、缔造取向的课程实施理论等①。不仅如此，课程计划往往还依据一定的哲学、心理学等领域的理论。

（四）时代性：课程计划作为一种时代文本

特定时代的课程计划总是特定时代的政治、经济、文化、教育等的产物，它充分地反映了这个时代对教育的各种要求。我国过去60多年的课程计划发展历史已经充分地证明了这一点。事实上，从我国课程计划的发展趋势来看，它越来越重视课程计划对时代特征的回应，主要表现在四个方面。第一，课程计划越来越关注教育的全球理念。比如：联合国教科文组织提出的学会认知、学会做事、学会共同生活和学会生存等理念；教育民主化理念；国际理解教育理念；回归生活教育理念；可持续发展教育理念；等等。第二，课程计划越来越关注国际教育发展的趋势。例如，我国现行的基础教育课程计划就是在充分研究世界各国基础教育课程改革趋势的基础上制定的。第三，课程计划越来越反应特定时代社会发展的主题。教育通常要为社会的政治、经济、文化、科技等领域服务。因此，这些领域在某一特定历史时期的主要特征必定作用于课程计划，并通过课程计划的培养目标、课程设置等内容体现出来。第四，课程计划越来越反应特定时代课程（或教育）理论发展的特征。这方面主要通过课程类型、课程门类、学时（课时）分配、学科顺序、考试考察方式与实施要求等反映出来。

（五）概括性：课程计划作为一种宏观文本

课程计划作为对一定学段的课程进行的总体规划，它仅仅对这个学段的培养目标、课程类型、课程门类、学时（课时）分配、考查方式、教学要求等作出概括的说明，因而它是反映特定学段的课程的宏观文本。课程计划的概括性主要通过两个方面表现出来：在横向维度上，它并不反映特定地区或特定学校的课程特色，而是对整个国家的同类学校的共同课程作出统一的规定和说明；

① 靳玉乐著：《新课程改革的理念与创新》，人民教育出版社2003年版，第27—53页。

在纵向维度上，它只反映学段课程的总体目标、课程类型以及具体学科等的一般情况，而不对该学段中的学年或学期目标、学科课程标准、学科实施要求等进行详细的说明。

二、课程计划的演变

从 1949 年新中国成立以来，我国的课程计划经历了从不成熟到成熟、不完善到完善的发展过程。因此，这里有必要以 1988 年颁发的第一个义务教育课程计划和 2001 年进行的基础教育课程改革为标志，对基础教育课程计划发展的三个阶段进行梳理，以厘清我国课程计划发展的历史脉络。

（一）前义务教育阶段的基础教育课程计划

在 1949—1986 年间，我国还没有实行义务教育。因此，可以把此期间颁布的课程计划看做非义务教育的课程计划。在这 30 多年内，我国先后颁布了多个小学和中学课程计划。

新中国成立伊始，小学课程计划改革势在必行。1952 年，教育部为了在小学有秩序地实行五年一贯制，先后颁发了《四二旧制小学暂行教学计划》和《小学暂行规程（草案）》。1953 年，教育部又颁发了《小学（四二制）教学计划（草案）》，恢复了小学的“四二旧制”，对部分课程和各年级的授课周数做了调整。1954 年，教育部颁发了《小学“四二制”教学计划（修订草案）》，对 1953 年的教学计划的附注和说明做了部分修改。1955 年，教育部为了加强综合技术教育、劳动教育和体育，更好地实现学生的全面发展，颁发了《小学教学计划》，增设了手工劳动，增加了体育的课时，减少了全年授课周数和每周授课时数。1957 年，教育部颁发了《1957—1958 学年度小学教学计划》，在农村小学五、六年级开设农业常识课程，增设周会等。1963 年，在教育部颁发的《全日制中小学教学计划（草案）》中，就小学教学计划部分而言，增加了语文、数学的课时，在有条件的地区的五、六年级开设外语，并对部分课程进行了变革，增加了年授课周数和周授课时数等。1978 年，教育部在颁发的《全日制十年制中小学教学计划（试行草案）》中，开始在小学三、四、五年级设置外语，取消了地理和历史课程，增设了学工和学农课程，增加了全年授课周数等。1981 年，教育部为了加强思想政治教育和减轻学生负担，颁发了《全日制五年制小学教学计划（修正草案）》，对政治进行了改革，恢复了地理、历史等课程，设置劳动课，并对其他课程进行了调整。此外，教育部为了适应农村和城市的教育特征，于1984年颁发了《全日制六年制城市小学教学计划（草案）》和《全日制六年制农村小学教学计划（草案）》。

在小学课程计划变革的同时，中学课程计划变革也几乎同步地进行。新中国成立初始，教育部为了增强教学的计划性、提高教学的效率和便于学生升学与转学，在1950年8月1日颁发了新中国第一个教学计划，即《中学暂行教学计划（草案）》，取消了“党义”、“公民”和“军训”等科目。1952年，教育部为了促进中学生在智、德、体、美、劳等方面全面发展，提出了《中学教学计划（草案）》，分解、合并与增设了一些学科，并对一些学科的课时和年授课周数进行了调整。1953年，教育部为了适应新中国第一个五年计划的要求，颁发了《中学教学计划（修订草案）》，取消了一些学科，如时事政策、解析几何。同时，又增设了一些学科，如卫生常识，并对课时安排进行了调整。1954年，教育部针对学生的学习负担和部分教材的供应等问题，又颁发了《1954—1955学年度中学各年级各学科授课时数表》，对原有教学计划进行了调整，如取消初级中学的外语和增加语文的课时等。1955年，教育部又颁发了《1955—1956年度中学各科授课时数表》，对1954年的教学计划进行了调整，主要对部分学科的课程内容和开设时间进行了变革。1956年，教育部为了推进全面发展的教育和加强基本生产技术的教育，又颁发了《1956—1957学年度中学各科授课时数表》，主要通过“实习”和“工农业基础知识”等学科加强了生产知识和生产技术的教育。1957年，教育部为进一步减轻学生负担和提升教育质量，颁发了《1957—1958学年度中学教学计划》，主要取消或停开了一些课程，如初中的卫生常识、高中的汉语、达尔文主义基础、政治常识、社会科学常识、制图、实习等课程。同时，增设了政治，恢复了外国语，减少了部分学科的课时和授课周数等。1958年，教育部为了加强劳动教育，实行勤工俭学、半工半读的教育制度，颁发了《1958—1959学年度中学教学计划》，主要增设了生产劳动、体力劳动、参观等课程，取消了农业基础知识，调整了部分课程的课时等。1963年，教育部为了贯彻中央发出的《关于讨论试行全日制中小学工作条例草案和对当前中小学教育工作几个问题的指示》，颁布了《全日制中小学教学计划（草案）》，主要调整了中学部分学科的课时，增设了生产常识、劳动等课程，在高中三年级增设了选修课，增加了中学的年授课周数。1978—1981年期间，教育部先后颁发了《全日制十年制中小学教学计划（试行草案）》、《全日制六年制重点中学教学计划（试行草案）》、《全日制五年制中学教学计划（试行草案）的修订意见》，主要对课时安排做了调整，并对中学的学制进行了改革，实行六年制中学学制，从选修课上增强了文理科的区别。

（二）义务教育初期的基础教育课程计划

1986—2000年，我国在实施义务教育后颁布了一系列与此阶段基础教育工作相适应的课程计划。可以把此期间颁布的课程计划看做义务教育初期和基础教育课程计划。

1986年4月12日，第六届全国人大第四次会议通过了《中华人民共和国义务教育法》。此后，国家教委为了实施义务教育，在1988年颁发了《义务教育全日制小学、初级中学教学计划（试行草案）》，决定从1991年和1992年开始分别从小学一年级和初级中学一年级实行九年制义务教育的教学计划。九年制义务教育包括“五·四”和“六·三”两种学制，因而该课程计划又被分为四个子课程计划，即《全日制小学、初级中学“五·四”制小学教学计划》、《全日制小学、初级中学“五·四”制初级中学教学计划》、《全日制小学、初级中学“六·三”制小学教学计划》和《全日制小学、初级中学“六·三”制初级中学教学计划》。在五、六年制的小学教学计划中取消了历史、地理等课程，开设了社会。在三、四年制的初级中学教学计划中开设了劳动技术，政治改为思想政治，取消了生理卫生，将其纳入生物，并在四年制初级中学的三、四年级开设选修课等。1992年，国家教委颁发了《九年义务教育全日制小学、初级中学课程计划（试行）》，正式将“教学计划”的称谓改为“课程计划”。此课程计划根据《中华人民共和国义务教育法》制订，以教育要面向现代化、面向世界、面向未来为战略思想，实行教育与生产劳动相结合，对学生进行德、智、体、美、劳全面发展的教育。该课程计划把课程分为学科和活动两个部分，由国家和地方两级安排，但以国家统一安排为主。在课程设置上坚持

“以文化基础教育为主，在适当年级，因地制宜地渗透职业技术教育；以分科课为主，适当设置综合课；以必修课为主，初中阶段适当设置选修课；以按学年、学期安排的课为主，适当设置课时较少的短期课”①。在小学阶段开设了思想品德、语文、数学、社会、自然、体育、音乐、美术、劳动9门课程；在初级中学阶段开设了思想政治、语文、数学、外语、历史、地理、物理、化学、生物、体育、音乐、美术、劳动技术13门课程，并开设了短期的职业指导课程。课程安排也分为“五·四”和“六·三”两种学制。在小学阶段，全年共52周，全年上课周数为34周，校传统活动为1周，社会实践活动为1周，期末复习考试为2周，机动时间1周，假期为13周；在中学阶段，全年上课周数为34周，校传统活动为1周，社会实践活动为1周，期末复习考试为3周，机动时间为1周，假期为12周。

1988—2000年，由于初级中学从整个中学中分离出来，国家教委（教育部）也先后对高级中学的课程计划进行了三次专门调整，并颁发了两个重要的课程计划（或教学计划）。在1990年，国家教委针对高级中学课程结构不合理、学科教学要求偏高、学业负担过重等重要问题，颁发了《现行普通高中教学计划的调整意见》，其重在解决原《教学计划》中文理科课程结构不合理的问题，削减了教学内容；高中课程由学科课程和活动课程两部分组成；学科课程又分为必修课和选修课组成，并加大了选修课的比重②。此后，在1994年和1995年又在第一次调整的基础上，对部分高中课程的课时等进行了调整。在1996年，国家教委颁发了《全日制普通高级中学课程计划（试验）》，该课程计划主要根据《中华人民共和国教育法》和《中国教育改革和发展纲要》制定，是第一个与1992年的《九年义务教育全日制小学、初级中学课程计划（试行）》相衔接的课程计划③。此课程计划在课程结构上把三年制普通高中的课程分为学科类课程和活动类课程。学科类课程又分为必修、限定选修和任意

① 国家教委：《九年义务教育全日制小学、初级中学课程计划（试行）》，载《课程·教材·教法》1992年第10期。

② 参见崔允漷等：《我国普通高中课程计划的历史演变》，载《教育研究》2004年第1期。

③ 国家教委：《全日制普通高级中学课程计划（试验）》，载《学科教育》1996年第4期。

选修三种方式。其中，必修课程包括思想政治、语文、数学、外语、物理、化学、生物、历史、地理、体育、艺术和劳动技术12门课程；限定选修课程包括语文、数学、外语、物理、化学、生物、历史、地理、劳动技术等；任意选修课程则主要根据学生的兴趣爱好、知识的加深、特长的发展以及学校可能提供的学科科目等进行选择修习。活动类课程包括校会、班会、社会实践、体育锻炼、科技、艺术等活动，前四种课程是每个学生必须参加的活动课程，其余的活动课程则由学生自主选择。该课程计划在课程安排上把全年的教学时间安排为40周，假期为10—11周，机动时间为1—2周。其中，高一、高二每学年上课周数为35周，复习考试为2周，社会实践活动为2周，劳动技术课程为1周；高三上课周数为26周，复习考试为12周，社会实践活动为2周。此外，普通高中课程实行中央、地方和学校三级管理。在2000年，以原《课程计划》为基础，教育部又颁发了《全日制普通高级中学课程计划（试验修订稿）》，该课程计划依据《中华人民共和国教育法》、《中共中央国务院关于深化教育改革全面推进素质教育的决定》和《面向21世纪教育振兴行动计划》而制订，并与1992年的《九年义务教育全日制小学、初级中学课程计划（试行）》相衔接。该课程计划在课程设置上把高中课程分为必修课程和选修课程两种形式。必修课程在原来的基础上增设了信息技术和综合实践活动，其中的综合实践活动包括研究性学习、劳动技术教育、社区服务和社会实践，体育改为体育和保健；选修课程设有数学、物理、化学、生物、历史、地理、信息技术等7门课程，以及地方和学校开设的选修课程①。

（三）新课程改革以来的基础教育课程计划

2001年，我国开始了新中国成立以来最大规模和深度的基础教育课程改革。教育部颁发的《基础教育课程改革纲要（试行）》明确地指出：此次基础教育课程改革是为了贯彻《中共中央国务院关于深化教育改革全面推进素质教育的决定》、《国务院关于基础教育改革与发展的决定》等文件的重要精神，对基础教育的课程体系、结构、内容进行调整和改革，以构建符合素质教育要求

① 教育部：《全日制普通高级中学课程计划》，载《学科教育》2000年第3期。

的基础教育课程体系，其范围涉及幼儿教育、义务教育和普通高中教育。同年，教育部根据《国务院关于基础教育改革与发展的决定》和《基础教育课程改革纲要（试行）》颁发了《义务教育课程设置实验方案》，设置了义务教育阶段的九年一贯制课程体系。在课程设置上，该《方案》遵循了三项基本原则：即根据德智体美等全面发展的要求均衡地设置课程；强调课程的综合性；加强课程的选择性。在课程结构上，小学阶段以综合课程为主，在低年级开设了品德与生活、语文、数学、体育、艺术（或选择音乐与美术）以及地方和学校课程，在中、高年级开设了品德与社会、语文、数学、科学、外语、综合实践活动、体育、艺术（或音乐与美术）等课程；在初中阶段设置了分科与综合相结合的课程，主要开设了思想品德、历史与社会（或选择历史与地理）、语文、数学、外语、科学（或物理、化学与生物）、体育与健康、艺术（或选择音乐与美术）、综合实践活动以及地方和学校课程。此外，该《方案》还对各年级的周课时数、学年总课时数、九年总课时数和各门课程课时比例作出了弹性的规定。

2002年，教育部为了贯彻《国务院关于基础教育改革与发展的决定》，落实《基础教育课程改革纲要（试行）》，以及配合从2003年起高考时间提前一个月的改革举措，对2000年的《全日制普通高级中学课程计划（试验修订版）》进行了重新修订，其主要集中于课时的调整。自2004年起，教育部颁布与义务教育新课程相衔接的普通高中新课程计划，从四省区开始高中新课程实验。

三、课程计划的结构

我国的课程计划在六十多年的发展过程中已经形成了比较完善的、稳定的结构，这种结构主要由制订课程计划的指导思想、培养目标、课程设置、考试考查和实施要求等部分构成（如图8-1所示）。其中，制订课程计划的指导思想、培养目标和课程设置是我国课程计划的核心组成部分，因而这里对其进行详细的探讨。

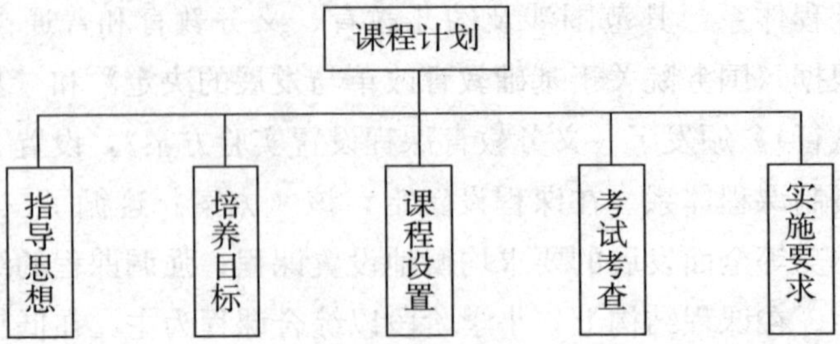

图 8-1　课程计划的一般结构

（一）指导思想

课程计划是学校课程与教学活动的依据，也是制订课程标准、编写教科书和设计其他教材的依据，因而它必须具有正确的指导思想。就我国而言，几十年来的课程计划所坚持的指导思想可以归纳为三个层次。

第一个层次：制订基础教育课程计划所坚持的基本指导思想。其主要包括：使制订的课程计划能够实现教育要面向现代化、面向世界、面向未来的战略思想；能够贯彻国家的教育方针；能够坚持为社会主义建设服务；能够实行教育与生产劳动相结合；能够对学生进行德、智、体、美、劳等全面发展的教育。

第二个层次：不同历史时期制订的基础教育课程计划所体现出来的具体思想。它可以归纳为六个方面，主要包括：把坚定正确的政治方向放在第一位，以人类社会的优秀文化成果教育学生；面向全体学生，注重全面打好基础，因材施教，促进学生健康发展；根据儿童和青少年身心发展规律，合理安排各类课程，既注意突出主要学科，保证学科之间、主辅科之间的相互联系，又注重加强“双基”，减轻负担，培养智能；切实加强劳动教育，适当进行职业技术教育；从我国实际情况出发，注意城乡和各类地区的教育差异，坚持统一性、稳定性和灵活性相结合；关注特定时代社会各个领域发展的新特征，强调课程计划的时代性。

第三个层次：义务教育课程计划所特有的指导思想。在义务教育的课程计划中，我国除了坚持第一、二层次的指导思想外，还凸显了三种指导思想。第一，坚持义务教育课程计划的强制性。义务教育课程计划不是普通的课程计划，它是国家实施义务教育的具体保障，受到相关法律的制约。第二，坚持义务教育课程计划的普遍性。义务教育课程计划的适用范围需要比其他课程计划的适用范围更广。它对培养目标和课程设置等方面的规定需要适应全国绝大多数地区、学校和学生。其中，既包括经济文化发达的地区和城市、条件较好的中小学校和智力发展较好的学生等，也包括经济文化落后的地区和城市、条件较差的中小学校和智力发展较差的学生等。第三，坚持义务教育课程计划的基础性。义务教育课程计划的作用就在于充分保证为学生的全面和谐发展打好基础。因此，课程门类要齐全，课程的课时比例要适当，以保证学生在思想素质、科学文化素质、健康素质、心理素质、劳动素质、职业素质等方面获得全面的提高。

（二）培养目标

培养目标主要指各级各类学校教育的具体目标，它是教育目的在不同层级或性质的学校教育中的具体化。事实上，不同层级与性质的学校在培养目标上既有共同性，又有差异性。所谓共同性，主要指无论哪种类型或层级的学校，它的培养目标都必须与教育方针或教育目的相一致。所谓差异性，主要指各级各类学校必须根据自身在整个教育体系中所处的位置，去培养不同层次、不同类别和不同规格的人才，完成特定的教育任务。我国自 1952 年以来颁发的课程计划（或教学计划）都为不同层级的基础教育学校规定了具体的培养目标（见表 8-1）。综观这些目标，它们具有如下特点。

表 8-1　1952 年以来我国颁发的部分课程计划所提出的培养目标

时间	学段	具体的培养目标
1952 年	小学阶段	实施智育、德育、体育、美育全面发展教育。在智育方面，使儿童具有读、写、算的基本能力和社会、自然的基本知识；在德育方面，使儿童具有爱国思想、国民公德和诚实、勇敢、团结、互助、遵守纪律等优良品质；在体育方面，使儿童具有强健的身体，活泼、愉快的心情以及卫生的基础知识和习惯；在美育方面，使儿童具有爱美的观念和欣赏美的观念和欣赏艺术的初步能力。
	初、高中阶段	实施智育、德育、体育、美育全面发展教育。使学生能正确运用本国语文，得到现代科学的基础知识和技能，养成科学的世界观；发展学生为祖国效忠、为人民服务的思想，养成其爱祖国、爱人民、爱劳动、爱科学、爱护公共财物的国民公德和刚毅勇敢、自觉遵守纪律的优良品质；培养学生体育卫生的智能和习惯，以养成其强健的体格；陶冶学生的审美观念，并启发其艺术的创造能力。

续表

时间	学段	具体的培养目标
1963年	小学阶段	使学生具有爱祖国、爱人民、爱劳动、爱科学、爱护公共财物等品德，拥护社会主义，拥护共产党。使学生具有初步的阅读、写作和计算的能力，具有初步的自然常识和社会常识，培养良好的学习习惯。使学生的身心得到正常的发展，具有健康的体质，培养良好的生活习惯和劳动习惯。
	初、高中阶段	使学生具有爱国主义和国际主义精神，具有共产主义道德品质，拥护共产党的领导，拥护社会主义，愿意为社会主义事业服务、为人民服务；逐步培养学生的工人阶级的阶级观点。使学生在小学教育的基础上，进一步掌握语文、数学、外国语等课程的基础知识和基本技能，并且具有一定的生产知识。使学生的身心得到正常的发展，具有健康的体质，培养良好的生活习惯和劳动习惯。
1988年	小学阶段	要培养学生爱祖国、爱人民、爱劳动、爱科学、爱社会主义等思想品德，良好的行为习惯和初步分辨是非的能力。要使学生具有阅读、表达、计算的基本能力，学到一些自然常识和社会常识，培养学生的学习兴趣，养成良好的学习习惯，培养观察思考和动手操作的能力。要培养学生的坚强意志和活泼开朗的性格。要使学生具有健康的身体、爱美的情趣、良好的卫生习惯、劳动习惯和初步的生活自理能力。
	初中阶段	要使学生热爱社会主义祖国、热爱社会主义事业，热爱中国共产党，初步树立为人民服务的思想，培养为社会主义现代化建设献身的责任感，培养学生具有社会主义的思想品德和讲文明礼貌的良好习惯，使学生具有一定的分辨是非和抵制不良影响的能力。要使学生掌握必需的文化科学基础知识，具有必需的基本能力，培养实事求是的科学态度和不断探求新知的精神，初步掌握正确的学习方法，发展独立思考和动手操作的能力。要使学生具有健康的体魄，奋发向上的精神和一定的审美能力。要使学生具有劳动观点、劳动习惯和生活自理能力，初步掌握一些生产劳动的基础知识和基本技能。
1992年	小学阶段	初步具有爱祖国、爱人民、爱劳动、爱科学、爱社会主义的思想感情，初步养成关心他人、关心集体、认真负责、诚实、勤俭、勇敢、正直、合群、活泼向上等良好品德和个性品质，养成讲文明、讲礼貌、守纪律的行为习惯，初步具有自我管理以及分辨是非的能力。

续表

时间	学段	具体的培养目标
1992年	小学阶段	具有阅读、书写、表达、计算的基本知识和基本技能，了解一些生活、自然和社会常识，初步具有基本的观察、思维、动手操作和自学的能力，养成良好的学习习惯。 初步养成锻炼身体和讲究卫生的习惯，具有健康的身体。具有较广泛的兴趣和健康的爱美的情趣。 初步学会生活自理，会使用简单的劳动工具，养成爱劳动的习惯。
	初中阶段	具有爱祖国、爱人民、爱劳动、爱科学、爱社会主义的思想感情，初步了解辩证唯物主义、历史唯物主义的基本观点，初步具有为人民服务和集体主义的思想，具有守信、勤奋、自立、合作、乐观、进取等良好的品德和个性品质，遵纪守法，养成文明礼貌的行为习惯，具有分辨是非和自我教育的能力。 掌握必要的文化科学技术知识和基本技能，具有一定的自学能力、动手操作能力，以及运用所学知识分析和解决问题的能力，初步具有实事求是的科学态度，掌握一些简单的科学方法。 初步掌握锻炼身体的基础知识和正确方法，养成讲究卫生的习惯，具有健康的体魄。具有初步的审美能力，形成健康的志趣和爱好。 学会生活自理和参加力所能及的家务劳动，初步掌握一些生产劳动的基础知识和基本技能，了解一些择业的常识，具有正确的劳动态度和良好的劳动习惯。
2000年	高中阶段	热爱社会主义祖国，拥护中国共产党，了解中国历史和国情，对国家和民族具有责任感，初步形成正确的世界观、人生观和价值观。 具有民主和法制精神，学习行使公民权利和履行公民义务；积极参与社会公益活动；具有自觉保护环境的意识和行为；具有集体意识和合作精神；具有参与国际活动和国际竞争的意识；具有独立生活的能力；形成健全的人格。 具有适应学习化社会所需要的文化科学知识；形成独立思考、自主学习的能力；具有科学精神，形成科学态度，学会科学方法；能够利用现代信息技术手段进行学习，解决问题；进一步发展创新精神和实践能力，逐步形成适应学习化社会需要进行终身学习的能力。 具有健康体魄和身心保健能力，养成自觉锻炼身体的习惯，掌握科学的锻炼方法；具有良好的心理素质；形成文明健康、积极向上的生活方式。

续表

时间	学段	具体的培养目标
2000 年	高中阶段	树立健康的审美观，养成健康的审美情趣，对自然美、社会美、科学美和艺术美具有一定的感受力、鉴赏力、表现力和创造力。 具有与社会生活相适应的职业意识、创业精神和一定的择业能力，形成一定的劳动技能和现代生活技能，能够对自己的生活和发展作出恰当的选择。
2001 年	九年一贯制	全面贯彻党的教育方针，体现时代要求。要使学生具有爱国主义、集体主义精神，热爱社会主义，继承和发扬中华民族的优秀传统和革命传统；具有社会主义民主法制意识，遵守国家法律和社会公德；逐步形成正确的世界观、人生观、价值观；具有社会责任感，努力为人民服务；具有初步的创新精神、实践能力、科学和人文素养以及环境意识；具有适应终身学习的基础知识、基本技能和方法；具有健壮的体魄和良好的心理素质，养成健康的审美情趣和生活方式，成为有理想、有道德、有文化、有纪律的一代新人。

第一，注重培养目标的全面性。从我国历次颁发的课程计划对培养目标的内容规定可以看出，我国在基础教育阶段的培养目标着重从德、智、体、美等方面对学生的培养提出全面要求，力图促进学生全面和谐地发展。

第二，强调培养目标的政治性。从我国历次课程计划对培养目标的表述来看，加强对学生的思想政治引导始终是培养目标的首要观点，这也反映了始终把正确的政治方向放在第一位的指导思想。

第三，重视培养目标的时代性。我国不同时期的课程计划对培养目标的具体规定与当时的政治、经济、文化等方面的发展状态密切相关，它们都反映了特定时代对人才培养规格的要求。

第四，凸显培养目标的发展性。我国课程计划在培养目标方面的演变，展现了培养目标进行不断发展和完善的过程。它主要表现在两个方面：一是规定的培养目标越来越具体、全面；二是规定的培养目标越来越关注学生、社会、知识等的发展要求。

（三）课程设置

所谓课程设置，就是将所有教育科目和学生的一切活动项目进行适当的组织和安排，使其构成一个完整的课程体系。课程设置是课程计划的核心，它具体地规划了实现培养目标的“蓝图”，是把培养目标与教学实践相衔接的“桥梁”。事实上，任何一个课程计划都必须根据培养目标来考虑：设置哪些课程？如何设置这些课程？各种内容、各种类型、各种形态的课程的相互结合如何达到整体优化的效应？如何分配各种课程在整个课程体系中的比例等问题。这里可以从两个方面对课程设置的这些内容进行分析，即课程类别和课程比例。

1. 课程类别

新中国成立以来，我国在不同时期颁发的课程计划中都对基础教育阶段需要开设的课程进行了详细的规定。总体来看，这些课程可以分为国家课程、地方课程和学校课程三种类型。在国家课程中，又可以分为学科类课程和活动类课程。在学科类课程中，又可以分为工具类课程、知识类课程和技艺类课程。综观 1952 年以来我国在基础教育阶段开设的课程（见表 8-2），其主要发展轨迹如下。

第一，1992 年之前只有国家层面的课程；从 1992 年开始明确提出了地方安排的课程；2000 年在高中课程计划中开始出现地方和学校层面的课程；2001 年在义务教育阶段开始出现学校层面的课程。

第二，1981 年之前只有学科课程；从 1981 年开始在小学课程计划中出现了活动类课程；从 1990 年开始在高中课程计划中出现了活动类课程。

第三，1963 年之前没有选修课，而从 1963 年开始在中学的课程计划中出现了选修课。

第四，1988 年之前主要是分科课程；从 1992 年开始明确提出以分科课程为主，适当设置综合课程；从 2001、2004 年开始分别在高中和义务教育阶段开设综合实践活动课程，同时加强了课程的整合。

第五，工具类课程的设置趋于稳定；知识类和技艺类课程的设置在不同的课程计划中有较大的变动，主要表现为名称变动或内容的分化与重组。

表 8-2　1952 年以来我国基础教育所开设过的各类课程

国家课程				地方和学校课程
学科类课程			活动类课程	
工具类课程	知识类课程	技艺类课程		
语文、数学（或算术）、外语、信息技术等。	科学（或物理、化学、生物）、历史与社会（或历史）、地理、自然、卫生常识（或生理卫生）、工农知识（或生产常识）、政治（或中国革命常识、社会科学基础知识、共同纲领、时事政策、思想政治、政治常识、辩证唯物主义常识、中华人民共和国宪法等）。	艺术（或音乐、美术，或美工、唱歌等）、制图、图画、劳动技术、体育、手工劳动、劳动等。	课外活动（包括自习、科技文娱活动、体育活动、周会、班队活动）、活动（包括晨会、自习、班队会、体育活动和兴趣活动、时事政策、科技艺体活动、社会实践活动等）、综合实践活动（包括社会实践、劳动技术教育、社区服务和研究性学习）等。	主要包括地方或学校开设的各种课程。

2. 课程比例

课程比例可以通过各类课程与所有课程的课时比，以及各门课程与该类课程的课时比来计算。从我国 1952 年以来颁发的课程计划可以看出，在不同历史时期颁发的课程计划中，不同类型或不同学科的课程比重不同。其存在以下一些特点。

第一，从 1952 年以来，尽管工具类课程在学科课程体系中的比重时有起伏，但我国基础教育的工具类课程在学科课程中所占的比例一直远远高于知识类和技艺类课程在学科课程体系中的比例。它们之间的差距在 1963 年达到了最高点，前者分别高于后两者 46.07%和 53.58%。从 1978 年开始，工具类课程的比重开始下降，知识类课程的比重一直处于上升趋势，技艺类课程的比重总体来讲高于 1978 年以前的比重（如图 8-2 所示）。

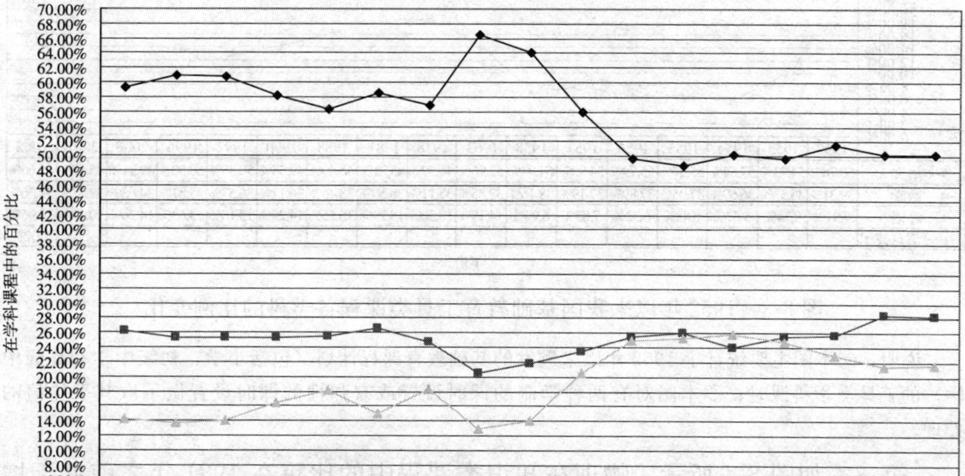

	1952	1953	1954	1955	1956	1957	1958	1963	1978	1981	1988	1990	1992	1996	2000	2001	2002
工具类	59.38%	60.87%	60.79%	58.26%	56.42%	58.61%	56.92%	66.55%	64.09%	55.96%	49.62%	48.74%	50.26%	49.65%	51.50%	50.15%	50.18%
知识类	26.31%	25.38%	25.22%	25.25%	25.47%	26.51%	24.71%	20.48%	21.86%	23.54%	25.50%	26.00%	23.96%	25.55%	25.66%	28.37%	28.26%
技艺类	14.31%	13.75%	13.99%	16.49%	18.11%	14.88%	18.37%	12.97%	14.05%	20.50%	24.88%	25.26%	25.78%	24.80%	22.84%	21.48%	21.56%

年份

图 8-2 1952 年以来我国基础教育三类学科课程的比例变化

说明：①本图主要统计了 1952 年以来所颁发的课程计划对基础教育（即小学、初级中学和高级中学）的三类学科课程的课时规定，其中不包括地方课程、学校课程和活动类课程所占的课时；②本图主要统计了对小学、初级中学或高级中学的课程计划做了变动的主要年份的三类学科课程的课时；③本图对有两种学制的课时设置或有弹性的课时设置做了取其平均值的处理。

第二，在工具类课程中，语文的比重一直远远高于数学和外语的比重，数学的比重一直远远地高于外语的比重（如图 8-3 所示）。尽管语文和数学从 1952 年以来在工具类学科中所占的比重时有起伏，但总体来看，二者的比重处于下降趋势；而外语在工具类学科中的比重具有较大增长。从 2002 年开始出现了信息技术。

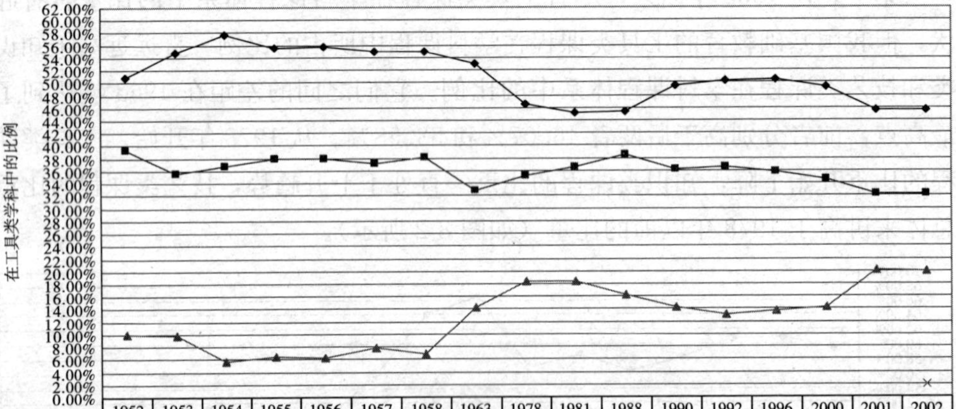

	1952	1953	1954	1955	1956	1957	1958	1963	1978	1981	1988	1990	1992	1996	2000	2001	2002
—◆— 语文	50.78%	54.73%	57.64%	55.57%	55.79%	54.98%	54.94%	52.96%	46.59%	45.21%	45.40%	49.58%	50.33%	50.50%	49.21%	45.58%	45.66%
—■— 数学	39.31%	35.53%	36.69%	37.95%	37.89%	37.19%	38.16%	32.85%	35.11%	36.50%	38.45%	36.17%	36.57%	35.87%	34.63%	32.32%	32.36%
—▲— 外语	9.91%	9.74%	5.67%	6.48%	6.32%	7.83%	6.90%	14.19%	18.30%	18.29%	16.15%	14.25%	13.10%	13.63%	14.26%	20.10%	19.96%
—×— 信息技术																	2.02%

年份

图 8-3　1952 年以来我国基础教育工具类课程各学科的比例变化

说明：①本图主要统计了 1952 年以来颁发的基础教育课程计划（包括小学、初级中学和高级中学）的工具类学科课时；②本图对有两种学制的课时设置或有弹性的课时设置做了取其平均值的处理。

第三，如图 8-4 所示，物理在知识类课程中的比重在 1981 年之前处于增长阶段，从 1981 年以后有所下降；化学在知识类课程中的比重则一直处于相对平稳状态；生物在知识类课程中的比重在 1981 年之前处于下降趋势，1981 年之后有所回升；从 2001 年开始，科学（包括物理、化学和生物）在知识类课程中所占的比重有所提升，比 2000 年高 6%以上；政治在知识类课程中的比重在 1957 年之前有所下降，但从 1957 年开始处于持续增长阶段，在 2002 年就仅次于科学；历史在知识类课程中的比重在 1981 年之前处于下降趋势，在 1981—1992 年之间有所增长，从 1992 年以后有所下降；地理在知识类课程中的比重在 1981 年之前处于下降趋势，在 1981—2000 年间起伏较大，但总体有上升趋势，2001 年以后有所下降；自然在 1978 年之前处于平稳，1978 年以后有所增长，2001 年以后被取消。此外，在 1981 年之前还开设了一些其他类型的知识类课程，但比重较小，1981 年以后相继取消。

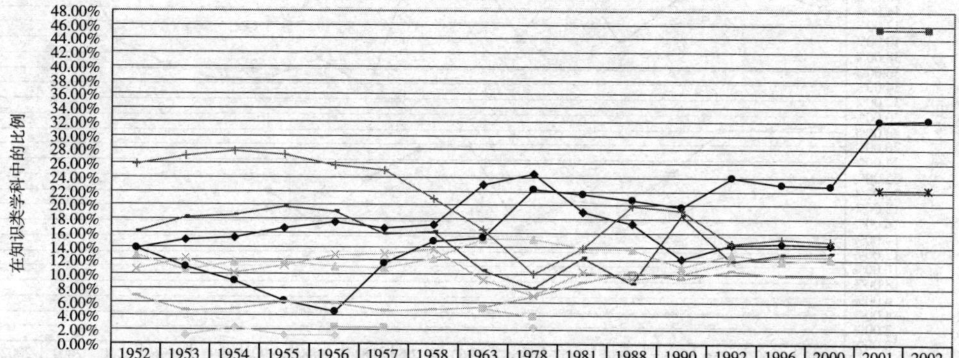

	1952	1953	1954	1955	1956	1957	1958	1963	1978	1981	1988	1990	1992	1996	2000	2001	2002
物理	13.85%	14.97%	15.33%	16.76%	17.48%	16.72%	17.13%	22.95%	24.44%	19.01%	17.33%	12.19%	14.24%	14.43%	14.38%		
科学																45.42%	45.39%
化学	12.78%	10.48%	11.81%	11.73%	11.08%	10.93%	12.22%	15.12%	15.20%	13.78%	13.68%	10.98%	13.00%	11.98%	12.27%		
生物	10.65%	12.29%	10.28%	11.24%	12.82%	12.90%	13.69%	9.13%	7.06%	10.44%	9.33%	9.98%	11.84%	12.68%	12.64%		
历史与社会																22.34%	22.22%
政治	13.85%	11.10%	9.07%	6.15%	4.66%	11.59%	14.79%	15.35%	22.26%	21.70%	20.71%	19.72%	24.07%	22.95%	22.87%	32.24%	32.39%
历史	25.92%	27.14%	27.78%	27.16%	25.64%	25.00%	21.01%	16.58%	10.08%	13.78%	19.86%	19.23%	14.48%	15.19%	14.85%		
地理	16.20%	18.16%	18.58%	19.76%	18.99%	15.83%	16.18%	10.51%	7.95%	12.48%	8.64%	18.51%	11.84%	12.86%	13.11%		
自然	6.75%	4.74%	4.85%	5.94%	5.83%	4.69%	4.98%	5.29%	6.76%	8.81%	10.45%	9.39%	10.53%	9.91%	9.88%		
卫生常识		1.12%	2.30%	1.26%	1.17%				2.38%								
工农知识					2.33%	2.34%		5.07%	3.87%								

年份

图 8-4　1952 年以来我国基础教育知识类课程各学科的比例变化

说明：①本图主要统计了 1952 年以来颁发的基础教育课程计划（包括小学、初级中学和高级中学）的知识类学科的课时；②2001 年以来的“科学”课程的课时包含了“物理”、“化学”和“生物”课程的课时，“历史与社会”课程的课时包含了“历史”或“地理”课程的课时；③本图对有两种学制的课时设置或有弹性的课时设置做了取其平均值的处理。

第四，如图 8-5 所示，在技艺类课程中，音乐在 1952 年占 28.60%，在 1953—1958 年间下降了 13.54%，在 1963—1987 年间有较大增长，1988 年再次大幅度下降，1990 年后有所增长；美术在 1952 年占 21.37%，在 1978 年之前比重处于下降趋势，在 1978 年达到了最高的比重 22.41%，此后又一直处于下降趋势；劳动技术（包括相关的课程）在 1963 年之前在技艺类课程中的比重整体处于上升趋势，在 1963 年被取消，在 1982 年被恢复，但其比重一直处于下降趋势，在 2001 年再度被取消；体育在技艺类课程中的比重一直远远高于音乐、美术和劳动技术的比重，在 1981 年的比重为最低，即 33.33%，1992 年以后具有较大幅度的增长。

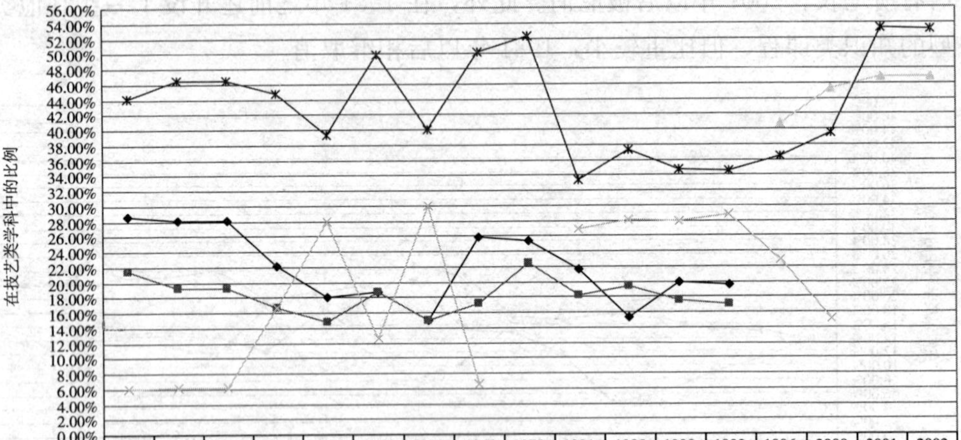

	1952	1953	1954	1955	1956	1957	1958	1963	1978	1981	1988	1990	1992	1996	2000	2001	2002
音乐	28.60%	28.04%	28.04%	22.08%	18.03%	18.80%	15.06%	25.94%	25.35%	21.54%	15.31%	19.86%	19.50%				
美术	21.37%	19.29%	19.28%	16.62%	14.76%	18.79%	15.06%	17.11%	22.41%	18.16%	19.33%	17.45%	17.05%				
艺术														40.75%	45.35%	46.79%	46.86%
劳动技术	5.87%	6.16%	6.16%	16.62%	27.87%	12.53%	29.92%	6.71%	26.97%	28.07%	27.90%	28.85%	22.85%	15.09%			
体育	44.16%	46.52%	46.52%	44.68%	39.34%	49.88%	39.96%	50.24%	52.24%	33.33%	37.29%	34.79%	34.60%	36.40%	39.56%	53.21%	53.14%

年份

图 8-5　1952 年以来我国基础教育技艺类课程各学科的比例变化

说明：①本图主要统计了 1952 年以来颁发的基础教育课程计划（包括小学、初级中学和高级中学）的技艺类学科课时；②1996 年以来的“艺术”课程的课时包含了“美术”与“音乐”课程的课时；③本图对有两种学制的课时设置或有弹性的课时设置做了取其平均值的处理。

第五，1981 年以来，我国的学科类课程与活动类课程在整个基础教育阶段的课时比重发生了明显的变化，主要表现为活动类课程的课时呈现持续增长的趋势，而学科类课程的课时呈现持续减少的趋势。从图 8-6 可以看出，1981—2002 年，我国基础教育的活动类课程增长了 4.67%，到 2002 年已增长了 6.72%；相反，学科类课程降低了相应的百分点。但从总体上看，我国的基础教育课程仍然以学科类课程为主、活动类课程为辅。

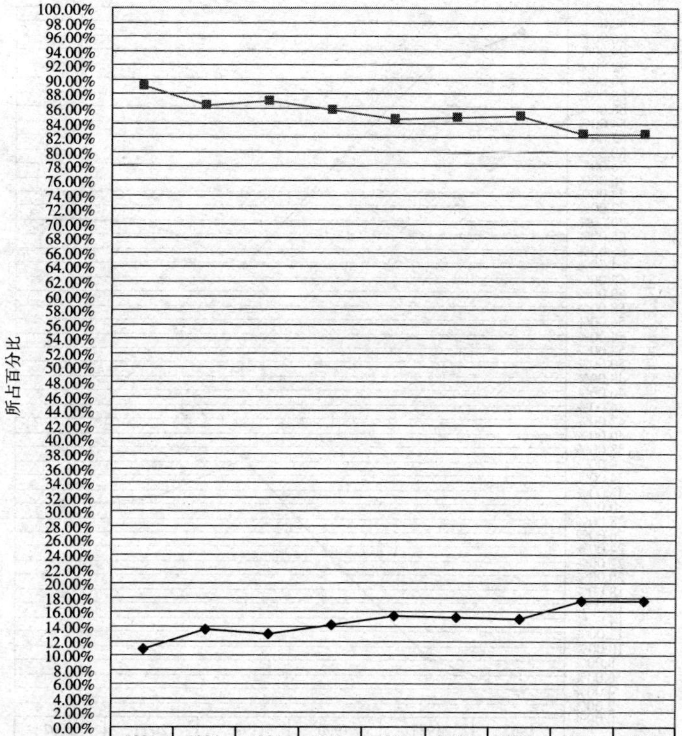

	1981	1984	1988	1990	1992	1996	2000	2001	2002
活动课程	10.79%	13.48%	13.00%	14.20%	15.46%	15.25%	15.12%	17.46%	17.51%
学科课程	89.21%	86.52%	87.00%	85.80%	84.54%	84.75%	84.88%	82.54%	82.49%

年份

图 8-6　1981 年以来我国基础教育学科类课程与活动类课程的比例变化

说明：①本图主要统计了设置活动类课程的课程计划中学科类课程与活动类课程（见表 8-2）的课时；②本图对弹性化的课时规定做了取平均值的处理。

第六，1963 年以来，我国开始在高级中学阶段开设选修课（包括任选课和限选课），此后高中教育阶段的选修课比重一直处于持续增长阶段。从图 8-7 可以看出，在 1963 年，选修课的比重仅为 3.32％；到了 1996 年，选修课的比重增加了 33.07％，而必修课的比重减少了相应的百分点。在 2000 年、2002 年颁发的相关高中课程计划中，选修课的比重有所下降，共减少了 6.58％。但总体来讲，我国的高中课程仍然以必修课为主、选修课为辅。

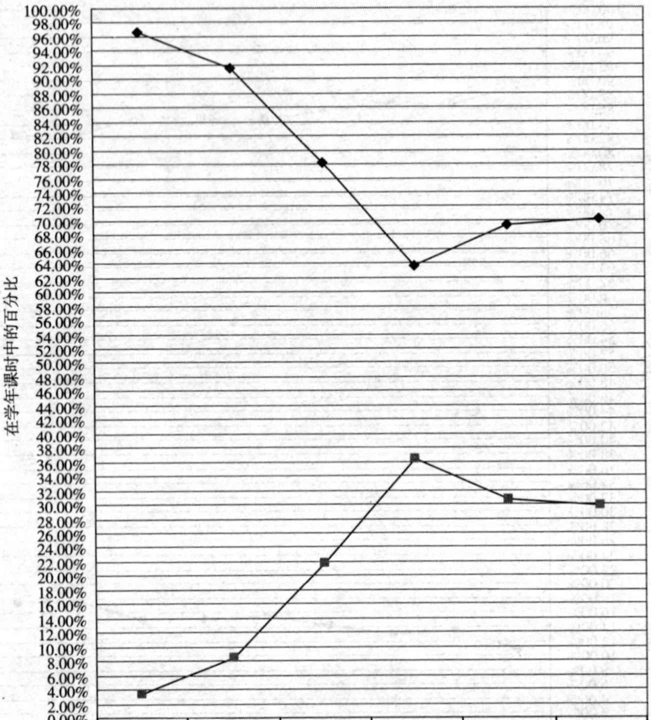

	1963	1981	1990	1996	2000	2002
必修	96.68%	91.53%	78.27%	63.61%	69.38%	70.19%
选修	3.32%	8.47%	21.73%	36.39%	30.62%	29.81%

图 8-7　1963 年以来我国高中阶段的必修课程与选修课程比例变化

说明：①本图主要统计了设置选修课的课程计划所规定的选修课与必修课的课时；②本图对弹性化的课时规定做了取平均值的处理；③本图把课程计划中没有规定为选修课的课时都被视为必修课的课时。

3. 我国课程设置的特点

尽管我国几十年来的课程设置变动频繁，但总体来讲具有如下几个特点。

（1）注重基础教育课程体系的完整性。与我国注重培养目标的全面性相适应，我国基础教育的课程设置也显现出完整性特征。从表 8-2 可以看出，我国几十年来所设置的基础教育课程，一般都能够反映我国对学生的德、智、体、美等全面教育的要求，它为每个方面的教育要求都设置了相应的学科课程或活动课程。尤其是从 1992 年以来，我国对基础教育课程进行了整合与调整，更加强调了不同类型的课程对学生发展的不同功能，同时也强调了部分课程在德、智、体、美等方面的综合性发展功能。

（2）注重基础教育课程体系的基础性。基础教育课程主要为学生的继续学习或工作奠定坚实的基础，而并非直接培养各学科领域的专门人才。因此，我国在基础教育的课程设置上注重了课程的基础性。所谓基础性，一方面指具有普遍性和共同性，它们是学生进行其他学习或从事各种职业所必需的知识与技能、过程与方法、情感态度与价值观等因素；另一方面指具有始发性，是学生后继学习的“先行组织者”。为此，我国在课程设置上注重解决知识量增长的无限性与课程门类、课程内容和课程时数的有限性之间的矛盾，把基础性作为设置基础教育课程的基本原则，使学生能够凭借这种基础教育课程体系逐渐地完善和发展自己，形成一个宽广的发展平台。

（3）强调基础教育课程体系的多样性。从我国基础教育课程体系的发展沿革来看，我国越来越注重根据科学技术发展水平、社会发展的需要和学生心理发展的规律等来设置多样化的课程；具有不同形式或功能的课程越来越成为我国课程体系中的重要组成部分。因此，我国的基础教育课程体系也从最初单纯的学科课程、分科课程、显性课程或必修课程，逐渐地发展成为学科课程与活动课程、分科课程与综合课程、显性课程与隐性课程、必修课程与选修课程等并存的课程结构。

（4）强调基础教育课程体系的民族性。每个民族都有自己特定的文化传统，而教育就在这种特定的民族文化背景中进行。我国过去所设置的基础教育课程就充分体现了这一点。我国的基础教育课程注重吸收中华民族几千年来所创造的博大精深的文化，用以培养学生的民族自信心、自尊心和自豪感，培养学生的爱国热情和民族意识。我国在加强基础教育课程的民族性的同时，也注意吸纳在新时代背景下所产生的新的文化或精神，进一步充实和发展民族文化。

（5）关注基础教育课程体系的灵活性。我国是一个幅员辽阔的、多民族的发展中国家，环境相差较大，经济文化发展极不平衡。因此，我国的基础教育课程设置越来越强调在国家的宏观指导下，根据各地区、各学校以及学生的实际情况灵活地安排课程。它主要表现为三个方面：一是在课程类型上，我国逐渐形成了分别由国家、地方和学校确定的国家课程、地方课程和校本课程等；二是在具体课程的设置上，我国越来越重视根据不同地区的经济、文化和教育发展状况来设置不同内容的课程；三是在课时的安排上，我国也作出了比较弹性化的规定。

第二节 课程标准

在我国，课程标准主要用来指称对课程计划所设置的每一门具体课程进行总体规划和说明的课程文件。课程标准是为了落实课程计划而制订和颁发的又一种纲要性文本，这种课程文件也曾被称为教学大纲。

课程标准在我国并非是一个新的课程文件术语，在 1912 年南京临时政府公布的《普通教育暂行课程标准》中就使用了该术语。直到 1952 年为止，我国一直把对一定学段的课程水平和课程结构作出规定的纲领性文件称为“课程标准”。在这段时期，我国的课程标准通常包括两个重要组成部分：一是课程标准总纲，它是对一定学段的课程进行总体设计的纲领性文件，它对各级各类学校的课程目标、学科设置、各年级各学科每周的教学时数、课外活动的要求和时数、团体活动的时数等作出规定和说明；二是分科课程标准，它对各具体学科的课程目标、教材纲要、教学要点、教学时数以及编写教材的要求等作出规定和说明①。因此，我国 1952 年之前颁发的课程标准的总纲部分类似于 1992 年以后指称的课程计划，而分科课程标准类似于 2001 年以后指称的课程标准。我国从 1952 年开始把分科课程标准称为教学大纲，直到 2001 年的基础教育课程改革中又把教学大纲改称为课程标准。为了更好地理解课程标准，这里对它的性质、结构及其功能等进行探讨。

① 教育大辞典编纂委员会编：《教育大辞典》（第一卷），上海教育出版社 1990 年版，第 280 页。

一、课程标准的性质

尽管不同国家的课程标准在具体内容上存在差异，但从不同国家（尤其是我国）颁发课程标准的目的、过程和效果来看，这些课程标准往往都具有如下四种性质。

（一）课程标准作为一种理想性文本

课程标准是一定国家或地区在特定时代背景下，为了培养理想的人、建构理想的社会、传递理想的知识，根据一定的教育理念和理论基础而制订出来的一种课程文件。因此，课程标准产生的意图与过程就决定了它首先是一种理想的教育文本。课程标准的理想性主要表现在四个方面。

一是课程标准持有的理念。课程理念往往是对该课程坚持的基本精神或追求的愿景的一种描述。例如，我国 2001 年制订的课程标准都持有全人发展、科学与人文整合、回归生活等基本理念，且都在学科课程标准的“前言”中结合学科的性质描述了该课程的基本理念。同样，澳大利亚在描述英语、数学等“核心学习领域”的标准时也首先对基本理念进行了阐述①。

二是课程标准表述的目标。课程目标往往是对某门课程所追求的学习结果的一种应然规定。例如，我国 2001 年制订的课程标准在课程目标部分就对理想的教与学的结果进行了描述。同样，在《美国国家科学教育标准》中，美国就对具有科学素养的人进行了具体的构想，并描绘了使每个人都具有良好的科学素养的科学教育的应然状态②。

三是课程标准编写的依据。制订课程标准及其课程标准中的各种决策往往都依据具有一定价值取向的理论，如教育学、心理学、哲学等研究领域中的一些理论。这些理论往往都是对一种应然状态的描述。

四是课程标准表述的形式。课程标准从其表述的用语及其描述的内容上看，它们都是对该门课程的理想形式的规定。例如，我国 2001 年所制订的学科课程标准的“内容标准”、“实施建议”等部分，都是对理想的课程内容和课程实施的描述。

---

① 参见丛立新等主编译：《澳大利亚课程标准》，人民教育出版社 2004 年版，第 241—471 页。

② ［美］国家研究理事会著，戢守志等译：《美国国家科学教育标准》，科学技术文献出版社 1999 年版，第 1—17 页。

（二）课程标准作为一种纲领性文本

课程标准是对课程计划中所设置的各门课程进行简要而完整地说明和规划。因此，尽管课程标准对课程计划进行了具体化，但它还是该门课程的一种纲领性文本，它并不进行具体的课程开发。课程标准作为一种纲领性文本主要体现在三个方面。

一是目标描述的概括性。课程标准在课程目标部分仅仅对特定阶段或学习领域的学习结果作出一种概括性描述。例如，我国 2001 年制订的各科课程标准仅仅从知识与技能、过程与方法、情感态度与价值观这三个目标领域，对具体课程的总体目标或学段目标进行了描述。同样，澳大利亚的课程标准也仅仅对各个核心学习领域的总体目标、分支领域的学习结果及其各个核心学习领域中的六种学习水平作出了描述。

二是内容规定的纲要性。课程标准不涉及具体的教学材料，它仅仅规定选择教学材料的标准和要求，因而被称为“内容标准”而非“课程内容”。例如，我国 2001 年制订的各科课程标准一般以“主题”、“领域”等形式来对课程内容进行描述，然后以具体目标或标准等形式对这些主题或领域的选材标准作出一般规定。同样，澳大利亚在规定其核心学习领域时，一般也是通过“主题”的形式对核心学习领域的分支领域和亚分支领域的内容进行描述，然后以“学习结果＋指标”等形式对选材标准作出一般规定。

三是实施建议的原则性。课程标准仅仅对具体学科的教学、评价和教材编写等提出一些原则性建议，并不对这些因素进行系统的设计。例如，我国的教学大纲或课程标准对教学、评价或教材编写等所作出的各种要求就主要是一种原则性要求。

（三）课程标准作为一种规范性文本

“课程标准”的“标准”在《辞海》中被解释为“衡量事物的准则，引申为榜样、规范”①；在英语国家，“标准”（standard）有为实现某种目的而要求的程度，或适切的尺度，或期望的行为准则等之意。课程标准就是从“标准”

① 辞海编辑委员会编：《辞海》，上海辞书出版社 1999 年版，第 3635 页。

的这些本意出发，对具体课程的性质、地位、教学目的、教学任务、内容范围、教材编写、考试评价等进行的规范，也是对各类主体处理这些课程事务所需要遵循的行为准则的描述。因此，课程标准对具体课程的各种事务具有规范性。例如，1996 年发布的《美国国家科学教育标准》就明确指出，“科学教育标准是量度质量的准绳”，“有助于各地制定出能使科学教育的改革工作步调统一、目标一致、首尾如一地进行下去的政策”①。我国 2001 年颁布的《基础教育课程改革纲要（试行）》就对课程标准的这种规范作用进行了明确的说明。它指出：“国家课程标准是教材编写、教学、评估和考试命题的依据，是国家管理和评价课程的基础。应体现国家对不同阶段的学生在知识与技能、过程与方法、情感态度与价值观等方面的基本要求，规定各门课程的性质、目标、内容框架，提出教学和评价建议。”总体来看，我国课程标准的规范性更加突出。

（四）课程标准作为一种范例性文本

课程标准不仅从理想化、纲领化的视角对具体课程的内容结构或框架领域作出规定，而且对各学科、各学段需要呈现的学习领域或课程重点以及它们的标准进行了描述，并为不同学习领域、单元或分支领域提供了可供参考的学习情节素材、案例或外显行为。课程标准的这些内容为在课程标准指导下的教材编写、教与学活动等提供了范例。在我国，无论是教学大纲还是课程标准，都有通过列举案例来对课程内容的呈现形式或重点进行说明的成分。我国 2001 年颁布的义务教育《数学课程标准》在阐述每个学段的内容标准时都包括“案例”部分；同时颁布的义务教育《化学课程标准》不仅在阐述内容标准时列举了“案例”，而且在“附录”部分还列举了多个“科学探究学习的案例”。澳大利亚在课程标准中也附加了一些配套的实际案例，用来回答“根据这一标准，学生的学习究竟应该是怎样的”② 问题。实际上，课程

① ［美］国家研究理事会著，戢守志等译：《美国国家科学教育标准》，科学技术文献出版社 1999 年版，第 15—16 页。
② 从立新等主编译：《澳大利亚课程标准》，人民教育出版社 2004 年版，第 5 页。

标准的范例性与课程标准的理想性、纲领性和规范性具有内在一致性，它能够更加清晰地对课程标准的理想性和纲领性进行补充和说明，并进一步强化课程标准的规范性。

二、课程标准的结构

课程标准的结构主要指课程标准的基本组成部分及其各部分的关系。尽管我国在2001年颁布的各科课程标准在具体内容的表述上存在差异，但同以往颁布的课程标准（包括教学计划）相比，它在结构上具有更高的统一性和完整性。因此，这里有必要对我国迄今为止相对成熟的学科课程标准的一般结构进行分析。事实上，我国2001年以后颁发的义务教育课程标准和普通高中课程标准的结构主要由五个部分组成（见表8-3）。

表8-3　2001年以后我国颁布的基础教育各科课程标准的一般结构

学段	课程＼结构	前言	课程目标	内容标准	实施建议	附录
九年一贯制义务教育课程标准	语文	★	★		★	★
	数学	★	★	★	★	
	科学	★	★	★	★	★
	物理	★	★	★	★	
	化学	★	★	★	★	★
	生物	★	★	★	★	
	地理	★	★	★	★	
	历史	★	★	★	★	
	历史与社会	★	★	★	★	★
	品德与生活	★	★	★	★	
	品德与社会	★	★	★	★	★
	思想品德	★	★	★	★	

续表

学段	课程 \ 结构		前言	课程目标	内容标准	实施建议	附录
九年一贯制义务教育课程标准	外语	英语	★	★	★	★	
		日语	★	★	★	★	
		俄语	★	★	★	★	★
	音乐		★	★	★	★	
	美术		★	★	★	★	★
	艺术		★	★	★	★	★
	体育与健康		★	★	★	★	★
普通高中课程标准	政治		★	★	★	★	
	语文		★	★		★	★
	数学		★	★	★	★	
	物理		★	★	★	★	★
	化学		★	★	★	★	
	生物		★	★	★	★	
	历史		★	★	★	★	
	地理		★	★	★	★	
	技术		★	★	★	★	
	外语	英语	★	★	★	★	★
		日语	★	★	★	★	
	体育与健康		★	★	★	★	★
	音乐		★	★	★	★	
	美术		★	★		★	
	艺术		★	★	★	★	

说明："★"表示在该课程标准的结构中具有这个组成部分。

（一）**前言**

“前言”一般主要阐明本门课程改革的背景，以及该门课程的性质（或价值、地位）、基本理念和该课程标准的设计思路等。例如，我国现行的《普通高中数学课程标准（试验）》在“前言”部分除了对课程改革的背景进行描述以外，还主要阐述了下列内容。

1. 课程性质

（1）高中数学课程是义务教育后普通高级中学的一门主要课程，它包含了数学中最基本的内容，是培养公民素质的基础课程。

（2）高中数学课程对于认识数学与自然界、数学与人类社会的关系，认识数学的科学价值、文化价值，提高提出问题、分析和解决问题的能力，形成理性思维，发展智力和创新意识具有基础性的作用。

（3）高中数学课程有助于学生认识数学的应用价值，增强应用意识，形成解决简单实际问题的能力。

（4）高中数学课程是学习高中物理、化学、技术等课程和进一步学习的基础。同时，它为学生的终身发展，形成科学的世界观、价值观奠定基础，对提高全民族素质具有重要意义。

2. 课程的基本理念

（1）构建共同基础，提供发展平台。

（2）提供多样课程，适应个性选择。

（3）倡导积极主动、勇于探索的学习方式。

（4）注重提高学生的数学思维能力。

（5）发展学生的数学应用意识。

（6）与时俱进地认识“双基”。

（7）强调本质，注意适度形式化。

（8）体现数学的文化价值。

（9）注重信息技术与数学课程的整合。

（10）建立合理、科学的评价体系。

3. 课程标准的设计思路

高中数学课程力求将改革的基本理念与课程的框架设计、内容确定以及课程实施有机地结合起来。

（1）高中数学课程框架。

（2）对学生选课的建议。

（3）本标准中使用的主要行为动词。

（二）课程目标

“课程目标”主要根据我国2001年基础教育课程改革的指导思想，结合具体课程的特点，从知识与技能、过程与方法、情感态度与价值观等三个维度详细地阐述该课程所追求的基本目标。总体来看，我国2001年以来颁发的各科课程标准在目标部分的呈现方式主要包括三种形式（见表8-4）：第一种形式是“总体目标＋阶段（或学段）目标”，主要在义务教育阶段的语文、数学、英语等课程标准中使用；第二种形式是“总体目标＋分目标（＋各部分目标的相互关系）”，主要在义务教育阶段的化学、地理、物理、科学等课程标准和普通高中的绝大多数学科课程标准中使用；第三种形式是“总目标＋目标结构＋分级目标”，主要在普通高中的英语和日语课程标准中使用。

表8-4　2001年以后我国颁布的基础教育课程标准的三种目标陈述方式

总体目标＋阶段（或学段）目标	总体目标＋分目标（＋各部分目标的相互关系）	总目标＋目标结构＋分级目标
例如，九年一贯制的《语文课程标准》的目标陈述： 一、语文课程总目标 二、语文课程阶段目标 第一学段（1—2年级） （一）识字与写字 （二）阅读 （三）写话 （四）口语交际 （五）综合性学习 第二学段（3—4年级） （一）识字与写字 （二）阅读 （三）习作	例如，九年一贯制《地理课程标准》的目标陈述： 一、地理课程总目标 二、地理课程分目标 （一）知识与技能 （二）过程与方法 （三）情感态度与价值观	例如，普通高中《英语课程标准》的目标陈述： 一、英语课程的总目标 二、英语课程目标结构 （一）语言技能 （二）语言知识 （三）情感态度 （四）学习策略 （五）文化意识 三、分级目标 （一）六级目标 （二）七级目标 （三）八级目标 （四）九级目标

续表

总体目标＋阶段（或学段）目标	总体目标＋分目标（＋各部分目标的相互关系）	总目标＋目标结构＋分级目标
（四）口语交际 （五）综合性学习 第三学段（5—6 年级） （一）识字与写字 （二）阅读 （三）习作 （四）口语交际 （五）综合性学习 第四学段（7—9 年级） （一）识字与写字 （二）阅读 （三）写作 （四）口语交际 （五）综合性学习		

说明：本表中相关部分的具体内容被省略。

（三）内容标准

“内容标准”主要根据基础教育课程改革的指导思想和课程目标来制定选择具体的课程内容的标准，并用规范、清晰和便于评价的方式提供学生在学习课程内容后需要达到的学习结果，即表明学生通过这些课程内容的学习，应当在知识与技能、过程与方法、情感态度与价值观等方面达到的状态。内容标准的陈述方式有多种。例如，我国 2001 年以后颁布的基础教育课程标准就采用了五种方式来陈述内容标准（见表 8-5）：一是“学段＋学习领域（具体目标＋案例）”，如九年一贯制的语文、数学、美术、艺术等课程标准；二是“主题（或专题）＋标准＋活动建议（＋说明）”，如九年一贯制的化学、生物、历史与社会、地理和普通高中的化学、历史、技术、地理等课程标准；三是“学习领域＋级数（技能＋目标）”，如基础教育的英语、日语、俄语等课程标准；四是“学习领域＋水平目标”，如基础教育的体育与健康等课程标准；五是“学习模块＋主题＋内容标准＋活动建议”，如普通高中的物理、生物、艺术等课程标准。

表 8-5　2001 年以后我国颁布的基础教育课程标准在内容标准上的五种呈现方式

学段＋学习领域（具体目标＋案例）	主题＋标准＋活动建议（＋说明）	学习领域＋级数（技能＋目标）	学习领域＋水平目标	学习模块＋主题＋内容标准＋活动建议（＋案例）
例如，九年一贯制《数学课程标准》在内容标准部分的陈述： 第一学段（1—3 年级） 一、数与代数 （一）具体目标 （二）案例 二、空间与图形 （一）具体目标 （二）案例 三、统计与概率 （一）具体目标 （二）案例 四、实践活动 （一）具体目标 （二）案例 第二学段（4—6 年级） ……	例如，九年一贯制《地理课程标准》在内容标准部分的陈述： 一、地球与地图 （一）地球和地球仪 1. 标准 2. 活动建议 3. 说明 …… 二、世界地理 ……	例如，九年一贯制《英语课程标准》在内容标准上的陈述： 一、语言技能 （一）语言技能一级目标 1. 技能 2. 目标描述 （二）语言技能二级目标 1. 技能 2. 目标描述 …… 二、语言知识 ……	例如，九年一贯制《体育与健康课程标准》在内容标准上的陈述： 一、学习领域一：运动参与 （一）具有积极参与体育活动的态度和行为 【水平目标】 水平一 水平二 水平三 水平四 水平五 水平六 （二）用科学的方法参与体育活动 …… 二、学习领域二：运动技能 ……	例如，普通高中《生物课程标准》在内容标准部分的陈述： 生物 1：分子与细胞 1.1 细胞的分子组成 1.1.1 具体内容标准 1.1.2 活动建议 1.2 细胞的结构 1.2.1 具体内容标准 1.2.2 活动建议 1.3 细胞的代谢 1.3.1 具体内容标准 1.3.2 活动建议 【案例 1】 …… 生物 2：遗传与进化 ……

说明：本表中相关部分的具体内容被省略。

（四）实施建议

为了更好地理解和执行课程标准，就必须对实施课程标准的相关因素提供指导性建议。一般来讲，“实施建议”主要由四项内容组成。

一是教材编写建议，其主要对编写教材的指导思想、编写教材的原则、选择教材内容的方式、呈现教材内容的方式或体例、组织教材内容的方式等提出建议或要求。

二是教学建议，其主要说明教学需要遵循的一般原则以及教学目标、教学主体、教学策略、学习方式、教学媒体等要素的处理原则。

三是评价建议，其主要针对具体学科提出评价的一般原则，以及对评价目的、评价主体、评价内容、评价方式、评价类型、评价标准、评价时机等因素提供指导性建议。

四是课程资源开发与利用建议，其主要针对具体学科分析课程资源开发与利用的一般原则，提示具体学科的课程资源类型、课程资源开发与利用的途径与方式、课程资源开发的主体和课程资源开发的注意事项等。

此外，实施建议部分在必要的地方还提供了案例供实施者参考。

（五）附录

并非每门学科的课程标准都必须包括“附录”部分。事实上，在我国2001年以来颁布的基础教育课程标准中，只有部分课程标准设置了“附录”。是否设置“附录”主要取决于准确而有效地表述或呈现课程标准的需要。一般来讲，“附录”主要是为了补充或更加清楚地说明课程目标、内容标准和实施建议等部分的内容。因此，“附录”的具体内容具有多种形式，如教学材料的建议、课外读物的推荐、知识要点的提炼、名词术语的说明与解释、案例的列举以及一些重要的参考资料或文献等。

三、课程标准的功能

课程标准的性质及其内在结构决定了课程标准的功能。总体来讲，课程标准的功能主要表现为以下四个方面。

（一）贯彻与落实课程计划

如果说课程计划是从整体上规划了教育需要培养的人的综合素养，是培养理想人的宏观“蓝本”，那么，课程标准则从具体课程的视角出发，规定了该门课程需要承担的发展人的具体任务，它是通过具体课程来贯彻与落实课程计划的中观“蓝本”。因此，课程标准的重要功能之一就在于描述课程计划中所设置的各门课程究竟是怎样的课程，并进一步澄清各门课程实现培养目标的贡献及其途径。总体来看，课程标准主要通过以下几种方式去贯彻与落实课程计划的相关精神。一是揭示具体课程的教育性质或教育价值，即从应然的视角规定具体课程对实现教育目标的贡献。二是规定具体课程需要在学生身上实现的具体目标，即从实然的视角去描述具体课程能使学生在知识与技能、过程与方法、情感态度与价值观等方面达成的学习结果。三是具体化课程计划中的学习领域。课程计划中所规定的课程实际上仅仅给出了学习领域的名称，而这些学习领域的内在结构或内容则无法通过课程计划反映出来，课程标准则能弥补这项“空白”，对具体学习领域的内容作出更加详细和具体的规定，从而提高课程计划的可行性和确定性。

（二）统一与规范教材编写

课程标准对具体课程的性质、理念、目标以及内容标准的规定，有利于统一和规范具体的教材编写过程。第一，对课程性质的阐释揭示了为具体课程编写的教材需要达到的基本目的或具有的基本价值，这为教材编写提供了基本的价值取向。第二，对具体课程理念的阐释规定了编写具体课程的教材所依据的原则或持有的基本精神，这为教材编写提供了理论依据。第三，对课程目标的描述实际上揭示了编写具体课程的教材需要在学生身上达成的表现，这为教材编写提供了基本的“目的”，从而有助于课程开发者有的放矢地寻求适切的“手段”来达成这种目的。第四，对内容标准的描述直接地提供了需要编写的教材的基本框架、选材标准和组织方式。内容标准所规定的学习领域、学习模块或主题等，实际上规定了教材的选材范畴；内容标准对学习具体课程需要达到的基本要求的规定，实际上表明了编写的教材的内容及其内容的难易程度；内容标准所提供的活动建议，实际上为教材编写直接提供了材料，并为获取其他材料提供了范例；内容标准的分段陈述或学习水平划分，以及呈现的学习领域、学习模块或主题的逻辑关系等，实际上为各学段、各年级的教材编写提供了基本思路。第五，课程标准对具体课程的一般规定既有利于发挥不同教材编写者的创造性，又统一与规范不同教材编写者的行为，从而实现在统一课程标准指导下的多种教材文本，为课程计划所设置的各种课程提供多元的、各具特色的教学材料。

（三）引导与促进课程实施

课程标准作为对特定学段某门具体课程的总体规划，它为课程实施者提供了该门课程在整个学段的基本体系，并为课程实施过程提供了建设性意见，从而具有引导和促进课程实施的功能。具体来看，课程标准对课程实施的引导和促进功能主要表现在三个方面。首先，课程标准能够帮助课程实施者确立课程实施的具体目标。课程标准不仅在课程目标部分全面而系统地描述了该门课程的基本目标，而且在内容标准部分结合具体的学习领域、学习模块或主题罗列了具体的学习结果或水平目标等，课程实施者能够从这些课程目标、学习结果或水平目标中推演出课程实施过程的具体目标，用以指导具体的课程实施活动。其次，课程标准能够促使课程实施者建立某门课程在基础教育阶段的总体结构。这有助于课程实施者把当前正在实施的课程内容与已被实施和将会实施的课程内容联系起来，从而促进学生理解当前的课程内容，并为未来的学习奠定坚实的基础。再次，课程标准能够提高课程实施者的课程实施效能。在整个课程体系中，课程标准以课程计划为“纲”，而教材或教科书则以课程标准为“纲”，课程标准对课程实施的重要价值就在于它并不罗列具体的课程内容，而是在指明学生需要获得的学习结果的基础上去规定需要实施的课程内容的基本特征，而教材或教科书则仅仅列举符合这些特征的部分内容。因此，引导课程实施者的关键文本不是教材或教科书，而是课程标准。课程实施者需要以忠实于课程标准为基本原则，进行调适的、缔造取向的课程实施，从而提高课程实施在满足课程标准方面的效能。

（四）检查与评价教学效果

课程标准对课程理念、课程目标及其内容标准等方面的描述，为教学效果的评价提供了方法论指导。教学效果的评价主要是为了判断教和学的结果，并与预期的结果进行比较，找出差距与问题。课程标准则能为这项工作所涉及的诸多因素提供决策依据，其主要包括四个方面。一是课程标准为评价者指明了教学效果评价的范围。评价范围主要关注“评价什么”的问题，而课程标准对该门具体课程所需要达成的目标的描述实际上已经帮助评价者确立了教学效果的评价范围或评价内容。二是课程标准为评价者提供了教学效果评价的指标体系。内容标准中的学习领域、学习模块或主题为教学效果的评价提供了评价的基本要素，而对这些要素要达到的指标或标准的行为目标描述则为教学效果的评价提供了可行的指标体系。但在通常情况下，评价者需要根据课程目标及其内容标准对这种指标体系进行更加详细的分解或演绎，以获得针对具体评价内容的适切的评价指标体系。三是课程标准为评价者提供了教学效果评价的原则。事实上，课程标准中的课程理念规定了教学效果评价需要遵循的基本原则，大多数课程标准还直接地对教学评价的原则提供了建议。四是课程标准为评价者提供了决定评价方式和创造评价工具的依据。究竟采用什么方式来评价教学效果主要取决于评价内容的性质，而课程标准对内容标准的描述实际上就揭示了评价内容的性质，预示了评价方式。同时，课程标准以行为目标方式对学习结果或水平标准的描述为编制评价工具提供了具体的思路和方法。

第三节　教　科　书

教科书又称“课本”，是根据各科课程标准（或教学大纲）编写的教学用书，它是教材的主体部分和教学的主要材料，也是考核教学成绩的主要依据和学生在课外扩大知识领域的重要基础①。教科书是教育领域的重要课程文件，从历史角度看，它是学校在正规教育场合所传播的知识宝库和进行思想交流的媒体，是建立现代化学校教育体制的基础和开设课程与进行教学的基本工具②；从现实角度看，它是教师指导学生学习和学生自主学习的一种主要书籍、材料或媒体，是学科内容的基本反映和典范，是知识信息的系统性和权威性记录。基于教科书的重要性，这里对它的性质、结构及其在教育活动中的功能等内容进行探讨。

---

① 顾明远主编：《教育大辞典》（增订合编本），上海教育出版社1998年版，第698页。

② ［瑞典］托斯顿·胡森主编：《国际教育百科全书》（第九卷），贵州教育出版社1990年版，第265—266页。

一、教科书的性质

尽管不同国家在教育中使用的教科书不同，但不同国家的教科书在教育活动中所具有的性质却有相同之处。总体来看，可以从以下两个视角对教科书的性质进行分析。

（一）从“书籍”视角审视教科书的性质

教科书首先是“书”。“书”则是一种装订成册的著作，它的最重要的特征就是“把人类的知识信息记载在轻便耐久的材料上”①。教科书作为“书”，其至少具有以下四种性质。

1. 物质性

物质性主要指教科书总是借助一定的质料而存在，它是构成教科书的有形因素。这些因素是人们通过视觉、听觉、触觉等感官系统能够感觉到的实体。迄今为止，教科书的质料仍然以“纸”或“油墨”等为主，逐渐地出现了“多媒体”等。但无论怎样，教科书都必须借助可被人们感知的有形因素才能存在。

2. 精神性

精神性主要指教科书所承载的知识信息是人类智慧的结晶，是人类精神活动的产物，是构成教科书的无形因素，必须借助思维能力才能意识到。尽管精神性是教科书的主要属性，但它却依赖于教科书的物质性，教科书其实就是人类精神活动的物化产品。当然，教科书的物质性能够借助人们的思维能力在认知主体中还原它的精神性。

3. 逻辑性

逻辑性主要指教科书中所承载的知识信息之间总是具有某种逻辑关系，从而紧扣主题陈述着某种核心思想。教科书的逻辑性主要表现在以下几个方面：所有知识信息的呈现顺序；前后知识信息的因果关系；前后知识信息的生成关系；前后知识信息的发展关系；等等。逻辑性是教科书具有系统性的重要体现，也是教科书比一般的教学材料更为突出的性质之一。

---

① 瞿葆奎主编，陆亚松、李平选编：《教育学文集·课程与教材》（下册），人民教育出版社 1993 年版，第 145 页。

4. 完整性

完整性主要就教科书的基本结构而言。一般的教科书在内容结构上都由事实、概念、原理、逻辑推论、态度、价值、方法论知识等要素构成；其在形式结构上一般由封面、编者的话（或类似内容）、目录、教与学的要求、正文、练习、附录、封底等部分构成。教科书在内容结构与形式结构上的完整性是它区别于其他教学材料的又一重要特征。

（二）从“教学”视角审视教科书的性质

教科书是制度化教育的重要组成部分，是教育主管机构把社会对教育的期望明确化的重要工具，也是实现教育目的的重要手段。从这个视角来看，教科书是在教学中有组织、有计划、有目的地向学生施加影响的一种主要材料。这种材料往往具有以下五种性质。

1. 思想性

教科书是特定意识形态的产物，它反映了特定意识形态的价值标准和行为准则。教科书的思想性隐含在教科书所承载的知识信息之中，它往往通过知识信息的选择、语词运用、问题解答、插图、传授态度等来反映特定人群的世界观、人生观和价值观，并通过事实的叙述和原理的论证来促使学生接受这些世界观、人生观和价值观。从世界各国的教育来看，思想性伴随着教科书演进的整个历史。

2. 科学性

教科书的编写过程是一个科学研究的过程，它赋予教科书以科学性。教科书的科学性主要包括两个层面。第一个层面是教科书内容的科学性。教科书所承载的科学知识一般反映了特定时代科学发展的基本状态，一般是该学科领域中有定论的知识或结论。第二个层面是教科书结构的科学性。教科书结构一般遵循知识本身的逻辑关系，以及人们认识发展或认识过程的基本规律。教科书的科学性是其重要特征之一。

3. 基础性

教科书的基础性表现为教科书中承载的知识主要是该学科领域的基础知识，主要为学生在这个学科领域的未来学习或课外自主学习奠定坚实的基础。一般来讲，教科书主要反映特定学科领域的基本事实、基本概念和基本原理等，它们是学生学习或理解该学科领域中更复杂、更广泛、更深刻的知识的“先行组织者”。

4. 简约性

教科书的简约性与基础性既有区别又有联系。其区别主要表现在：基础性主要从知识的性质上来说明教科书对学科知识的反映方式，即教科书中的知识在整个学科领域中具有基础性；而简约性则是从知识的数量上来说明教科书对学科知识的反映方式，即教科书要借助有限的教科书版面在有限的学习机会中尽量多而完整地把学科知识呈现给学生。因此，其内容必须是精简的、干练的和范例性的，忌讳冗杂。其联系主要表现在：注重教科书的基础性是教科书实现简约性的一种重要策略。

5. 艺术性

艺术性主要指教科书呈现知识信息的方式、教科书的物理属性等都是教科书编写者或设计者创造的产物。一般来讲，确立编写教科书的目标、选择媒介、文字叙述、设计图表、排版印刷等，无不反映出相关主体的创造精神，以及体现设计主体对这些事物的独特处理方式。例如：教科书文字叙述的结构特征；教科书图表的装饰性、表征性、组织性、理解性和转换性等；教科书纸张大小、字体形式与大小、字距、行距等；教科书版面的边界、栏宽、纵横排列方式等和教科书运用画线、斜体字、色彩等印刷方式①。这些事务的处理方式影响着教科书呈现知识信息的效果。

二、教科书的结构

教科书的结构主要指教科书的内在构成要素及其这些要素之间的关系。一般来讲，分析教科书需要关注教科书的两个方面，即形式和内容。因此，教科书的结构也就包括它的形式结构和内容结构。

（一）教科书的形式结构

教科书的形式结构又可以称为教科书的体例或表层结构。事实上，不同国

① 参见黄显华、霍秉坤著：《寻找课程论和教科书设计的理论基础》，人民教育出版社 2001 年版，第 73—90 页。

家的教科书具有不同的编写传统，因而建构的教科书形式结构也就存在一些差异。但由于学科知识的内在结构、学生心理发展规律等方面的共同性，不同国家或不同学科的教科书在形式结构上也存在某些共同或相似部分。一般来讲，这些共同或相似部分主要包括说明、目录、课文、附录、参考文献等部分（如图 8-8 所示）。

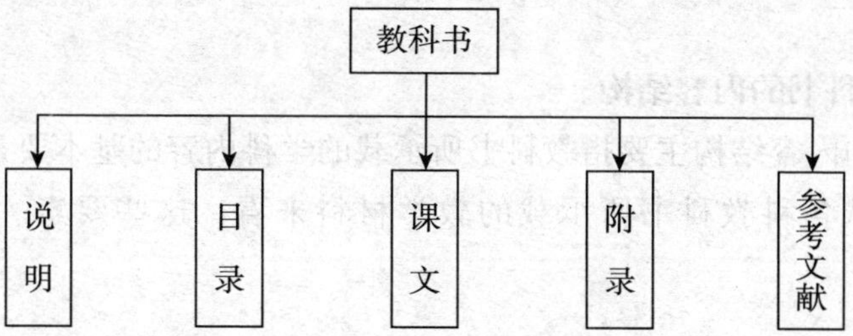

图 8-8　教科书的形式结构

1. 说明

说明部分一般以“编者的话”、“导读”、“前言”或“致同学们”等形式出现，主要对教科书的编写思路、基本框架或学习方式等进行阐释。

2. 目录

目录部分主要反映了教科书的基本内容及其这些内容在教科书中的位置，反映了教科书的基本构架。

3. 课文

课文是教科书的主体内容，是教学材料的具体呈现。就课文部分的基本框架来讲，它从宏观结构到微观结构依次由单元（或一级主题）、章（或二级主题）、节（或三级主题）、段、句等构成。就课文部分的功能而言，它由主体部分和辅助部分构成。主体部分主要包括主题及其与主题相关的知识信息等。辅助部分主要包括学习要求、图表、习题、注解和拓展性资料等。辅助部分主要帮助学习者加深和巩固对主体部分的理解，其往往镶嵌在主体部分中。

4. 附录

附录是教科书课文部分的补充，它并非是必需的部分。附录的内容一般包括：①对课文具有重要补充意义的内容；②具有其他来源的篇幅较大的教学材料；③一些重要的公式、原始数据、统计表、图片等。

5. 参考文献

参考文献主要帮助学生在课外进行拓展性阅读、扩大知识视野或对课文内容进行注释等，一般具有使学生更加详细而深入地了解教科书所涉及的学科内容的功能。

以上五个部分往往在内容或功能上相互联系和关照，共同构成了教科书的形式结构。

（二）教科书的内容结构

教科书的内容结构主要指教科书所承载的学科内容的基本要素及其相互之间的关系。从各科教科书所承载的教学材料来看，这些要素一般包括以下七个。

1. 事实

事实是关于具体事物的陈述，其不包含任何解释或推论，只是呈现一种数据或资料。“事实”在教科书中被视为一种特殊的信息，它与学生的感性认识和实践探索活动相对应，可以协调学生的思维与行动之间的关系，有助于培养学生的经验认识能力。

2. 概念

它是事物或现象的本质反映，它可用于解释客体、制定原则和揭示规律。概念又可以分为具体概念和抽象概念，前者用来表述可以触知的对象或表述客体属性之间的类似性，后者用于假设或表述不可触知的对象或客体。在教科书中，基本概念属于比较重要的、较广泛应用的一类基础知识，它是教科书知识结构的理论起点，因而往往需要精选和系统组织。基本概念与知识系统之间一般有两种结构关系：一是根据分科目标确定几个逻辑起点概念，以此为原理性知识，并通过各种联系的扩展来形成知识系统；二是选择几个基本概念或基本原理作为知识的“支柱”，通过经验知识、概念、原理的分层递进，使知识系统成为具有不同层级的“集体群”，从而产生具有纵横联系的整体结构。

3. 原理

原理作为一种规律性知识，它是对事物之间最本质的、最普遍的联系的反映，是理论知识的“支柱”。在教科书中，“基本原理”包括定律、规则、公式、符号术语系统和学说，其反映了概念之间的系统化关系，描述了由众多概念构成的认知图式，因而具有高度的解释力和预见力。在自然科学中，这种原理或规律性知识较多；相比之下，在社会科学中，这种原理或规律性知识往往较少，对社会现象和政治现象作出的解释在更大程度上是“似规律”的概括。所谓“似规律”，简单地讲，是指对社会现象作出的概括还没有上升到自然科学的那种理论高度，但又反映了一些社会现象的规律。在教科书的知识结构中，基本原理是较重要的、较广泛应用的和必须掌握的一类基础知识。因此，教科书包含恰当的和一定数量的基本原理，有助于学生对学科基础知识的把握。

4. 逻辑推论

它主要指从某些基本概念或基本原理出发，经逻辑的演绎而得到的、反映某种特殊规律或规则的一类派生性概念或原理。逻辑推论往往是基本概念或基本原理在某一范围内的扩充或限定，具有完善理论或理论推测与预见的功能。在教科书中，逻辑推论一般涉及这几种重要的联系：一是推论知识的逻辑联系；二是推论知识与推导方法之间的联系；三是引起推论的“问题”和“解答”同推论知识之间的联系。把握这三种联系是掌握逻辑推论的关键。

5. 态度

态度的表述并不采用知识的形式，而是某种心理上的反应倾向。一般来讲，形成态度的方法主要有以下几种。第一种方法是通过环境的同化作用，即在周围人、事、物影响下形成某种态度。第二种方法是通过某些经验的情绪效应，如倘若一个人获得满意的经验，便会对这种经验的某些内容或某些方面形成一种偏爱的态度；反之，则形成厌恶的态度。第三种方法是通过直接的理智过程。教科书表述或传递态度的方式也主要依据态度的这些形成方式，它往往是借助教科书的其他内容来呈现。因此，“态度”与概念、原理等一样，是构成教科书的一个重要因素，但它在大多数情况下以一种潜在的形式而存在。

6. 价值

无论是自然科学知识体系还是社会科学知识体系，都是价值有涉的。这就意味着，教科书所承载的知识信息也就包含着一定的价值选择。在德育教科书中，这种价值因素是显而易见的；在部分社会科学的教科书中，价值因素仅仅是显在的，而在另一些社会科学的教科书中，价值因素则是潜在的；在自然科学的教科书中，这种价值因素往往是潜在的。由此看来，价值因素是教科书的一种重要构成内容，它在教科书中主要以显在和潜在两种形式存在，并与态度因素一样往往依附于其他的教科书要素。

7. 方法

任何科学活动都具有自己的方法，这些方法构成了科学的方法系统。科学方法是科学体系的重要组成因素，在阐明科学经验知识或理论知识中起着释义的作用，体现了知识和思维过程的统一。科学方法作为思维方式和行为方式，它有利于促进学生的智力发展和创造才能的增长。同基本概念、基本原理等相比，科学方法具有更广的适应性以及更高的迁移性。因此，科学方法及其基础理论也就成为教科书内容的重要组成部分。在教科书的内容结构中，体现方法的形式主要有两种。一种方式是以某种科学方法为线索来阐明经验知识或理论知识的内部结构或联系。比如，用分类方法对感性认识的结果进行归类划分，或用假说的方法来完整地表现知识形成的全过程，阐明经验知识与理论知识之间的关系。另一种方式是把科学方法与科学史结合起来阐明知识的发生发展过程。

总体来看，上述七种要素是相互联系、辩证统一的，共同构成了教科书的内容结构。它们在知识与技能、过程与方法、情感态度与价值观等方面对学生的发展都具有促进作用。此外，需要指出的是，在我国不同学科的教科书中，有些要素较为明显或突出，而有些要素则不够明显或突出（见表8-6）。

表8-6 教科书的内容结构

要素 教科书	事实	概念	原理	推论	态度	价值	方法
语文	★	★	★	☆	★	★	★
数学	★	★	★	★	★	☆	★
科学	★	★	★	★	★	☆	★
物理	★	★	★	★	★	☆	★
化学	★	★	★	★	★	☆	★
生物	★	★	★	★	★	☆	★

续表

教科书＼要素	事实	概念	原理	推论	态度	价值	方法
地理	★	★	★	★	★	☆	★
历史	★	★	★	☆	★	★	★
品德与生活	★	★	★	☆	★	★	☆
政治	★	★	★	☆	★	★	☆
外语	★	★	★	★	★	★	★
体育与健康	★	★	★	☆	★	☆	★
音乐	★	★	★	☆	★	★	★
美术	★	★	★	☆	★	★	★
艺术	★	★	★	☆	★	★	★
……							

说明："★"和"☆"分别表示该要素在教科书中体现较强和较弱。

三、教科书的功能

教科书作为主要的教学材料，不同学者对它的基本功能在不同的国情或教育实践下提出了不同的观点（见表 8-7）。

表 8-7 关于教科书功能的一些主要观点①

观点一	①作为学生掌握信息的基本源泉的功能；②将科学知识体系改编成教学体系的变换功能；③授予学生以科学系统化方法的功能；④谋求知识与技能的巩固功能；⑤培养学生自学活动的自我教育功能；⑥从学生周围的大量信息中选择基本信息，将各部分组合成为一个整体，赋予统一知识的综合功能；⑦作为政治和意识形态教育手段的教育功能。

① 参见：曾天山：《国外关于教科书功能论争的述评》，载《西南师范大学学报》（哲学社会科学版）1992 年第 2 期；钟启泉编著：《现代课程论》（新版），上海教育出版社 2003 年版，第 379 页；钟启泉等主编：《世界课程改革趋势研究》（上卷），北京师范大学出版社 2002 年版，第 286 页。

续表

观点二	①照课程标准提供信息的功能；②引导教学的功能；③激发学习动机的功能；④保证学习知识和技能的效果的功能；⑤协调教科书和其他教材的功能；⑥使教学和自学合理化的功能。
观点三	①教科书是一种资料集；②在文法、数学等领域中，教科书是一种习题全书；③教科书以其艺术性高的图版，促进学生兴趣的形成；④教科书给学生带来读书的乐趣，引导个人的学习；⑤教科书填补其他教材的空隙，有助于完善学习。
观点四	教科书作为“学材”的五大功能：①唤起学习欲望的功能；②提示学习课题的功能；③提示学习方法的功能；④促进学习个性化和个别化的功能；⑤巩固学习的功能。
观点五	①集中体现社会规范文化与国家的政策，便于实现国家的教育目标；②统一全国教育教学的标准，是评价考核教育教学效果的主要依据；③充当教育教学的指南，是教师学生教学的主要依据，权威性较高；④充当教师工作的得力助手；⑤规范课堂教学，节约教师学生的教学时间；⑥教科书是学生掌握知识的基本源泉和学习的入门，是学生课外学习的基础和检查与重组知识的途径；⑦价格便宜，使用方便，便于大量生产和发行。
观点六	①信息功能，主要指选择、传递知识信息；②结构化功能，主要指帮助学习者建构自己的系统知识；③教育指导功能，主要指为学习者提供学习方式的指导。

综合各种不同的观点，结合教科书的基本结构，可以把教科书的功能系统地归纳为五个方面。

（一）使课程标准活动化

教科书必须贯彻和落实课程标准（或教学大纲）中的各项要求，其基本途径就是把课程标准对课程理念、课程目标、内容标准等的一般规定，转化为教学活动或学习活动的直接对象。教科书的这种功能可以称为课程标准的活动化。一般来讲，课程标准仅仅对教学活动或学习活动的水平与范畴等作出要求，而没有详细地说明满足这些要求必须凭借的教学材料或学习材料。教科书则从一定的学科领域出发，按照课程标准的要求，选择具体的事实、概念、原理、推论等知识信息，为教学活动或学习活动提供直接的对象或材料。因此，就使课程标准活动化的功能来讲，教科书主要是知识信息的列举工具、筛选结果和呈现媒体。就教科书作为知识信息的列举工具而言，它具有收集作用，即把相关的知识信息陈列在同一媒体中，便于教学活动与学习活动的展开；就教科书作为知识信息的筛选结果而言，它具有比较作用，它能够表明哪些知识信息是一种范例性、典型性和优越性的知识信息，或在同类的知识信息中具有更高的比较价值，而那些知识信息就更有资格成为教与学的具体凭借；就教科书作为知识信息的呈现媒体而言，它具有提示作用，它把知识信息带入具体的教学活动或学习活动，唤起学生的学习欲望与兴趣，并成为学生获得间接经验的主要源泉。

（二）**使教学材料结构化**

教科书能够对学科领域中的事实、概念、原理、推论等知识信息进行分门别类，使这些教学材料按照一定的要求结构化。如果说教科书的活动化功能解决了哪些教学材料应该成为教学活动或学习活动的直接对象的问题，那么，教科书的结构化功能则解决了这些教学材料以怎样的顺序在教学活动或学习活动中呈现的问题。整体来看，教科书使教学材料结构化主要表现在两个层面。从宏观层面来看，教科书能够把学科领域中包括的诸多事实、概念、原理、推论等，按照知识信息之间既有的逻辑关系或因果关系，分配到不同的学段或学年的教学活动与学习活动中，使学科领域提供的教学材料在整个基础教育阶段有组织、有计划、有目的、有顺序地出现。一般来讲，教学材料在宏观层面的结构化主要通过编辑成册的学期（或学年）教科书来进行，它们主要被按照特定学科课程开设的学年数或学期数来规划和编订，从而使学科领域的教学材料按照一定的标准分别成为各学期（或学年）的教与学的对象。由此看来，正是教科书使学科领域的教学材料获得了分层和秩序。从微观层面来看，教科书能够使特定学期（或学年）需要教与学的事实、概念、原理、推论等按照一定的逻辑关系或因果关系排列起来，形成教科书的内在结构。在这个层面，教科书主要通过两个问题的决策来实现教学材料的结构化：一是同一类教学材料在学期（或学年）中呈现的时间顺序，例如，事实之间、概念之间、原理之间、推论之间等，谁应先被呈现，谁应后被呈现；二是教科书的不同内容要素在学期

（或学年）中的空间结构，例如，事实、概念、原理、推论、态度、价值、方法等如何相互关联与搭配。显然，教科书在解决这两个问题的同时也就使各种教学材料分别定位到教科书的特定框架中，实现了教学材料的结构化。

（三）使材料编码生本化

教科书有助于根据一定的教育理论对学科领域的教学材料进行改编或加工，使其更加适宜于学生的认识特点和规律，这就是学习材料的“生本化”过程。如果说教科书的结构化功能是从学科结构出发对教学材料进行了逻辑式组织，那么，教科书的生本化功能则从学生的认知结构或心理特征出发对教学材料进行了心理式组织，使其从“教材”转化为“学材”。教科书使教学材料生本化至少有三种优势。一是能够从学生的已有经验出发对新的教学材料进行编码。众所周知，学生的经验包括直接经验和间接经验，从认识的发生发展过程来讲，这两类经验都是学生认识或理解新的教学材料的“先行组织者”。因此，如果教科书在后续阶段呈现的教学材料建立在学生已有的经验之上，学生就能够更加顺利地去认识和理解这些教学材料。显然，教科书能够很出色地做到这一点，因为它能更加准确地分析哪些经验是学生已从教科书中获得了的间接经验，或哪些经验是学生已从过去的实践中获得了的直接经验。二是能够从特定年龄阶段的学生的心理特征或认识特征出发对新的教学材料进行编码。不同年龄阶段的学生在感觉、知觉、记忆、思维等方面具有不同的特征或规律，教学材料的呈现方式或编码方式必须适应学生在心理或认识方面的这些特征。精心设计的教科书能够根据教学材料的性质以及通过语词、图表、色彩、排版等因素的运用来对教学材料进行精细加工和编码，以“迎合”学习者的这些特征，引起学习者的学习兴趣。三是能够设计各种问题情境，引导学习者通过特定的学习方式去自主地发现知识和掌握技能。教科书不仅具有传递知识信息的作用，而且也有引导学生通过探究学习、合作学习和自主学习等去发现和创生新知识的功能。我国 21 世纪的课程改革就特别注重教科书的这项功能，这也是我国教科书从“教材”转变为“学材”的重要标志。

（四）使教育教学高效化

教科书有助于使教师和学生在有限的时间内达到教学效果的最优化，从而有计划、有步骤、有组织地实现预期的课程目标。从微观层面来讲，衡量教科书在教育教学效率上的贡献主要有三个指标，即教育教学所用的时间、学生取得的学习效果和获得发展的学生规模。就教科书具有的特点来看，它能够使教育教学在这三个方面都达到最佳状态。首先，教科书能够节约教师教和学生学的时间。教科书直接为教师和学生提供了教与学所需要的材料，从而节约了教师在课前收集教学材料和在课堂上向学生呈现信息的时间，同时也节约了学生在课堂上记录学习材料的时间，这些节约的时间能够用于知识信息的诠释与认识活动上。其次，教科书能够帮助学生获得最优的学习效果。教科书承载着经过编写者精心比较和设计的教学材料（或学习材料），它们往往是使学生获得某种学习结果或实现某种发展目标的最佳范例，学生学习教科书中承载的教学材料比学习其他的同类材料能取得更佳的学习效果。再次，教科书有助于使大规模的学生同步地进行教与学的活动。教科书能够大规模地生产和印刷，从而使参与教学活动的学生都能拥有这种学习材料，处于同一课堂的所有学生拥有相同的学习材料又有利于教师向所有学生同时施教。从宏观层面来讲，教科书提高教育教学效率的途径主要有两种。一是精简教学材料（或学习材料）。从整个学段甚至整个基础教育阶段出发来整体地编写教科书，能够减少不同学段的教材之间教学材料的重复或同一教材中教学材料的冗余，使学生学习了最少的教学材料却在各个方面获得了更多的发展。二是使教学材料的呈现合理化。按照学生的心理规律和认识特点来有针对性地为不同学段或年级的学生编写教科书，能使教科书所承载的教学材料被特定的学生群体所理解和接受，从而提高他们的学习效果。

（五）使学生发展全面和谐化

教科书有助于对学生实施全面和谐发展的教育。学生全面和谐发展是教育的一种理想目标，其包括两个方面：一是发展内容的全面性，如在德、智、体、美、劳等方面都得到发展；二是发展结构的和谐性，如德、智、体、美、劳等方面进行协调、均衡与融合的发展。教科书能够通过教学材料的选择和组织有目的、有意识地追求这两个方面的目标。首先，教科书能够根据承载的教学材料的教育功能来有意识地追求学生发展内容的全面性。一方面，不同性质的教学材料对学生在各个方面发展的促进作用具有差异性。因此，教科书在教学材料的选择和编码上就能够在有意识地挖掘这些教学材料的各种教育功能的基础上，突出它们的优势教育功能。另一方面，不同性质的学科课程对学生在各个方面的发展的促进作用各有侧重点。因此，教科书能够根据学科课程的性质在教科书的教材选择、陈述及其对学生的引导上强调这些学科课程的优势教育功能。其次，教科书能够根据承载的教学材料的教育功能来有意识地协调、均衡和融合学生发展的各个方面。一方面，教科书可以通过控制不同性质的教学材料的数量来控制对学生进行不同教育的机会比例。教科书承载的教学材料的数量往往受到不同课程的教学时间的制约，因而在课程标准中设置的课程及其课程时间的分配实际上已经为教科书促进学生的和谐发展奠定了基础。另一方面，教科书能够选择具有综合教育价值的教学材料来实现同一教科书或教学材料的综合教育功能，它取决于教科书对承载的教学材料的价值挖掘和对教与学的思维引导。

【思考与练习】

1. 什么是课程计划、课程标准和教科书？
2. 如何理解课程计划的基本性质？
3. 新中国成立以来，我国课程计划（或教学计划）的发展可以分为哪几个阶段？不同阶段的具体发展状况如何？
4. 我国的课程计划主要由哪几个部分组成？主要部分的发展特征是什么？
5. 如何理解课程标准的性质？
6. 课程标准一般由哪几个部分组成？各个部分的主要内容是什么？
7. 课程标准在学校课程实践中有哪些基本功能？
8. 如何认识教科书的基本性质、结构与功能？

第九章 课程实施

【启发与引导】

• 课程实施涉及国家、地区、学校和课堂各个层面，它是将预期的课程方案付诸实施的过程。有人认为课程实施就是教学，有人认为课程实施就是课程采用。你赞成哪一个观点？

• 课程实施的取向是对课程实施过程本质的不同认识，以及支配这些认识的相应的课程价值观。有人强调课程实施应采取忠实取向，有人认为课程实施应采取相互调适取向，也有人认为课程实施应采取课程创生取向。你对此有什么看法？课程实施需要有相应的实施策略作保证，有人认为课程实施应采取自上而下策略，有人认为应采取自下而上策略，也有人认为应采取自中而上策略。你赞成哪一个观点？

• 影响课程实施的因素是多层次的，主要有课程方案本身的特征、关键人物在课程实施中的作用、外部因素的影响。你认为还会有哪些因素对课程实施产生影响呢？

• 要想成功地推进课程改革，就必须深入地研究课程改革方案的实施过程，以对方案进行及时调整、修订和完善。我国新一轮基础教育课程改革在实施过程中尽管取得了许多成绩，但也存在一定的问题。你认为我国课程实施的发展方向应是什么？

课程实施是20世纪60年代以来新兴的课程研究领域之一，此后西方学者对课程实施问题给予了极大的关注。我国自20世纪90年代以来对课程实施的研究也逐渐增多。课程方案进入实施阶段，就会涉及各种复杂的因素，实施方式也会多种多样。本章将围绕课程实施的本质、影响因素、策略和模式等方面展开论述，并分析我国新课程实施中存在的一些问题。

第一节　课程实施概述

长期以来，课程的研究并不关注课程实施问题。当时课程学者关心的主要问题是如何把课程方案设计得更好，而课程实施不过是课程采用，一旦课程被采用，便大功告成了。真正导致课程实施问题凸显出来的，是20世纪50年代末60年代初肇始于美国并影响全球的“学科结构改革运动”。这场轰轰烈烈的课程改革运动最后以失败而告终。人们在对其进行反思中发现，尽管美国在课程改革中花费了巨额资金，设计了大量的新课程，这些新课程改革方案很理想，但是大多数要么被束之高阁，要么在实施中走了样。从此，那种认为“只要课程变革计划完善就可以自然地在实施过程中达到预期效果”的假设开始受到质疑。随后，人们在调查的基础上又发现，事实上新的课程计划在许多学校和教师那里，根本就没有付诸实践，教师又回复到课程规划以前所用过的相同的教学模式。于是，基于对“学科结构运动”的反思，人们对“课程实施”问题的研究产生了日益浓厚的兴趣。

一、课程实施的概念

提到课程实施，有人会将其等同于教学。实际上，课程实施与教学在本质上是不同的。通过这一部分的探讨，我们将对课程实施有一个较为全面的认识。

（一）课程实施的定义

课程实施涉及国家、地区、学校和课堂各个层面，是将预期的课程方案付诸实施的过程。我国有学者认为，课程实施是把新的课程计划付诸实践的过程，课程实施研究的焦点是课程计划实际发生的情况以及影响课程实施的种种因素①。这种观点不仅指出了课程计划与课程实施的差异，即课程实施主要表明课程计划的实际运作状态，强调实施的过程性与动态性，它实际上还暗示了课程实施与课程变革之间的密切关系。研究表明，课程变革由三个阶段组成：起始阶段、实施阶段和常规化或制度化阶段。在起始阶段，计划者要提出诸如哪些人参与、所期望的支持程度是什么以及人们对变革是否准备就绪等问题。实施阶段是“做”的过程，它要求参与实施的人们在课堂中或在其他适宜的教育场所加以实验。常规化或制度化阶段则侧重于对变革计划的修改。

从课程方案到实施的过程还有一个过渡性环节——课程采用，课程采用是指作出使用某项新课程方案的决定的过程。20 世纪 60 年代，课程采用的观念较为盛行，课程决策人员往往认为某一个地区或学校决定“采用”一项新的课程方案，便意味着课程的成功实施。事实上，这是一种天真的假设。课程采用不同于课程实施，课程采用关注的是在教育实践中选择和采用什么样的课程方案，是实施新课程方案的起点，而课程实施关注的是在实践中真正改变的程度和影响改变程度的因素。

（二）课程实施与教学

在课程实施与教学关系的探讨中，有三种观点。第一种观点认为，课程实施是把设计好的课程变成现实的过程，其实质就是教学，就是学习者参与有计划的学习机会的过程，因此课程实施包括确定教学方式。具体而言，就是按选定的课程计划（教学计划）和课程标准（教学大纲），利用选定的教材教具，将选定的知识经验传递给学生，让学生在掌握知识经验的过程中促进自身的发展，从而实现预期教育结果。课程实施把计划变为行动是在课堂上进行的，从而把课程领域转变为教学领域。持这一观点的学者认为，课程实施的内涵是教学，只有当教师在课程方案的基础上进行教学，课程才可能得以实施；教学与课程是内在统一的，课程实施实际上就是教学，教学过程是课程计划的实施过程。第二种观点反对将教学定位于达到课程目标的手段而等同于课程实施，并顺势把课程归入教学研究的子系统，它赞同把教学视为课程领域的一部分。第

① 施良方著：《课程理论——课程的基础、原理与问题》，教育科学出版社 1996 年版，第 128 页。

三种观点认为课程实施与教学之间具有不可分割的同质性联系，课程实施有赖于教学，教学是课程实施的主要途径，但两者不能完全等同，各有其研究的内容，分属于不同范畴。

事实上，课程实施不只是教学，课程实施与教学的区别主要表现在两个方面。首先，课程实施涉及的范围比教学更广。课程实施研究的是预期的课程方案在实践中是如何运用的，涉及整个教育系统的变化以及对教育系统提供支持的社会系统的相应变化，如教育行政管理体制的变化、教学过程的改变、校长和教师角色的更新、学生角色的变化等。一般认为，教学活动是课程实施的中心环节和基本途径，教师是课程实施的关键人物，而教学是以课程内容为中介的师生双方教和学的共同活动，是学校实现教育目的的基本途径①。教学与课程实施相比在范围上更狭窄些，其功能主要表现为对学生发展和社会发展的作用，而课程实施的主要功能在于对完善、变革和发展课程的作用，以及对社会发展的作用等。其次，课程实施与教学属于不同的研究领域，研究的侧重点不同。课程实施主要研究的问题包括：一个具体的课程已经实施的程度有多大？影响课程实施的因素有哪些？为使课程方案更适应具体的情境，执行者是如何对课程进行调适的？用什么样的方法论研究课程实施？等等。教学研究则主要探讨教师的“教授行为”、学生的“学习行为”及二者之间的互动机制。总体来看，课程实施是贯穿整个教学过程的，它是一个动态的过程。课程实施研究与教学研究的重心不同。

二、课程实施的特点

一般而言，课程实施具有动态性、整体性和开放性的特点。

（一）课程实施的动态性

课程实施的动态性意味着，课程方案不可能原封不动地被实施，因为任何课程方案都不可能适合一切教学情境和一切学生，所以在实施过程中对其作出相应的调适和创造是必要的。实践证明，课程方案很难在课程实施过程中原模原样地得到贯彻落实，它总是不断地被调整和更改。由于课程实施过程中存在

① 教育大辞典编纂委员会编：《教育大辞典》（第一卷），上海教育出版社 1990 年版，第 178 页。

着随机性和不确定性，这就需要根据学校的实际、教师的特点、学生的需求和教育情境的突变性，灵活地调整课程方案，甚至在必要的时候协商生成新的课程方案。具体到教学层面上，教师就需要创造性地使用课程方案，而不是“复制”课程方案，在对课程方案理解的基础上，结合学生的个性需求，可以灵活地生成符合学生发展的课程。另外，课程方案有必要具有一定的弹性，从而给教师调整课程方案留下必要的余地和空间。

（二）课程实施的整体性

课程实施是一个整体性的过程或活动，它由多种影响因素共同推进。所谓整体性是指课程实施由诸多因素共同作用，形成一个整体性的课程实施系统。关于影响课程实施的因素，已有研究者提出二因素说、四因素说、五因素说等。归纳起来，有课程方案本身、人的因素（包括教师、学生、学校领导、家长等）、物的因素（课程实施的物质条件）以及外部环境因素（学校教育环境、社会团体、媒介等）。显而易见，课程实施的成功单靠教师执行课程计划或者仅仅依赖于某一因素是难以达成的，必须加强各因素的彼此联系。

（三）课程实施的开放性

开放性是复杂事物存在和发展的重要特征。课程实施需要外界环境和其他事物的支持，需要与其他事物进行物质、信息和能量的交换，它包括内部开放和外部开放。内部开放就是课程实施内部系统诸如课程方案、教师、学校领导、学生等方面彼此协商性地开放交流。外部开放就是课程实施本身与其他方面的彼此开放，诸如与社会环境、实际生活等方面有所联系和交流。事实上，课程实施不仅仅是课程本身的问题，它总会涉及课程之外的内容，因而课程实施始终要处于开放之中。

第二节　课程实施的取向、策略以及模式

课程实施的取向是对课程实施过程本质的不同认识以及支配这些认识的相应的课程价值观。课程实施的取向集中体现在对课程变革计划与课程实施过程之间关系的不同认识方面。

一、课程实施的取向

关于课程实施的取向，主要有以下两种分类方式。

（一）三种取向

课程实施取向的第一种分类方式包括忠实取向、相互调适取向和课程创生取向。

1. 忠实取向

忠实取向是主流的，也是最早出现的课程实施取向。它认为课程实施是教师执行课程变革计划的线性过程，其理想的成果就是教师按照新课程的原本意图展开课程实施活动。忠实观把课程当做可预测的文件或产品，而课程发展和实施只是一项技术性工作。在忠实取向看来，“课程”一词的含义是指体现在学程、教科书、指导用书、教师的教案或课程革新方案中的有计划的内容。相应地，“课程实施”的含义则是指教师对课程计划或课程方案等具体的东西在实践中执行的过程。在忠实取向看来，教师角色的性质就是课程专家所制定的课程变革计划的忠实执行者，他应当按照专家对课程的“使用说明”循规蹈矩地实施课程。美国在 20 世纪 60 年代课程改革运动中编制出来的新课程都是教师无涉的，要求教师精确地执行，教师几乎没有任何改动的余地。教师所做的，不过是执行他人的方案和计划，从事他人提出的活动。这样，构想与执行的分离，使得教师经过多年辛勤劳动而形成的技能都丢失了，而事实上没有什么比失去对工作的支配更容易引起异化和失落感的了①。衡量课程实施成功与否的基本标准是所实施的课程与预定的变革方案之间的符合程度，符合程度越高则课程实施越成功。出于这种目的，忠实取向的课程实施研究以量化研究作为基本方法论，认为问卷调查、成绩测量等是进行此类研究的有效方法。

2. 相互调适取向

相互调适取向认为，课程实施是变革方案与班级或学校实际情境在课程目标、内容、方法、组织等方面相互调整、改变与适应的程。一个课程变革计划付诸实施之后可能会发生两个方面的变化：一方面，既定的课程计划会发生变

---

① ［美］阿普尔著，施良方译：《2000 年的课程：张力与可能性》，载瞿葆奎主编，施良方等选编：《教育学文集·国际教育展望》，人民教育出版社 1993 年版，第 356 页。

化，以适应具体实践情境的特殊需要；另一方面，既有的课程实践会发生变化，以适应课程变革计划的要求。这种相互调适是必然的，也是一个复杂的、非线性的和不可预知的过程。这绝不是一个预期目标和计划的线性演绎过程。因此，持相互调适取向的研究者对一项课程变革得以发生的社会情境感兴趣，通过对社会情境诸因素的剖析，揭示课程变革过程的深层机制。

相互调适观将知识看做复杂的社会互动的产物。课程方案并非完美的、固定的，因而可以随着情境进行调整。这种调适之后的产物反而更加适应学校的教育情境。因此，它十分强调教师在课程实施中的作用，主张留给教师充分的决策空间。如果说忠实取向视野中的教师不过是预定课程变革方案的被动“消费者”的话，那么相互调适取向视野中的教师则是主动的、积极的“消费者”。为了使预定课程方案适合具体实践情境的需要，教师理应对之进行改变。教师对预定课程方案的积极而理智的改变是成功的课程实施的基本保证。在课程实施的评价上，相互调适取向的方法论基础更为宽广，既包括量化研究，又包括质化研究。持此取向的学者认为个案研究、参与式观察、访谈、问卷调查以及文献分析都是了解实施过程的有效手段。

3. 课程创生取向

课程创生取向认为，真正的课程是教师与学生联合创生的教育经验，课程实施本质上是在具体教育情境中创生新的教育经验的过程，既有的课程计划和教学策略只是提供给这个经验创生过程所选择的工具而已。这类研究关注以下问题：①创生的经验是什么？教师与学生是如何创生这些经验的？②诸如课程资料、程序化教学策略、各级教育政策、学生和教师的性格特征等因素是如何影响课程创生的？③实际创生的课程对学生有怎样的影响？怎样赋予教师与学生权力以创造这些经验？隐性课程有何影响？可见，与前两类研究相比，这一取向的研究已有了迥然不同的旨趣，研究重心已转移到教育经验的实际创造过程。

课程创生观认为，知识是个人化、情境化的，课程不是预先决定的，而是形成于个体建构过程中。外部设计的课程就被视为教师用于创生课程的一个资源，只有当这个资源有益于课堂中教与学“不断前进的过程”的时候，它才有意义。具体情境的课程知识是经由教师和学生深思熟虑的审议活动而获得的。

尽管教师可能利用外部设计的课程并有可能从外部专家获益良多，但真正创生课程并赋予课程以意义的是教师与学生。教师和学生主要不是课程知识的接受者，而是课程知识的创造者，课程创生的过程即是教师和学生持续成长的过程。在课程实施中，课程设计者不再是外部的专家，而是实施中的教师和学生。师生对课堂实践的诠释、他们思维方式的变化是此类实施研究的焦点。在研究方法论上，创生取向以质化研究为基础，提倡通过个案研究、深度访谈、行动研究来理解课程实施，并进一步提升学校实践。因为质化研究有利于把握教师与学生从事课程创生过程的真实情况，而不同教育情境中的课程创生情况是迥异的。

事实上，三种课程实施取向各有其存在的价值，因为它们从不同方面揭示了课程实施的本质。忠实取向强化了课程政策制定者和课程专家在课程变革中的作用。相互调适取向则把外部专家所开发的课程与对这种课程产生影响的学校情境、社区情境等因素均予以考虑。课程创生取向则把处于具体教育情境中的教师和学生在课程开发、课程创造中的主体性解放出来。因此，三种取向各有其存在的合理性。教育和社会情境是极其复杂的，教育变革的需要也是多种多样的，在不同情境中三种取向的价值都有可能得到体现。但是，三种课程取向也各有其局限性。忠实取向把课程变革视为线性地实施预定的课程计划的过程，使课程变革成为一个机械的、技术化的程序，这就抹杀了课程变革的直接参与者——教师和学生的主体价值。相互调适取向本身是比较模糊的，带有折中主义色彩，它在兼具了另外两种取向的优点的同时也不可避免地具有了它们的局限性。课程创生取向具有浓厚的理想色彩，它要求教师不仅善于对专家开发的课程作出正确的判断、选择和解释，更善于根据具体情境的特殊需要创造自己的课程，它要求学生也应成为课程的主体。这种取向对课程实践领域的要求是很高的，因此它推行的范围也是有限的。

尽管三种课程取向各有其存在的价值和局限性，但三种取向间的层次性是不容否认的。三种取向之间不是绝对排斥和对立的关系，而是包容与超越的关系：相互适应取向是对忠实取向的超越；创生取向则是对相互适应取向以及忠实取向的超越。课程实施研究从忠实取向经相互调适取向发展到创生取向，反映了人们对课程变革的本质的认识不断深化。

（二）三种观点

对于课程实施的取向，有课程学者提出了另外一种分类方式，而这种分类方式同样对课程实施研究产生了深远影响①。

1. 技术观

技术观将课程实施视为一种技术，认为实施只是预定计划的线性的执行过程，其成效以目标达成程度为衡量标准。该取向假定人们在变革中拥有共同的价值体系和目标，问题只是如何最好地达到这一目标。这种观点主张以理性的系统分析来处理变革的实施问题，因而主要通过改革教材和教学方法，以及引进新的技术来提高教学质量和实施成效。在实施策略上，技术性取向强调以“研究—发展—传播”模式，把变革方案转化为可应用的技术和知识，由教师贯彻执行。在研究方法上，技术观主张使用量化方法研究课程实施，如成就测验、态度量表或标准化调查问卷。

2. 政治观

政治观涉及权威、权力的运用，以及不同团体之间利益的竞争和妥协。在政治观中，一些人（如校长或教育行政管理者）在实施变革的过程中往往会利用自己的制度优势，通过法律或行政命令迫使无权势的一方顺从。然而，政治观还认为，尽管团体之间的利益存在冲突，但是学校成员通过协商仍然可以达成共识。因此，课程实施重视因时制宜，就学校机构的具体情境作出调整，以维持系统的合法性，因为与技术和外部机构的限制相比，学校情境是影响教师行为的更加重要的因素。在评价方面，政治观提倡以半结构化的问卷和访谈作为研究方法。

3. 文化观

文化观将变革的实施视为一种文化再生的过程，其目的在于促使学校成员重新思考课程、教学以及学校教育的本质和目的等问题。在文化观看来，“演化”一词比“实施”更能反映变革的核心要义。在实施变革的过程中，这种取向关注教师的情绪、理解、价值观等因素，通过为教师提供更多的专业发展机

① Ernest R. House. Technology Versus Craft: A Ten Year Perspective on Innovation. *Journal of Curriculum Studies*, 1979, 11 (1), pp. 1-15.

会和额外的规划时间，使他们形成社群意识。此外，它还期望包括家长和社区人士在内的改革参与者对课程变革的本质有较深刻的理解，更希望不同的亚文化群体之间（如师生、家校、学校与大学）保持良好的沟通与合作。在评价方面，文化观注重寻求内部信息，尊重本土概念和价值观，试图揭示处于事件之中的“局内人”是如何看待这一事件的。因此，这类研究提倡以质化研究手段，如参与式观察、个案研究等作为研究方法。

二、课程实施的策略

关于整体的课程实施策略，有课程学者认为包括以下三种基本类型①。其一，实证—理性策略。该策略相信人是理性的，只要使实施者相信改革是合乎理性的，他们就会服从并加以实施。它强调实施者的能力与主观上要求改革的迫切程度。因此，采用此模式的关键在于澄清实施者对改革必要性的认识，同时对他们进行培训以增强其效能。该策略最具代表性的例子就是“研究—开发—推广”模式，在20世纪五六十年代的“新课程运动”中曾普遍运用。其二，权力—强制策略。该策略要求个体遵从那些制度上处于高位者的意愿。尽管学校教育中很少直接采用这种策略，但是我们可以经常看到那些高位者通过提供各种物质的或符号的奖赏，强迫人们接受新计划。采用这种策略的人，往往利用自身的制度优势，通过法律或行政命令，迫使无权势的一方顺从。其三，规范—再教育策略。该策略同样奠基于人的理性和智能，但与实证—理性策略的基本假设有很大不同。实证—理性策略认为人的智能是纯个人、心理的现象，改革是一系列合乎理性的活动依照线性序列展开的过程。规范—再教育策略则视人的理智为社会、文化的产物，受他们的态度、信念、价值观以及所处情境、人际互动的影响，并由此引起行为的变化。这就增加了改革过程中的不确定因素。它提醒我们：“教育改革不只是技术的工作和行政手段，必须关心教师对创新的认同感、情绪和理解。”② 这一观点为我们分析众多的课程变革现象提供了一个框架，但是由于这种分类方式所依据的是人性论、政治学方面的

① Bennis, W. G., Benne, K. D. & Chin, R. *The Planning of Change*. (4th ed.). NewYork: Holt, Rinehart and Winston, 1985. pp. 22-45.

② 李子建：《教育改革的反思》，载《基础教育学报》2001年第10—11期。

不同假设，因此往往显得过于抽象。

考虑到课程变革可能由不同层面的（如国家的、地方的、学校的、教室的）教育机构发起，有课程学者总结了三种课程实施策略，即自上而下策略、自下而上策略和自中而上策略①。事实上，这一主张更贴近具体的教育情境。

其一，自上而下策略。该策略的技术性很强。课程变革是由国家或地方一级的教育机构发起的，在实施中强调学校中的其他因素与变革相一致，否则这种技术上的变革难以进行或维持。这种策略又可表现为两种形式。一种是研究与发展模式。它类似于“研究—开发—推广”模式，是国家或地区性课程改革中普遍采用的策略，强调国家或地区等上层机构要创设条件使学校管理者与教师充分认识改革的价值。另一种是多因素策略。与研究与发展模式关注课程实施中的技术因素不同的是，该策略更多地关注政治的、社会的与经济的因素，主张通过利用三种组织要素——社会准则、教师意念与技术来克服单因素变革的局限。因此，这种形式比“研究与发展模式”更进了一步。

其二，自下而上策略。在这种策略中，变革机构试图通过教师检视学校中的问题，由此成为革新者而引入变革，因此作为个体的教师是变革的发起人。该策略典型的例子是“整合发展策略”与“教师作为变革动力”。“整合发展策略”主张处理教师当下关心的问题，借此发动学校系统内的组织变革。这种方式认为课程变革必须消除教师的疑虑，因此首先要帮助教师识别与分析问题，然后促使其采取变革行动。“教师作为变革动力”认为课程编制应始于教师对教学单元的设计，这将为其以后进行全面的课程编制奠定基础。显然，这种思路隐含了自下而上实施变革的策略。

其三，自中而上策略。与前两种策略相比，这种策略选择了一条中间路线。它认为从上至下的策略过多地依赖于外部的奖赏，从下至上的策略又必须以个人或群体倾向改革为前提，然而事实上学校文化总是相对保守的，不愿主动变革。该策略主张学校是发起变革的最适当的机构。学校要成为课程实施的主体，一方面联合校外人士推广革新，另一方面要创造有利条件，促使教师参

① McNeil，J. D. *Curriculum*：*A Comprehensive Introduction*.（5th ed.）. New York：Harper Collins College，1996. p. 204.

与变革。

三、课程实施的模式

不同的课程实施模式反映了课程参与者不同的课程观、实施取向和相应的实施策略。我们在此介绍一些比较有代表性的课程实施模式。

（一）“研究—开发—推广”模式

在20世纪五六十年代的“新课程运动”中，许多国家都采用了“研究—开发—推广”模式进行课程改革。这种改革的过程大致如下：由国家组织学科专家与课程专家针对具体的学科或课程问题进行研究，并根据研究结果设计出新的课程方案，然后再到学校中推广使用。这种实施模式认为课程改革是由以下四个阶段按计划线性展开的过程：①研究，建立某种教育理论；②开发，根据理论设计新的课程方案；③推广，将新方案系统地传递至学校与教师；④采用，学校与教师无权对课程方案进行修改或调整，只负责使用。

这种“研究—开发—推广模式”具有下列特征①。①需要实施的技能假定为是可以学习的、可以特定化的。②课程方案由专家设计并使其臻于完美。由于假定课程方案能适合不同的学校情境，教师很少有机会进行现场修改。③假定课程目标已得到课程开发者、教师和学生的认同，并且这些目标成为评价学生的主要基础。④评价课程的方法主要是心理测量式的，如成就测验或态度调查。⑤课程实施以“忠实”程度作为评估的基础，课程方案的使用者是变革的被动接受者。

这种实施模式以自上而下的实施策略为基础，体现了实施的忠实取向。该模式假定由专家设计的课程方案能够适合不同的学校情境，认为设计好的课程目标能够准确评估师生的绩效，无形中使得课程方案的使用者——教师和学生成为课程变革的被动消费者。因此，在现实中，这一实施模式遇到课程实施者的各种抵制也就不足为奇了。在这一模式的弱点被研究者认同之后，关注课程改革参与者的需要和促进课程变革的顺利开展与实施，就成为课程实施模式研究的重点。

---

① 李子建、黄显华著：《课程：范式、取向与设计》，香港中文大学出版社1996年版，第207页。

（二）兰德变革模式

随着“新课程运动”的失败，学者们开始怀疑“研究—开发—推广”模式的合理性。他们认识到课程实施必须关注教师依据特定的教育情境对课程方案的调适。除了技术性因素外，研究者还应考虑学校情境、教师理解、意识形态等因素的影响。兰德变革模式（Rand Change Model）的研究者认为实施变革的主要障碍在于学校的组织动力，因此他们强调在实施阶段给学校加入一些鼓励变革的组织变量。这一模式由以下三个阶段组成：①启动，变革领袖寻求所有可能参与变革的人（如教师、行政人员等）的理解和支持；②实施，新课程方案与学校组织之间相互调适，既定课程方案的特点、教职员工的能力、当地社区的性质以及学校组织结构等都可能有所改变；③吸纳，设立一些程序，尤其是在职培训等，来保证实施的方案得到必要的人力与财政支持①。

兰德变革模式不再将注意力仅放于技术、行政权力等因素上，而是关心变革过程中教师的信念、理解、能力，学校与社区的情境等特征。这一模式具有下列特征：①良好的教学知识是缄默知识，最好由教师间相互观摩学习，而非由外部的专家、顾问来界定和传授；②课程开发集中于本地的教师培训，外部生产的教材则放在次要地位；③课程变革并非由一套预设目标指引，而是由一套有关教师与教学、学习者与学者、学科内容与其潜在意义以及学校教育与社会政治力量的关系等信念指引；④评价方法不再拘泥于标准化、系统化等正规方法，其取向在于从师生的观点理解课程；⑤课程实施是教师的多元诠释（multiple interpretation）过程，他们会综合多个侧面的认识来讨论课程变革。

（三）变革阻力消除模式

这一模式认为消除变革阻力的一个方法是，课程领导者和组织者要让实施者（主要是教师）共同参与课程决策，避免教师对新课程方案的抵制。课程领导者将课程权力与教师分享，让教师参与课程方案的制订和实施。这样，大部分的教职工就成为课程改革的支持者。这个模式基于这样一种假设：有计划的课程变革的成败，取决于课程领导者是否有能力克服教师对新课程计划的抵

---

① Ornstein, A. C. & Hunkins, F. P. *Curriculum: Foundations, Principles and Issues*. Pearson Education Inc., 1988. p. 301.

制；个体的改变要先于组织的变革，变革也是一种个人的经验活动，我们必须允许人们的个性特点能够在课程变革与实施中有所体现；在课程变革中必须明了教师和其他参与者的需要。

一些组织管理学者注意到这一事实：在各种社会组织中，某种行为方式一旦确立，就会对变革形成阻力。大多数人会担心变革会使他们付出更多的努力或会带来不利。克服这种阻力的一个策略是，课程领导者和组织者要让实施者（主要是指教师）共同参与课程决策。课程改革的领导者需要认识到，实际工作者一般都会对改革持否定或怀疑态度，因为他们更习惯于现有的做法。如果让他们有机会参与审议课程改革方案，参与课程计划的制订，这会促使教师把新课程改革视为自己的事情，从而避免对新课程计划的抵制。这也是为什么有人认为课程理论的焦点是探讨课程决策者与实施者之间的关系的理由。

这种模式更多适应了自下而上的课程实施策略，体现的是课程实施相互调适和创造取向。这一模式使教师将个人状况与课程改革相联系，在课堂上实际推行改革，关注课程改革的影响，有利于打消人们对课程改革的疑虑，积极接受变革。但是，要做到这些并非易事，课程领导者需要处理好教师关注的事情，使全体教师了解课程变革的情况，让他们共同直接参与课程计划的制订工作，共同探索解决问题的策略，提高教师们实施新课程的能力。

事实上，我们很难判断哪一种策略或模式一定优于其他的策略和模式，应具体情况具体分析。就我国基础教育新课程改革而言，它是在教育部统一组织和领导下，有计划、按步骤地进行的，从表面上看类似于“研究—开发—推广”模式，毕竟政府部门的积极参与已被实践证明是改革成功的重要保障之一。但是我们还应该充分认识到这种自上而下、中央集权模式的局限性，并采取措施避免其不利影响。这就要重视建立行政吸纳与咨询制度，在决策与实施过程中广泛听取课程专家、校长、教师及社会人士对课程改革的意见，从而确立中央、地方、学校与社区共同参与的课程改革机制。只有这样，所选择的课程实施策略与模式才更具弹性与兼容的特征。

第三节　课程实施的影响因素

课程方案进入实施阶段，便会涉及各种复杂的因素。影响课程实施的因素是课程实施研究的重要内容。影响课程实施的因素是多层次的，它们构成一个系统，并在特定的环境中发挥综合作用。在这些影响因素中，人们比较关注以下几个方面。

一、课程方案本身的特征

我国台湾课程学者黄政杰将“课程”这一因素比作服饰，认为之所以市场上有的服饰被抢购，而有的被冷落，固然与使用者的喜好、实际需要及服饰价格有关，但服饰本身的设计是否足够完美，能否发挥其所宣扬的作用则更为重要[①]。的确，课程实施对象之于教师，犹如卖方与买方，实施过程犹如市场运作，卖方货物的质量直接影响到买方购销的热情和数量。诚然，课程实施的过程远比市场行为更为复杂，其中涉及更多的因素，并不能简单认定为买卖关系或市场运作。课程开始于计划，有效的课程方案是良好的课程实施的必要条件，因而课程方案本身的特征是影响课程实施的一个变量。概括而言，这些特征主要包括以下四个方面。第一，适切性。即新的课程方案是否满足课程使用者的需要。这种需要可以理解为变革的迫切性，如果使用者觉得某一变革是很需要的，他便愿意投入较多的时间和精力去实施它。第二，明确性。也就是能让课程实施者明确地知道应该做什么和怎么做的程度。课程方案本身如果缺乏明确性，就容易造成使用者的混淆，增加使用中的困惑并产生挫折感，导致课程实施不完全。影响课程实施的主要不利因素之一是教师经常不明白为什么要进行改革，课程改革目标欠清晰或过于复杂，使教师没有足够的能力和信心推行变革。成功的变革驱动者往往能使一些抱残守缺的教师感到课程改革或修订的重要性，他们通常采用讨论方式，让教师表达其对现行课程的不满，建议新

---

① 黄政杰著：《课程设计》，台北东华书局 1991 年版，第 413 页。

的课程如何解决现行课程的不足，以满足教师的需要。第三，复杂性。指课程改革的范围与深度，包括教学内容、参与改革的人数、观念变革、教学方法和组织变化的多方面多层次不同程度的变化。若课程方案过于复杂，如在教育哲学观、教学方法、师生关系、学校组织、行政措施等方面做了很大的调整，课程内容涉及的范围和深度大幅度增加，则不易为使用者所理解，或让使用者无法接受，不容易完全吸收，或是造成转化上的困难和问题。第四，实用性。即课程方案在被实施时操作方便的程度。在某些情况下，课程方案能不能顺利实施还取决于方案本身是否符合实际需要和具有效用，如是否方便教师操作、是否能配合正常的教学活动、是否满足了教学实践的需求并引起师生的积极反应等。

二、关键人物在课程实施中的作用

（一）督导员

课程编制和实施过程需要监督，应该安排有关人员来监督教育活动并判断这些活动是否合理。“监督”这个词通常会和“指导”联系在一起。当然，指导性监督是重要的。优秀的督导员必须根据具体情况和具体参与者来改变策略。督导员可以把许多监督任务移交给合适的、有经验的教师。但是他们应该向新教师提供更多的指导，他们可能需要为新课程推广人员安排更多的“顾问教师”会议和在职培训。督导人员有三项主要的任务：帮助所有教职员确定教育目标，监督专业人员的活动，并检验课程推广过程是否实现了目标；建立民主的教学领导；打开学校各组织之间，学校和社区之间的交流渠道①。督导员可以运用多种方法来实现他们的督导职能，比较普遍的方法是通过课堂观察、示范教学、教师督导人员会议、教师专业发展研讨会和拨款等方式来履行其职责。如果督导员能有效地发挥作用，那么教师们就会愿意投身于新课程的实施工作，并对此感到愉快。

（二）校长

教育行政管理人员和校长在新课程实施中起着重要的作用。他们要为改革

① ［美］奥恩斯坦等著，柯森主译：《课程：基础、原理和问题》，江苏教育出版社2002年版，第334页。

提供方向和指导，并保证让教师接纳新课程并具有实施新课程的能力。管理者需要根据实施情境和实施人员的具体情况而调整管理策略，校长自身对改革的态度则决定着学校组织的“气候”和学校成员对改革的态度，校长应培养教师之间动态的协调，并鼓励地区间学校的沟通。

学校是课程实施的主要机构，学校在课程开发、实施中的地位不容忽视。校长作为学校课程实施的领导者，他们对于课程改革的影响正成为许多课程学者研究的热点。他们不但可以影响教育组织的环境，而且可以对改革参与者起到支持作用。如果校长能够在教师中创造出良好的工作关系和氛围，那么教师会愿意承担必要的风险来完成新课程的开发和推广工作，也就有可能成功实施课程变革了。“我们可以毫不夸张地讲，校长对于改革的短期成效或长远成效都起到了很重要的作用。当教师们认为某一项计划并不为校长所支持时，这项计划就很难出成效。但也有一些对改革漠不关心的校长比较幸运而取得较好的成绩或达到一定的目标，这主要是因为有出色的改革领导者弥补了校长的不足。受到了校长积极支持的改革计划是最有可能进展顺利并取得成效的。”① 校长对课程实施的影响涉及课程实施的方方面面：根据新的课程方案，协调国家课程、地方课程和校本课程，规划学校的具体实施的课程方案；选择或自主开发实施的课程内容；课程实施规章制度的制定，如教师的任课情况、课时安排和课程实施步骤等；提供思想与物质方面的支持，校长是激发群体动力的关键，能够给予教师实施新课程思想上的支持，校长重视课程实施，有助于解决课程实施所需要的设备、材料、空间和时间，给予课程实施物质上的支持；处理有争议的课程问题；组织学校文化的建设，因为课程的成功实施离不开学校合作性文化的建设，离不开教师与校长或教师之间的交流与合作。

（三）教师

许多研究表明，教师是课程实施成功的决定性力量，特别是在课堂教学层面，教师成为课程实施的核心。影响课程实施的其他因素，一般都要通过教师这个因素发挥作用。有研究者指出，教师的力量是导致成功的课程实施的主要

---

① ［美］奥恩斯坦等著，柯森主译：《课程：基础、原理和问题》，江苏教育出版社 2002 年版，第 335 页。

因素之一。教师履行着与课程材料的创造和实施有关的多种功能。不论教师是自己编制课程还是运用现有的课程材料，教师总是一个“课程的决策者”，因为课程的发展和运用总是要依靠教师的思维和行动。

教师对课程实施的影响主要体现在以下几个方面。第一，教师的态度。一般而言，面对一项新的课程方案，教师通常会产生三种反应：抵制、冷漠或接纳。如果教师认为新课程的实施会危及他们自身的利益如地位、荣誉、能力等，他们就会产生忧虑与挫折感，从而出现抵制态度。如果他们认为课程是由上级部门制定和决定的，他们只是被动的承担者与执行者，且实施成败与他们关系不大，他们产生的就是冷漠。如果他们意识到了课程实施的重要性，并把自己看做实施的主体，课程实施的成败与他们的努力紧密相关，他们就会积极主动地参与到其中去。第二，教师的不安全感。有研究发现在新课程实施中，教师常常成为传统课程的保卫者，因为教师已经习惯了作为学校生活现实的传统课程。另外，传统的课程方向较为深入人心，也容易预测和掌握，因此许多教师抵抗学校的改革，把改革视为多此一举，不情愿做太多的改变。再者，领导者在实施新课程的时候，常常注重于某些形式上的改变（如配置更为先进的教学仪器设备），却相对地忽略了教师的感受与意见，使得教师对新课程的实施更加感到不安。由此可见，教师的不安全感——害怕新课程无法成功、难以掌握，会成为课程实施的巨大阻力。唯有当教师感到满意及受到激励时，他们才会在改革的过程中成功地扮演其角色。因此，学校在实施新课程的准备阶段就要特别注意避免教师不安全感的产生。第三，教师实施课程的能力。教师的能力会直接影响到课程实施的结果，因为教师只能以自己的知识为基础，在自己的能力范围内实施课程。一方面，社会的发展、知识的更新加快，不断对教育提出新的要求，教师只有不断提高自己，才能跟上社会发展的步伐；另一方面，新课程方案往往会对教师实施课程提出新的要求，教师也必须提高自己，才能适应这种要求。在这种适应中，不仅要使自己的知识不断更新，更重要的是掌握更多的技能与技巧。目前，教师提高自身专业能力的途径趋于丰富和多样化，如各种网络平台、校本教研和各式各样的进修培训等。如果新课程变革力度大且范围宽广，而教师队伍的整体素质和数量却不能很快适应，或者说教师进修机制不能满足教师渴求新知识的需要，那么新课程实施就会面临巨大挑战，在实施过程中困难重重。美国20世纪60年代所设计的课程，力图将学科的结构教给学生，理想是美好的，但实际上教师队伍的状况难以满足需要，结果并没有达到预期的目的。第四，教师的时间。许多教师指出，在学校的时间不够用，因此无力于进行教学改革的工作。当教师执行新课程时经常会问："学习使用它，要花费多少的时间和精力?"如果答案超出了教师的接受范围，教师通常选择不做改变。因此，教师缺乏足够的时间，也是课程实施中值得重视的问题。学校教师的工作负荷一向很重，要把平常的教学工作做好已不容易，更何况新课程的实施又增加了许多工作，例如，对新课程的理解、新教材的吸收和消化、采用新的评价方式等都需要有较大的时间投入。由此可知，学校要推动新的课程，必须提供充分、特定、额外的时间，使教师们能够在学校顺利进行。

（四）学生

一般来说，学生在课程实施中的作用往往受忽视。事实上，学生作为课程实施的重要参与者和一种重要的课程资源，他们对于课程实施进程的影响也越来越受到关注。正如成功的改革要求教师必须接受新的改革方案一样，改革也要求学生的参与。因为学生是教学过程中的当事人，他们有权表达自己的期望，而且教学过程是师生合作的过程，在这个过程中学生不是课程的被动的接受者，他们在选择班级活动和学习内容上具有积极的作用。因此，在课程实施中要从整体上关注学生所处的文化环境和他们既有的文化认同，否则人的现实存在、人的愉悦与痛苦、人的文化背景被忽视，将使得精心筹划好的教育行为不能得到学生的理解和合作，课程实施将不能取得高效。

学生对于课程方案的态度影响着课程实施，每一名学生可能都有着不同人生规划和学习目标，对于课程改革，他们也可能有着与课程专家和教师不同的理解。大多数情况下，课程改革的初衷是为了促进学生更好的发展，但学生却未必能认同这些改革目标，或者学生对于促进其全面发展目标的认同度可能就没有课程专家预料得那么高。课程改革取得学生的支持相当重要，要让学生觉得课程实施的确是为了他们的发展，而不是把他们当做实验的牺牲品。获得学生认可的课程实施能够为教师尝试新的课程内容和教学方法提供有力的支持。学生对于课程实施的影响不仅表现在对待课程改革态度上，还可能表现在对课程实施的配合与反馈上。当学生主动参与课程改革时，一方面他们能积极了解新课程的学习内容和学习方式，乐于接受改变，并积极配合教师或学校实施各种课程改革的内容、形式和方法。另一方面，他们作为新课程实施最为直接的感受者，能够提供最有价值的反馈信息，比如，对于课程内容的适切性、科学性或课程学习方式的优劣等提出质疑或改进的意见，这些都将影响到课程实施效果。

三、外部因素的影响

外部因素对课程实施的影响也应该引起我们的高度重视。以往我们总是在探求影响课程实施的内部因素，而往往忽视了外部因素对它的影响。这些外部因素包括以下方面。

（一）政府机构的力量

政府机构是影响课程实施的重要力量，学校的课程计划与学校所在地的需要的一致性越大，就越能得到当地政府的支持。国家和地方政府政策的倾斜、财政和物质资源的供给、技术援助等，可以使课程实施获得强大的政治和经济保证。当然，课程实施获得政府的支持并不意味着学校要被动地顺应当地的现状，而是要充分发挥学校教育的主体性，通过课程实施对当地现状作出建设性的批判与超越。总之，学校要与政府多沟通、多交流，让政府意识到课程实施的必要性，从而保证课程实施的顺利进行。

（二）社会力量

社会各界力量如新闻媒介、社会团体、学生家长的理解和支持，也可以成为推动改革的无形动力。新闻媒介的宣传，可以扩大课程实施的影响。社会各界的各种协助（包括技术援助），也会有利于课程的实施。家长的理解与支持，是课程实施取得实效的一个重要方面。比如，我们一直谈到的“减负”问题，要取得实效，社会和家庭就必须作出相应的行动，否则就难以落到实处。目前，许多国家都鼓励家长、社区成员参与课程实施，甚至包括商务部门、非政府组织等。此外，各方的积极参与，也可营造出热烈的氛围，从而激发更多的人参与到课程改革中来。

第四节　我国新课程背景下的课程实施

课程改革能否取得成功的关键在于实施，在于是否真正将课程改革方案付诸实践。要想成功地推进课程改革，就必须深入地研究课程改革方案的实施过程，以对方案进行及时调整、修订和完善。反思课程实施，找出其中存在的问题，分析问题存在的原因，再提供相应的对策，有利于课程改革的顺利推进。

一、新课程实施取得的成就

2003 年 3 月，教育部基础教育课程改革实验评估组采用访谈、观察、文件分析、问卷调查等方法分别对全国 13 个实验区进行了调查评估，调查结果显示了以下变化和成绩①。

（一）教师的教学实践——教学观念与方式的转变

新的课程改革对教师已有的教学实践带来挑战，作为课程改革实施的关键主体，教师对改革的接受、认可和驾驭能力从某种程度上说影响着课程改革的成败。调查发现，新课程改革中，教师的教学观念和教学实践正在发生变化，尽管还存在着诸多的困惑，比如，教学中如何处理知识、能力、态度、情感、价值观之间的关系，如何更好地实施小组合作学习等，但是教师对新课程和教材具有很好的适应性，能够在自己的教学实践中探索和实践新课程所倡导的合作、探究与交流的学习方式，尝试新的评价方法。调查数据显示，90%以上的教师表示能适应新的课程和教材。在“您认为自己的业务能力是否能适应课程改革”一题中选择“完全适应”和“基本适应”的比例达到 95.6%；在“您对新教材适应与否”一题中选择“很适应”与“基本适应”的教师占 98%，“很不适应”的仅为 0.2%。可见，绝大多数教师认为自己能够适应新课程在教学观念和教学实践方面带来的挑战，能够及时调整自己的行为，适应新课程

① 教育部“新课程实施与实施过程评价”课题组：《基础教育课程改革的成就、问题与对策——部分国家级课程改革实验区问卷调查分析》，载《中国教育学刊》2003 年第 12 期。

和教材发生的变化。

课堂是学校教育改革真正发生的地方。教与学的理念与方式的变革是改革的核心所在。衡量一个变革的成败，最根本的是要看课堂中发生的变化，即教师的教学观念、教学方法和学生的学习活动所发生的变化。问卷调查结果显示，在“就您所了解到的情况，您认为本次课程改革的理念与目标是否能实现”和“新课程提倡学生主动探索、合作交流等教学方式，您认为在实际教学中能否实现”两道题中，超过95％的实验教师对此持认同态度，仅有不到5％的教师认为“太理想化、不能实现”。学生问卷也反映了教师的教学方式和对待学生的态度所发生的变化。例如，中学生问卷中，有57％的学生认为教师经常要求他们准备操作和实验材料；59.2％的学生认为教师经常使用投影、幻灯等现代技术手段进行教学；84.5％的学生认为教师经常鼓励学生提出问题；64.3％的学生认为课堂上教师能够理解学生的观点。

（二）学生的学习行为——合作、探究与交流的体现

学生学习的态度和能力的变化是衡量变革成就的主要指标之一。任何一项课程改革，历经启动、实施和制度化的漫长过程，其最终的目标就在于提高学生的学习能力，促进学生的发展。新的课程改革要求改变学生的学习方式，形成自主、探究与合作学习。调查发现，目前中学生主要的学习方式依次为：听老师讲课、与同学讨论交流、自己预习复习、自习和作业、社会调查、其他。小学生除了听教师讲课外，动手操作和讨论交流的机会也逐渐增多。可见，虽然学生学习还是以听教师讲课为主，但是与同学讨论交流的小组合作学习和社会调查已经成为重要的学习方式并冲击着原有的学习方式。而从作业形式上看，中学生比较喜欢阅读图书和查阅资料的形式。小学生认为，“思考性作业比书面作业有明显增多”，“我觉得老师留的作业不多，很有意思”。现代信息技术的使用，使得学生获取信息的方式越来越多元化和个性化，学生可以通过上网、去图书馆等方式查阅资料。作业的要求不再是简单的计算、背诵，而是通过观察、收集信息、处理信息以至得出结论等一系列的活动来促进学生的全面发展。中学生认为，新的课程改革，给他们带来的收获很多：学到更多的知识和技能，学会了交流合作，学会了学习方法，学会了搜集、分析、处理、运用信息，更喜欢学习了。

（三）学校评价方式——对多元性、过程性、发展性的追求

要落实课程改革，评价改革是重要的配套措施，尤其是考试改革。社会与上级教育行政部门如何评价学校，学校如何评价教师，教师如何评价学生，都在一定程度上制约着课程政策落实的程度。问卷结果表明，47.7%的学校和班级在评价方式上“发生很大变化”，48.3%的学校和班级“有所改变”。这些改变体现在教师对新课程评价方式的认可以及有关教师和学生评价方式的变革。85%的教师认为新课程所倡导的评价理念和方式是“完全可以做到”的或者“通过创设一定的条件可以实现”的。对教师的评价，76.1%的学校形成了“通过教师自评、领导评价、学生评价、家长评价等多种渠道”的教师评价方式，仅有87%的学校以“考试成绩”作为评价教师的依据。在学生评价方式上，64.9%的教师采取以“平时表现为主，参考考试成绩”的方式，仅采用“考试测验”方式的教师仅为2.2%。对学生的调查进一步证实了目前对学生评价的状况。中学生认为，教师评价学生学习的主要方式排在前3位的分别为“日常观察”、“测验与考试”、“成长记录袋”。70%以上的小学生认为教师“常常给我写评语”，并且绝大部分小学生不知道自己在班级的名次。透过这些数据，能够感受到新课程改革以来，实验区在课程评价方面发生的转变。无论是评价的理念，还是评价的方式方法，他们都在致力于追求体现评价的主体多元性、过程性和发展性特征。

（四）学校文化——教师合作的孕育与生成

国内外许多研究成果表明，学校合作文化是促进教育改革成功的一个本质因素，尤其是教师之间的合作。当教师需要得到帮助时，最有效的来源是同伴教师，其次是管理者和专家。新的课程改革，作为一个全新的事物，教师在实施过程中必然会遇到许许多多的困惑。要真正实现课程改革理念，真正成为反思、探究型教师，学科教师必然要突破原有的个人主义樊篱，进行协同合作。新课程需要一种合作的学校文化支持。调查的数据表明，以新课程改革为契机，教师之间正在形成一种同事合作的文化氛围。80.2%的教师认为自开展实验以来与同事的讨论和交流“明显增加”，72.7%的教师当遇到困难时能够寻求同事的帮助和支持。另外，对新课程实施的有利条件调查中，也发现了目前形成的教师合作文化对新课程实施的影响，排在前3位的分别为领导重视、教师的业务能力强、学校文化氛围好。调查的结果基本反映了我国目前实施新课程的一个优越条件，即各级领导的重视以及学校文化的支持，而且这一优势不受年级、地区、学历、教龄等因素的影响。

二、新课程实施存在的问题

我国新一轮课程改革在实施过程中尽管取得了许多成绩，但是也存在着一些的问题，这主要包括以下方面。

（一）课程实施策略单一，实施取向缺乏创生性

理想的课程实施是一个互动调适的过程，是一个由课程的设计者和实施者共同对课程进行使用、反思、调整、改进、再使用的过程。因为，一方面，课程设计方案未必是十全十美的，需要调整和改进；另一方面，即使设计者认为是理想的课程改革方案，理论上也行得通，但也需要在实践中加以检验。我国当前所进行的课程改革是由国家教育行政部门组织发动，通过行政手段上传下达，采取的是自上而下的单一的课程实施策略。对教师在课程实施中的作用重视不够，压抑了教师在课程改革中的积极性。由此所带来的一个直接后果就是教师成了忠实的课程执行者，课程实施取向缺乏创生性。这主要表现在：一是许多地方和学校对国家课程一丝不苟、不折不扣地执行，不会或不愿意根据本地、本校的实际加以灵活变通处理，对国家课程奉为“圣经法宝”而顶礼膜拜；二是许多地区和学校对课标、计划的执行到了片面化、非理性的程度，将其视为指导、管理和评价教学的唯一尺度，无视教学中学生的心理需要、学习方式的变化和学生生活的实际。

（二）课程资源匮乏

缺乏与新课程配套的课程资源，是我国新课程实施遇到的较大的问题。有研究者曾对新课程的实施现状进行调查，结果发现，尽管各个试验区、学校之间的条件有很大的差异，但教育行政管理人员、教师、校长普遍感到突出的问题就是经费不足，材料、设备缺乏。这个问题在访谈和问卷调查中都表现得比较突出。在问卷调查中，对“实验中遇到的主要困难”的回答，有44.2%的教师选择“缺少课程资源”；在“您认为本校实施新课程的有利条件”的回答中，仅有16.1%的教师选择“教学物质条件好”；在“您认为在本校实施新课

程的不利条件”的回答中，有78.3%的教师选择“教学设施等物质条件不能满足需求”；在“您觉得使用新教材的难点何在”的回答中，有93%的教师选择“缺乏课程资源”，并且这种情况在镇及乡村的学校中更加明显①。课程资源匮乏已成为制约新课程顺利实施的瓶颈之一。

（三）课程实施缺乏有力的支撑体系

基础教育新课程改革的深度和广度已远远超过了以往的课程内容增删修补式的课程改革，这是教育领域内的一场深层变革。就其深度而言，它涉及课程理念、教师的观念等方面；就其广度而言，它涉及课程结构、课程内容、学习方式等方面。对于规模如此大的课程改革，如得不到来自学校内部的教师和管理者以及外部的社会各界以及家长的支持，课程改革要想取得很大的成功恐怕是天方夜谭。但是在学校内部，并不是所有的教师都热烈欢迎新课改的到来，不少教师对此次课改持无所谓、怀疑甚至抵制的态度。在学校外部，家长们更为关心孩子是否能考上大学，对新课改则是不信任、不理解。如调查发现，有13.7%的家长不接受新教材②。

（四）师资培训滞后于课程实施的需要

教师是课程实施的主体，只有教师对新课程的基本理念和改革目标有了清晰的认识，意识到课程改革的必要性和重要性，才能使教师认同、接受新课程理念，做好实施新课程的准备，并将课程理念转化为自己的行动，积极投身于课程改革的洪流中去。因而教师的培训就成为实施新课程极其重要的一环。但是，调查发现，我国在实施新课程的过程中，对教师培训的内容和形式都难以符合教师的需要和特点。在“讲授”、“报告或讲座”、“有指导性的讨论和研讨”、“阅读文献”、“其他”几个选项中，有74.2%的教师认为“有指导性的讨论和研讨”对于他们是最有收获的培训方式。我国目前教师培训所采取的形式主要是讲授、报告和讲座等形式，培训的内容主要是课程纲要和标准的解读③。这种培训模式忽略了教师的兴趣和需要，更多地停留在理性层面，未能

---

① 马云鹏、唐丽芳：《新课程实施的现状与对策——部分实验区评估结果的分析与思考》，载《东北师范大学学报》（哲学社会科学版）2002年第5期。

②③ 唐丽芳、马云鹏：《新课程实施情况调查：问题与障碍》，载《教育理论与实践》2002年第7期。

解决课程实施中的问题。采取灵活的、富有针对性的师资培训模式是当前课程实施中所应研究、解决的问题之一。

三、新课程实施的对策建议

针对新课程实施过程中出现的一些问题，我们可以采取以下几个方面的对策。

（一）树立长远观念

我国当前的课程改革是全方位的，从课程目标到课程理念、课程内容、教学方式以及教师角色都要变革，与以前的教育实践大不相同，这无疑加大了课程实施的难度。有研究者指出，课程实施对改变传统价值取向的要求越强烈，课程改革的难度就越大，也就越难以实施①。由于人们习惯于现状并喜欢以小步的、渐进的方式对自己的行为做些改变，当改革幅度太大时，教师往往就会产生畏难、抵触情绪。同时，教师要了解新课程的理念，创造适合本地区本学校的实施方案，考虑新课程的内容以及新课程对自己在知识、技能等方面的要求。这一切都需要经历较长的过程才能实现。因此，在新课程实施的过程中，应树立长远观念，不能期望在很短的时间内就取得预期的效果。

（二）加强课程实施研究

已有的研究成果及以往课程改革的经验告诉我们，课程改革的成功与否很大程度上取决于是否采取了切实有效的措施。我们必须重视课程实施，加强课程实施研究。加强课程实施研究，一方面可以使人们切实认识到课程改革方案是否真正得到了落实，另一方面通过研究课程实施过程中所出现的问题以及影响课程实施的因素，更有利于课程改革的进行。在我国当前的课程改革中，过分注重课程设计，而对课程实施尤其是影响课程实施的因素重视、研究不够。课程实施过程不是简单的执行过程，而是一个受众多因素影响的复杂过程，它涉及新课程方案的特性、人的因素、物的因素和背景因素等诸多方面。

（三）实行多样化的课程实施模式与策略

一般而言，课程实施的策略包括从上至下策略、从下至上策略和从中间向

① 黄政杰著：《课程设计》，台北东华书局 1991 年版，第 213 页。

上策略。我国新课程的实施所采取的是典型的研究发展模式和从上至下策略。为了调动学校和教师参与课程改革的积极性，在课程设计阶段，应广泛征求各方面的意见，让教师真正参与到课程设计中来。在新课程实施阶段，应采取自上而下和自下而上相结合的方式，调动不同层次、不同领域人员的积极性和创造性，充分发挥地方和学校，特别是广大中小学教师在课程实施过程中的作用。

（四）加强课程资源建设

课程资源在课程实施中具有重要的作用，因为“课程实施的范围和水平，一方面取决于课程资源的丰富程度，另一方面更取决于课程资源的开发和运用水平，也就是课程资源的适切程度”①。在课程资源建设的过程中，一方面，国家和各级政府应加大对教育的投入，为学校提供足够的基本资源，达到实施国家课程标准的起码要求；另一方面，教师应转变观念，充分利用学校现有的课程资源和社区资源。前者如活动场所与设施、网络媒体和教育辅助手段，后者如博物馆、科学馆、图书馆、青少年活动中心等，都是学校课程实施可以利用的资源。

（五）建立良好的课程实施环境

课程的实施需要良好的环境，它包括校内的环境和校外的环境。在校内，学校是否具备良好的文化环境直接关系到课程实施的效果。学校文化主要体现为教师文化与学生文化。由于教师是主要的课程实施者，因而教师文化对课程实施具有重要的影响。有学者认为教师中存在四种不同的文化：一是个人主义文化，它奉行独立成功观和不干涉主义；二是派别主义文化，它表现为派别内的紧密联系和派别间的漠不关心，以至竞争对抗，课程分科、年级制度以及校长的专制等都是滋生派别文化的温床；三是人为合作文化，它是一系列正规的、特定的官僚程序的产物，可以作为自然合作文化的前奏，但是本身具有许多局限性；四是自然合作文化，它是教师自发、自愿的产物②。学校是否有一个共同合作的文化环境，校长、教导主任、学科负责人、任课教师是否达成共识，都会影响到课程实施的运作和结果。校外环境与课程实施也有着千丝万缕

① 吴刚平：《课程资源的理论构想》，载《教育研究》2001 年第 9 期。

② 冯生尧、李子建：《香港课程实施影响因素之分析》，载《全球教育展望》2001 年第 5 期。

的联系。校外环境大致可分为两层。第一，学校所在的社区。社区对学校的支持程度越高，课程实施的程度则越高。加拿大学者富兰（M. Fullan）通过研究指出，若学区或地区注意做好以下五个方面，就能极大地推动课程实施工作：确立目标并提供训练和跟踪计划，允许并鼓励校长负起校内实施教育创新的责任；按变革的需要，建立教师帮助制度，并在实施期间不断给教师以技术上的指导；获得家长及校董事会对变革方向的支持，包括让校董会愿意为实施活动投入经费；理解实施过程需要假以时日，放宽时间限制，并且配合实施，建立一整套监管系统和信息收集系统；采取必要的措施，减轻教师的工作负担①。第二，社会。课程的实施，需要社会各界的大力支持。社会上新闻媒介的宣传，社会各界的各种协助，家长的理解与支持，都可能成为改革的巨大推动力。

（六）采取灵活多样、富有针对性的师资培训模式

教师在课程实施过程中扮演着一个很重要的角色。任何课程方案最终都是通过教师才得以实施的。在课程实施的过程中，应采取灵活多样的师资培训模式来促进教师的专业发展。具体说来，应做到如下三点。一是在培训项目方面，增加培训项目的操作性，为教师提供准确实用的解决措施。二是在培训形式方面，不应拘泥于课堂讲授，而应采取多种形式，如校外教育专家对课堂的指导；召开专题会议，使教师了解如何将新课程与特定学校和课堂相适应；同事之间的观摩、讨论；校际间的交流研讨活动以及校本培训；等等。三是在培训时间方面，要有持续性，不能指望一蹴而就，尤其是在转变教师的课程理念上更要作长久打算。

【思考与练习】

1. 简要阐明课程实施的本质及其特点。
2. 课程实施有哪些取向？
3. 简述几种比较有代表性的课程实施模式。
4. 请结合我国教育实际谈谈影响课程实施的因素。

---

① 汪霞：《课程实施：一个值得关注的问题》，载《教育科学研究》2003 年第 3 期。

第十章　课程评价

【启发与引导】

• 课程评价是整个课程开发与研制的重要环节之一，你能结合自己的理解，谈谈对它的初步认识吗？

• 课程评价的范围是非常广泛的，那么，你对课程评价对象的选择持什么看法呢？为什么？

• 课程评价的模式多种多样，你能采用其中一种评价模式来开展具体的评价活动吗？

• 课程评价方法的迥异反映了评价主体不同的价值取向，那么，你能区分出它们的异同点吗？

• 在课程评价中，究竟采用量化评价还是质性评价一直存有争论。对此，你有何意见呢？

课程评价作为课程研究与课程建设的一个有机组成部分，在整个课程系统中占有十分重要的地位。因为它既是有效性课程设计与实施的保证，又是课程设计与实施持续性、科学化发展的不竭动力。同时，对于整个课程改革来说，它又发挥着激励、监督、调控与甄别的功能与作用。基于此，课程评价在课程理论与实践中越来越受到人们的关注与重视。

第一节　课程评价的基本问题

评价及课程评价活动虽然在教育实践中早已存在，但都明显处于经验化或主观性的水平与阶段。而真正现代意义上的课程评价则可追溯到美国进步主义教育协会发起组织的“八年研究”，它标志着课程评价领域趋于成熟①。那么，什么是课程评价？课程评价包括了哪些基本的问题与范畴？这些问题构成了本节的基本内容。

一、课程评价的定义

正如对课程定义的探讨充满了复杂性、多样性一样，课程评价的定义也是各异其趣。“评价这一概念本身含有复杂而广泛的意义。而且，由于以课程的计划、实施、评价的全过程为对象，其评价因素多样而复杂，所以，课程评价的概念不能说是明确的。”② 在课程发展史上，关于课程评价的定义可以区分出以下五类。

——把课程评价等同于教育测量和测验，强调以量化的方法对学生学习结果进行测量。例如，桑代克等人即认为课程评价是基于对学生考试成绩的测量。

——把课程评价定义为对教育目标达成程度的评估。泰勒认为：“评价是一个确定实际发生的行为变化的程度的过程。”③ 在这里，强调评价以教育目

① 施良方著：《课程理论——课程的基础、原理与问题》，教育科学出版社 1996 年版，第 149 页。

② 钟启泉编著：《现代课程论》，上海教育出版社 1989 年版，第 348 页。

③ ［美］泰勒著，施良方译：《课程与教学的基本原理》，人民教育出版社 1994 年版，第 85 页。

标为中心，注重行为结果与预设目标的对照与比较。由于这一界定具有明确的指向性和具体的可操作性，在教育与教学实践领域也就产生了很大影响，甚至在很长的时间内，它已成为一种主导的课程评价模式。

——把课程评价定义为搜集与提供信息，以有利于决策人员进行科学决策。美国学者克隆巴赫（L. J. Cronbach）认为，评价是“为作出关于教育方案的决策，搜集和使用信息”的过程。斯塔弗贝姆（D. L. Stufflebeam）继承了克隆巴赫的观点，明确指出，“评价最重要的意图不是为了证明而是为了改进”，“评价是一种划定、获取和提供叙述性信息的过程。这些信息涉及研究对象的目标、设计、实施和影响的价值及优缺点，以便指导如何决策，满足教学效能核定的需要，并增加对研究对象的了解”①。可见，他们所理解的课程评价就是通过搜集、提供信息的方式来促使对课程方案的决策与改进。

——把课程评价视为一种进行价值判断的过程。英国课程专家凯利（A. V. Kelly）认为，课程评价是评估任何一种特定的教育活动的价值和效果的过程②。桑德斯（J. R. Sanders）指出，课程评价指的是研究课程某些方面或全部的优缺点和价值的过程，课程可以包括教育经验的设计、需要、过程、材料、目标、环境、政策、各类支持措施以及结果③。“课程评价指的是研究一门课程某些方面或全部的价值过程。根据课程这一术语的不同定义方法，课程评价的焦点或目标可能包括课程需要和（或）学生需要，课程设计、教学教程、在教学中使用的教材、学生成果目标、通过课程学生取得的进步、教师有效性、学习环境、课程政策、资料分配以及教学成果等内容。”④ 这些界定提出了评价活动中的“价值与效果”因素，并从课程的构成要素、对象及运行过程等方面给予课程评价一种全景式的描述，具有一定的完整性。

——把课程评价视为一种政治活动。贝茨（Bates）认为，评价可分为技术性评价和批判性评价，前者强调效率、管理和生产，后者则视学校为不同意

---

① 参见冯生尧：《课程评价定义的批判分析》，载《教育研究》1996年第9期。

② ［英］丹尼斯·劳顿等著，张渭城等译：《课程研究的理论和实践》，人民教育出版社1985年版，第155页。

③ 冯生尧：《课程评价含义辨析》，载《课程·教材·教法》2007年第12期。

④ 江山野主编译：《简明国际教育百科全书·课程》，教育科学出版社1991年版，第168页。

识形态的竞争场所，评价的重点在于了解一定社会背景下学校、课程中存在的霸权状况，并以公义和价值作为评价准则①。这种界定是把课程投放到社会学的背景下加以考查，课程是统治阶级为维护自身统治需要，而对民众开展的意识形态控制与行为规约的一种工具与手段，课程评价则是对此现象的描绘与揭示。

由上可以看出，人们对课程评价的内涵与外延的认识是有不同的。课程评价的界定从“教育的测量和测验”、“对目标达成度的评估”到“对教育方案决策所给予的辅助”以及“意识形态批判”，也就意味着课程评价逐渐从工具性、程序性的技术化操作转向了科学决策、价值判断与文化批判上，进而推动了课程评价领域的深入发展。

以上对课程评价概念的界定是从不同的立场、视角与层面提出来的，并无所谓的正确与错误之别。我们认为，所谓评价，是一定事物或对象的价值在人们意识中的反映。或者换一种说法，人们对自己价值关系的现实结果或可能后果的认识，以各种精神活动的方式表达出来，就是评价。离开对价值的反映，就没有什么评价活动可言；离开一定的标准和具体的事实，同样不能对价值客体作出肯定或否定的判断。由此可以推断，所谓课程评价，是根据一定的标准和课程系统的信息并运用科学的方法对课程产生的效果作出的价值判断。简单地说，课程评价就是对课程系统各个部分以及整体系统所进行的各种形式的价值判断②。这一界定指明了课程评价的事实描述与价值判断的双重属性，并对课程评价的标准、对象、方法、价值及目的分别做了阐述与说明。

二、课程评价的主体

课程评价活动细微而复杂，若想有效地达到课程评价的目的，不仅要明确其定义是什么，还要清楚应该由哪些人来开展评价活动，即课程评价的主体构成问题。课程评价主体是指为改善课程设计与实施效果而参与评价活动的人员构成与组织结构。一般而言，课程评价的主体包括课程行政与管理人员、课程

① 李子建、黄显华：《课程：范式、取向和设计》，香港中文大学出版社 1996 年版，第 356 页。
② 靳玉乐著：《现代课程论》，西南师范大学出版社 1995 年版，第 425 页。

专家、课程实施者、学生，等等。

（一）课程行政与管理人员

课程行政与管理人员对于推动课程方案的实施、管理与反馈，发挥着至为重要的作用，是课程评价的主体之一。随着时代的变迁与教育改革的深化，其职业角色更多地从权威者、领导者转变为了服务者与协调人。但在现实情境中，课程行政与管理人员不顾具体的教学环境限制，忽视课程实施的边际效应，刻意追求立竿见影式的效果等一系列不合理的做法，也是值得这一评价主体反思与注意的。

（二）课程专家

作为课程编制者的专家，由于具有较为深厚的理论素养，对课程设计的指导思想、精神实质熟稔于心，所以，对课程设计存在的问题与不足较之他人也具有更多的认识与了解。专家群体参与课程评价，有利于保证评价的科学性、客观性、严肃性与公正性。因此，尽管专家主体有着自身无法克服的局限性，但仍应当是课程评价中的主要代表。

（三）课程实施者

教师在课程评价中具有举足轻重的作用，应当成为不可或缺的主体。因为教师既是课程决策的参与者，又是课程实施的执行者与贯彻者。在整个教学活动中，他们对于课程的各个步骤与环节较为了解与熟悉，因而能较为准确地判断出课程设计中的缺点与不足，也就最能提出切合教学实际的富有合理性、建设性的提议与看法。因此，教师是课程评价中最有发言权的主体。

（四）学生

长期以来，学生在课程评价中处于边缘地位，得不到应有的重视与关照。“评价主体由上而下依次是政府部门评价学校，学校评价教师，教师评价学生，学生被排斥在评价主体之外，成为永不变的被评价对象。”① 而实际上，学生是课程设计与教学活动的承受者、体验者与践行者，对课程的难与易反应也更为直接与明显。因此，把学生从被动的接受者转化为主动的参与者，认真倾听与省察学生的声音与态度，对于课程设计的改进也就能提供更有价值的

① 白月桥著：《素质教育课程建构研究》，教育科学出版社2001年版，第365页。

信息与参考。

三、课程评价的功能

克隆巴赫指出，课程评价主要有三种功能：①课程改进：判定哪种教材和教学是适当的，需要在何处加以改进；②针对学生的决定：诊断学生的需要以便规划适用于学生的教学；判断学生的成绩以便对学生进行选择和分组，了解学生的进步或不足；③行政法规：判断良好的学校体制是什么，良好的教师有什么特征①。由此可见，课程评价的功能主要在于通过评价活动得以辨别出课程设计的合理性程度，并找出其缺陷与不足，进而对其进行改进与修订。同时，对于学生的学习成效也能达到一个理想化的认识，找出差距与劣势，进而推动学习质量的提升。总体而言，课程评价的功能主要表现为以下几方面。

（一）诊断功能

评价的诊断功能是对正在形成的课程计划或现有的课程方案的优点与缺陷作出分析与判断。任何一种课程方案无论其预先设计的如何完美或完善，都面临着如何与具体的教学情境相适应的问题。因此，通过评价，可以发现课程方案的设计与实施是否具有科学性、客观性与可行性。

（二）修正功能

评价的修正功能是指对诊断之后的课程方案作进一步的补充与完善。由此，评价的旨趣不在于判断课程方案的优与劣，而是努力地发现其不足，进而修正与改进，促使课程方案更加趋于合理化，发挥出积极的作用。

（三）鉴别功能

在具体的课程实施过程中，存在着多种可供选择的课程方案。而要区分出最有效用的课程方案，就需要对它们进行鉴别与比较。通过评价可以了解不同方案的目标设置、内容组织及实施效果上的差别，从而筛选出最佳的课程方案。

（四）决策与服务功能

评价的决策与服务功能是指通过评价得出的结论，可以作为政府管理部门

---

① 李雁冰著：《课程评价论》，上海教育出版社 2002 年版，第 7 页。

或课程编制人员进行决策的依据。换言之，课程决策部门可以借助评价结果调整、改革课程方案或课程计划，使学校课程更加适应学生全面发展的需要。由于这种评价功能关系到课程方案的存与废问题，所以它涉及的评价主体不仅包括课程方案的制订者，还包括课程方案的实施者与接受者。同时，评价的范围也不仅是对课程目标达成程度的评价，还含有对课程运行过程中各环节的评价等，其目的就是为决策者提供充足的信息与参考。

四、课程评价的取向

课程评价的取向是指课程评价活动所表征的某种特殊价值观念，还包含着在此观念支配下的具体操作方式与行为策略。评价取向的不同反映了课程评价观或价值立场的迥异，也会影响或导致评价者在评价方法、评价手段、评价模式等各个评价环节或要素的差别。通过对课程评价史的文献梳理与当前课程评价发展新趋势的考察，可以发现存有以下三种取向。

（一）目标取向的课程评价

目标取向的课程评价认为，课程评价是对行为结果达到预定目标程度进行评估的过程。目标取向中的“目标”具有两层意义：一方面，它通常被称为整个课程计划或教学结果所要达到的成果或成效，是被预设与先验性的；另一方面，它又是在评价课程方案或课程计划时，所采用的最主要依据与标准，且具有唯一性。换言之，课程编制中的目标既具有规范或规定教学计划的功能，也具有评定或评判教学效度的功能。因此，此种评价其实是在测量、确定学生学习结果与预定课程目标之间的差距，而一旦得到这些精确化、客观化、数字化的统计数据，则会应用于下一次的课程目标的选择与修正，从而得到更加具体、可操作性的课程目标。

（二）过程取向的课程评价

过程取向的课程评价是指以对被评价者在课程实施过程中的具体行为表现为关注点，强调评价者与特殊评价情境交互作用的一种评价方式。由于它改变了“预定目标”框定的偏颇与狭隘，尤为强调评价过程本身的价值，显然是课程评价观的重要转变。

这种评价方式具有以下两个特点。首先，评价范围得以扩大。在复杂化的教学活动中存在着大量随机的、不确定性的课程事件，这些课程事件所带来的课程成果或课程效应，是预定目标所无法包括与涵盖的。因此，目标定向式的评价也就具有了不完整与非客观性的缺点与不足。而“过程取向的评价试图使课程评价挣脱预定的目标，强调把教师与学生在课程开发、实施及教学运行过程中的全部情况都纳入评价范围”①。其次，被评价者的主体性与创造性受到尊重。它不再过多地关注学生行为变化与预定课程目标的达成度，而积极关注于学生的行为变化本身，使其得以自由、全面的发展，也就在一定程度上削弱了预定目标的控制性与约束性。

（三）主体取向的课程评价

主体取向的课程评价认为，课程评价是评价者与被评价者、教师与学生共同建构意义的过程②。首先，这种评价强调“双主体性”，即评价者与被评价者、教师与学生都是整个评价过程中不可或缺的主体，都是作为评价过程中重要的成员来看待的，而不是被外部评价人员所评价的对象。其次，它秉持一种“价值多元论”的立场。评价活动本身就是一个价值负载与价值判断的活动，必然融入了评价主体的多元文化认同与价值观念，而这些观念在本体论上均具有同等的地位、同样的价值。所以，主体取向的课程评价其实也就是评价主体与主体之间交流、协商进而融合的对话过程。同时，也包含了评价主体的自主精神、责任承担与反思意识。

第二节　课程评价的类型与对象

针对不同的评价对象及课程实施阶段，应采用不同类型的评价方式。在传统的课程评价中，单一强调对课程实施结果的评价，就存在着很多的弊端与局限。随着课程评价领域的深入发展，相继出现了各具特色的评价类型，进一步拓展了课程评价的意蕴。

---

① 丁朝蓬、郭瑞芳：《20 世纪课程评价理论的发展述评》，载《课程·教材·教法》2005 年第 4 期。

② 张华著：《课程与教学论》，上海教育出版社 2000 年版，第 393 页。

一、课程评价的类型

依据不同的标准与尺度，可以把课程评价划分成不同的类型。现将不同类型的评价分析如下。

（一）形成性评价与总结性评价

形成性评价是对课程系统运行过程的评价，旨在鉴定各个步骤及其结果，以反馈、强化或调节下一步的课程活动。即评判课程计划各实施阶段的方案是否与预期的课程目标保持一致，或发现其不足之处，以便为进一步的修正与改进提供准备。

总结性评价是对课程系统及其运行结果的整体性评价，目的在于明确课程计划实施后是否取得了良好的效果，或是否达到了预期的目标。它属于事后评价，更为课程方案的采用、推广提供必要的依据。

这两种评价类型并无实质性的差别与逻辑上的矛盾，只是评价所出现的阶段、关注对象的不同而已。一般而言，形成性评价较多注重课程计划的实施过程，这对课程计划的及时改进能够提供必要的信息，具有较强的动态性、过程性与灵活性。总结性评价，通常是在课程活动结束之后对活动全过程的评价，是对课程有效性的判断。一般情况下，如果想取得客观的评价效果，两者的有机结合则是必要的。

同时，诊断性评价也是与形成性评价、总结性评价相关的评价类型之一。诊断性评价是对教学活动、课程计划开展前所处的背景、条件等相关因素的一种评价。例如，在小学生升入普通初中时，在进行正式的教学活动之前，都要对学生以前所掌握的知识储备进行评价，从而根据诊断结果来对课程计划进行必要的修正与改进，进而更大程度地发挥其积极作用。

（二）内部评价与外部评价

内部评价是指课程设计者或实施者在课程系统内部所进行的评价，属于“自我评价”。由于其参与了整个课程设计或课程实施的全过程，所以对课程方案的精神实质与操作程序都有较深的认识与把握，所进行的评价活动也更有利于整个课程方案的修正与改进，具有较强的针对性、适用性和有效性。

外部评价是指课程设计者或实施者以外的人所进行的“旁观者”评价。由于外部人员来源的广泛性，在看待问题的立场与视角上也就各种各样。因此，由外部人员参与的评价有利于完整、客观地审视课程计划或课程方案，从而得出相对全面、公正的结论与看法。

但是，这两种评价类型也都存在着不同程度的缺陷与不足。内部人员的评价可能会囿于自己的主观立场，从而偏袒自己参与制定的课程计划。外部人员的评价可能因不了解课程计划的根本旨趣，从而得出错误的结论。因此，最好的方式是采用外部人员与内部人员同时参加的方式进行评价，从而使其更具有科学性、客观性与准确性。

（三）过程评价与结果评价

过程评价是指对整个课程计划实施过程的评价，也是一种形成性评价。目的在于对各种影响课程计划实施的相关因素均加以分析和判断，但对其实施的整体效果则不予涉及和讨论。“比如，评价可以只就课程计划所涉及的学生经验的类型、课程内容的性质和组织等，来对课程计划作出判断。”①

结果评价又称为“暗箱式”评价，是对课程计划或课程方案实施效果的评价，常通过对比前测与后测之间、实验组与控制组之间的差异作出判断，而对课程计划运作与实施中出现的变量或变化则不予重视。

过程评价与结果评价，一个是过程取向，一个是结果取向，处于评价的两端，均有偏颇之处，而将两者整合则有利于取得比较理想的效果。例如，在对课堂教学进行评价时，如果把关注点集中于所采用的教学材料、教学方法以及教学语言、师生互动等层面时，就可看做是过程评价。如果对学生在教学之后所获得的知识与经验的增长进行评价，就是一种结果评价。评价课堂教学的优与劣，要对影响课程实施的因素与课程实施的效果进行整体的关注，才能得出正确的判断。因此，恰当的做法应该是，把过程评价与结果评价有机结合起来，进行整体的评价。

（四）伪评价、准评价与真评价

伪评价是指出于某种不正当的目的，对收集到的课程信息进行歪曲，并在处理课程信息的过程中作出不符合实际的评价，或者是指因为评价者人为的因素而导致的误判。例如，在我国现阶段的教育评价中，为了应付上级的评估而

① 李雁冰著：《课程评价论》，上海教育出版社 2002 年版，第 11 页。

伪造相关资料，为了升学而修改学生的学习成绩，等等，均属于伪评价的范围。伪评价的提出对于我们正确认识评价的目的与功效，以及在如何保证评价的技术性操作更趋于规范、合理、科学等问题上，具有重要的价值与意义。

准评价是指虽然具有正当的评价目的和评价途径，但因关注的问题过于集中或狭隘，而不能深入有效地探讨评价对象的价值和特点的评价。准评价主要以某些特定问题为主要关注对象，然后以适当的方法来解答这些问题。至于这些问题是否反映了评价对象的价值与特点，则处于关注的焦点之外①。例如，在目标达成模式中，评价的标准是以预定目标为依据的，而预定目标以外的价值与特点问题就没有得以思考。

真评价是指全面反映评价对象的价值与特点的评价。具有真评价性质的评价类型有决策定向评价、委托人中心评价、消费者定向评价等。

二、课程评价的对象

课程评价的对象或基本领域包括以下几个方面。

（一）对课程目标的评价

课程目标是课程设计与教学活动的出发点与指南，引领着整个课程编制工作的发展方向，可以说，课程目标在整个课程系统中处于核心地位。我们认为，对课程目标的评价可以从以下三个方面展开。

首先，课程目标是教育目的与培养目标的细化与具体化，应从根本上反映出国家、社会、学校对学生全面发展的一般要求与具体要求，要与时代趋势、主流的价值观和具体的教育方针政策保持一致。同时，由于时代的局限，还应该对这些目标自身的合法性、合理性进行评价。

其次，课程目标的陈述方式影响与决定着课程目标呈现的清晰度。一般而言，课程目标要具体化与精确化，防止出现泛化与模糊化的倾向，只有这样才能让实践者拥有可操作性的凭据与对象。同时，课程目标又不能过于详细与“微观”，因为教学过程中存在着大量不确定性的因素，过于具体则有碍于教师主体性的发挥。

① 张华著：《课程与教学论》，上海教育出版社 2000 年版，第 400 页。

再次，课程目标要具有实用性与可行性。课程目标是对课程实施效果的一种愿景，它的实现与课程的组织、管理、教学设备及教学水平密切相关。因此，课程目标的实用性与可行性便成了其应有之义。

（二）对课程内容的评价

对课程内容的评价，主要是指对教材、讲义、教具、教学录像片和考试卷等教学实物的评价。其中，对教材的评价是其主要部分。单就对教材的评价而言，除了要注重其内在的逻辑性、科学性维度之外，还要注重其与学生的心理发展水平与接受能力相适应，即看其是否能真正促进学生的有效学习以及教师的有效教学。教师是教材的实际使用者之一，较之教材编制者及行政部门，更了解本学科的特点及教材在实施过程中的优点与不足。因此，教师对教材的评价具有根本的意义。

比如，以中学物理教材为例，当物理教材发放到教师手中时，教师首先要认真审阅教材，思考教材所展示内容的深度与广度，之后依据物理课程标准，结合学科的具体特点，在教学过程中对教材进行反思。这种建立在批判性反思基础上的教师评价，更具有针对性和价值性。

（三）对课程实施的评价

对课程实施的评价包括对课程实施过程与课程实施结果的评价。首先，就课程实施过程的评价而言，包括对课程表、教学任务、学习方法、学习风格、教学原则与方法、教学组织形式、人际关系、教师态度和作风、教学环境等的评价。它的目的在于对课程实施的相关要素及步骤作出诊断与评价，同时，还要得出课程实施者是否真正遵循了课程设计的标准与要求，是否真正有利于学生的全面发展。对课程实施结果的评价是指对学生学习成效的评估，看是否达到了预期的课程目标，这种评价后的反馈有利于课程实施策略的进一步修正与改进。

（四）对课程系统的评价

它是对整个学校的课程系统进行全局、整体式的评价，比如，查看课程的总体设置、组织安排、类型选择、实施范围等问题。通过评价，可以找出课程系统中存在的不足、矛盾与问题。

（五）对课程决策与管理成效的评价

这是较为重要的评价对象，代表着课程评价范围的扩大以及课程评价的未来发展方向。课程决策类型大致有三种：为推进课程的改造与革新而进行的决策；对课程编制者所作出的决策；教育行政管理方面所作出的决策。与此相对应的评价，也就包括了要增添或去除哪些课程材料，才能更好地促进学生的全面发展；在课程结构的调整上需要什么样的倾斜，才能更好地发挥作用；如何更好地契合学生的心理发展状态和认知机制，从而使学生最大化地吸收知识；如何面向学校整体运行的状况及教师的工作情况，进而开展有效的评估；等等。开展这样的评价都要建立在对具体教育实践的真实调研与考察上。针对课程管理成效的评价，是进行课程的改善、革新的必要前提与基础，也是促使课程系统进入良性循环运行的不可或缺的关键因素与基本条件。

第三节　课程评价的模式

课程评价模式是指在某种理论指导下对评价的原则、程序、内容、过程等要素所作出的要求与规定。因此，任何一种具体的课程评价模式都反映了课程评价者的教育理念与价值取向，以及在开展课程评价时所选取的操作方法与具体程序。本节重点介绍几种较有影响的课程评价模式。

一、目标达成评价模式

目标达成评价模式是以预定的课程目标为中心来设计与实施评价，并以目标达成为目的而建构起来的一种评价模式。其实质是通过对学生学习结果与成效的测量，来确定达到预定课程目标的程度。它是由美国评价专家泰勒在20世纪三四十年代首先提出，后经学者们的进一步修正与完善，而逐渐建立起来的一种课程评价模式。它最早应用在“八年研究”中，对世界上的很多国家产生了深远的影响。

泰勒认为，评价的目的并不是通过测验的方式来对学生进行机械的分类或分等，而是在于判断或测量学生行为变化与预定课程目标的达成度，并为改进课程方案提供反馈与帮助。其评价程序包括以下步骤：

第一，拟定一般目标或具体目标；

第二，将目标加以分类；

第三，用行为术语界定目标；

第四，确定应用目标的情境；

第五，发展或选择测量目标的技术；

第六，收集学生的行为表现资料；

第七，将收集到的资料与行为目标比较①。

从上述步骤看，这一模式注重目标在评价中的作用。而实际上，目标不仅是该模式开展、进行课程评价的根本逻辑起点，也是作为评判整个课程设计与实施是否科学、合理的主要依据与标准。由于这些目标都是以具体表现在学生身上的可测量的行为为主，因而评价具有很强的操作性与针对性。因此，极易被教学工作人员所理解与接受，至今仍在课程评价领域占据着主导与支配地位。

但是，该模式仍具有很大的缺陷与不足。首先，由于过多强调学生学习结果与预期目标的实际达成度，对那些未预期、潜在的目标存在着忽视或忽略之嫌。目标模式在关于“课程评价应由谁操作，行为目标能否全面准确地反映我们的教育目的，教育目标是否一定要测量等方面存在很大问题”②。其次，由于评价只采用课程教学前与课程教学后两次测验结果，因而只重结果，轻视过程，不能为改进课程和教学提供及时的反馈信息，等等。这种课程评价模式在以后的发展中受到了不少批评。

二、目标游离评价模式

针对在目标达成评价模式中，评价对目标的过分依赖，斯克里文（M. Scriven）提出了目标游离评价模式。斯克里文认为，传统的目标达成评价模式只是关注了实际确立下的目标及其预期的效应，而对那些偶然性、随机性、

① 钟启泉等编著：《课程与教学论》，华东师范大学出版社 2008 年版，第 262 页。

② 徐晴、陈明：《课程评价目标模式解析》，载《高等建筑教育》2004 年第 9 期。

突发性的非预期性效应缺少重视。一个课程计划的实施不仅会带来预期效应的出现，也会伴随着大量非预期效应的到来。也就是说，在对有关实际效应资料的收集上，评价者应当注重其全面性和完整性。因此，评价的重点不应当只关注对预期目标的达成度，还要关注在课程实施过程中所产生的种种变量与因素。评价活动的重点应由"方案想干什么"改为"方案实际干了什么"。

目标游离评价模式进一步认识到课程实施的不确定性和非预期性，使得原来被忽略的问题重新被纳入到评价的范围内，扩大了评价的影响力，可以看做对目标达成模式的重要补充与发展。但是，由于目标游离评价模式没有一套逻辑化的概念界定以及完整的评价方法、步骤或程序，所以只被看做一种评价模式的指导思想、思路和原则。并且，由于其解构了目标的"框定"作用，又可能使课程评价者陷入无可依凭的境遇，极有可能把评价者自己的目的凌驾于整个评价活动之上，从而歪曲了课程评价的真正价值。

三、CIPP 评价模式

CIPP 评价模式是由美国著名教育评价专家斯塔弗尔比姆（D. L. Stufflebeam）及其同事于 20 世纪 60 年代末 70 年代初提出的。CIPP 是由背景评价（context evaluation）、输入评价（input evaluation）、过程评价（process evaluation）和成果评价（product evaluation）这四种评价名称的首英文字母组成的缩略语。"这种模式应能提供整体的、全面的信息，以帮助方案目标的确定、研究计划的修订、方案的实施以及方案实施结果的考核，这就形成了背景—输入—过程—输出这样一个系统评价模式。"①

CIPP 评价模式是针对当时颇为盛行的目标定向式评价的缺陷而建立起来的。CIPP 评价模式的提出者认为，课程评价的根本旨趣并不在于评定目标达成的程度，而应该是为了作出某种决策而描述、获得和提供有用信息的过程。尤为重要的是，要为课程决策者提供有效的信息反馈，进而努力去寻求如何促进课程计划或课程方案的修正与改进。

根据对决策过程的研究，斯塔弗尔比姆提出了评价的四个方面。

① 李雁冰著：《课程评价论》，上海教育出版社 2002 年版，第 84 页。

（一）**背景评价**

它是指对方案提出的背景及方案目标的依据的评价，属于一种最基本的评价方式。也就是说，要确定课程计划实施的环境因素，明确教育对象的需求与问题，并对已提出的教育目标是否符合评价对象的要求作出判断。通过此评价，了解学生具有什么样的知识背景，从而审视新课程和修订课程在多大程度上符合学生的实际情况，进而为课程设计者提供资料来源，确保课程实施方案的适切性。

（二）**输入评价**

系指对达到目标所需条件、资源以及各备选计划、方案等相关要素进行评价，以有利于课程决策人员作出正确的选择。其内容包括：选择目前方案的依据是什么？还有没有其他的备选方案？如何把握具体实施方案的经济性与可行性问题？等等。也就是说，输入评价的目的在于通过对各种信息的诊断来协助评价者作出最佳决策，从而来判断要采取哪种课程计划或课程方案更有价值。

（三）**过程评价**

旨在对课程计划或课程方案具体实施情况的监测与评价。其目的是对比实施方案与原计划方案的不同与差别所在，并找出课程方案实施中的阻力、困难与障碍，从而为改进课程方案提供更有价值的参考信息。其内容包括：方案如何被实施的？进度如何？存在着哪种偏差以及需要进行什么样的修正？等等。

（四）**成果评价**

它是对课程方案所产生结果或效应的一种评定与测量。其内容包括：方案是否满足了预定的目标与需要？产生了哪些积极的效应与消极效应？课程方案实施人员对其持有什么样的看法与意见？等等。成果评价的最终落脚点在于对课程方案的修正与调整。如果达到了预期的目标，则继续留用。相反，则加以调整或者扬弃。

由于 CIPP 评价模式从比较学习结果与预定目标转向了如何为课程的决策者提供有效信息，这在一定程度上削弱了评价中对预定目标的过分依赖，能够较为全面地重视环境和过程的影响，并能揭示出方案实施中所存在的问题与不足，就为课程方案的改进并走向良性循环提供了可能与条件。但由于此模式主要的关注点在于如何为课程决策者提供有效的决策信息，从而过多地依附于决策者，使评价人员的作用处于被动接受与消极应对上。同时，该模式操作程序比较复杂，要求相对较高，实施起来有一定的难度。

四、CSE评价模式

CSE评价模式是美国加利福尼亚大学洛杉矶分校评价研究中心（Center for the Study of Evaluation）开发的一种评价模式。该中心一直致力于CSE评价模式的研究与推广工作，在评价领域内具有广泛的影响力。该评价模式包括四个部分。

（一）需要评估

评价者调查与总结出人们对教育的期望与要求是什么，同时找出课程实施后的预期效应与非预期结果之间所存在的差异，以便确定出教育应该完成的目标与任务，即“问题的选择”阶段。

（二）选择计划

核心任务是要对众多设计出来的备选方案进行筛选与评价。主要包括对成功达到目标方面的概率与可能性的评价，还涉及对课程内容与教育目标的适切性程度的判断与分析。同时，还要对教学设备、资金与人员配置方面作进一步的探讨与评价，即“计划的选择”阶段。

（三）形成性评价

重点判断课程计划在实施过程中的优势与缺点，以便对在教学活动中偏离目标的地方进行不断的改进与修正，从而使教育目标得以最终实现，即“计划的修正”阶段。

（四）总结性评价

对教育质量进行全面的调查与评价，以作出相应的价值判断。由于关系到课程计划的存废，所以，它对评价方案的设计以及采用的评价资料均具有较高的要求，即“计划的批准或采纳”阶段。

这种评价模式的出发点在于能够为课程计划改革提供有效服务，应用相当广泛。但要指出的是，这种评价活动并非分散的、单独进行的，要融会于整个课程改革的全部过程，从对课程目标的选择与确立，一直到课程效应的全面反馈都含有这种评价活动。

五、应答模式

应答模式是由斯塔克（R. E. Stake）最先提出与倡导，后经课程评价学者古巴（E. G. Guba）、林肯（Y. S. Lincoln）的进一步研讨与深化而逐渐发展起来的一种新型评价模式。该模式认为，评价者首先要全面了解、收集与掌握听取评价结果的人所关心的问题、对象与焦点，进而为他们提供相应的内容与信息。而这些听取评价结果的人往往都是与此方案存在着密切的利益相关，从他们的需要出发，确定出课程评价的范围，并通过对课程方案的修正与改进，从而满足大多数人的需求与愿望。

在斯塔克看来，如果一项评价具备了牺牲某些测量上的精确性以换取对评价听取人的有用性，更关注大多数人的意志而非一部分人的意志，那么，这种评价就是应答模式。因此，从某种意义上来说，应答模式是以听取评价结果的人最关心的“问题”为根本对象的。这些问题包括：“是否应该削减方案预算？是否应实行责任制？教学目标是否达到？新教学计划比旧教学计划是否更为优越？等等。总之，它应该提供对于方案的担心、怀疑、赞成或反对的一切信息。”①

应答模式在实施评价时，一般有以下几个步骤：

第一，评价者与一切和评价对象（如课程方案）有关的人接触，获取他们对评价对象的看法；

第二，根据获取的信息，确定评价的范围；

第三，评价者亲自对方案的实施作实地观察；

第四，通过观察，评价者对方案希望达到的目标与实际取得的成果进行比较；

第五，评价者对评价应回应的问题进行理论上的修正；

第六，在此基础上，评价者设计评价方案；

第七，根据不同的要求，选择不同的搜集信息的方法；

第八，对搜集来的信息资料进行加工处理；

第九，将处理过的信息按需要回答的问题进行分类；

① 钟启泉编著：《现代课程论》，上海教育出版社 1989 年版，第 355 页。

第十，把分类评价结果写成正式报告，分发给有关人员；

第十一，在分类评价报告的基础上对方案作出全面判断。

应答模式这种看似本末倒置的做法，其实正是它最大的优势所在。首先，它是以大多数关心课程方案推行的利益主体人的价值观念与预期愿望等方面为重点考虑对象，也就充分照顾到了各个方面的需求，从而能得到大多数人的认可与支持。其次，它对如目标达成、课程决策、价值判断等一系列的问题，都有较为明确的回答，具有一般性、普适性与灵活性。因此，应答模式被许多评价专家看做迄今为止最全面、最有效的评价模式。

六、鉴赏评价模式

自 20 世纪 80 年代以来，在课程评价领域出现了许多新的课程评价模式，以艾斯纳（E. W. Eisher）的主张为代表的鉴赏式评价就是其中之一。艾斯纳认为，教育评价是一个独特的评价领域，应借鉴评酒员和艺术鉴赏家凭自己的经验对一种酒或一件艺术作品进行整体评价的方法。

艾斯纳首先对传统的课程评价观做了深入的反思与批判。第一，传统的课程评价在根本上是指向一种预测与控制，是对人外在行为的规范与约束。这样，所有的行为主体都将被框定在统一化、标准化、雷同化的格局之内，丧失了其自身的主体地位与能动精神。第二，传统的评价方式只是一种量化的评价方式，把复杂的教育现象还原为一组无生命、机械的数量关系，只能掩盖真实的教育现实或现状，从而作出不利于教育实践改善的变革。第三，传统的量化评价只是一种结果式或总结式评价，而对形成结果的条件、环境与价值因素忽略不计，从而不能完整地反映出教学活动的全貌①。

针对传统评价的弊病，艾斯纳认为在课程评价中应采用质性评价的方法，即运用鉴赏评价模式。首先，在评价理念上，课程评价应是一种“鉴赏”艺术，而不是一种测量与评价的技术。鉴赏即是对课堂上发生的教育现象进行审视和洞察，从而全面地认识到教育活动的复杂性和丰富性。其次，在评价工具上，提出要借助于影片、录像、相片、诗歌、师生谈话等素材，以达到对教育

① 黄政杰著：《课程评鉴》，台北师大书苑有限公司 1990 年版，第 161—163 页。

情境意义的揭示与描述。评价的目的不在于对被评价者的定位与判断，而是在于对其行动的审视与欣赏。再次，评价者要具有高超的“鉴赏能力”，只有这样，才能发现那些参与课程实施的人赋予课程活动什么样的意义。这就要求教师具备丰富的实践经验，善于从细枝末节之处发现价值、意义所在。

由此可见，艾斯纳的鉴赏式评价解构了以往以预测与控制为特征的评价方式，而转向对被评价者内心世界以及行为表现的关注。这不仅在评价方法论上取得了突破，同时也引领了课程评价理念的深层次变革。但在实践领域，由于其缺乏具体化的操作程序，也就降低了其适用的范围，实际的运用也并不多见。

第四节 课程评价的方法

在课程评价方法中，存在着量化评价与质性评价两种基本的评价方式：“一是模仿自然科学，强调适合用数学工具来分析的、经验的、可定量化的观察，研究任务在于确定因果关系，并作出解释；二是从人文科学推演而来的，所注重的是整体和定性的信息以及说明的方法。”① 因此，两者分别有着不同的理论基础、价值取向与操作方法，也就共同构成了完整的课程评价的方法体系。而量化评价与质性评价之间的相互补充、交融与整合则代表了未来课程评价的发展方向。

一、量化评价

所谓课程量化评价（quantitative evaluation）是指“力图把复杂的教育现象和课程现象简化为数量，进而从数量的分析与比较中推断某一评价对象的成效”②。换句话说，量化评价就是把复杂的事物通过还原、简化为数字的方式，并运用现代化的测量工具与设备对数据进行比较、分析与总结，从而呈现出评

① ［瑞典］胡森著，唐晓杰译：《教育研究的范式》，载瞿葆奎主编，叶澜、施良方选编：《教育学文集·教育研究方法》，人民教育出版社 1988 年版，第 179 页。

② 李雁冰：《质性课程评价：从理论到实践》（一），载《上海教育》2001 年第 11 期。

价对象的价值与成效。在课程评价的开创时期，也就是在20世纪60年代之前，量化评价以其高度的精确化以及便捷的可操作性占据了评价领域中的主导地位。

（一）理论基础

科学实证主义及其方法论是量化评价的直接认识论基础。该方法论认为，在宇宙中事物内部与事物之间存在着必然、客观的规律与内在的因果联系，用科学的、精确的、数字化的方法可以成功地加以预测与控制。量化评价就是通过标准、客观、理性的方法与程序来发现、确证这些关系，从而使我们能够在纷繁复杂的教育现象或课程现象中，找出恒定不变的规律与本质。量化评价认为，通过对教学活动的数字化还原与处理，就可以分析出可适用于所有教学场域的普适性、客观性的原则与规范，从而可使评价结果得以大规模的推行与实施。

（二）价值取向

量化评价是“技术理性”在评价领域中的反映，着眼于一种约束与控制。“技术理性”是指通过合规律的行为而对环境加以控制的人类基本兴趣，它指向对环境的控制和管理，其核心是“控制”①。例如，在泰勒的基本原理中，教学活动被假定为具有可控制性和可测量，而随后所开展的评价就在于通过对教学活动的数字化呈现，来判断学生行为变化到达预期教育目标的程度。如果达到了预期目标，则意味着课程方案或教学计划的成功。所以，这种将学生行为的变化与预期目标达成之间的联结，则可以看出其终极旨趣在于对被评价者的有效约束与控制。

（三）操作方法

量化评价在本质上是运用科学化的思维、严格的数学方法与标准化、规范化的程序，来达到对可量化结果的认识。因此，量化评价的操作步骤表现为一种自上而下的演绎式运作程序。量化评价的主要过程包括：“提出问题、设定评价、定义变量、抽样、分析、结论等。它具有标准化程序，是自上而下、从一般到特殊的演绎过程。它先进行假设，然后使用一定的数学方法对课程特征

① 张华著：《课程与教学论》，上海教育出版社2000年版，第76页。

进行量化，比如，用数学语言表示课程的状态、关系和过程，在此基础上，收集大量的资料进行统计和运算，抽取并推导出对课程评价有价值、有意义的数据资料，然后将事实与假设加以分析比较，并不断修改和完善假设，最终得出结论。"① 量化评价的关键指标主要体现在对评价的精确性、信度与效度的追求上，一般采用观察、实验、调查、统计以及进行标准化测验等方法进行课程评价。

（四）评价者的角色

量化评价方法认为，事实是不以人的主观意志为转移的客观存在，并不包含价值的成分与因素。对纯粹事实的揭示与描述必须要采用标准化、客观的、理性的科学方法，而不能含有任何的主观介入与感情渗透。因此，课程评价者在评价过程中应当是独立依存的，是不带任何个人感情色彩、价值倾向的去获得评价的数据与结论，以此来保证它的纯粹性与客观性。

量化评价是科学实证主义在课程评价领域的反映，认为可量化才是得出科学、客观、准确信息与结果的尺度。其优点主要在于："①量化评价的设计是预先确定的，比较概括和具体，易于控制和操作；②量化的结果便于数学处理，有助于提高评价的精确性；③量化的指标往往是客观化的指标，因而有助于提高评价的客观性；④量化评价有助于对评价对象作出明确的等级区分，如对学生的学业成绩。"② 但其缺点与不足也是显而易见的。由于这种评价方法把复杂的教育现象与教育过程作出简单化、数量化与机械化的处理，也就导致了对多样化、多元化、异质性教育蕴含的遮蔽。虽然它对于一些简单化、低层次的外在行为测量具有很高的效用，可以达到完整揭示学生行为结果的目的，但对于学生的高级认知、心理感受、思维技能、情感体验等则处于尴尬和无奈的境地。这样，在教育过程中所内隐的、潜藏着的学生真实状态，在量化评价中得不到应有的关注与重视，要么被忽略，要么根本不予考虑。

---

① 张杨：《论课程评价中的量化评价与质性评价》，载《宁波大学学报》（教育科学版）2004 年第 3 期。

② 钟启泉等编著：《课程与教学论》，华东师范大学出版社 2008 年版，第 269 页。

二、质性评价

作为对量化评价方法的批判与变革，自20世纪70年代以来，质性评价受到越来越多课程学者的关注与重视。质性评价（qualitative evaluation）是“力图通过自然的调查，全面充分地提示和描述评价对象的各种特质，以彰显其中的意义，促进理解”①。它重点关注与强调的是学生在丰富、真实、开放的教育活动中所引发的自我表现与自我展示。

（一）理论基础

质性评价是建立在解释主义、现象学等人文主义方法论基础上的。与量化评价的哲学假定不同，质性评价认为社会现象并非客观存在的，而是源于人的主观认知，是人类在特定的社会情境中自主建构出来的事物。因此，主体与客体的存在并非对立、对峙的关系，而是相互渗透的，知识的存在源于人的社会建构。这样，评价者由于自身不可避免的主观意识介入，所得出来的结果只能被看做一种解读或阐释，不能被当做客观性的答案与结论，评价结果是评价者与被评价者之间所达成的一种共识。

（二）价值取向

质性评价的着眼点在于对教学情境或课程现象的描述与解释，强调运用整体的、自然的、定性的方法，并通过这种努力来透析其背后蕴含着的深层次的教育意义。“质的评价则追求对那些能够显现有关事物的内在规定性的具体特征进行细致而深刻的挖掘，其出发点则是在于把握事物质的深刻性，通过对评价对象进行广泛细致的评价，来深刻地理解被评价对象，进一步从被评价者的角度来描述问题。”② 可以看出，这种评价方式更多地意味着是从体验者、参与者的角度来诊断课程的价值与效度，并在此基础上，不断地推进对整个课程实施方案与计划的修正。例如，在一次教学活动之后，受教育者可能学到了预期教育目标所无法设定和涵盖的内容，这些非预期、潜隐的、富有教育价值的东西是无法用数量关系加以呈现出来的，而运用质性评价的方法则可以较好地做到这一点。

---

① 李雁冰著：《课程评价论》，上海教育出版社2002年版，第17页。

② 张杨：《论课程评价中的量化评价与质性评价》，载《宁波大学学报》（教育科学版）2004年第3期。

（三）操作方法

质性评价的运作程序具有动态生成的特点与旨趣，整个评价是一个持续的、动态的、不断反馈的过程。首先，评价中理论假定的预设机制受到排斥与消解。它并不刻意地去极端重视与强调某种理论假设，而是随着评价进程的不断推进，随时发生着调整与改变。其次，它并没有严格、同一化、标准化的程序与规范，只是随着资料的不断发现与融入，决定着下一步评价的着眼点与方向。同时，不同的调查主题会采用不同的方法。

（四）评价者的角色

质性评价方法认为，任何评价行为都是一种充满价值成分的实践活动。评价者的价值观念、学术旨趣无时无刻地不在影响着整个课程评价进程。也就是说，评价者已不是游离于整个评价活动之外，秉持一种“价值中立”的立场，而是“评价者充当了促进者，鼓励参与者对有关课程的内容提问、讨论，同时进行设计和资料收集、分析、解释，并澄清一些观念……评价者会考虑到参与者对当前课程看法、发展方向，并借鉴其他参与者的观点”①。因此，整个评价活动，其实就是评价者与被评价者相互交流、对话、协商的过程，不是价值中立，而是价值负载或价值关涉的。

质性评价具有自然主义的特征。它不以预定的目标作为整个评价的先导，而是在对资料不断认识的基础上来形成不同层次的评价问题。其中，评价者是最主要的评价工具，不仅注重评价对象外在行为的表现，还注重其行为背后内在的特殊意义。它不是被当做一种客体的存在，其对事物的意见、看法、观点都被作为评价过程中不可或缺的资料与来源受到了重视。然而，质性评价也有其相当多的局限。由于评价者的主观因素具有很强的不确定性，其所带来的评价信度与效度就会受到很大的质疑。同时，在资料的收集与整理上，如何保证其完整性与广泛性，也需要评价者具有较高的专业素养。

三、典型质性评价方法

课程改革的进一步推进与深化呼唤着课程评价的发展。20 世纪 60 年代之

---

① 张杨：《论课程评价中的量化评价与质性评价》，载《宁波大学学报》（教育科学版）2004 年第 3 期。

前，量化评价一直占据着课程评价范式的主导地位，追求对评价对象的有效约束与控制。而随着“质性研究”在教育及课程领域中的应用，质性课程评价日益兴盛起来，并代表着未来课程评价的发展方向。具体而言，典型质性评价方法有成长记录档案袋评定、表现性评定、苏格拉底式研讨评定等。

（一）成长记录档案袋评定

成长记录档案袋评定又称为“卷宗评价”、“历程档案评价”、“成长袋评价”、“作品集评价”，是有着多种称谓的一种评定方法。从其本质上来说，均属于质性评价方式。

究其来源，这种评定方式起始于画家以及以后的摄影师。他们为了展示自己的艺术成就及个人风格，便把自己认为比较优秀的作品收集、装订起来。迁移到教育领域，它便是对学生运用知识所获得的成就的评定。档案袋则成为汇集学生作品的样本与学生进行种种评定范围内的活动结果产品的证明。它是“根据教育教学目标，有意识地将各种有关学生表现的作品及其他证据收集起来，通过合理的分析与解释，反映学生在学习与发展过程中的优势与不足，反映学生在达到目标过程中所付出的努力与进步，并通过学生的反思与改进激励学生取得更高的成就”①。该评定方法有以下几种特征。

1. 评定由师生共同参与、合作完成

在传统的量化评价中，评价者基本上是由教师独自操作完成的，学生只是当做被评价的对象与客体，没有发言权与参与的必要。而在档案袋评定中，要求师生共同参与、共同合作。一个评定过程也就是师生之间相互交流、对话、协商进而达成一致的过程。师生共同确定档案袋的目的、类型，协商确定档案袋中材料选择的标准。这样，被评价者的积极性、主动性得到调动与激发。

2. 学生成为主要决策者

在档案袋评定中，由于要对学生运用知识所获得的成果进行评定，所以，学生在对投放入档案袋的内容进行选择时，发挥着重要的作用，学生对所提交作品的价值与质量持有最终裁决权。作品是学生成长的真实记录，也是其探究方法、思维方式、学习结果以及审美倾向和价值观念的反映，通过对作品及其

① 董奇主编：《成长记录袋的基本原理与应用》，陕西师范大学出版社 2002 年版，第 6 页。

他资料的分析，可以得出学生学习的发展与变化。

3. 评定的丰富性与发展性

在量化评价中，仅是通过考试、测验等手段，以量化的方式对学生学业成绩的评定，并不能充分反映出学生学习的真实状况与实际水平。而在档案袋评定中，所选择的都是与学生成长密切相关的各种资料，包括文字、图片、音像等，也就充分反映了学生成长与发展的轨迹。同时，学生在回顾、反省自己的作品时，通过对成长记录档案袋的考查，可以促进学生形成良好的自我反思，认识到自己的优点与不足，也会由衷地感受到自己的进步与缺点。

例如，化学学科中，学习“身边的化学物质”这一主题的有关内容时，可在学习档案中收录以下资料。

（1）自己或同伴收集到的有关化学物质的资料，如新闻和科技动态的剪报、图片、照片、实物等。

（2）学习空气、水与溶液、金属、生活中的化合物等项内容后，对这些物质的性质及其与社会生活关系的认识。

（3）有关学习氧气、二氧化碳气体的探究活动资料（包括提出的问题与假设、设计的方案、实验记录、对实验活动的自评和他评、对实验的反思与体会、问题讨论中的主要观点等）。

（4）对当地污染状况的调查和防治污染的建议。

（5）对化学在空气污染的形成与防治中的作用的认识。

（6）对自己学习状况的评价（包括基础知识、实验设计和探究活动等情况），有待改进的问题和改进的设想①。

（二）表现性评定

20世纪90年代，美国教育界开发出了一种新的学生评定方法——表现性评定。其较权威性的定义是：“表现性评定为测量学习者运用先前所获得的知识解决新异问题或完成特定任务能力的一系列尝试，具体来说就是运用真实的生活或模拟的评价练习来引发最初的反应，由高水平评定者按照一定标准进行直接的观察、评判，其形式主要包括建构式反应题、书面报告、作文、演说、

① 转引自丁朝蓬著：《新课程评价的理念与方法》，人民教育出版社2003年版，第174页。

操作、实验、资料收集、作品展示。”① 它作为质性评价的方法之一，是对学生运用知识与解决问题能力的考查，旨在推动教学方法改进与学生的全面发展。它具有以下几个特点。

1. 评价的真实性

表现性评定是对学生实际操作能力与行为结果的评价，而这其中必然凝聚了学生的主观视角、个性思维、能动意识与创造精神等相关因素。这种评定方式较好揭示了学生的真实面貌和现实状况，为学生认真寻求与区分自身的优势与不足提供了帮助。

2. 评价的过程性

表现性评定贯穿于整个教学过程中。它是对学生在教学过程中的种种表现进行评价，可以随时发现、及时解决学生遇到的学习问题与困难。

3. 评价的交互性

在传统的教育评价中，学生只是作为被评价者来看待的。而在表现性评价中，学生要求积极参与到评价进程中来，是在教师的指导与帮助下自定目标、自我调整与自我评价，也就充分张扬了学生的主体精神与能动意识，从而促使其身心的健康发展。

4. 评价的人文性

在表现性评定中，对于学生的自我表现及实际操作能力是没有正确与错误、好与坏之分的，只是存在着程度与等级之别（可分为 A、B、C、D 或优秀、良好、中等、及格）。这样，也就突破了传统评价中注重筛选与淘汰的做法，保护了学生的自尊心与自信力，不至于让学生感到灰心、沮丧。

表现性评定可以呈现出学生针对某一问题的不同看法与观点，从而有可能得出完全不同的答案与结论。

例如，教师可让学生通过多种方式表现他们对于“光合作用”的理解。

（1）语言表达：“请你用自己的语言描述一下‘光合作用’，以口头或书面的形式均可。”

① 刘辉、金露：《表现性评价方法在小学语文课程评价中的应用》，载《中小学教师培训》2004 年第 4 期。

（2）逻辑数理表达："用科学原则、定理或法则概括光合作用的过程。"

（3）空间表达："请快速勾画出光合作用过程的草图。"

（4）身体运动表达："创编一个哑剧或者以表演的形式演示光合作用。"

（5）音乐表达："如果光合作用是一首乐曲，你觉得它会像什么或者像哪首歌？"

（6）人际关系表达："光合作用让你想起自己生活中的什么东西？叶绿素的转换作用和同学之间的交往在哪些方面是相似的？"

（7）内省表达："用几句话描述关于你亲身经历变化的个人感受。"

（8）自然表达："比较三种不同植物的光合作业过程。"你可以运用图片、艺术形式、写作或者其他适当的方式表现他们的相同或者不同之处①。

但为了达到表现性评定的实际效果，还应当注意以下两个问题。①要重视学生的自我评价。在表现性评定中，学生作为评价者，进行与开展自我评价是其主要目的之一。自我评价是提高自我认识水平、改造常规行为习惯的有力方式和必要路径。通过自我评价，可以让学生对自己的现状进行积极的反思，并纠正与改进自己的学习方法与认知方式。②要合理分配教师的时间。教学本身就是一个任务相当艰巨与繁重的工作，对学生各种评定资料的收集、整理要耗费教师相当多的时间。例如，设计表现性任务、明确操作目标、编制评定规则，等等。如果没有充足的精力与时间，而忙于形式上的评定，则只能使评价的意义与价值流于虚无。

（三）苏格拉底式研讨评定

苏格拉底式研讨评定法是美国芝加哥大学哲学研究所所长默蒂莫·阿德勒（Mortimer Adler）的工作成果，其理论来源则可以追溯到著名哲学家苏格拉底的"精神助产术"。苏格拉底认为，真正的教育方法并不是把现成的知识直接传授给学生，使其接受与服从，而是要通过启发与诱导的方式使其亲自去探究潜藏于自身心中的真理。

这种研讨法最根本的要求是让学生学会自主思考、独立思考，并为自己的见解、主张与结论提供论证。所以，学生在学习过程中所表现出来的"班级参

① 转引自丁朝蓬著：《新课程评价的理念与方法》，人民教育出版社2003年版，第147页。

与”与“课堂讨论”得到较多的重视，并作为学生学业成绩评价的重要组成部分。研讨评定法的具体步骤有以下几个。

第一，明确教育目标。在传统的评价中，目标是预期要达到的结果与评价的标准，规约着整个评价过程。而在此种评定中，评价则关注于如何实现批判性思维培养、阅读理解技能培植、听说写作技能提升等这些具体的教育结果。

第二，选择适宜的文本。教师所选取的课程内容目的不再是寻求如何最大效率地灌输给学生，而是在于如何引发学生的学习热情与兴奋点。因此，这种文本具有广泛的来源，可以是小说、电影、故事或者图像，只要其能促进学生的学习，均可划为被考虑与选择之列。

第三，提出起始问题。此问题的提出旨在唤起学生的研讨热情与交流愿望，所以，它不应仅具有单一的预期反应与唯一的标准答案。在这里，教师的作用不在于操纵与控制学生，而在于推动对话活动的深入进行。

第四，选择记录研讨过程的方式或设计记录表。对整个研讨过程做真实、客观、有效的记录是此种研讨法评定的必然要求，即是要通过对记录的分析、比较、鉴别，才能推断出学生所取得的成绩。

【思考与练习】

1. 课程评价的主体有哪些？试说明其发挥的作用有哪些？
2. 课程评价的对象可分为哪几个方面？试简单进行相应的解释。
3. 课程评价的类型有哪些？试举出三类并加以说明。
4. 试论述你对鉴赏评价模式的看法。
5. 列出质性评价中的典型例证，举出相应的案例并进行分析。

第十一章　课程领导

【启发与引导】

• 新课程改革之后，学校拥有了一定的课程管理和开发的权力。与此同时，我国教育思想也获得了极大的繁荣，国门之外的教育信息也纷至沓来，教师感到无所适从。如何解决这些问题？学校课程领导与此有什么关系？

• 如果让你做一所学校的课程领导者，你觉得有哪些事情可以做？

• 你觉得前面所学习的课程知识，对于做好课程领导有什么作用？

在前面几章，我们学习的都是有关课程本身的知识。从课程目标、课程内容、课程实施到课程评价，比较完整地给我们展示了课程实质性的领域。在本章我们会展示另外一个重要的领域：课程领导。课程领导关系到课程开发与实施、评价过程中的人际互动和权力运作，属于课程中政治—社会的范畴，是课程开发的重要保障机制之一。

第一节　课程领导的意义

在我国，课程领导这个概念，是伴随着新课程改革出现的，在21世纪之前很少有人提及。那么，什么是课程领导？它的出现对于课程以及课程改革究竟有什么意义呢？

一、课程领导的含义

课程领导这个词，从字面上我们就可以看出它包括两个重要的部分，一个就是课程，一个就是领导。前者是课程与教学领域中的一个重要概念，而后者则是教育行政与管理领域的一个重要概念。在这个意义上说，课程领导实际上是课程论与教育管理的交叉概念。要理解这个概念，我们必须从领导的概念入手。

（一）什么是领导

领导的概念其实是众说纷纭的，有学者认为：有多少个研究者，就有多少种领导的概念。平时我们在运用这个词汇的时候，通常会在三种语境下使用，比如：

“是党领导我们走上了正确的道路！”

“我们一定要坚持党的领导！”

“领导一定要走上第一线！”

我们会很容易发现，第一句中的“领导”是一个动词，有“引领、导向”的意思。后面两个句子中的“领导”都是名词，但是含义并不相同。前一个“领导”，指的是“引领、导向的功能或过程”，后面一个“领导”，则很明显是

“做领导的人”，也就是领导者。

那么，“领导”这个词，我们究竟应该当动词还是当名词来理解？究竟是当“一种功能或者过程”来理解呢，还是当“领导者”来理解？

首先，我们必须认识到，“领导者”往往是具有领导职位的人，他能否真的发挥一定的领导作用，还是一个未知数。而且，有些人虽然并没有领导职位，但是他在人们心目中或在实际的工作中，的确发挥了“领导的作用”，是无名有实的“领导者”。因此，我们倾向于把领导理解为“引领、导向的功能或过程”。也就是说，不管一个人是否拥有领导职位，实际上都有可能发挥领导的功能。

其次，“引领、导向的功能或过程”这个概念虽然是名词，但是这个名词给我们昭示了“领导”这个概念本身所蕴含的动态过程，是一个动态化的名词，因此比较符合我们对“领导”的界定。

这样的分析，也比较符合《国际教育行政与管理百科全书》中对“领导”的理解。在这本书中，作者综合分析了很多领导概念，最终发现，尽管人们的理解各不相同，但是都蕴含了两个重要的因素。

第一，组织的方向。也就是说，要进行引领和导向，领导者必须首先有明确的目标和方向。有学者精辟地提到领导和管理的区别：“领导是做正确的事情，管理是正确地做事情。”① 这一区分表明，领导者和管理者的根本区别在于一个有自己的目标和方向，一个则是按照别人或者外部规定的目标与方向去高效率地做事情。有没有目标和方向，对于领导具有决定性的意义。

第二，权力和影响力。也就是说，领导者在组织中不能是“光杆司令”，他也不能是一个“技术能手”或者“工程师”，他必须拥有权力和影响力，从而让组织的成员听从或者跟随自己，通过努力达成组织的目标。

因此，我们可以说，领导是组织中领导者所发挥的引领和导向的功能或者过程，目标或方向、权力或影响力，是领导的两大支柱。

（二）什么是课程领导

根据我们对领导的界定，所谓课程领导就是组织中的领导者对课程所发挥

---

① Bennis，W. *Why Leaders Can't Lead*：*The Unconscious Conspiracy Continues*. San Francisco：Jossey-Bass Publishers，1989，p. 18.

的引领和导向的功能或者过程。问题在于，课程作为一个现象或者一个过程，本身并没有思想意识，对于没有思想意识的事物，领导者如何才能够发挥引领和导向作用呢？

很显然，领导者并不能直接影响课程，让课程听从或者跟随自己的命令。课程领导者必须通过开发课程的人来对课程进行引领和导向。这样，课程领导就有两个非常重要的影响对象：一个是课程本身，一个是开发课程的人。换句话说，课程领导所要做的，就是通过对课程开发者进行引领和导向，来完成对课程的引领和导向。因此，课程领导必然包括两个重要部分：有关课程事务本身的专业领导和有关人事和物质运作的行政领导。二者必须相互配合、相互促进，促进学校课程不断向前发展。

对于课程的影响而言，课程领导者必须确定组织的课程立场和课程目的，并使这样的思想在组织中的各种课程中体现出来。对于课程开发者的影响而言，课程领导者也必须有非常清晰、明确的课程立场和课程目的，并把这样的立场和目的阐述出来，引领他们做好课程设计和课程实施工作，进而在组织的课程立场上达成组织的课程目的，很好地完成育人的任务。总之，课程领导应该是一个多层级、多面向的动态运行系统，它通过集中众人智慧，最终指向课程质量的提升、学生学习品质的改善以及学生身心素质的提高。

因此，我们将课程领导界定为：课程领导就是以课程品质及学生学习成效的持续提升为目的，以学校行政领导为前提，由课程领导者引导成员集中更多精力关注课程和教学事务，共同创建学校课程愿景，朝着正确的目标前进，上下一心进行课程实践的活动过程。对于这个概念的把握需要注意几点。

第一，课程领导的目的指向课程品质的提升以及学生学习效果的卓越。课程管理与其相比，可能缺少对这种目标的前瞻性战略眼光，更多强调正确执行上级部门的行政命令；学校领导与其相比更多强调对学校的日常和行政管理方面，这是课程领导所赖以进行的基础，但是又是其必须超越的；教学领导比之课程领导更加强调教学事务的处理，而缺少较强的课程意识的参与。因此，课程领导需要课程领导者更多关注课程事务，集中更多的精力放置其中，构建具有更高视界的目标导向。

第二，课程领导应该包括课程事务领导和行政领导两个部分。其中，行政领导是其把注意力更多偏向于课程事务的前提。只有课程发展而缺乏有效的行政支援与管理，课程发展也就缺少了物质、秩序、氛围等的支持与协调，也就难以有效进行。只重视行政领导，而疏于课程事务的经营与管理，也不可能提升课程品质。因此，行政领导是课程领导的基础部分，课程事务领导则使课程领导的主旨得以体现。行政性领导的主要任务是对于学校资源的分配与管理和对于学校日常事务的处理。而课程事务领导主要体现为学校课程领导者通过课程愿景的创建、激励和促进教师成员的专业发展、学校组织的文化再生等措施促进课程品质、学生学习品性与身心素质的提升。

第三，在这个概念中，同样有两个因素非常重要，一个因素就是课程领导者在这一过程中的课程立场和课程目的，另一个因素就是课程领导者在这一过程中所发挥的权力和影响力。在课程领导过程中，这两个因素要十分鲜明，相互配合，才可能真正发挥课程领导的作用。

二、课程领导的特征

特征是一个事物或者现象与其他事物、现象的区别所在，把握了课程领导的特征就更便于在现实中对之进行有效的实施。课程领导的特征是在和其他类似现象的对照中凸显出来的，主要包括课程领导的方向性、专业性、高位性、整体性、现场性。

（一）课程领导的方向性

所谓课程领导的方向性，是指课程领导要能够确定和把握学校课程发展的方向。这一重要的特性是和课程管理相对而言的。管理和领导的最大区别在于前者更倾向于按照机构的规则实施已有的程序，而后者更注重目标和方向的建立与坚持。

在我国，过去常常有的一个词语是“课程管理”，新课程改革之后，“课程领导”才真正为人们所提倡和熟知，其中的重要原因在于新课程改革有两个重大的举措。第一，新课程改革提出课程的三级管理，也就是改变过去课程由国家统一管理的局面，学校课程由国家、地方和学校三级管理，学校拥有了一定的校本课程管理和开发权限。第二，对于新课程改革的实施，也有一个重要的转向，也就是一定程度上从“忠实取向”转向“相互调适取向”甚至是“缔造取向”，强调“用教材”而不是“教教材”，强调教师在教学现场的“生成”的重要意义。这两个重要举措，给予学校在课程开发方面的空间，同时也就要求学校不能再像过去那样，仅仅埋头按照上级的要求实施课程，而要能够对课程的目标和方向作出自己的思考，建立自己学校的教育哲学和课程愿景，从而有目的、有方向地进行做好学校的课程与教学工作。

值得注意的是，课程领导在确定学校课程发展方向之时，一定要关注这一方向的道德性。教育本身就是一个道德的事业，它关乎社会未来的发展和福祉，其导向如何，对于人类以及每个个体的未来都具有重要的影响。课程发展的方向因此一定要能够合乎两个重要的标准：第一，它一定是把学生导向真、善、美，把学生导向对社会和人类的友善而非仇恨；第二，它一定要能够为学生未来更加幸福的生活服务。美国著名的教育管理学者萨乔万尼（T. J. Sergiovanni）十分强调道德对于领导的意义，认为道德是比任何其他权威更富有领导的力量，因为人们“所相信的，以及因一种道德的承诺而感到有责任去做的因素使人们去做”①。事实上，这样的论断绝对不是纯粹理论的，在现实中也很少有教师会追随一个在教育方向上居心不良的领导；相反，能够给教师提供有道德的课程愿景，并能够在各种复杂环境面前坚持这种目标的领导，才真正令教师心服口服，跟随其为人类、为社会，也为学生的发展作出更好的服务，实现自身的价值。

（二）课程领导的专业性

所谓课程领导的专业性，是指课程领导者应该在课程与教学方面具有比较强的专业能力和专业权威。这一重要特性是和行政领导相对而言的。

从某种意义上来说，课程领导是行政领导的一个重要领域，有很多和一般的行政领导相似的地方，比如，两者的影响对象都是人，都需要对学校中的人际关系进行一些处理等。一些学者也在有意无意间，将课程领导看做行政领导的一项职能。但这并不是说，行政领导就是课程领导。这是因为：第一，有相当多的行政领导，并没有发挥课程领导的功能，也就是说，在学校课程的发展

---

① ［美］萨乔万尼著，冯大鸣译：《道德领导：抵及学校改善的核心》，上海教育出版社2002年版，第33页。

方面并没有自己的见解和贡献，很多学校领导把主要精力放在课程以外的事务上，心目中根本没有课程观念①；第二，一些学校教师虽然并没有担当校长、教导主任之类的职务，但是他们对学校的课程与教学的方向有着非常深入的思考，形成了自己关于课程与教学的清晰见解，并且能够影响、带动周围的教师朝着这个方向努力，这样的教师实际上发挥着课程领导的功能。

从上述两个方面来看，课程领导和行政领导最为明显的区别，在于是否把主要注意力集中在学校课程事务上，同时有能力推动学校课程事务的发展，在课程方面所具有的专业能力以及由专业能力所引发的专业权威是课程领导专业性的核心要素，不具备上述专业能力的人可以做行政领导，但是就难以做课程领导了。一般来说，一名合格的课程领导者需要具备以下课程方面的专业素养。

第一，拥有关于课程哲学的知识。课程领导者必须知道课程是建立在什么哲学基础之上，有什么样的课程取向，这些课程取向对于学校课程具有什么意义。只有具备了这些知识，他才能够真正地在学校课程目标和方向等方面作出引领。

第二，拥有相关课程规划的知识。学校课程是一个整体，需要进行周密的规划，才能够真正实现对人的培养目标。课程领导者必须知道学校整体课程规划的目标、方法和途径，能够带领学校教师对课程作出整体的规划。此外，课程领导者还需要知道一个具体的课程是如何被规划、设计出来的，这样才能够对现有的课程作出评价和改进，也才能带领教师进行校本的课程开发。

第三，拥有将学校课程理念、目标、愿景推广给教师的能力。这需要课程领导者有很强的动员能力、具体化能力和跟踪能力，持续不断地将有关理念、目标和愿景推广给教师，并让教师有目的、有动机地将上述内容有效地实施。

（三）课程领导的高位性

课程领导的高位性是指，和一般教师相比，学校课程领导者具有一定的战略眼光和理论素养，能够站在全校的，甚至理论的高度来理解课程，推动学校

① 马延伟、马云鹏：《课程实施中校长角色的转变——对当前课程改革的一点思考》，载《课程·教材·教法》2003 年第 1 期。

课程向前发展。课程领导的高位性，是其和教师课程领导相对而言的。

教师的课程领导是新近才由西方传递过来的新概念，主要包括两个方面的含义。第一，在学校中，一些并没有担任行政职位的优秀教师，凭借自己的专业权威，在课程方面对学校的一些教师形成影响力，从而在一定程度上决定了学校课程发展的方向。第二，学校和其他工业企业组织不同，从性质上来说是一个学习共同体，仅仅依靠有关领导者本人难以有效地发挥领导作用，领导者必须给教师赋权增能，使更多教师都承担起领导的责任，发挥领导的作用。至于教师课程领导的任务，有研究指出可以从建立美好的愿景和共同信念、促进组织学习和发展组织工作、进行合作管理、参与学校和地方课程工作、促进同伴的专业发展、参与学校发展和变革、参与社区和学生家长工作、指导准教师教育和培育成功的学校文化等方面考虑①。

从上述两个含义和任务中，我们可以看到教师课程领导和课程领导在不少地方有交叉。比如，课程领导也十分强调对教师的赋权，强调一些未承担行政职务在课程领导方面所发挥的作用，教师的课程领导是课程领导的有机组成部分。此外，二者有着共同的目的：提高学校课程效能，提升学生学习成效。但是，由于方方面面的原因，教师的课程领导并不能彻底代替学校的课程领导，前者主要的承担主体是教师，而后者的主要承担主体则是学校的行政领导，如校长、副校长和教导主任等。课程领导主体和教师课程领导主体的最大不同，在于前者由于同时兼有学校行政领导职位，所处的境遇和教师有很大的不同：一方面，他们很大程度上能够代表学校与外部联系，比一般教师更能够接触和理解外部，包括行政部门、专家系统、家长等对学校的要求；另一方面，他们在做任何事情之时，都必须从学校全局出发进行思考，都必须考虑让更多的教师心服口服。上述两个方面的原因，让他们在课程方面站位更高，能够对一般教师进行更多的指导。

（四）课程领导的整体性

课程领导的整体性是指，虽然课程领导必须关注一些零零碎碎的课程和教学事务，但是在课程领导过程中，必须把学校看做一个整体，把学生在学校中

---

① 参见金建生：《论教师领导》，载《西北师大学报》（社会科学版）2007年第3期。

受教育的过程看做一个整体，全面地对课程和教学事务进行慎思。课程领导的整体性，是和教学领导相对而言的。

教学领导是指为优化教学系统，实现教学目标，通过规划教学发展愿景、进行教学管理和评价、提供教学支持系统和发展学校文化等领导行为，促进教师专业成长，提升教师的教学品质和学生的学习成效的动态过程①。从这一概念上来看，教学领导所关注的主要事项和课程领导大部分是重叠的。但是，由于教学本身非常具体，教学领导经常陷入的困境就在于其关注的是教学的局部，而不是学校的全部教学；关注的是教学本身，而不是教学得以存在和发展的环境；关注的是教学的具体事务而不是学生在教学中的整体发展。因此，课程领导比教学领导更具有整体性，这种整体性可以从学校整体、学生发展整体、学校课程事务整体进行具体阐述。

所谓把学校看做一个整体，就是课程领导心目中要有关于学校的完整图景，这个图景包括学校所有的人、事、物。有了这样一个完整的图景，课程领导才有可能调动一切积极因素，来促进学校课程和教学事务的发展。

所谓把学生的发展看做一个整体，就是课程领导心目中要有一幅学生从入学到毕业的完整画面。课程领导要明白，学生经由这个学习阶段，在本校中会发生什么变化，获得什么成就。此外，对学校的各个年级，课程的各个方面对学生发生的影响也要了然于胸。

有了上述两幅整体性的画面，课程领导在进行课程决策、处理课程事务的过程中，就会把学校的课程和教学作为一个整体来看待，在学校课程与教学中处理好显在课程与潜在课程的关系，学科课程和综合课程、活动课程之间的关系，必修课程和选修课程之间的关系，从整体上规划学校课程和教学事务，避免课程教学规划的盲目性，避免课程的缺失或者课程的重复。

（五）课程领导的现场性

课程领导的现场性是指，课程领导者是课程开发和课程实施现场的领导者，和一些理论工作者相比，他们对教育现场更加熟悉，对教师和学生的需求

① 李森、张涛：《教学领导的内涵、功能及策略》，载《西南民族大学学报》（人文社科版）2006 年第 3 期。

和思维方式更加清楚，更便于实施即时的现场指导、监督和管理。课程领导的现场性，是其和校外课程专家、校外课程领导相对而言的。

本书中的课程领导，主要是指学校课程领导，但这并不是说，校外就没有课程领导。相反，在当前形势下，校外的一些课程专家、学科专家、行政领导等人员，在学校课程方向上有很大的影响力，他们也承担着重要的课程领导职责。比如，美国课程学者格拉索恩（A. Glatthorn）就认为课程领导可以分为四个层次：州层次、学区层次、学校层次和班级层次，每一个层次的课程领导都有自己的职责①。根据他的逻辑，我国的课程领导，则至少可以分为五个层次：国家层次、省区市层次、县区市层次、学校层次和班级层次。上述层次是从行政隶属的角度来看的，倘若换一个角度，从课程领导的主体来看，则会发现很多课程专家、学科专家等对学校课程方向也发挥着重要的作用。显然，上述不同层次、不同课程领导主体，都有不同的职责和不同的领导策略，如果一一阐述，是本章所不能容纳的，也并不符合本书读者的需要。因此，在这里只能对其他层次、其他方面的课程领导存而不论，专注于说明学校课程领导。

尽管如此，我们必须对学校课程领导的重要特性有着更加清醒的认识，那就是其具有其他层次、层面的课程领导所不具备的现场性。现场性主要体现在两个方面：熟悉性和即时性。

所谓熟悉性，一方面是指课程领导对学校的教师、学生以及其他方面比较熟悉，知道不同人员的不同需求；另一方面是指课程领导身处学校文化氛围中，对学校文化的深层价值和潜在假设有着深刻的体验，对学校中不同人员的思维方式有着比较透彻的理解。这种对教育现场的熟悉，使课程领导者在引导学校课程开发的过程中比校外的专家、学者、领导者更容易把理解和满足校内人员的需求，更容易找到有效的影响和引领的方式，使学校课程发展更有效果。

所谓即时性，是指课程领导比校外专家、学者、领导有更多的时间和学生、教师在一起，这样就便于其更加深入有效地监督课程开发过程，提升课程

① ［美］Allan A. Glatthorn 著，单文经译：《校长的课程领导》，华东师范大学出版社 2003 年版，第 17—24 页。

实施效果，提高学生的学业成就。课程领导的即时性具有重要的意义，原因在于课程与教学中发生的问题往往是意料之外的、即时性的，事先难以准备出具体的解决方案，同时又需要马上解决，因此及时地引导、支持非常关键。只有这种持续的、即时性的指导，才能够使学校的课程与教学平稳、高效地发展。

三、课程领导的理论意义和实践意义

一个概念或者理论之所以受到人们的关注，主要在于这个概念或者理论对于本学科研究或者实践发展有着重要的意义。那么，课程领导在理论上和实践上究竟有什么意义呢？

（一）课程领导的理论意义

在学习课程理论过程中，我们经常看到的是有关课程的实质性内容，如课程目标、课程内容、课程实施和课程评价，这样容易给人造成一个误解：课程是比较技术化的一个领域，课程论的主要目的在于如何进行课程的设计和课程的实施与评价。造成这种误解的原因在于人们并没有看到课程的另外一个层面：课程是一个靠人来实现的过程，在这个过程中，人与人之间的互动给课程带来重要的影响。也就是说，课程除了技术层面之外，也具有政治、文化等因素，课程领导就是课程开发过程中关键的政治、文化因素之一。这是因为：首先，课程领导决定着学校课程改革和课程实施的主要方向，掌控着学校课程的权力或影响力，因此是课程开发过程中重要的政治因素；其次，除了对课程及其要素直接产生一定的影响之外，课程领导对学校中的人以及人与人之间如何互动产生重要影响，从而成为学校文化演化、发展的关键因素，影响着学校课程开发的进程和具体方式。在这个意义上，课程领导的引入，为我们揭示了课程开发过程中政治、文化的一面，是课程理论的一个重要突破。

课程领导在理论上的另一个重要意义，在于它处于课程论和教育行政与管理两个专业的理论交叉之处。课程论主要是揭示课程如何规划、开发、实施和评价的学问，而教育行政与管理则主要是揭示如何对学校组织进行规划、设置和管理以使之有效运作的学问。课程领导所研究的，就是通过对学校组织进行规划、设置和管理来做好课程规划、开发、实施和评价的工作，使学校课程与教学卓有成效。在这个意义上，课程领导所研究的，其实是通过整个学校的行政与管理来促进学校的核心工作——课程与教学的发展。这不管是对于课程论来说，还是对于教育行政与管理来说，都是理论的重要拓展。

（二）课程领导的实践意义

从某种意义上来说，课程领导在实践上的意义要远大于其理论意义。这不仅在于课程领导本身是一个实践问题，而且在于它能够给实践提供极大的帮助。课程领导在教育课程实践中不可替代的作用，具有如下三个方面的意义。

首先，课程领导的存在，使学校课程开发、实施和评价有了更加明确的方向，使学校课程与教学做得更加有思想、有高度、有效能，提高学生的学业成就。这一点在当前社会价值日益多元、教育改革日益频繁、教育理论不断翻新的形势下，显得特别重要。因为在这种社会转型时期，只有目光远大、专业意识和能力较强、实践智慧丰富的领导者，才能够从纷繁复杂的教育现场发现前进的方向，进而排除各种干扰，坚持前进的方向，带领学校通过课程与教学的改进走向卓越。

其次，课程领导的存在，对于学校文化氛围的改善、教师的专业发展、学校成员之间的团结，都有重要的意义。对于学校文化氛围而言，课程领导通过创建共享的学校课程愿景，优化学校的思维方式，让人们的注意力关注在课程与教学上，形成相互协作、积极向上的学校文化；对于教师专业发展而言，课程领导通过课程目标的确立和课程变革的运作，促使教师认识到专业发展的重要性和必要性，同时也给予教师专业发展的途径，不断推动教师向前发展；对于学校成员之间的团结而言，课程领导指明了课程发展的方向，让人们知道自己应当努力的所在，精力不再分散在一些琐碎的事务上，这样他们就会因为共同的目标、共同的方向、合作做事而彼此了解、彼此团结。

再次，课程领导的存在，使学校领导更加专注于教育的核心——课程与教学，从而能够调配人力、物力，使之更充足、有效地用于学校课程开发、实施和评价。课程领导揭示了课程发展的方向、目标、意义和各种可能性，使原来高不可攀的课程变得生动、实在，必然会振奋行政领导的精神，从而给课程与教学以更多的关注和资源，促进学校走向实质性的发展。

第二节　课程领导的任务

从前面课程领导的定义中我们已经可以看出，课程领导的任务主要在于两个方面：促进学校课程事务和影响学校教职员工。这二者互相配合，就可以很好地引导一所学校的课程实践。

一、促进学校课程事务

通过学校课程事务的有效运作达成学校课程目标，是课程领导的核心任务。课程开发的过程包括课程规划、课程实施、课程评价，与之相对应，课程领导要在学校愿景创建、课程规划、人员安排、课程实施、课程评价等方面发挥自己的影响作用。

（一）共创学校愿景

愿景是一个组织对未来目标的形象表述，通过愿景可以鼓舞士气，使组织成员团结起来。同样，学校也需要有一个明晰的办学目标，有中长期发展规划，这是学校课程建设的根本，是引导教师以新的观念、角色和视野审视课程与教学的法宝。传统的课程管理模式只需要学校成员在国家制定的统一的课程目标指引下忠实地实施课程就足够了，不需要另外确立学校的课程目标。新的课程领导需要在实施国家和地方课程的基础上，开发和实施适合本校实际的课程，实现统一性、灵活性和多样性的有机统整，这就要求学校需根据本校的文化传统、办学理念和特色制定出学校的发展计划，领导教师出谋划策，提供知识、智慧和远见，共创学校愿景。

（二）规划与设计课程

课程设计主要涉及课程目标的制定、学习经验的选择和组织、教材的编排、课程的实施与评价等因素。首先，课程领导者要组织学校成员根据学校的共同愿景讨论学校课程的目标，课程目标要充分展现学校教育特色。其次，课程领导者组织相关课程规划者根据学生的学习能力、模式和成效，学科知识的性质和基础，教师的专业视野和教学能力，学校课程资源和社区资源等情况，整体规划课程。再次，在课程规划后，仔细审视现有课程，对于不完备的而对学生成长又特别重要的课程，课程领导者也要成立一些课程开发小组，展开课程设计。

（三）推进课程实施

在形成学校完备的课程体系之后，课程领导要能够在统整行政资源的基础上，确定优先发展的计划，制定时间表，确定实现目标的方法以及评价的标准等，稳步推进学校课程的落实①。在这个过程中，制定出切实可行的课程实施方案是非常关键的，它要求全校课程一盘棋，方方面面都要考虑到，方方面面也要相互配合。另外一个关键是人员的调配，课程实施需要发动全校各个层面的人员，因而需要课程领导者对他们进行正确的分工，然后每一个人员才可能依据各自的职责要求，将学校课程规划有条不紊地实施下去。

（四）建立健全学校课程运行的评价机制

评价是检验课程实施乃至课程本身效果的一个重要手段，课程领导必须通过评价来了解学校课程运行情况，在此基础上采取有效措施，进一步促进学校发展。学校中的课程评价本身是比较复杂的，包括对学生的评价，对教师的评价与对课程本身的评价。

1. 对学生的评价

标准化的纸笔测验在当前仍旧是学生评价方法的主流，这种方法固然有其客观、方便操作等优势，但是其主要功能是考查学生对一些死知识的掌握，也将课程与教学引向机械的境地，使应试教育阴魂不散。课程领导最应该遵循的是人文主义教育思想和科学发展观，其对学生评价的主要内容应该包括学生的学习兴趣、学习的投入度、学生的学习动机和学习模式等，通过综合的评价方式来衡量学生的学习质量和水平，以为学校课程下一步的运作提供坚实的依据。要达成这一目的，首先，课程领导需要在学校加强宣传，使面向发展的教育评价理念逐步取代面向甄别的教育评价理念。其次，要为教师减轻工作任务，让其有足够的时间对学生的学习作出综合、全面的评价，并在评价之后协

---

① Keith Morrison. The Deputy Headteacher：As the Leader of the Curriculum in Primary Schools. *School Organization*，Vol. 15，No. 1，1995，pp. 23-29.

助教师制定和实施进一步改进和提高学生学业的措施。再次，学校课程领导者要指导评价者运用合适的评价方式，根据学生的特点和学校的实际选择有效的方式，协调各方式之间的平衡。

2. 对教师的评价

对教师的评价不能单纯依靠客观的评价标准（如学生的公开考试成绩）来评判，主观评价和客观评价都应成为教师评价的策略。从客观评价的方式上来说，学校课程的运行比传统的单纯的课程实施有了更丰富的内容和程序，作为课程领导者，应根据具体的课程运行情况与教师一起协商评价的方式，并找出一种或多种既能改善教学成效，又具有公信力的评价工具。就主观的评价标准（如评价者的期望和学生的要求）而言，课程领导者应站在倾听者的角度去深入了解教师和学生的要求以及他们对评价的看法，帮助教师反思自己的教学行为和教学信念，帮助学生改进自身的学习方式，提高课程实施的实效。学校教师对课程运作的参与增加了其工作任务，为了避免出现力所不能及的状况和教师的倦怠，课程领导者还应在物质和精神上给予那些平时工作量较多的教师适当的奖励，比如，发放相应的津贴，在职称评定、评优与外出学习和考察等方面给予倾斜等，鼓励教师参与课程的积极性和主动性。

3. 对课程的评价

学校课程领导者要从课程设计、课程决策和课程实施等多层面进行系统的评价。课程评价最重要的作用在于通过对课程系统的全面审视，帮助教师和课程领导者改善后续的课程计划，反思课程目标是否符合学校资源与学生的实际，课程内容的选择与组织是否合适，以及是否充分利用了学校的课程资源等。学校课程领导者应从系统的高度来全程监控课程运行的各个环节，及时发现问题，并与相关的课程参与者共同解决问题，保证课程运行的畅通，使课程处在一个不断修正和完善的过程中。

（五）充分挖掘师生潜能，增强学校效能

我国当前课程改革的基本理念是以学生发展为本，学校课程首要考虑的便是怎样才能让学生获取最佳的学习效果，学校的一切工作都是围绕这个目标进行的。学校课程目标的制定、内容的选择和组织、课程方案的规划与评价等都以此为核心来运作。由此，课程领导的根本出发点和归宿就是学生的持续发展，通过学校课程的内生性发展与不断的变革来为学生提供适当的学习内容和发展机会，挖掘学生的潜能。

学校课程也为教师提供了自主探究、个性张扬与特长发展的空间。课程领导者应利用这一优势，挖掘教师的潜力，做到人尽其才，发扬个性，满足个体的最大化需要，使之全身心地投入到学校课程的运作之中。这样既可以保证学校课程的顺利运行，也可以充分挖掘师生的潜能，从而增强学校效能，并使之成为课程运行的重要动力。

（六）提供与规划课程资源

学校课程的运行需要相应的资源作保证，为此课程领导要做到以下几点。

1. 了解所需要的资源并提出取得资源的计划

学校课程的每一运作程序都需要配合丰富的资源，包括时间、经费、人力、物力以及专长。课程领导者应该了解所属资源的特点和数量，并根据具体的运作要求合理配置。

2. 向政府争取资源

学校课程的运作离不开政府资源的支持，要摈弃“等、靠、要”的思想，结合当地的实际，将政府的资源有效地利用到学校课程的运行中。比如，除争取经费外，还可将政府的一些设施作为课程活动的场地等。

3. 向社会争取资源

社会的参与已成为学校课程的内在要求和有效运行的保障，社会的作用不仅仅是影响和控制课程，还应该为学校提高资源服务。课程领导者应与学校教师通力合作，向社会争取诸如经费、设施、人力、物力等资源为学校课程服务，甚至还可以向一些社会团体、个人、家长以及一些协会等募捐。

4. 开发和高效利用学校资源

如果将学校的物理环境合理利用，可以将有限的资源最大化使用，同时也可以将平时认为不用或不能用的资源进行开发，使之适合相应课程运作的需要。除了开发和利用教师人力资源外，课程领导者还需注重教师开发课程资源的积极性和主动性，并提高教师开发和利用课程资源的能力，通过教师去发现和挖掘那些隐形的课程资源。比如，教师可以利用自己的一些社会关系寻求课程开发的相关智力支持和物力支持，还可以利用学生为课程建设寻找素材。

二、影响学校教职员工

课程领导对学校教职员工的影响是其另一核心功能，对学校课程事务的推进实际上是通过影响教职员工来实现的。因此，课程领导需要在影响教职员工方面发挥巨大的影响，同时彰显民主化、建构式的领导风格。具体来讲，学校课程领导在这个方面要完成如下任务。

（一）决策引领

领导从某种意义来说就是决策，管理则是对决策的执行，学校课程发展方向的厘清和选择，就是学校课程决策的重要内容。学校课程领导者在引领决策方面的作用主要表现在以下几点。

1. 方向性引导

方向性引导即确定并引导全校师生明确并接纳学校的发展方向和具体的学生培养目标。

2. 规范性引导

学校课程领导者要引领有关人员制定学校章程、课程设置的要求、课程规划、课程编制、教学要求评价准则等，还要制定教师的行为规范和道德规范。同时，在实施上述规范的时候，学校课程领导者起到监督的作用，并与学校成员协商解决出现的问题。

3. 情感性引导

这种引导作用主要是通过学校课程领导者的行为体现出来。首先，学校课程领导者的态度以及工作中所表现出来的思想、品德、风范等高尚的品格潜移默化地影响学校成员。其次，学校课程领导者通过自我鲜明的个性来形成感染力，成为激励其成员的动力。再次，学校课程领导者通过文化的积淀形成一定的感染力，靠平时所发生的一点一滴的小事、一次讲话、一个报告、一份文件积累形成优秀的学校文化。

（二）专业引领

任何一门新课程的开发、实施和评价都要求改变固有的观念、知识架构，需要学校各部门、各层级的人员做好专业发展。课程领导者作为学校的领路人，作为课程运作的舵手，既是学校教育的领导者，也是教师专业发展的引领者，有必要为学校成员提供观念支持、知识支持，引领成员运作好课程的各个环节。课程领导所发挥的专业引领作用主要体现在以下几个方面。

1. 观念引领

观念是人们对事物本质特征和价值带有鲜明个人色彩的看法，是人们确立处理事物原则的心理基础。由于学校课程领导者对学校的办学理念、办学宗旨、发展目标、学校资源、教师特点等有全面的认识，所以，学校课程领导者可以从以下两个方面发挥观念的引领作用。首先，学校课程领导者要发挥学校课程观念的宣传作用，要积极宣传学校课程的实质、作用、运作方式与相关要求，让全体师生对此有正确的认识，帮助他们改变既有的不适应课程运行的思想观念，同时也要向家长和相关社会人士进行宣传，使他们理解和支持学校的课程工作。其次，除了宣传之外，学校课程领导者的作用还在于在实践中创新观念，要根据学校的教育哲学、教育现实等进行卓有实效的观念创新，使整个学校课程的运行既有先前的理论支撑，也有后续的理论发展。

2. 知识引领

学校课程领导者不仅仅是行政领导，也应当同时是学术领袖，对教师在知识方面进行引领。这种引领包括以下四个方面。一是对有关教育的知识的引领，运用先进的教育思想和理念来武装全校教师的头脑。二是对有关课程开发和实施的知识的引领，这些知识的获得是学校课程有效运行的前提之一。三是对有关学校具体环境的知识的引领，这些知识是书本上学不到的，但对于教师的工作措施有着举足轻重的影响。四是对知识创造的引领，也就是在上述三种知识的基础上，让教师通过研究创造出适合自己学校实践的知识。

3. 作风引领

学校课程的运作是一个需要长期坚持的艰苦工作，需要教师发挥富有理想、认真细致、团结协作、充满人文关怀的工作作风，学校课程领导者需要在这个方面发挥自己的影响作用。首先，身为领导者，需要对学校课程思想非常清晰，在整个过程中克服重重困难，坚持学校课程理想，做到言行一致、理论与实践一致。其次，领导者要身先士卒，积极参与学校课程运作的各个环节，为教师提供实际操作的榜样。再次，学校课程领导者也要善于组织和团结全体教师，让每一个人都有机会发挥自己的作用，同时也展示理解和包容的品性，这样才会引导大家走向团结协作。

（三）团体建设

理论与实践都表明，课程运行不能靠学校课程领导或者教师“单兵作战”就能完成。此外，当代课程领导的一个趋向，就是强调权力分享，让教师和学生不再仅仅是课程的外在接受者，他们可以在具体的教育情境中通过探究、反思等方式对课程知识进行理解和把握，以自己的主观经验减弱课程的预设品性，把已有的书本知识与自己的情感体验等结合起来。这就需要由与课程相关认识组成团体，大家共同参与，推动学校课程发展。因此，课程领导者需要发挥组织作用，通过团体建设让更多课程相关人士参与进来。这些团体包括学校课程规划委员会、学校课程开发小组、学校课程推进小组、学校课程评价小组等。这些团体的主要成分是教师，同时也要吸收学生、家长以及相关的社会人士，以保证大家可以从各个角度来审视和开发课程。

（四）沟通和协调的作用

学校是一个有特定任务的组织，这个组织的任务同时又是由相应的小团体来完成的，不同的团体的任务差异性和课程运行系统的连贯性等要求学校课程领导者进行沟通和协调。学校课程领导者的沟通和协调作用主要通过两个方面来实现：校内沟通和校外沟通。

1. 学校课程领导的校内沟通作用

学校课程领导者校内沟通渠道大致可以分为垂直和水平两类。前者主要是管理者当局批准或认可的信息沟通途径，组织任务的布置、规章制度的实施、上下级信息的流动等都是通过这一渠道完成的。总的说来，垂直协调的信息转换快，权力较集中，相对省事，但不是总那么有效。这是因为在学校组织中，每一个成员都是和人打交道的，都需要用自己的思想去教育学生。科层性的强制管理虽然可以让他们在行为上产生某种效果，但是并不能约束他们的思想。因此，真正解决教师思想问题的，往往是水平的沟通和协调。水平沟通最重要的特征是依靠说服、谈判、合作与信息交流而不是利用权力压制或强制性规则来协调组织角色，其特点是灵活、使用简单、成员的心理接受水平较高，是基于平等分权下成员自主权的提升。

2. 学校课程领导的校外沟通

学校是一个开放的系统，与外部环境有千丝万缕的联系，需要学校课程领导者沟通和协调。其作用形式主要表现为：沟通国家、地方和学校三级之间的关系，对地方、国家的课程政策提出意见，把本校的课程发展举措报告上级管理部门；沟通国家、地方教育行政部门和学校之间的关系，为学校课程的运行寻求行政与资源的支持；沟通国家、地方教育行政部门和学校之间的关系，为教师专业发展寻找更多的接受培训和学习的机会等；与社会其他部门联系，让学校课程哲学、课程运作方式等获得更多的理解和支持。

（五）人力资源开发的作用

从本质上讲，学校课程领导是对人的领导，课程的运作是由人发起和运作的，离开了人，学校课程的领导也就无从谈起。学校课程领导需要从人力资源的角度重新审视教育人才的聘任、储备、激励和管理工作。

1. 培育组织环境，贮备人力资源

组织行为的有关研究表明，在支持性组织环境中，即在有利个人发展和自我实现的环境中，教师越来越富有成效。这就需要学校课程领导者改善人际关系，在教师培训、课程运行对人际互动的质量要求越来越高的背景下，培育健康的组织运行环境，使每一个教师在课程变革中感受到更多的支持和帮助，能够获得更多的意见和协作。这样教师才能够鼓足信心，积极地加入到学校课程变革事业中来，为学校课程发展作出自己应有的贡献。

对学校来说，人力资源是立校之本，它们常常是创造和维持组织高效率的最宝贵的基础。如何引入和挖掘自身所具有的人才资源，是学校课程领导重要职责之一。学校课程领导者要把征用招聘新教师、对他们进行培训和资助、鼓励他们在专业上发展等方面的费用，谨慎而巧妙地视为人力投资，引导教师用工作的高效率来回报这笔投资。即使是老教师，也是有待挖掘的人力资源，学校课程领导者要将最适合的位置提供给最适合的人员，为其创造一个充分发挥其潜能的职位，并为其提供发挥的硬环境和软环境，做到人尽其才。

2. 形成团体自主管理方式

人人都有参与意识，一般会对自己深入参与的事项投入更多的关注和努力，从而获得自我的肯定和实现。在学校人力资源开发中，课程领导者需要采用团体决策等形式，为教师提供参与的平台和机会，从而唤醒教师内心中的更多的对于教育的渴望和努力。然而，在现实的环境中，大多数学校采用的依旧是金字塔式的决策体系，越到塔底，决策的权力越小，以至于造成教师对学校的课程决策盲目付出，缺乏责任心和投入课程的动力。

团体自主决策，是打破上述金字塔决策格局的最佳策略。所谓团体自主决策，就是指让每个团体以团体的形式而非团体中的个人作出民主决策；同时学校也尊重这种决策的权威，通过不同团体之间的协商和交流，最终形成总体的学校课程决策，推动学校课程发展。这样的好处在于，信息可以自由准确地流通于各个方向，没有筛选和歪曲的压力，其决策是由相互交叉的团体连接起来的整个组织作出的，其依据的信息全面准确，主要以集体为基础。通过这种方式，就会有更多的教师参与到课程中来，从而激发他们对学校课程发展的责任感和使命感，使学校课程与教学质量获得提升的人力资源根基。

3. 实现学校人力资源的合理配置

人力资源配置就是在组织中，为了达成组织目标、提高工作效率、实现人力资源最优化而对人力资源进行科学、合理的配置。人力资源配置的最终原则是人尽其才、才尽其用、人事相宜，最大限度地发挥人力资源的作用。

第三节　课程领导的策略

在上一节，我们勾画了课程领导的主要任务。要完成这些任务，课程领导需要具体的策略支持，这样才能够把各项工作落到实处，对于课程领导工作中的一些重点、难点尤其如此。研究和实践经验表明，学校课程愿景的构建、学校课程决策、学校整体课程的规划、学校文化的重建等，既是课程领导的重点，也是课程领导的难点所在，需要详细地加以讨论。

一、学校课程愿景的构建策略

课程愿景的构建，是课程领导所关注的重点之一，不少课程领导的研究者都把学校课程愿景的构建作为课程领导最为重要的举措。因此，我们需要对学校课程愿景进行深入理解，并在此基础上提出有效的构建策略。

（一）学校课程愿景的意义

简单来说，学校课程愿景就是一所学校课程发展目标的具体化、形象化，是关于学校课程未来的心灵图像。愿景具有三个重要特性。

一是未来性，即愿景指向组织未来发展的目标，而且这一目标所描绘的景象要比现在组织的境况好很多。

二是可信赖性，即对于愿景所描绘的景象，组织成员确信在未来完全有可能实现。

三是形象性，即愿景是对组织未来栩栩如生的描绘，它一半是分析性的，一半是情感性的，它的陈述必须是生动的、难以忘怀的、鼓舞的、富有意义且简短的。

愿景的重要意义在这个变革的时代得到广泛的重视，新近一些重要的领导理论，如道德领导、分布式领导、魅力领导、转型领导理论都非常认同愿景的构建对于有效领导的价值。华莱士（Wallace）、恩格尔（Engel）和穆尼（Mooney）甚至认为，没有愿景的领导人，不是在领导，而是在管理①。愿景之所以受到如此重视，原因在于它在一个组织的发展中发挥着异常重要的作用。对此，著名的管理学者彼得·圣吉（Peter Senge）在其经典性著作《第五项修炼——学习型组织的艺术与实务》中，有着如下十分精彩的阐述②。

——孕育无限的创造力：共同愿景建立起组织成员深深关切的具体景象，这种景象使他们致力于创造性学习，从而使组织跳出庸俗，产生创造性的火花；同时，共同愿景也会改变组织成员和组织之间的关系，它使众人共同持有一种鼓舞人心的意象或景象，创造出众人一体的感觉，并遍布到组织全面的活动，而各种不同的活动融会起来，从而形成一种创造的合力。

——产生强大的驱动力：在追求愿景的过程中，共同愿景能够自然而然地激发出组织成员极大的勇气，使他们为实现愿景愿意做任何必须做的事情。愿景实际上提供了一个伟大的梦想，建立了一个高远的目标，从而能够激发组织

① Wallace，R. C.，Engel，D. E. & Mooney，J. E. *The Learning School：A Guide to Vision-based Leadership*. London：Corwin Press，1997，p. 3.

② ［美］彼得·圣吉著，郭进隆译：《第五项修炼——学习型组织的艺术与实务》，上海三联书店 1998 年版，第 237—243 页。

成员的活力和新的思考与行动方式；愿景也是一个方向舵，能够使人们在前进过程中遭遇混乱或者阻力时，继续循着正确的路径前进。

——创造明天的机会：愿景提供了一个长期的观点与行动，培育出一种值得全心追求的目标，从而使组织成员能够长期投入到组织中。

（二）学校课程愿景的构建

愿景的意义如此重大，因此愿景的构建就应当十分慎重。不过，有不少学者已经在这个方面作出了积极的探索，成为学校课程愿景构建的基础。一般来说，愿景构建有两个重要途径：彼得·圣吉所提出的自下而上途径和华莱士等人提出的自上而下途径。

自下而上途径是从员工的个人愿景出发，形成学校共享的课程愿景。结合彼得·圣吉个人的论述，这种途径的学校课程愿景的构建一般分为以下步骤。

（1）鼓励个人愿景建立。个人愿景是每个人植根于自我的价值观以及对教育、学校甚至于全世界的关注与热望而建立起来的对未来的图景。学校共同课程愿景构建的第一步，就是把学校中教师以及其他人员的愿景激发并收集起来。

（2）融合个人愿景，塑造整体图像。在收集每个人的愿景之后，课程领导要能够带领大家讨论分析，发现在不同的个人愿景中的共同渴望，将这种渴望明晰化，形成具体的学校课程愿景。

（3）将整体图像与个人愿景结合起来。共同愿景建立起来之后，一定不能仅仅给大家提供一个“官方说法”，相反，要让每个人明白愿景来自于每个人的心声。因此，共同愿景也要回到每个人那里去，让每个人根据共同愿景反思自己的个人愿景，发现二者的相通之处，发现个人愿景经过共同愿景得以实现的途径，使个人愿景真正融入整体图像中。

（4）将共同愿景融合在日常所有工作中，直至人们看到愿景如何在日常具体的工作中体现出来。

自上而下的愿景构建途径，是从领导者自身的愿景出发，展开共同愿景的构建。具体分为如下五个步骤。

（1）领导者自己要首先澄清自己的个人课程愿景，只有自己有了愿景，才能够领导大家发展出共同愿景来。

(2) 大家对领导者愿景进行充分讨论，经过补充、修正等过程，形成学校课程的共同愿景。在这个过程中，一定要防止领导者由于过度强势，而没有人敢于对其愿景提出实质性的批评，那样只会造成一种“服从”而非对愿景的“投入”。

(3) 把愿景形之于文字，构成学校课程愿景说明书或者使命陈述，分发给所有教职员工。

(4) 展开广泛的讨论，让所有的人都清楚地理解课程愿景，并把课程愿景与自己所承担的工作结合起来，理解自己所做的工作能够对愿景的实现作出什么样的贡献。

(5) 将愿景日常工作化，使所有的学校课程工作都围绕着愿景来开展。

在愿景构建的过程中，一定要把握三个要点。

第一，目标的理性化。愿景是目标的形象化。从个人愿景出发，首先，要把个人心目中的愿景进行理性化分析，形成清晰的学校课程发展目标。因为我们每个人心目中的愿景一般都是比较模糊的，很多时候只是一种感觉，但这种感觉的实质究竟是什么，并不是很清楚。在进行理性化分析的过程中，首要关注的是目标的道德性，只有符合教育道德的目标才为大家所接受，才真正具有鼓动的力量。就课程而言，这种道德性的目标就是人本化的学生以及教师的成长目标，课程的任何目标都应该紧紧围绕着学生以及教师的成长。其次，要关注目标的适宜性。也就是说，目标要和学校课程、资源、学生情况等现实密切配合，是经过努力可以达成的。再次，目标要有长远性，并不是仅仅为解决眼下的课程问题，而要着眼于学校课程未来 5 到 10 年内的发展。此外，要做到目标的理性化，需要课程领导者仔细反思自己的课程哲学，找到学校课程目标在哲学体系中的地位，很多因素才能够真正明朗起来。

第二，文字的感性化。愿景是目标的形象化描述，因此在目标清晰之后，需要通过感性的语言文字将目标表述出来，使之简洁、形象、朗朗上口。愿景文字感性化一般会经历三个步骤。首先，寻找和课程目标一致的意象，意象是情感和图像的结合。比如，重庆市某所小学将学生的个性化发展作为课程的主要目标，就结合学校的传统找到一个重要的意象：朵朵绽放的红梅。其次，将意象转化为生动的文字。比如，上述学校最后就形成了课程发展的愿景：红梅花儿开，朵朵放光彩。再次，要将上述生动的文字与课程发展的理念、目标进行再对照，以防以文害意。

第三，愿景的具体化。所谓愿景的具体化，就是将愿景具体化到日常工作的方方面面，最后形成大家日常行为的一种心照不宣的规范。只有这样，愿景才真正有可能实现。这需要课程领导者从以下几个方面着手。一是寻找与愿景有关的学习经验。二是根据上述学习经验，重新反思学校的课程、教学和评价，都与愿景保持一致。三是在作出任何课程决策之时，都要参考课程愿景，使每个决策都与愿景保持一致。四是建立和愿景一致的评价指标，并在评价报告中将评价结果与愿景保持一致。这样，经过长时间的努力，愿景就会成为学校课程发展的主线，也就逐步渗透到工作的各个方面，形成自己的特色，最终实现愿景。

二、学校课程决策的策略

决策是领导的核心，要做好课程领导，必须首先做好学校课程决策。新课程改革之后，学校拥有了更加广阔的课程空间，需要学校作出自己的选择，课程决策也就成为学校课程发展的一个重要事项。

（一）学校课程决策的含义、对象及过程

决策，从其本质上来说，是从多种可能性中进行选择的过程。学校课程决策则是以学校成员为主体的对课程发展中的事务作出种种判断和抉择的过程。课程决策在课程规划过程中的各个部分都有所体现：在课程目标方面，课程决策必须确定以什么样的教育思想作为教育的导向；在课程内容方面，则要决定哪些学科进入课程体系，这些学科该如何整合或者分化，以及在这些学科中哪些知识可以纳入课程；在课程实施方面，则要决定采用什么样的组织原则来规划教与学的活动，同时也要评估诸如硬件设施、学习氛围、人力资源等因素；在课程评价方面，则要选择形成性评价还是终结性评价，以及各种评价的标准和策略等。在这个过程中，各种决策可以依序而行，也可以在目的与结果之间往复进行，其中的关键则在于做好慎思。

慎思是施瓦布所提出的重要观点。在施瓦布看来，课程往往是以具体的个

案为基础，是深入到实践情境中的过程，因此需要折中的艺术①。所谓折中的艺术，实际上就是在理论与现实之间、主观期望与现实问题之间一种非系统化的辩证思维过程，慎思则是这一艺术的典型代表。慎思过程既不是归纳，也非演绎，而是认真地评估现实情境、考虑不同人员之间的立场之后对行动方式的决策。慎思的关键，是要广泛地考虑不同的方案，并且从各个角度对每一个方案进行检验，同时慎重考虑每个方案可能产生的后果。另外一位对慎思有着系统研究的学者是里德（W. A. Reid）。他把课程问题分为理论问题和实用问题。实用问题有很大的不确定性，因为这些问题背后的目标可能是冲突的，决策的基础大家也不很清楚，具体的问题情境以及人们所拥有的解决问题的方法等也会影响人们的需要②。因此，在发展课程的过程中，我们需要的不是理论的思辨，而是致力于具体的情境中，在理论与现实之间作出符合教育道德的平衡性的选择，这就是慎思。

尽管施瓦布和里德对课程慎思讨论了很多，但是真正把他的思想转化为实际应用的还是沃克（D. F. Walker）的自然模式③。为什么叫自然模式呢？沃克认为泰勒及其继承者的模式都是从理论思考的角度来建构的，在实际的课程开发过程中并不实用。他根据自己参与的几个课程开发过程，概括出自然模式，并认为这个模式是非常切合课程开发的自然过程（如图 11-1 所示）。

沃克的自然模式包括三个主要部分：立场、慎思、设计。在这个模式中，课程开发人员的立场是整个开发过程的起点。他所指的“立场”包括开发人员的概念、理论及目的，也包括图景及程序。概念是指什么是可教的、可学的以及可能的信念；理论则是指那些所谓真实的信念，也就是通过研究在教育实践中获得成功的信念；而目的是指教育上希望达到的信念；“图景”是存在于开发人员心目中的一种关于好的教学、好的程序以及好的例子等的图像。这些已有的信念构成了课程发展的思想基础，也就是课程开发人员的立场。“慎思”

① Schwab，J. The Practical：Arts of Eclectic. *School Review*，1971（79）.

② Reid，W. A. Practical Reasoning and Curriculum Theory：In Search of a New Paradigm. *Curriculum Inquiry*，1979（9），pp. 187-207.

③ Walker，D. F. A Naturalistic Model for Curriculum Development. *School Review*，1971，80（1），pp. 51-65.

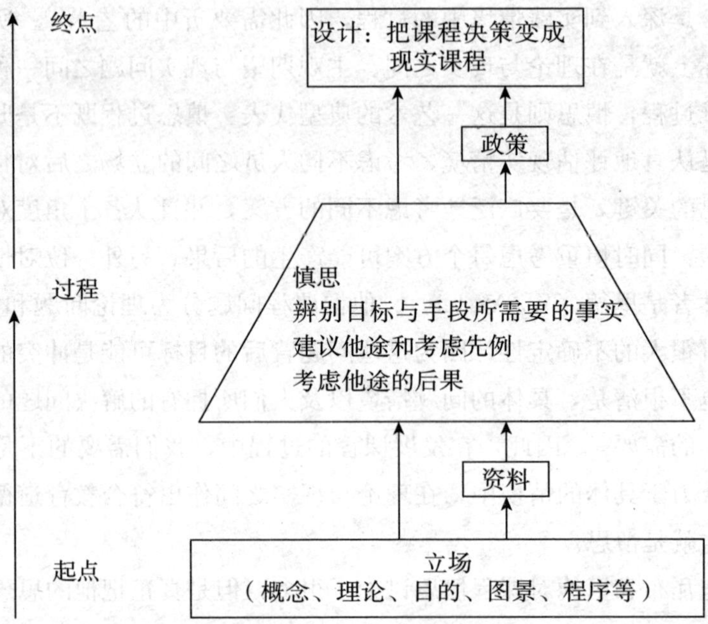

图 11-1　沃克的自然模式

的过程就是在上述信念的基础上，课程开发人员相互作用，通过目的与手段的互动，澄清所面对的问题，形成变通的解决方案，并分析各个方案可能的后果及其成本。课程开发者也可以把慎思的结果累积起来作为先例，以作为今后课程决策的依据，而这些累积的依据就成为沃克所称之的“政策”。在“设计”阶段，则要按照一系列选择的策略，对已有的变通方案进行选择，并进行外显的和内隐的设计。外显的设计是指先前思考的各种变通方案的设计方法；内隐设计则指人员自行采取行动，而事先并没有考虑变通的解决方法。

沃克的自然模式清楚地给我们表明了课程决策是如何通过慎思这样一个过程来完成的。在这个过程中，所有参与者都有着不同的立场，只能通过折中的艺术来审慎地在有关课程事务的选项中进行选择。

（二）学校课程决策的原则

从课程决策的含义及其过程来看，课程决策是一个充满了人际互动和权力分配的过程，有相当复杂的因素决定着课程决策的结果。为避免课程决策过程成为一个充满混乱的过程，课程领导需要有一些原则。

1. 民主参与的原则

在进行课程决策的过程中，民主参与是一个非常关键的步骤。这是因为：第一，课程决策是决定学校未来课程发展方向的大事，影响到教师、学生、家长等的利益，对于课程该如何发展，他们有权力提出自己的意见，发出自己的声音；第二，如沃克的自然模式所显示的，不同的人对于课程该如何发展有自己的见解，如果课程决策只由领导者个人作出决定，则难以从多个角度来看待学校课程，不仅不利于汲取各个方面的智慧，还容易使课程决策出现偏颇；第三，从某种意义上来说，实践者对课程最为了解，最知道什么样的课程决定有利于学生的发展，只有让实践者有更多的参与，才能够作出合乎学校实际情况的课程决策；第四，让课程领导者之外的其他人参与到课程决策过程中，会使他们对学校课程产生一种拥有感（ownership），能够更加积极地投入到课程中去，提升学校课程效能。

2. 围绕愿景的原则

在课程决策过程中，容易出现两个问题：第一，课程决策往往成为领导者个人意志的产物，学校课程决策随意性大，连续性不高，往往会随着领导者的变更而变更；第二，学校的多项课程决策，缺乏内在的一致性，有些决策之间相互矛盾，从一个比较长的时间段来看则表现为左右摇摆，使学校课程的效能降低。解决这两个问题的方法，一个是进行民主参与的决策，一个是要为学校课程决策找到一个内在的“魂”——学校课程愿景。学校中的一切课程决策，都要围绕着课程愿景进行，每做一个课程决策，都要质疑：这一课程决策是否和课程愿景保持方向上的高度一致？它对于课程愿景的实现有什么意义？通过这样的方式，就可以杜绝由于人事变动所引起的课程愿景的随意性以及学校课程决策的混乱。

3. 量力而行的原则

任何课程决策，都面对着一定的课程情境，是为解决这一具体情境中的课程问题服务的，这实际上也是把课程管理的权力下放给学校的重要原因。课程领导在带领学校成员进行课程决策时，一定要遵循量力而行的原则，也就是要考虑学校的人力、物力，考虑学生的具体需求，不盲目地学习他人，也不盲目地求高、求大。这样的课程决策，才能够在学校真正得以实施。

4. 具体化原则

在学校课程决策中，往往会有决而不行的情况发生。究其原因，主要在于这些决策往往大而无当，教师不知道从何入手实施。因此，学校课程决策必须贯彻具体化的原则，也就是所有的课程决策，必须能够具体化为一系列可以操作的行动。当然，这并不是说要抛弃学校的课程哲学或者课程愿景，反之要牢记课程哲学和课程愿景，但同时要有具体的行动支撑，做到“仰望星空，脚踏实地”，兼顾方向与具体的道路。

（三）学校课程决策的具体策略

1. 赋权增能的策略

民主参与是学校课程决策的重要原则，也是学校课程变革得以有效实施的重要举措。然而长期以来，除了领导者之外，教师、学生、家长等因为长期以来并没有被允许参与学校课程决策，因此不但不认为自己有这方面的权力，也没有能力作出好的课程决策。在这个意义上，课程领导做好学校课程决策的第一举措，就是要给教师、学生乃至家长等赋权增能。

简单来说，所谓赋权增能，就是给教师、家长和学生赋予过去所没有发出自己的声音、参与学校决策的权力，同时也提升他们有效发出自己声音、参与学校决策的能力。二者相互配合，才能够使教师等真正参与到课程决策中来发挥自己的作用。赋权增能的具体体现，可以从以下几个方面观察到。

（1）从个人角度：个人有机会发挥自己的能力，也能学习新的能力，提升自身的能力。

（2）从环境角度：个人所处的组织能够提供机会，使个人拥有自主权、选择权，也能够参与到学校决策中。

（3）从结果角度：被赋权增能的个体，要拥有责任感、团体感，能够与他人建立互助合作的关系，具有强烈的行动意愿，能够发挥具体的影响力，同时地位也获得一定的提升①。

要达成以上结果，学校课程领导要从以下几个方面发挥领导作用。

（1）形成共享式领导。团体要很好地发挥作用，首要的是建立民主信仰，

① 潘慧玲主编：《学校革新：理念与实践》，台北学富文化事业有限公司 2002 年版，第 109 页。

让每个人都发挥作用的信念深入人心。其中，最为关键的就是承认并运用团体成员之间的差异性。团体的差异性魅力就在于在任何一个方面都有可能有不同的人站出来担任其领导。也就是说，团体中的任何一个人都能够以不同的方式对不同任务或在不同时候提供领导。课程领导者的作用便是帮助团体在实际运作中挑选适合某一任务的领导，实行权力的分享和共享。

（2）达成共识。课程领导者可通过领导行为与团体一起就目标和如何达到目标取得共识，使共同体成员对任务和过程等基本问题形成一致的认识。此外，团体活动规范是指导团体活动的依据，学校课程领导者可帮助团体成员通过谈判和协商的方式确立起规范，并使每个成员对角色和规范感到满意。

（3）利益聚焦。团体中存在利益的分配问题，分歧难免。当出现分歧时，可帮助团体成员分析分歧的原因何在，使成员都具有问题意识。比如，多让成员想一想：既然存在这个团体，那么共同之处何在？分歧的原点何在？当团体明白这些问题的时候，尤其是认识到都有其共同的利益的时候，那么在解决分歧的时候便容易搁置争议，寻求变通的解决办法。

（4）方案多元。对某一问题的争论，当分歧比较大，而大家又都不能相互说服，有很多种意见的时候，学校课程领导者可帮助归纳出那些具有相近的观点，并形成几种大的方案，再分析每种方案的可行之处，然后将各种方案通过其他途径来决定。比如，放在学校官方网站上，或是找一些专家和相关人士来帮助分析等。这样可以避免无休止的论争，以一种大家都可以接受的方式来管理冲突。

（5）反思能力的培养。人力资源的多元、观点和视角的多样化是团体的优势。但一旦形成“非赢即输”的冲突局面，所产生的后果便是一部分人要么忠于团体，要么脱离团体；即使通过强制的管理平息冲突，也会给团体留下一个恶果：团体的工作变得不再有效。学校课程领导者可以领导团体对冲突进行诊断，使团体成员认识到每个人都可能犯错，都需审视自身所说的话与所做的事，反问其是否自负，是否真实地了解了其他成员的想法和意图。通过这种反思能力的培养，共同体成员便可在争执中通过合作和谈判来解决问题。

（6）团体责任感的培养。团体中的人际交往有时会发生冲突，无论这种冲突是由于团体任务方面的原因还是个体的原因，都会影响团体工作的有效性。

学校课程领导者可以发挥有效的冲突管理者的作用，帮助团体成员形成这样的意识：大家都是团体任务的行使者，都有团体责任，也即都有责任驱除各种不利于团体工作的影响因素。任何私人之间的冲突的升级都对团体的工作具有破坏性，在冲突出现时，其他的团体成员都有责任和义务来帮助其化解冲突，利用团体责任感进行冲突的内部管理。

2. 机构重建的策略

提高学校课程决策效能的另外一个重要的举措是进行组织机构重建。从结构理论的角度来说，任何社会功能的发挥，都与一定的组织结构有关；甚至可以说，有什么样的组织结构，就有什么样的决策方式和决策结果。因此，要在学校课程方面作出一定合理的改变，要作出有效的课程决策，就需要有效的组织结构改变，这就是学校的机构重建。

从现有的经验来看，学校要做好课程决策，需要作出的一个重大的机构重建就是建立学校课程发展委员会以及其他类似的机构。学校课程发展委员会最为重要的职责就是统领学校所有的课程与教学工作，作出有效的课程决策。在学校建立课程发展委员会，具有以下重要的意义。

（1）学校课程发展委员会及其附属机构的建立，为教师等参与课程决策提供了平台，让他们能够在这样的平台上发出自己的声音，影响学校课程决策。

（2）学校课程发展委员会及其附属机构的建立，将学校的课程与教学事务统一起来，由学校课程发展委员会指导学校教导处、德育处、后勤处等部门的工作，这样可以最大限度地保证课程决策的一致性，以防止由于政出多门而出现相互抵触和内耗。

（3）学校课程发展委员会及其附属机构的建立，使课程与教学明显地独立出来，形成一股重要的专业力量，打破了原有的以行政为主导的决策体制，提升了课程与教学事务在学校中的重要作用，为学校的实质性发展提供了良好的基础。

很显然，课程领导最主要的影响手段需要通过课程发展委员会之类的机构来实现，因此课程领导者需要采取有效的措施，来完善学校课程发展委员会及其附属机构的建立。这需要从以下几个方面采取措施。

第一，重整学校管理体制，为学校课程发展委员会做好定位，同时处理好课程发展委员会与学校行政机构之间的关系。一般来说，尽管名称可能不尽相同，一个学校的行政机构大体上包括德育处、教导处、科研处、后勤处和团队管理机构。在这些机构之上，还有校长和副校长。在具体的管理机制上，一般是校长总的负责，而几个副校长分抓几个部门。这种管理体制，很明显是行政取向的，也并没有学校课程发展的机构，非常适合过去忠实取向下的教学管理。新课程改革之后，人们逐渐意识到要从课程的角度来重新理解和规划教育，很多人都提到要设立学校课程发展委员会，但是这个委员会设在哪里？如何发挥作用？这些关系不理顺，就会使课程发展委员会形同虚设。从课程的概念上来说，德育活动、共青团和少先队活动，都属于课程的一部分，把这些方面的管理单独划开，实际上并不利于学校从总体上来规划课程，常常出现各自为政的现象。因此，课程发展委员会应该综合德育处、教导处和团队管理机构，或者将这三个机构置于课程发展委员会的管理之下。当学校课程发展委员会处于教导处等机构之上的时候，就需要考虑校长和委员会之间的关系。在现有的实践中，这种关系有两种方式：一种是将课程发展委员会置于校长之上，校长的行政职务是用来执行课程发展委员会的决定的；一种是将课程发在委员会置于校长之下，接受校长的领导。其实不管哪种情况，关键是要把校长变为主要的课程领导者，和学校发展委员会融为一体。在中国的文化背景下，只有这样课程发展委员会才会真正得到重视，才能运作顺利。

第二，建立更多的课程决策平台，让领导者之外的其他利益相关者有更多的参与机会，充分调动他们参与课程决策、投入课程实施的内在动力。在具体的实践中，有不少学校是通过建立年级课程小组或学习领域课程小组来实现。前者是以年级为单位，综合协调本年级的课程发展和具体事务；后者以学科或者学习领域为单位，综合协调本学科或学习领域的课程发展与具体事务。一般来说，这两种课程小组都在学校课程发展委员会和学校行政的双重领导之下，它们都有向课程发展委员会建言献策的权力。通过这些平台，就有更多的教师以及其他利益相关者加入到课程决策的队伍中来，也使课程决策本身更加具体化。

第三，建立学校课程发展委员会以及附属机构，其成员需要有广泛的代表性。这种代表性，一方面是指教师、家长、学生在这些机构中都有自己能够影响到课程决策的代表；另一方面是指这些机构的代表，要能够提供学校课程决策所需要的信息，如教师发展情况的信息、学生学习情况的信息、社会要求的信息、学校课程资源方面的信息等，最有资格提供这些信息的人，最好都能够成为课程发展委员会及其附属机构的成员。

第四，建立学校课程发展委员会及其附属机构，要确立决策的程序和规则，通过决策程序和规则来确保不同的代表都能够发出自己的声音，并且这些声音可以影响学校课程决策。比如，关键事项举手表决机制、会议观察员机制、利益回避机制等，都可以使学校课程决策变得更加理性、科学。

三、学校课程的整体规划策略

在课程决策中，学校课程的整体规划是一项非常重要的内容，关系到学校课程愿景能否在学校真正落实，需要课程领导给予密切的关注。

（一）学校课程整体规划的含义与背景

学校课程的整体规划简单来说，就是学校课程（包括国家课程、地方课程和校本课程）的校本化，是指学校以本校的实际情况为基础，根据学校课程哲学和课程愿景，对学校课程内容与结构、日程安排、实施和评价的策略等进行整体设计和安排。学校课程的整体规划在我国课程理论与实践中都是一个比较新的事物，原因在于我国过去一直实行统一的国家课程管理制度，课程进入学校之时已经是一个规划好的系统，且不允许学校作出自己的改变。但是，今天的情况发生了巨大的变化，从各个方面要求学校对其课程进行整体规划。

第一，我国进入一个社会转型时期，多元价值成为一种无法回避的社会现实。这一方面意味着和过去相比，地区与地区之间、学校与学校之间的差距日益扩大，用统一的要求来规范所有的学校会带来很多不良后果；另一方面意味着有关人员，如学生、家长、教师等的教育观念有了很大的变化，用统一的标准也无法满足人民群众对教育的需要。这就要求学校必须基于学校的实际，作出自己的整体课程规划，给学生提供有效的课程营养。

第二，三级课程管理体制给学校赋予了新的课程权力和责任。三级课程管理赋予学校“在执行国家课程和地方课程的同时，应视当地社会、经济发展的具体情况，结合本校的传统和优势、学生的兴趣和需要，开发或选用适合本校的课程”这样的权力。在获得权力的同时，学校也必须承担相应的责任，需要以课程政策、地方现实和学校具体情况为基础，将国家和地方课程校本化。

第三，教育观念的转变要求学校作出自己整体的课程规划。在过去人们的教育观念里，相信有着最佳教育内容、教育方法的存在，国家和科研部门需要进行大量研究获得这些内容和方法，然后交由学校实施。然而，教育研究逐步发现这种客观性、确定性在这个多元的、变革的时代已经难以存在。相反，地方性的、个体性的事实在很大程度上决定了既定内容和方法实施效果，甚至说既定内容和方法也会随着这些事实的不同产生大幅度的演化。在这种新的观念下，一方面，我们依旧要重视国家统一的课程要求和课程规划，以保证基本的教育水准；另一方面，我们要切实关注学校依据自身的资源和条件作出有效的规划，以使学校作出超越国家规定的卓越贡献。

（二）学校课程整体规划的基础

学校要作出有效的整体性课程规划，就需要作出系列的课程决策。为保证课程决策的系统性和科学性，在作出任何课程决策的时候，都需要深厚而坚实的基础。对于学校整体课程规划而言，主要包括以下基础①。

1. 课程政策

课程政策是一个国家对学校课程问题作出的官方规定，其核心在于对教育的发展方向、课程权力的分配等问题作出自己的回答。课程政策是每一所学校所必须遵守的标尺，学校必须在符合国家政策的前提下才能够作出自己的发展和创新。具体来说，学校要进行整体课程规划，首先要研究的就是国家对课程的规定，其次是学校有权力在哪些方面作出自己的补充和完善。

2. 课程理论

课程理论包括对“学校课程应该是什么”和“学校课程可能是什么”两个方面问题的回答，前者是对课程方向的指引，后者则是具体路径的提供。学校在进行课程整体规划时，要从这两个方面积极地汲取来自课程理论的营养，同时要审视自己所作出的规划是否有着理论支撑。当然，由于理论自身的复杂

---

① 参见靳玉乐、董小平：《论学校课程的规划与实施》，载《西南大学学报》（社会科学版）2007 年第 5 期。

性，很多时候理论对现实问题并没有唯一的答案，这需要学校对自己的教育哲学作出一定的选择，选择之后就坚定不移地依照这样的哲学去审视整体课程规划。

3. 教育变革的理论

学校进行整体课程规划，本身就是在进行一次深刻的教育变革。因此，学校在作出规划之前，一定要深入地理解变革是如何在一个学校中出现和发展的，也就是说要深入地理解有关变革的知识，包括：对变革现象的认识、变革动力的来源、变革的道德目标、变革中各个组成部分的横向和纵向联系、变革中的人、变革中的团队建设、学校文化、变革的模式和策略、变革与周围关系等。理解了变革，才会对课程规划与实施过程中出现的种种问题有足够的警觉和准备。

4. 学校现状

学校现状是一所学校各项工作的总和，是其综合实力的体现，是学校整体课程规划的立足点，因此学校课程整体规划要充分考虑学校的现状，并以此作为考察学校课程规划可行性的重要标准。学校现状包括学校的外在环境和学校的内在环境两个方面，前者主要涉及学校在整个学校系统中的位置、与其他社会机构的联系、学校的社会声誉和社会资源等；后者主要涉及学校物质资源、人力资源、学校文化、生源状况、组织架构等因素。

5. 学校愿景

学校课程愿景是对学校课程未来发展的预测和期待，是一个学校课程规划的核心。整个课程规划，都需要围绕着学校课程愿景的实现进行，这样才可以确保课程规划的整体性和一致性。

（三）学校课程整体规划的内容

任何规划都有自己具体的范围和内容，只有明白了学校课程整体规划的范围和内容，才知道如何着手进行规划。一般来说，学校课程整体规划主要包括以下几个方面的内容①。

---

① 参见骆玲芳、崔允漷主编：《学校课程规划与实施》，华东师范大学出版社 2006 年版，第 3—18 页。

第一，学校课程方案。学校课程方案是学校课程整体规划的核心，要回答以下几个重要的学校课程问题：①学校课程涉及哪些学习领域，以给学生的发展提供全面的营养？②学校课程的组织形式是什么？③不同的学习领域时间如何分配？一般来说，一个成形学校课程的整体规划方案应包括学校课程设置方案、课时安排、无法进入课程表的综合课程安排等。

第二，学校课程规划实施策略。这种策略包括两个部分：①学校课程整体规划的推进策略；②具体的有效教学策略。前者关注学校课程整体规划如何一步一步地得到教师的理解并落实到教育教学实践中去；后者关注学校的课程哲学如何在课堂教学中得到具体落实，并做到高效教学。具体的有效教学策略是学校课程整体规划得以实践的核心，又有很多具体的策略，比如，创建促进学习的环境、研究并理解学生、明晰目标与组织内容、提供多样的学习机会、持续的教学反思和创新等。

第三，学校课程的评价纲要，包括学习评价、教学评价和方案评价等。

（四）学校课程整体规划的模式

学校课程的整体规划是一个系统工程，需要采取一定的程序和策略，也就是说，需要学校发展出一定的规划模式，按照模式进行科学的规划。根据不同学校的实际情况，通常可以从以下三种模式中作出选择①。

1. 内生模式

该模式是在充分了解学校基本状况的基础上，通过探索和创新来生成学校独特的课程规划。其基本环节包括：组织构建—收集资料—确定目标—收集资料—构建方案—进行审核—修改方案—描述方案。在这个模式中，学校需要依次完成系列性工作，主要包括：建立以校长、教导主任、骨干教师和教育专家为主体的学校课程规划团队；收集课程开发所需要的各种资料，如课程政策、课程资料、学生资料、社区（或社会）资料、教师资料等，并分类整理；确定学校的课程目标，构建校本化的课程标准；根据校本化的课程标准进一步补充和充实先前的各种资料；构建学校课程的方案，如课程设置的方案、课时安排

---

① 参见靳玉乐、董小平：《论学校课程的规划与实施》，载《西南大学学报》（社会科学版）2007年第5期。

的方案、课程开发的方案、课程实施的方案、课程评价的方案以及完善课程的方案；把课程方案移交全校教职员工进行审核、评价，课程规划在广泛听取大众的意见后着手修改各种方案并再次移交教师代表审核；最后以学校行政公文的方式下达执行。

2. 外引模式

该模式主要是通过引进其他学校的课程规划方案来构建本校的课程规划。其基本环节有：收集方案—构建审议团队—形成筛选标准—方案评价—初次筛选—方案补充—描述方案。学校需要做的具体工作包括：尽可能多地收集同类学校的课程规划方案，并按照不同的风格或特点进行分类；建立以校长、教导主任和骨干教师为主体的课程规划团队负责对规划方案进行评审；根据学校的办学目标和校情等确定筛选课程规划方案的标准，再根据所确定的标准对收集的课程规划方案进行逐个评审；选择比较适合学校实际的课程规划方案并送交教师代表大会进行审议，然后根据审议的结果对课程规划方案作出进一步的修改；用简明扼要而又准确的语言对各种方案进行描述，并根据需要下达给不同的主体去执行。

3. 分化模式

该模式主要指学校将课程分为多个模块，如基础性课程、拓展性课程和研究性课程①，然后根据学校的实际情况使一部分模块的课程规划由学校自主生成，而另一部分模块的课程规划借鉴于其他的学校。其基本环节包括：收集资料—模块分化—模块借鉴与生成—方案整合—集体审议—描述方案。若采用这个模式，学校需要广泛地收集资料，包括学校的人力与物力资源、课程政策、同级学校的课程规划方案等；进行课程模块的划分，一方面，课程模块的划分要能体现学校课程规划的总体目标和学校在课程规划方面的优势，另一方面，课程模块的划分要能充分利用同级学校的优秀方案；根据对本校的优劣势的分析确定学校自主生成和需要从外校借鉴课程规划的课程模块，并着手方案的生成或筛选工作；对校内外的课程规划方案进行调整，使其内部一致；送交教师

① 杨明华、郭金华：《加强学校课程领导的思考与实践》，载《课程理论发展与实践进展——第五次全国课程学术研讨会论文集》，2006 年，第 448 页。

大会进行审议，根据审议结果提出修改意见；对方案进行修改，并用准确的语言予以描述以作为学校课程事务的行动指南。

四、学校文化建设的策略

从某种意义上来说，学校文化建设基本上属于行政领导的事情，好像与课程领导无关。但是，学校课程是在具体的学校文化氛围中发生、发展的，学校文化决定着人们如何看待课程、课堂和学生，也就对学校课程产生十分重要的影响。因此，学校课程领导必须善于推动学校文化建设，使之更有利于学校课程发展。

（一）学校文化的含义

文化是一个非常复杂的概念，从大的方面来说，文化可以指群体的人生，一切生活的总体[①]；从小的方面来看，文化主要是指一种生活方式或者一套规范[②]。具体到组织内部，文化则是一个组织内部的一种思维模式，通过这种思维模式，大家分享设想、价值观和规范，从而形成个人以及团体的行为方式，改变组织的物质和人际空间[③]。沙因（E. H. Schein）将组织文化的内涵，依照抽象程度分为三个层次：基本隐含假设、信奉价值以及人造物品（如图11-2所示）。基本潜在假设是组织文化的精髓，是组织人员所持有的对其周围的人、事、物以及组织本身所持有的潜意识层面的内在思维方式。这种思维方式经过一再重复有效地使用，其结果使组织成员逐渐将这种假设等同于某种自然“事实”，并以此来认知、思考和感觉事物。比如，在很多高中，都会把提高学生考试成绩当做教师“理所当然”的责任，因此就会对一些不见得能够提高学生考试成绩的行为，如创新，不屑一顾，甚至表现出一定的鄙视，其实就是学校潜在基本假设所致。这种基本假设一旦形成，在很长时间内都会比较稳固。另外，需要注意的是，这种假设往往是潜在的，平时组织成员都觉察不到，但却是组织成员价值和行动的基本来源，组织的根深蒂固的问题，都可以

① 钱穆著：《从中国历史来看中国民族及中国文化》，香港中文大学出版社1979年版，第13页。

② Handy, C. *Understanding the Organizations*. (4th ed.). London: Penguin. 1993, p. 181.

③ Deal, T. & Peterson, K. *The Principal's Role in Shaping School Culture*. Washington, DC: US Government Print Office. 1998, p. 13.

追溯到这个最为基本的假设上来。信奉的价值也就是组织成员认为所谓“正确”的事情，因此它是组织成员用来判断情境、活动、目的以及对人物进行评价的基础，具有浓厚的规范的意味。和基本假设不同的是，信奉的假设如果愿意去反思的话，比较容易体会到。不过，一般来说，这些价值并没有形成文字，但是作为一种价值观，在成员的脑海里，约束成员的行动。人造物品是组织文化中最为具体的可观察层面，包括言辞上的人造物、行为上的人造物和物质上的人造物。虽然它可以观察，但是进行解读并不容易，特别是运用人造物来推论深层的基本假设的时候，个人的诠释在很多时候实际上难以避开自身情感与反应的投射①。

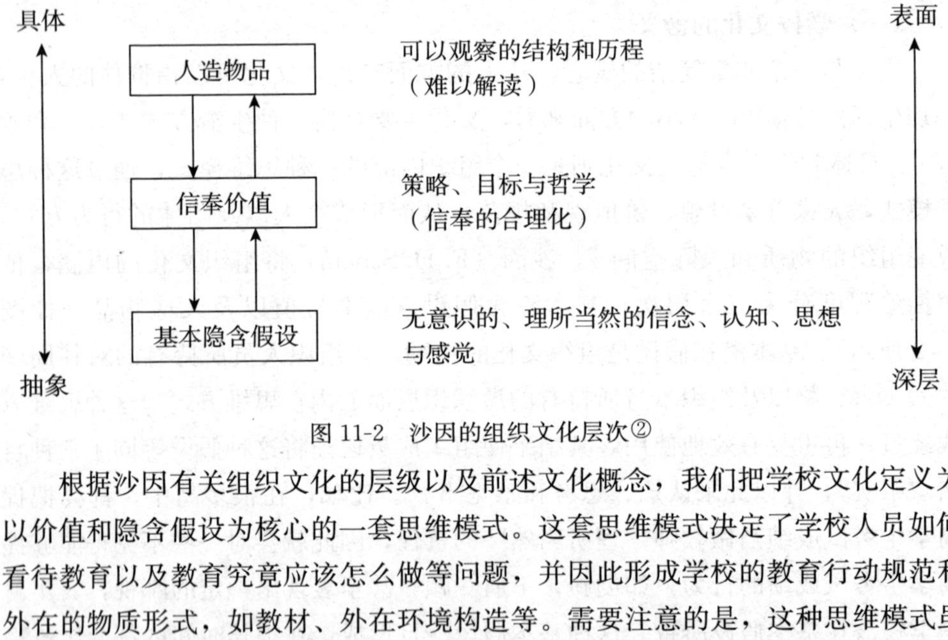

图 11-2　沙因的组织文化层次②

根据沙因有关组织文化的层级以及前述文化概念，我们把学校文化定义为以价值和隐含假设为核心的一套思维模式。这套思维模式决定了学校人员如何看待教育以及教育究竟应该怎么做等问题，并因此形成学校的教育行动规范和外在的物质形式，如教材、外在环境构造等。需要注意的是，这种思维模式虽然有一部分是明文规定的，但这一部分不过是露出水面的冰山而已，文化的真正重力所在，绝对是在水面之下以“潜规则”或者“潜思维”的形式存在着。正因为如此，当我们让一个教师说出自己学校的文化时，他可能有所感知，但

① Schein，E. H. *Organizational Culture and Leadership*：*A Dynamic View*. San Francisco：Jossey-Bass. 1992，pp. 15-38.

② 蔡进雄著：《转型领导与学校效能》，台北师大书苑有限公司 2000 年版，第 59 页。

是很难清楚地予以表述。

（二）学校文化建设的具体策略

学校文化本身是一个复杂的系统，要推动学校文化建设需要有系统的策略。这包括以下一些具体策略。

1. 提升学校文化反省力

简单来说，文化反省力就是对自己所处文化的自觉程度。所谓文化自觉主要包括三层含义：第一，在处理影响学校发展因素时，不再把文化放在可有可无的地位，不再是“订计划重要，忙起来不要”；第二，如费孝通先生所指出的，生活在一定文化中的人对其文化有“自知之明”，明白它的来历、形成的过程，所具有的特色和它发展的趋向，自知之明是为了加强文化转型的自主能力，取得决定适应新环境、新时代文化选择的自主地位；第三，在文化选择的基础上，通过继承借鉴与综合创新，肩负起传播、引导先进文化的责任①。

文化反省力是学校文化重建的基础工程，只有真正认识到自己的文化中的深层假设，才能明了文化重建的方向。学校提升自身的文化反省力可以从三个方面入手。首先，要建立文化主体意识，也就是说课程领导要做文化的主人，而不是文化的被动影响者。在这个过程中，最为重要的是通过学校课程的种种表面现象，深入分析其背后的深层假设，发现这些假设在什么地方合理，在什么地方不合理。其次，反省要能够层层深入，直逼要害。反省一般会有三个层次：关于技术的反省、关于理论的反省和关于假设的反省。在文化反省过程中，可能先要从技术反省出发，但一定要对技术背后的理论、理论背后的假设进行深入思考，这样才能够使反省到位。再次，要善于抓住反省的机会。一般在课程运作出现矛盾或者停滞现象之时，正是文化中的不合理假设发挥作用之时，要紧紧抓住这个时机，引领教师进行反省。

2. 通过重新概念进行文化重建

在文化反省的基础上，课程领导要引领教师对教育教学进行重新概念，然后建立新的文化。富兰和庞弗雷特（Pomfret）指出，教师真正要发生变化，并不在于他们知道了要变革什么以及为什么要变革，关键在于他们能够对所知

---

① 胡显章、袁本涛：《大学需要文化自觉》，载《中国教育报》2007年4月10日。

进行重新建构、消化和再概念化，形成自己的看法，进而形成一种新的认识，并在此基础上建立新的态度、信念和常模，然后让个体间联系起来，形成新的学校文化①。

3. 建立范例、象征，加速学校文化重塑

在文化重塑过程中，课程领导需要为教职员工建立新文化的范例，包括课堂教学、日常行为、个性品格等。与此同时，要在各个场合宣扬、褒奖这些范例，逐渐引导人们接受新的课程理念和假设。除了范例之外，课程领导还要善于建立有关新文化的象征，具体举措包括重建学校的符号系统，使之显露出浓厚的新文化气息；对各种现象赋予新的阐释，使之符合新的文化假设。通过这些方式，就会使教师按照新的思维方式来思考问题，新的文化就会逐渐确立起来。

4. 坚持不懈

学校文化是一个庞然大物，其重塑绝非一日之功。因此，在重塑学校文化的过程中，非常需要课程领导坚持不懈，数年如一日坚持新文化的建设、宣扬和修正，然后才能够把新的文化转变成为全体教师员工的潜意识，从而在学校课程事务中发挥巨大的影响力。

【思考与练习】

1. 课程领导和课程管理、教学领导的区别是什么？
2. 课程愿景和课程目标有什么联系和区别？
3. 课程领导在学校课程事务方面的作用是什么？
4. 课程领导如何发挥专业引领作用？
5. 课程领导如何重塑学校文化？
6. 你认为学校课程领导的最高境界是什么？怎样达成这种境界？
7. 结合当前课程改革的形势，讨论学校为什么需要课程领导。
8. 如果你是一所学校的课程领导，你会从哪些方面做好学校课程领导工作？

---

① Fullan, M. & Pomfret, A. Research on Curriculum and Instruction Implementation. *Review of Educational Research*, 1977, 47 (1), pp. 335-397.

第十二章　课程研究

【启发与引导】

• 我们前面学习了这么多课程理论，这些理论都是怎么创建的？有什么规范和方法？

• 在你的印象中，研究是什么？你学过什么具体的研究方法？这些方法都有什么特征？

• 什么是质化和量化的研究方法？在课程研究中，质化和量化的方法都用在什么地方？

课程作为教育的一个核心领域，需要我们不断地进行深入研究。课程作为一个复杂而微妙的研究领域，研究什么，如何研究，都需要我们深入了解。本章就是围绕着这两个问题，分三个部分来探讨课程研究的问题：课程研究的意义、课程研究的范式和课程研究的方法。

第一节 课程研究的意义

本节主要解答三个问题：第一，究竟什么是课程研究，其性质是什么？第二，课程研究的内容有哪些？第三，课程研究的价值在哪里？这三个问题都是课程研究的重要方法论问题，为我们理解课程研究奠定基本的理论基础。

一、课程研究的含义

“研究”是一个外来词，英语是“research”。这个单词的词根是“search”，意思是“寻找”，前面的“re”是前缀，含义是“又，再”，合在一起，就是“反复寻找”的意思。反复寻找什么呢？实际上就是寻找信息来解答自己的疑问。也就是说，研究从本意上来讲，是一个很普遍的日常行为，因为我们每一个人，在日常生活中都会有疑问，也都会因此不断寻找信息来解答这些疑问。

不过，日常经验告诉我们，并不是每次都可以找到正确的信息，很多时候我们寻找了很久，最后却发现得到的信息是错误的。为什么会这样？原因是我们寻找信息的方法出了问题。为了最大限度地保证我们能够得到正确的信息，人们在过去的研究实践中不断总结概括，便形成了系统的研究方法，也就有了所谓的“科学研究”。

因此，所谓研究，简单来说就是我们在仔细审视所要研究的现象的基础上，认真地提出问题，并以系统的方法寻找问题答案的过程①。研究现象所属的范畴不同，便有了不同的研究，课程研究就是以课程现象为研究对象的研究。课程研究属于教育研究的一部分，和其并列的包括教育学原理、教育史、

① 风笑天著：《社会科学研究方法》（第二版），中国人民大学出版社 2001 年版，第 2 页。

教育行政和管理、比较教育、教育技术等方面的研究。

二、课程研究的性质

尽管课程研究作为教育研究的一部分，已经成为一个相对独立的专门领域得到了越来越多的学者的认同，但是人们对于课程研究的性质却有着不同的见解，大致有以下三种观点①。

——应用性研究。这种观点认为课程本身就是一个实践的领域，具有实践性和技术性的特点，并不适合纯粹的理论追求。因为实践的内容总是具体的、特定的、变动的，所以课程研究应当致力于将有关理论应用到实践之中，同时关注实践过程中的人际互动，那种试图把“普遍的原理”硬套在课程实践上的做法对课程研究本身并无益处。

——理论性研究。这种观点认为课程研究应该走理论化、学术化道路，使之真正跻身于科学的学术殿堂。持这种观点的学者看不起课程应用性研究，认为那些研究流于经验和片面，难以引起人们的普遍重视，学术深度也是不够的。

——理论性和应用性的统一。持这种观点的学者认为课程研究既要关注课程实践，又要重视课程理论探讨。理论是对实践的概括和提升，反过来可以指导课程实践；而对实践的研究则是课程理论的重要来源。

可以说，应用性研究实际上关注的是课程特定的实际问题，要求提供对课程实践有用的知识，主要是回答“如何做”的问题；理论性研究注重课程的基础研究，旨在对复杂的课程问题的性质和相互关系从理论上加以分析、综合、概括和抽象，以发现其内在规律，主要回答的是“为什么”的问题；第三种观点显然把上述两者结合起来。

很显然，三种观点都有一定的道理，但第三种观点更全面一些，因为课程研究实际上是应用性和理论性的辩证统一，或者说课程研究是面向实践的理论研究。一方面，课程研究的主要对象一定是课程实践，离开课程实践进行过度的玄思，会使课程理论流于空洞；课程实践一定要作为课程理论最主要的来

① 参见靳玉乐、黄清著:《课程研究方法论》，西南师范大学出版社 2000 年版，第 20—22 页。

源，才能够真正指导课程实践。另一方面，课程实践研究的目的一定是课程理论，只有理论才能够将实践经验进行有效的提升，使之成为脱离具体情境的规律，从而能够在其他教育情境中得以应用，同时也给其他教育实践者提供新的视野和有效的思维工具，促进课程研究和实践的进一步发展。

三、课程研究的内容

对于课程研究的内容，不同学者有不同的见解。比较完备的有詹金斯（D. Jenkins）和波斯纳（G. J. Posner）的见解。詹金斯用“研究群”（cluster）这一概念来概括课程研究的范围，将课程研究领域划分为五个群①。

一是准基础研究。这里的准基础，就是指对课程设计和开发有用的心理学、哲学、社会学等理论基础，包括对这些理论基础本身的探究以及这些理论基础如何影响课程设计和课程开发的进程。

二是与政策有关的课程研究。政策是课程设计和开发的主要影响变量，因此也应当作为课程研究的主要内容，包括哪些政策影响了课程与教学，这些政策是如何制订和出台的，这些政策在哪些方面影响了课程与教学，等等。

三是课程分析。这个研究群主要是针对现有课程和课程计划进行分析，可以从新马克思主义角度，对现存的课程和课程计划进行批判；也可以从逻辑实证主义出发，对它们的目标和实际达成的效果之间的差异进行测量。

四是对课程设计、实施和实践的研究。这个研究群实际上包括了课程开发的整个过程，包括这一过程中的实质性因素，也包括了人际互动因素。

五是课程评价研究。包括描述式的课程评价和判断式的课程评价，主要针对课程的结果，前者是对结果进行描述，后者则会判断课程结果所产生的价值。

从上述五个群来看，詹金斯实际上是横向地对课程研究的领域进行了划分，五个群实际上概括了从基础研究到课程结果等整个课程开发过程。

波斯纳则归纳了课程研究的主要问题和取向，纵向地对课程研究领域进行

① Jenkins，D. Curriculum Research. In：Lewy，A.（ed.）. *The International Encyclopedia of Curriculum*. Oxford：Pergamon Press，1991，pp. 46-51.

了划分，具体如下①。

一是教育成果的研究，主要研究课程实施的效果，在研究取向上则有成就调查、互动取向、课程对比，等等。

二是课程开发过程的研究，主要研究课程是如何设计、思考和开发出来的。

三是教育概念和目的分析，实际上是课程开发的前期以及过程中的工作，包括如何思考选择课程取向、如何慎思，等等。

四是教学材料研究，简单来说，就是有关教科书的研究，包括教科书的意义、适切性、倾向，等等。

五是学生研究，包括学生的前概念、获得新知的过程等的研究。

六是学校与课堂研究，包括教师在教室中如何实施课程及学校的理念、决策等如何影响课程过程和课程结果，等等（见表 12-1）。

表 12-1　课程研究问题的类别及其取向②

研究问题	取向
1. 教育成果的研究	
（1）教育系统的成果是什么？	成就调查取向
（2）哪一个课程取得了较高的成绩？	课程比较取向
（3）比较起来，实施课程 X 和课程 Y 的效果如何？	效果剖面图取向
（4）一般教育或课程 X 的持续效果如何？课程 X 所引起的学习对个人在学校之外环境中在什么程度上以及在哪一个方面有用？	教育的持续效果取向
（5）比较而言，课程 X 的相对成本和相对效能如何？	成本效能取向
（6）不同教学处理对不同学习者类型所造成的差异效果如何？	性向—处理—互动取向

① Posner，G. J. Making Sense of Diversity：The Current State of Curriculum Research. *Journal of Curriculum and Supervision*，1989，4（4），pp. 340-361.

② 参见李子建、黄显华著：《课程：范式、取向和设计》，香港中文大学出版社 1996 年版，第 411—412 页。

续表

研究问题	取向
2. 课程开发过程研究	
（7）科目内容 X 所包含的知识、主要概念、问题、价值和工作方法是什么？	知识结构取向
（8）一个学生成功地完成工作 X 所需要的能力是什么？	任务分析取向
3. 教育概念和目的的分析	
（9）人们如何决策和进行慎思？	设计取向
（10）教育概念 X 的意义是什么？	概念分析取向
（11）为什么要学习科目内容 X？	课程合理化取向
4. 教材研究	
（12）教材本身对作者或读者有什么意义？	内容分析取向
（13）学生采用课本的适切性如何？	教材批评取向
5. 学生研究	
（14）学生带了什么知识和概念进入教室？	理解取向
（15）概念转变所需要的条件是什么？概念如何才能够转变得更容易？	概念转变取向
（16）个人如何经验课程？	经验分析取向
6. 学校与课堂研究	
（17）课堂教学层面是如何实施课程的？	课堂实施取向
（18）学校传递的理念是什么？这些理念是如何传递的？	潜在课程取向
（19）学校各种不同因素如何决定学校的性质和教育经验的质量？	学校描写取向
（20）学校教育过去是怎样的？是什么原因使学校教育具有那种特征？	学校教育的历史研究取向
（21）明确地教授什么内容？每一项内容被强调的程度如何？	大型学校人口或描述取向

波斯纳的上述讨论，可以说是对 20 世纪 90 年代之前课程研究的精确概括。更为可贵的是，他还指出了每个问题能够得以深入研究的途径，从中我们

可以发现不同的研究问题实际上有不同的解决方法，同类问题也可以从不同取向上展开研究。

上述两位学者的见解具有一定的典型性，它们彼此之间也有一定的重合，对课程研究的“版图”也有一定的遗漏。综合他们的见解，课程研究的主要内容可主要分为以下五个研究系列①。

——课程的基本原理系列：包括课程论原理、课程的哲学基础、课程的社会学基础、课程的心理学基础、课程政策、课程研究方法、课程史等。

——课程设计系列：包括课程目标、课程内容、课程组织、课程评价等。

——课程实施和评价系列：包括课程领导、课程结构、课时分配、课堂教学、课程评价、校本研究等。

——不同类型的课程系列：包括文科课程、理科课程、综合课程、活动课程、隐蔽课程等。

——不同层次和特殊类型系列：包括幼儿园课程、小学课程、中学课程、大学课程、特殊教育课程等。

四、课程研究的价值

人是追求意义和价值的动物，任何一项互动必须有一定价值，才有行动的必要，课程研究也是这样。课程研究的价值主要分为两个方面：教育理论的价值和教育实践的价值。

（一）课程研究对教育理论的价值

课程是教育的核心，课程理论的构建对于教育理论的构建具有重要的意义。具体来说，课程研究对于教育理论的构建具有如下价值。

1. 课程研究是教育理论的主要来源之一

作为教育的核心，课程要解决的是学生要学习什么以及如何获得这些知识的问题，关于教育内容选择和教育内容获得的研究是课程研究的重要内容，对其中规律的发现可以大大地丰富教育学理论。实际上，随着课程概念的日益扩

① 参见黄甫全：《简析课程论的主要任务、研究对象和基本内容》，载《课程·教材·教法》1997第12期。

大，课程研究已经覆盖了教育的大部分领域，对教育理论构建的作用正在逐步扩大。

2. 课程研究也为同一层次的教育研究提供重要的理论依据

比如，课程研究可以为教育学原理提供有关教育目的、教育过程等方面的有效信息；可以为教育管理提供有关课程领导、教与学的管理等方面的信息；可以为教育技术学提供具体的研究框架等。

（二）课程研究对于教育实践的价值

1. 课程研究可以有效地指导教育实践

教育实践的主要内容就是课程与教学，课程研究可以从四个方面提升教育实践的效能：①课程研究为教育实践提供新的视野和观念；②课程研究为教育实践提供有效的方法指导；③课程研究为教育实践的总结、提升、推广提供有效的途径。

2. 课程研究可以对教师专业发展提供有效的帮助

教师是课程与教学的主要实践者，课程研究可以从三个方面帮助教师专业成长：①课程研究的成果可以给教师提供新的理念和有效的改进教学的方法；②课程研究让教师对教学的思考更加系统、有效；③课程研究本身就是教师自我专业发展的有效途径。

第二节　课程研究的范式

在科学研究发展过程中，范式（paradigm）具有极其重要的意义。它不仅代表着当前研究的主要思路和方式，也为未来的突破性发展奠定了基础。虽然课程研究是教育研究的亚领域，但却最早涉及研究范式问题①。课程论的发展，从某种意义上来说就是不同研究范式“对话”的结果，正是在这种“对话”中，人们不断拓展视野，取得研究的新发展。

---

① Schubert，W. H. & Schubert，A. L. Curriculum Inquiry：Alternative Paradigms. In：Lewy，A. (ed.). *The International Encyclopedia of Curriculum*. Oxford，New York：Pergamon，1991，pp. 51-56.

一、课程研究范式的意蕴

关于“范式”的概念，人们有许多争论，说明这一概念本身就有不少模糊不清的地方，不同学者运用这一术语时所表达的意蕴并不相同。其中，有两个重要的美国学者关于“范式”的理解是最为重要的。

第一位是默顿，他在20世纪30年代已经开始对范式进行深入的探讨。根据他后来的解释，范式是将一个特定领域或某种分析方法的一些假定、概念、问题与发现加以整理、排列，使今后的研究者在研究这一领域或者使用这一方法之时有所凭借①。换句话说，范式就是将已有的研究加以总结归纳的结果，为以后的研究者提供一个基本的理论框架。概括来说，默顿的范式概念有三个方面的特征②：第一，范式是一个系统的整合，是关于某一命题或者研究方式的系统整理和概括，最后形成一个研究的框架；第二，范式是一种成果，它将一个方面的理论简化为不证自明的框架，从而让人们能够以不同的方式来发展新知识；第三，范式是一种元理论建设，通过对已有研究的详细分析和建构，对过去的研究进行了概括总结，对未来的发展也提供了指引。

对于范式的功能，默顿也做了比较精当的概括：第一，范式具有注释功能，简明扼要地对用于描述、分析的中心概念和概念间的关系进行编码；第二，范式具有清晰化功能，降低了引用模糊假定和概念的可能；第三，范式促进了理论解释的积累；第四，范式自身特有的条理化提供了重要概念的系统交织分类的表格，从而让分析家意识到可能忽视的实际和理论问题，从而促进分析；第五，范式可以使我们以近似定量分析的严密逻辑来编码定性分析③。

第二位学者是库恩（T. S. Kuhn）。“范式”这一概念在中国得以广泛传播以及为人们所普遍接受，与他1962年出版的经典著作《科学革命的结构》有关。这本初版只有172页的书，很快引起了哲学、自然科学乃至社会科学学界

---

① Merton, R. K. Structural Analysis in Sociology. In: Blau, P. M. (ed.). *Approaches to the Study of Social Structure*. New York: Free Press, 1975, pp. 21-52.

② 霍秉坤、黄显华著：《课程范式：意涵、应用和争议》，香港教育研究所2006年，第3—4页。

③ Merton, R. K. *Sociological Ambivalence and Other Essays*. New York: Free Press, 1976, pp. 210-213.

的巨大震动。在这本书中，库恩使用的一个核心概念就是范式。据英国学者马斯特曼（M. Masterman）统计，库恩这本书中的“范式”至少有21种意蕴。通过分析，可以把这21种含义划分为三类：第一类，形而上学范式，也叫元范式，如把范式当做一组信念、一种有效的形而上学思辨、一种新的观察方式、一张地图、一种统率知觉的条理化规则等；第二类，社会学范式，如把范式定义为一个普遍承认的科学领域，像一套政治制度、司法裁决等；第三类，人工范式或构造范式，即以更具体的方式来使用范式，把它作为典型的问题和解答、一本实用的教科书或经典著作、实用的仪器设备、一些供给的工具、一个语法规范、一个格式塔图形①。

在后来的一些著作中，库恩也曾经对范式的概念做进一步的解释。他认为范式主要有两种含义。第一种含义就是所谓的学科基体，也即学科共同体成员所共享的符号通则、模型、价值与范例。符号通则即学科共同体成员所采用的表达方式和共通语言，是共同体解题的基础；模型或者对模型的共同信念，是共同体成员所必须遵守的承诺，作为工具可以确定哪些是本学科未解的难题以及难题的重要性如何；共有价值的主要作用在于充当评判和选择理论的依据；范例则是学科基体中最为重要的成分，是在实验室、考场、教科书或科学家著作中对具体问题的解答，作为具体研究的实例，可以作为解答其他难题的基础和楷模。第二种含义较为简单，就是范例，和第一种含义中的第四项要素的含义基本相同。

可见，在库恩的眼里，范式主要是在科学研究过程中，人们所认可的有关研究的理念、框架、方法和解释取向。用一句通俗的话来说，也就是有关研究的套路，依据这种套路所完成的研究结果是可靠的，信奉这种套路的人会承认这是一种“本学科研究”；反之，就不予以承认。比如，弗洛伊德，人们大都认为其是心理学的巨匠，然而在很长一段时间内，经院心理学家都不承认他是心理学家，而认为他可以归为哲学家，原因就在于他的研究主要采用个案研究的方法，而经院心理学承认的则是调查、实验等量化的方法。不管弗洛伊德的贡献有多大，其研究结果都难以被这些人引用。

① 参见靳玉乐著：《现代课程论》，西南师范大学出版社1995年版，第28页。

除上述基本概念之外，库恩还提出了范式的两个重要特征：①范式的单一性，意思是指在成熟的科学社群中只能存在一种范式，该方式具有垄断性，而且是共同体成员的完全共识；②不可通约性，即不同范式各成系统，其本质特色完全不同，彼此之间并不存在着相互解释和相互转化的可能性。

按照库恩的概念，范式的作用实际上是非常大的，而且影响深远。第一，范式最为根本的作用是作为区分不同科学群体（如物理和化学）以及同一科学群体下的次级社群（如某一学科中的不同流派）的依据。第二，范式可以区别不同领域各自关注的不同问题，也有不同的研究假设、研究方法，因此可以引导研究，但同时也会限制研究问题、理论假设与研究方法。第三，范式是了解学科知识内容的大框架，了解了课程范式，有助于我们清楚地认识自己在从事何种性质的课程研究，对课程研究具有重要的导向作用。

尽管库恩的范式理论所产生的影响最大，但是仔细审视其对范式的论述，就会发现其实这一概念并不适合课程领域。首先，范式的主要特性是"单一性"，而这种范式的垄断性，只有可能在自然科学中出现。课程作为社会科学，其范式是较为多元、同时并存、彼此竞争的，在历史上也从未出现过一个完全垄断的范式。其次，范式的不可通约性，在课程研究中也难以出现，尽管不同的课程研究呈现出不同的类型，但这些类型之间是可以彼此对话和相互理解的，而且这些不同的类型为课程研究提供了不同学术视野，共同丰富着课程这个研究领域。在这个意义上，如果要在课程研究中使用"范式"这一概念，则不能完全照搬库恩的思想。此外，库恩在说到"范式"之时，实际上有一种隐含的假设：范式是约定俗成的东西，存在于学术共同体的潜意识当中。范式的这种潜在性意味着后来者要通过相当艰难的摸索才能够真正发现此范式的真正实质，无形之中提高了范式的门槛，并不利于后来者进入这一研究领域。相反，默顿对于范式的理解主要是基于社会科学的，并不存在单一性和不可通约性，而且默顿也非常详细地说明了范式的来源，让范式的建立成为一种可能。因此，我们在理解课程研究范式时，要综合两人的观念。

概括默顿和库恩的见解，我们认为课程研究的范式是课程研究群体在进行课程研究时对课程本身所持有的共有信念，以及这种信念所导致的概念框架、问题和解题方式的总和。课程研究的范式在一定程度上来自研究者群体的潜在共识，然而这种共识可以通过对已有研究的元研究进行提炼甚至提升，并进一步指导课程研究的发展。

列维（A. Lewy）主编的《国际课程百科全书》对课程研究的范式做了历史的透视与理性的分析，认为在课程领域里，范式至少有三种用途①。

第一，范式作为分类系统。其目的在于把现存的课程理论与实践的观点进行有效的分类整理，以便人们更透彻地理解课程，自觉地作出自己的选择。从整体上来说，对课程理论和实践进行分类有三个依据：以哲学为依据的分类、以课程理论化方式为依据的分类和以观点为基础的分类②。以哲学为基础的范式分类是最为常见的，对课程取向的种种划分往往属于这种分类。比如，奥恩斯坦（A. C. Ornstein）和霍金斯（F. P. Hunkins）就鉴别出六种研究取向，认为是历史上的六种课程研究范式：行为取向、管理取向、系统取向、学术取向、人文取向和再概念主义取向③，每种取向都有自己所依据的哲学、所关注的课程问题以及解题方法。课程理论化方式是指课程理论通过何种方式被建构起来，以此为依据可以分出不同的范式来。比如，格莱森（A. A. Glatthorn）把课程理论的建构分为四类：结构取向的理论，着重分析课程的组成要素以及各要素之间的关系，倾向于采用描述性与解释性的方式；价值取向理论，着重分析课程决策者的价值、假设及其产品，倾向于采用批判性的方式；内容取向理论，着重对课程内容的研究，倾向于采用处方性的方式；过程取向理论，着重叙述课程发展的方式，或建议课程发展必须使用的模式，这种探究倾向于采用描述性或处方性的方式④。还有一些学者以人们的不同课程观点对课程理论作出分类，比如，吉鲁、潘纳（Penna）和派纳（Pinar）把课程研究范式分为传统的、概念—实证的和再概念化的三种⑤。

---

① Schubert, W. H. & Schubert, A. L. Curriculum Inquiry: Alternative Paradigm. In: Lewy, A. (ed.). *The International Encyclopedia of Curriculum*. Oxford, New York: Pergmon, 1991, pp. 51-56.

② 霍秉坤、黄显华：《课程范式：意涵、应用和争议》，香港教育研究所 2006 年，第 15—17 页。

③ Ornstein, A. C. & Hunkins, F. P. *Curriculum: Foundations, Principles and Issues*. (3rd ed.). Boston: Allyn and Bacon, 1998, pp. 2-10.

④ Glatthorn, A. A. *Curriculum Leadership*. Glenview, IL: Scort, Foresman, 1987, pp. 98-99.

⑤ Giroux, H. A., Penna, A. & Pinar, W. (eds.). *Curriculum and Instruction: Alternatives in Education*. Berkeley, CA: McCutchan, 1981, pp. 5-11.

第二，范式作为研究假设。这实际上包含两个方面的假设：关于课程本身构成的假设和关于课程问题解题方法和途径的假设。比如，泰勒原理所提出的课程研究的四个基本问题、施瓦布关于课程的四个要素、斯腾豪斯关于课程开发的过程模式，等等，都是类似的范式，能指导人们对课程展开研究。

第三，范畴作为课程研究的度向。这实际上是指明了课程研究可以普遍接受的概念框架或理论结构。比如，古德莱德关于课程研究的三个范畴：实质性范畴、政治—社会的范畴以及技术—专业的范畴。

对于课程研究者来说，对“范式”的理解和自觉运用具有如下三个方面的意义。

第一，现有范式是优秀的研究者所建立起来的，其所包含的研究理念、概念框架、方法体系、解释系统等，在一定程度上揭示了课程这一研究领域的“真相”，具有很大程度上的合理性，可以为我们进一步研究提供有效的指引。

第二，范式一旦建立起来，就具有很大的稳定性，在现有范式被取代之前，我们的研究成果要获得承认，必须遵守这样的范式，才能够取得被认可的学术成果，为课程研究作出自己的贡献。

第三，理解了现有范式所存在的利弊，我们在做研究的时候能够更加清醒，通过不断搜集证据，积累到一定程度，就可以为本学科的研究提出新的范式，推动本学科更好地向前发展。

二、课程研究范式的分类

如前面所言，范式一个极其重要的作用就是对课程理论和实践进行分类。作为社会学科，课程的研究并没有唯一的垄断性范式，而是呈现出多元范式相互对话和竞争的局面。要很好地理解课程研究范式并从中获益，就需要对课程研究范式进行分类，依照类别进行分析和理解。从现有的文献来看，对课程研究范式有三种典型的分类方法：实证课程范式和理解课程范式；技术性课程范式、实践性课程范式和批判性课程范式；实证—分析课程范式和人文取向课程范式。这些范式之间具有一定的共通性，而技术性范式、实践性范式和批判性范式不仅在学理上具有合法性，而且得到不少学者的认可。

从学理上来讲，这三种类型的课程范式来源于德国社会学家哈贝马斯(J. Habermas）关于知识探究的三个类型："在逻辑—方法学规则即知识构成旨趣之间的特定联系中，显示了三种探究过程……经验—分析性的学科主要基于技术认知旨趣；历史—诠释性的学科主要基于实践认知旨趣；批判取向学科主要基于解放的认知旨趣。"① 舒伯特（W. H. Schubert）根据哈贝马斯的思想，划分了三种课程探究范式：实证—分析性范式、解释性范式和批判性范式②。他的三种范式类型，得到了不少学者的认可。我国香港学者霍秉坤和黄显华根据舒伯特的见解，对三种范式的知识趋向、人类旨趣与课程定义、课程实质和理性模式等进行了整体性的分析，见表 12-2。

表 12-2　舒伯特的三种课程研究范式③

	课程研究范式		
	实证—分析	解释	批判
服务趋向	技术趋向	实践趋向	解放趋向
人类旨趣	劳动	沟通	解放
社会组织	工作	互动	权力
知识论	知识独立于求知者	知识是个人的，由参与人士互动建构而成	知识是个人的，由参与人士通过对话而建构，且以追寻平等和公义为主旨
课程定义	学科、学科内容、目标、书面计划、有计划的学习经验	非书面计划、教学时实际发生的一切、师生互动、有意义的学习经验	有意义的学习经验，目的是打破桎梏
课程实质	成果	实践	批判性实践

① Habermas, J. *Knowledge and Human Interests*. (2nd ed.). London: Heinemann, 1978, p. 308.

② Schubert, W. H. *Curriculum: Perspective, Paradigm and Possibility*. New York: Macmillan Publishing Company, 1986, p. 181.

③ 霍秉坤、黄显华：《课程范式：意涵、应用和争议》，香港教育研究所 2006 年，第 25 页。

续表

	课程研究范式		
	实证—分析	解释	批判
理性模式	假设控制和确定性的原则 在类似规律性命题（即可用实证验证）的趋向下操作 假设知识是价值中立的 假设知识是客观的 重视效率和节俭 毫不怀疑地接受社会现实	强调理解、沟通和互动 视人类为积极创造知识的人 在日常生活环境中寻求假设和意义 把现实看做在历史、政治和社会情境中互为主体的组成和分享 敏锐地注意语言在运用时的意义	假设必须批判意识形态，并且付诸行动 寻求揭示具有压迫性和支配性的事物 需要对假意识保持敏锐的触觉 对扭曲概念和不公平价值观进行质疑 检视和解释研究所依据的价值系统和公平概念

从表 12-2 可以看出，舒伯特的三种课程研究范式各有其作用和应用范围：实证—分析范式关注技术性的需求，以实证主义思想为基础，相信行为层级，认为研究应该价值中立，应该采用实证分析的方法来展开课程研究；解释学范式关注实用的需求，以解释学、现象学思想为基础，认为意义是由人际间的互动产生，事实是由人们建构而成，因此需要通过人际互动的方式来探究课程；批判的科学范式基于批判社会学的思想，强调政治与权力因素在课程中所发挥的作用，认为课程研究一定要突破现有社会结构的种种束缚，以人类思想和行动的解放为旨归①。

舒伯特的范式分类有一定的道理，但是其关注的主要是研究的目的，对于研究方法没有足够的重视。从范式概念本身来说，范式的划分应该包括理论依据、研究旨趣和研究方法。综合这三个方面的要素，结合其他学者的论述，我们认为课程研究主要有三种范式：实证—分析范式、人文—理解范式和社会—批判范式，与舒伯特的分类方法基本一致，但又融合了其他学者的观点。

① Schubert，W. H. *Curriculum*：*Perspective*，*Paradigm and Possibility*. New York：Macmillan Publishing Company，1986，pp. 180-183.

三、课程研究范式的内容

范式包含的内容是比较复杂的，每种范式背后都有自己的理论假设、概念框架和解题方法，需要我们详细地加以理解。

（一）实证—分析范式

实证—分析的课程研究范式以西方实证主义思想为基本的理论依据。实证主义是以休谟（D. Hume）的怀疑论经验哲学为基础所建立起来的哲学流派，该流派第一个明确提出要以实证的自然科学精神来改造和超越传统的形而上学。在实证主义大旗下，聚集了孔德、穆勒、斯宾塞、波普尔（K. Popper）等著名哲学家。他们彼此的思想以及贡献并不相同，但综合在一起则形成了实证主义的总体风貌，为实证—分析的研究提供了坚实的理论基础。概括来说，实证主义哲学思想主要包括以下几个方面。

（1）世界是客观的、可知的，尽管某个现象暂时不能被人类完全认识，但随着人类认识能力的提高和研究方法的进展，一定能够获得其真相。

（2）真相是唯一的，尽管人与人之间存在着误解的可能性，但是通过研究方法的修正，大家的认识可以达到齐一性。

（3）哲学应该以实证的自然科学为基础，以可观察的事实和知识为内容，摒弃神学和思辨形而上学的绝对的、终极的，然而却无法证明的抽象本质。

（4）一切知识均产生于经验而非概念和理念。

（5）同一类事物和现象具有共同的、一般的规律，最为重要的就是因果律。科学研究最为重要的目的就是寻找到现象发生、发展的原因。

（6）演绎法不足以产生新知识，科学的归纳法才是产生知识的重要途径。

（7）科学研究是价值无涉的。

（8）外在的客观世界是可观察和量化的。

（9）研究需要以逻辑为工具，以概率来修正研究结果，这样才能够使研究更加精确。

（10）证伪要比证实更容易一些，因此可以运用证伪的逻辑为研究服务。

实证主义哲学不仅奠定了实证—分析的课程研究的基础，而且也暗示了研究的主要旨趣所在：寻找课程与教学过程中不变的因果规律，为更大范围内提高课程效率服务。要达成这样一个研究目的，需要对复杂的课程现象细分至一个个难以再分的变量，然后展开数量化的实证研究以探究这些变量之间的因果关系。

课程领域的研究，首先是在自然科学实证主义的范式下建构其理论框架和方法论基础，然后开始在社会科学实证主义范式下建构起理论框架和方法论基础；前者形成了课程研究的手段—目的范式，后者形成了课程研究的概念—实证范式。手段—目的范式运用工业科学管理的原理和原则，以“工学模式”和“原子论”的分析方法来研究课程问题，强调价值与事实的分离，主张用“经验—分析”的方法来描述客观的生活经验，从而回避了课程的意识形态分析。博比特、查特斯、泰勒和塔巴等人的课程思想，就是这种范式的代表。

概念—实证范式则以布鲁纳、施瓦布和沃克等人为代表，把重心转向了认知发展、知识本质、学科知识结构、教学原理和方法等方面。但在研究方法上，仍旧以经验分析为主，旨在描述、解释和预测学习经验，同时也习惯性地把价值中立作为课程研究的重要法则。

在具体的研究方法上，不管是哪种实证—分析的课程研究范式，都把学生的学习结果作为最关键的一个因变量，大多数研究都是围绕着这个最终的因变量来进行的。美国学者达林—哈蒙德（L. Darling-Hammond）和辛德（J. Synder）经过分析后认为，实证—分析的课程探究的中心问题在于“课程决策如何从我们所获得的知识中得到启示，或者这些决策如何从我们对儿童的学习内容和方法之间的关系的研究中得到启示”①。当然，这并不是说在这类研究中没有其他的因变量。比如，如果有两个命题：学生的学习结果深受教师的教学行为影响；教师的教学行为深受课程内容的影响。要对前一个命题进行实证性研究，则学生的学习结果是因变量；如果对后一个命题进行实证性研究，则教师的教学行为就会变成因变量了。以此类推，就可以发现影响任何课程现象间的因果关系。

如何寻找课程现象之间的因果关系呢？课程研究深受行为主义研究模式的影响，认为必须从可见的行为出发，通过观察和测量可见的行为以及最终的结

① Darling-Hammond, L. & Synder, J. Curriculum Studies and the Traditions of Inquiry: The Scientific Tradition. In: Jackson, P. W. (ed.). *Handbook of Research on Curriculum*. New york: Macmillan Publishing Company, 1992, pp. 41-78.

果，来确定输入的行为与结果之间是否具有因果关系，这就是这类研究经常用到的“过程—产出”模式。这一模式的操作过程通常为：①观察并测量师生的行为；②测量行为前后学生的学习结果；③通过统计分析，发现行为前后学生学习结果之间是否具有显著差异；④通过分析，确定行为与学生学习结果之间是否具有因果或者相关关系。

（二）人文—理解范式

人文—理解的课程研究范式就是首先把课程中的人看做是对世界有着自己理解的主体，课程的过程是主体间互动和建构的过程。在这个过程中，人对课程现象的理解以及课程现象对人的意义极其重要，是课程运行的主要动力。因此，这种研究范式主要以解释学为思想基础。

解释学最早出现在古希腊，当时主要指解释和批评荷马及其他诗人的作品。到中世纪后期，解释学主要指研究《圣经》的学问。真正把解释学引入哲学领域的是德国哲学家施莱尔马赫（F. Schleiermacher）和狄尔泰（W. Dilthey）。前者第一次把解释学理论系统化，他把研究的中心放在理解本身，而非理解的文本，因此把解释学变成了一种方法论。狄尔泰被称为“解释学”之父，他大大拓展了解释学领域，并将自然科学和社会科学区分开来，认为自然界中的一切都是机械运动，可以用实证主义的方法来进行研究；而人文世界是一个自由创造的世界，这个世界是“精神”世界，是由能够意识到自己目标的人创造的；也是一个历史的世界，会随着人对世界的意识的改变而改变。因此，社会科学的问题，无法用数理逻辑的方法来“证实”，但是可以通过“理解”来使人类世界变得可知。也就是说，解释学应该是人文科学的方法论。

进一步把解释学推向深入的是德国哲学家海德格尔（M. Heidegger）和伽达默尔（H. Gadamer）师徒。海德格尔最为重要的贡献是将解释学由方法论提升为本体论。他在哲学上有一个重要观点，就是存在和存在之物不同。所谓存在就是抛开存在之物留下的东西。作为存在者之存在在一种特殊意义上总是被遮蔽着的，或者只是用一种歪曲的方式显示自己，而理解和解释就是要使存在的意义彰显出来。如何理解和解释？他发现了人的有限性，这种有限性是指人并不是一个与世界对立、分离的主体；相反，在他能够清楚地认识世界之前，已经被“抛入”世界中了。由于人的“在世”，由于人的“被抛入”，人对世界就有一种前本体论的理解，一切条理清晰的理解或理论都建立在这个已经被给予、但决不能完全主体化的基础上。为此，他称人的存在为“此在”以显示其与其他存在的不同。而理解同存在的最根本的关系在于它是人其他一切活动，包括意识活动的基础。只要“此在”存在，它就理解存在。可以说，理解不仅向人揭示其他存在，而且也同时揭示了人自身的存在，标明了“此在”在其纯粹认识功能中可以用它来理解自己生命的可能性。

伽达默尔进一步发挥了海德格尔的见解，认为理解不仅是主体各种可能的行为之一，而且是此在本身存在的方式。他创造了两个重要概念：“效果历史”和“视界融合”。效果历史是指传统在我们的理解中所起的作用，它预先决定了什么是值得研究的，什么是研究的对象，每个人进行理解时，都无法抛弃效果历史，人本身就是历史性的。视界融合和效果历史紧密相关，因为有效果历史的存在，理解者不可能如狄尔泰等人所强调的那样，完全进入文本所带来的异己的世界；相反，理解者是背负着自己的“历史”，包括个人的经历、所学习的知识等进入理解过程的，一个理解必然是带着理解者本人的“前理解”，其最终作出的解释，必然是理解者本人的视界与文本所展现出来的视界交互作用的结果，是一种“视界融合”。正因为如此，“一千个读者就有一千个哈姆雷特”。

除了上述学者之外，其余如利科尔（P. Ricoeur）、哈贝马斯等，都在解释学方面有所涉猎，都对解释学作出了重要的贡献。解释学和现象学有着天然的联系，当我们提到解释学范式的时候，不得不提到现象学，因此很多学者会认为解释学范式其实是现象—解释学范式。概括这样一个范式，基本上可以发现如下基本观点。

（1）并不存在着所谓的“社会现实”，所有社会现实都是社会参与者建构而成的，社会参与者根据自己的经历赋予周围的现实以某种意义，久而久之就被大家默认为一种“真实”。

（2）不同的人，个性不同、经历不同，对同一现象就会有不同的解释，因此社会学的研究，很难找出唯一的真相，只有解释本身是否圆满、合理，能否为更多的人所接受，为更多的人带来启发和感悟。

（3）任何社会现实，都是在当地的情境中不断地被建构的，都是各种因素综合作用的结果，因此要研究某现象，就要对这一现象的背景做整体的考察。

（4）要探究一个社会现象，必须通过与当事人进行深入互动，才能够真正体察这个现象的意义。

（5）要探究一个社会现象，最好事先摒弃自己的成见，以开放的胸怀对其进行整体性体验，然后结合自己的见解作出解释。

解释学的上述特征，决定了该种取向课程研究的旨趣：探究人们在课程与教学中的行为以及这些行为背后的意义，以获得对社会现象的洞见，给人们以启发式的理解。为达成这一研究目的，人文—理解的研究并不十分热衷于简单的因果关系，而是十分关注课程与教学现象中纠结的复杂关系以及这些关系中所蕴含的思维方式和文化。这也决定了此一取向的课程研究，不能运用数字化的方法来进行；相反，要深入到教育的现场，以研究者作为工具，来亲身体验当事人的行为以及背后的意义。在这个方面，美国以派纳为代表的“再概念化”运动所采用的研究方式具有代表意义。这一课程研究运动，实际上是对当时课程研究中广泛存在的实证主义研究范式的不满，转而提倡新的研究范式和方法。“再概念化”运动所提倡的课程研究方式通常包括四种：历史的、美学/哲学的、心理分析的和社会/政治的[①]。其中，社会/政治方式实际上属于社会批判范式，将放在下个范式中探讨。

历史的研究方式，主要是将课程置于特定历史时期的整个社会政治、经济和文化脉络中，通过历史文献分析的方法，发现课程现象自身发生、发展的规律，以便为当今课程的发展和改进提供富有启示性的建议。在这种研究方式中，研究者自身的历史视野、对历史文献的占有以及解释的方法论工具，都发挥着十分关键的作用。

美学/哲学的研究范式，这种研究范式和传统研究最为不同的地方在于它对于精确控制的研究的反感，认为精确控制的研究实际上限制了人的想象力，也扭曲了人的真实行为，因此课程研究要能够从美学和哲学的角度去进行。所

① Mazza，K. A. Reconceptual Inquiry as an Alternative Mode of Curriculum Theory and Practice：A Critical Study. *Journal of Curriculum Theorizing*，1982，4（2），pp. 85-89.

谓美学的方式，实际上就是关注人与环境的互动，关注课程活动过程中学习者所获得的美学体验而不仅仅是实质性的知识；所谓哲学的方式，也就是关注课程的终极价值，关注课程活动过程中学生所获得的诚实、和平、真理等深层次的伦理体验。

心理分析的方法是运用心理学的理论对课程现象中的心理动力因素进行深入的分析，最为典型的是自传式研究。这种研究强调学校知识、生活史和思想发展之间的关系，并致力于从这些关系中发现自我的转变。这种研究方法是通过对自我故事的叙述，达到对自我存在的复杂关系以及在这些关系中自我的形成和流变的顿悟。目前这一研究取向主要包括三个流派。“第一种流派为自传理论与实践，其主要概念为存在课程、合作、声音、对话、日志、地方，对自我、经验、神话、梦与想象进行后结构描述。第二种流派是女性主义自传，其主要概念包括共同体、中间通道、重建自我。最后一种流派是从传记和自传的角度理解教师，包括合作性传记、自传实践、教师的‘个人实践知识’、教师学问和教师生活的传记研究。”①

可见，人文—理解的课程研究，其实并不是一个单一的声音，其中有些声音甚至语焉不详，然而它们却为课程研究带来了多样性和模糊性，为我们从不同的角度理解课程提供了基础。

（三）社会—批判范式

社会—批判范式主要从社会关系的角度，以批判的眼光来看待课程现象，从而展开对课程现象的新的解读。社会学关注的是社会关系、结构以及这些关系和结构所带来的社会生活和社会变迁。运用社会学的方法研究课程，关注的是课程在社会中的位置和功能、课程发展过程中的社会学现象等，往往通过这二者之中的社会关系和社会结构来理解课程现象和课程问题。批判社会学是社会学研究的一个重要分支，之所以称之为批判，关键原因在于其对社会往往持一种批判的态度，意图通过对社会局限的发现来改变社会，达到人的解放。

社会—批判范式主要是以法兰克福学派的社会批判理论为理论依据。法兰

① ［美］威廉·F. 派纳等著，张华等译：《理解课程：历史与当代课程话语研究导论》，教育科学出版社2003年版，第538页。

克福学派是指从 20 世纪 20 年代中期开始在德国法兰克福大学所设立的法兰克福社会研究所的一批著名社会学家，如霍克海默（M. Horkheimer）、马尔库塞（H. Marcuse）、阿多诺（T. W. Adorno）和哈贝马斯所构成的社会学流派。尽管法兰克福学派的代表人物众多，理论观点较为丰富，但其思想倾向比较一致，主要包括对实证主义的反驳、对工具理性的贬低、对人类解放主旨的弘扬、对知识批判功能的推崇、对意识形态的讨伐、对交往理性的重建等方面①。

从课程领域来看，社会—批判论者从社会批判理论出发，认为学校所传递的并不是如一些学者所认识或者默许的那样是中性或价值中立的，相反，如社会—批判论课程干将阿普尔所言："学校中的知识形式不论是显著或隐藏的，都与权力、经济资源和控制有关……知识的选择，即使是无意识的，都与意识形态有关。"② 从这些基本的假定出发，社会—批判论者提出的大量的课程观点，最为主要的就是"再生产理论"和"抵制理论"。"再生产理论"从各个角度分析了资本主义通过各种方式对课程控制，从而通过学校使现有的社会关系合法化，"再生产"社会经济阶层和社会文化，以维护统治者的利益。"抵制理论"是在对"再生产理论"进行反思的基础上产生的，强调课程要主动对现有课程控制的展开反抗，其研究的对象主要是学校教育及其课程的相对自主性、教师和学生的能动作用、学校文化中的矛盾和冲突性质等。从研究的旨趣上来看，社会—批判范式的课程研究，主要目的是导向课程对于现有的工具理性、主流控制等的解脱，导向教育的公平、自由和解放。

著名的课程批判理论学者吉鲁从意识形态角度对课程做了大量的研究。他认为从这个角度，需要通过以下系列命题来发展新的课程理论与研究模式：

（1）哪些知识会获准成为课程知识？

（2）这些知识是如何被生产出来的？

（3）这些知识如何在教室中传递？

（4）为社会主流所认可的价值和规范，如何在教室内的社会性互动中得以

① 金玉梅：《社会批判课程理论研究》，西南大学博士学位论文 2007 年，第 19 页。

② 陈伯璋著：《课程研究与教育革新》，台北师大书苑有限公司 1987 年版，第 116 页。

实现？

（5）谁可以获得这些形式的合法知识？

（6）这些知识为谁服务？

（7）如何通过可以获得的教师知识和社会关系的形式，使这些社会和政治冲突与张力得到协调？

（8）现行主导的评估方法，怎样将现存的知识合法化？①

我国香港学者曾荣光在对吉鲁上述系统命题进行分析的基础上，又增加了两个重要的研究命题：

（1）特定的学校知识是否遭到抗拒？谁在抗拒？怎样抗拒？这些抗拒有何含义？

（2）如何从特定的学校知识制约中解放出来？如何对它加以改革？②

吉鲁和曾荣光的这10个命题，是对社会—批判范式主要命题的精当概括，勾勒出了社会—批判范式课程研究的主要问题所在，体现了本范式的主要研究宗旨。

第三节　课程研究的方法

任何研究都需要有具体的方法。研究方法规定了研究的具体程序和手段，这些程序和手段可以确保研究所获得的信息是可靠的。关于课程的研究方法，很多学者都有自己的见解和分类。根据第一节中两种课程研究的范式，我们可以将课程研究方法分为三类：一类是以实证—分析作为范式的量化研究方法；一类是以人文—理解和社会—批判作为范式的质化研究方法；一类是超越质化和量化的研究的思辨性研究。本节分别对上述三类研究方法一一进行说明。

① Giroux, H. A. Toward a New Sociology of Curriculum. In: Groux, H. A., Penna, A. & Pinar, W. (eds.). *Curriculum and Instruction: Alternatives in Education*. Berkeley, CA: McCutchan, 1981, pp. 98-108.

② 曾荣光：《公民教育发展取向的理论基础——一个课程社会学的观点》，载杜祖贻、卢乃桂、吕俊甫、林孟平主编：《亚洲地区华人社会教育事业的展望》，香港中文大学教育学院1987年，第327—372页。

一、量化课程研究

所谓量化课程研究，就是把课程现象转化为数量，对课程现象中的数量关系获得精确分析，以检验研究者所作出的某些理论假设的一类研究。这类研究在课程研究中的运用是非常广泛的。

（一）量化课程研究颇受重视

对课程现象进行数量化，是社会科学借鉴自然科学的一个重要举措，主要原因在于三个方面：第一，数字具有稳定性，不会因为时过境迁而发生意义上的变换，方便作出进一步的分析和检验；第二，数据具有客观性，不会受到研究者主观因素的影响；第三，数字具有精确性，可以带来一种确定无疑的结果。正因为如此，量化研究方法得到相当多的学者的追捧，人们视量化研究为课程研究科学化的重要标志之一。在西方的一些学术杂志上，绝大多数论文都是通过量化方法完成的。

（二）量化课程研究的分类

对于量化研究人们有不同的分类方法，最为典型的分类是将其分为调查法和实验法，其依据在于二者收集数据的方法不同。前者是通过调查（包括问卷调查和观察、访谈）获得数据，而后者则是通过实验（包括实验和准实验）获得数据。然而，这种分法并未能说明研究的基本性质以及数据分析的方法，对于课程研究的指导性不是很强，显得很笼统。

从现有量化研究上来看，量化研究从性质上可以分为描述性研究和关系研究，前者主要是通过一组数据来描述一个现象或者一个现象中某一因素的基本情况，后者主要探究两个现象或者某一现象中两个或两个以上因素之间的关系。关系研究根据关系的性质，又可以分为相关研究和因果研究，前者目的在于测查出两个或多个变量之间的共变关系，而后者的目的则在于测查两个或多个变量之间的因果关系。因果研究根据收集数据手段的不同，则可以分为实验研究和准实验研究。前者需要严格控制无关变量，而后者一般在自然情境下进行，对无关变量的控制没有那么严格，主要通过调查的手段收集数据。上述分类如图 12-1 所示。

从图 12-1 可以看出，这种分类体系最终可以分出四个相互之间并不重复的量化研究类别：描述性研究、相关研究、实验研究和准实验研究。下面几个

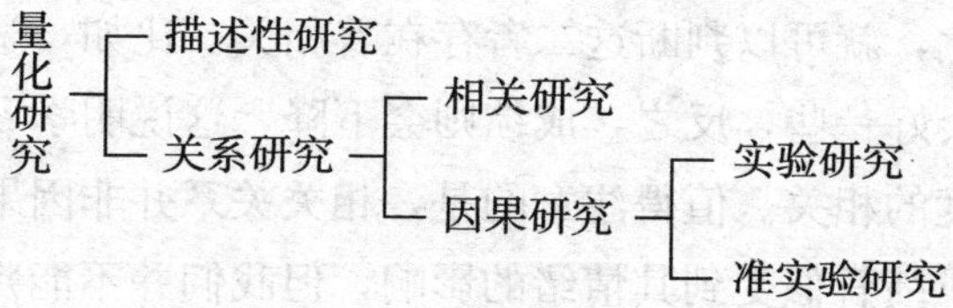

图 12-1　量化课程研究分类

部分则分别对每类研究的原理、主要程序等进行阐明。

1. 描述性研究

描述性研究的主要目的是对课程现象进行一些数量上的界定，以对课程现象进行一番描述，让人们对此现象有一定的理解。从某种意义上来说，任何量化研究都是以描述性研究为基础的，不管是相关研究还是准实验研究、实验研究，一般都要首先对某个变量进行描述，然后才是关系分析。

描述性研究一般会从以下几个方面入手进行研究：①选择自己要研究的课程现象；②对要研究的现象进行理论聚焦，以确定研究的核心因素；③寻找核心因素的表征和测量方法，以把核心因素转化为数字，这一步骤可以称为课程现象的数量化；④利用上述方法，对现象进行测查，获得所需要的数据；⑤运用统计方法统计数据，分析所获得的数据的特征或规律；⑥运用数据的分析结果，来分析课程现象的特征和规律。

在上述步骤中，把课程现象数量化是非常关键的一步，决定着整个研究的成败。一般来说，要把一个课程现象数量化，可以遵从以下几个步骤：第一，通过文献阅读或者探索性研究，将要关注的核心因素分解为几个具体的、互不包含的维度；第二，将每一个维度，用可以观察到的几个指标进行表征；第三，以上述指标体系为蓝本，编制评测工具，如问卷、量表、观察表等。

描述性研究的数据分析，主要包括三种：第一，百分数分析法，也就是将研究结果用百分数表示出来，以了解所测查对象的情况；第二，集中趋势分析，包括平均数、中数、众数等；第三，离散趋势分析，包括方差、标准差、全距等。具体运用哪种方式进行分析，关键看研究的目的和数据的特性。

2. 相关研究

作为关系研究，相关研究是较为简单的一种，它就是用来了解两个因素之间共变情况的研究。在课程现象中，如果一个因素发生变化的同时，另外一个因素也发生了变化，就可以判断这二者存在着相关。比如，学习者的情绪好的时候，成绩一般会好一些，反之，成绩则会下降，这说明学习者的情绪和成绩之间有着某种程度的相关。值得注意的是，相关关系并非因果关系。在上述例子中，学生学习成绩看似受到其情绪的影响，但我们并不能判断二者之间就一定存在着因果关系，有可能是因为二者同时受到其他因素的影响。比如，学生自己最近学习非常顺利，所以感到心情很高兴，这也意味着他学习成绩会上升，情绪和成绩共同受到学习顺利程度的影响。

相关研究的开展，一般会有以下几个步骤：①选择自己要研究的课程现象；②对要研究的现象进行理论聚焦，以确定研究的两个或两个以上核心因素；③寻找每个核心因素的表征和测量方法，以把核心因素转化为数字；④利用上述方法，对现象进行测查，获得所需要的数据；⑤运用统计方法对有关两个或两个以上因素的数据展开相关分析，了解这些因素之间的相关程度；⑥运用数据分析结果，确定要研究的因素之间的相关程度，推测课程现象的运作过程。

和描述性研究相比，相关研究要测查两个或者两个以上因素的数据。就数据分析而言，它也比描述性研究要复杂，因为其不仅要对每个因素进行描述性分析，也要进行数据间的相关分析。

3. 实验研究

严格来说，实验研究是唯一能够确定两个因素之间是否具有因果关系的研究类型。所谓因果关系，就是两个因素之间所具有的充要条件关系，用逻辑语言描述就是：“在一定条件下，A 因素发生变化，必然引起 B 因素发生变化”。这里的 A 因素，在实验研究中就称为自变量，B 因素称为因变量。通常情况下，引起 B 因素发生变化的原因可能不只是 A 因素，在实验研究中把这些可能引起 B 因素变化的 A 因素之外的因素称为无关变量。在实验中，要证明 B 的变化是 A 引起的，就必须让无关变量保持恒定，这就是所谓的无关变量的控制。正因为实验方法可以控制无关变量，所以它才是唯一能够确定自变量和因变量之间存在因果关系的研究方法，也使这种方法在显得严密的同时也十分复杂。

实验研究的一般程序为：①选择自己要研究的课程现象；②对要研究的现

象进行理论聚焦，以确定现象中可能存在因果关系的两个因素，提出有关自变量和因变量之间具有因果关系的假设；③对自变量进行处理，使自变量分成两个或者多个水平，根据自变量的水平选择实验组和对照组（如果自变量有超过两个水平，则根据需要可以安排多于一个的实验组）；④进行前测，测量实验组和对照组在实验前因变量数据；⑤根据自变量的不同水平，对实验组采取干预措施，而对照组不变；⑥在一段适当的时间之后，对实验组和对照组进行后测，测量这两个组因变量的数据，同时获得前测和后测之间的差值；⑦对两组或多组因变量的差值进行差异显著性分析，如果发现差异显著，则说明自变量和因变量之间具有因果关系，如果没有显著差异，则说明自变量可能对因变量没有什么影响。

4. 准实验研究

准实验研究是介于相关研究和实验研究之间的一个研究方法。与相关研究相比，相同的地方在于准实验研究也可以通过简单的调查来完成数据的收集，也可以进行多组数据之间关系的分析；不同的地方在于所收集数据的处理上，相关研究要进行相关分析，而准实验研究要进行差异显著性分析；与实验研究相比，相同的地方在于准实验研究所寻找的也是两个或多个因素之间的因果关系，而且这种因果关系的寻找，也是通过差异显著性分析获得的，不同的地方在于准实验研究没有实验研究那么严格的控制，一般在自然情境下进行，甚至可以通过简单的调查来完成数据收集。

为更好地说明准实验研究，先举一个美国的研究案例。这个研究是为了发现科学教学中情境化程度对于学生的科学素养有没有显著的影响。研究者首先很好地界定了什么是教学情境化和科学素养，也就是自变量和因变量；根据这两个概念，通过观察区分出两组教师，一组是所谓情境化程度比较高的教师，一组是所谓情境化程度比较低的教师；也对学生进行了两次测试，一次测试是在实验开始前进行的，一次测试是在五个月之后进行的，两次测试的内容都可以很好地说明学生科学素养的程度。接下来，研究者通过统计分析来看情境化程度不同的教师所教出来的学生在科学素养方面的进步是否具有显著差异。分析结果并没有发现情境化程度比较高的教师所教的学生在科学素养方面显著高于情境化程度比较低的教师，相反，在个别指标上还低于后者。

在这个案例中，研究者并没有对教学进行严格的控制，他们只是对教学情境化程度进行了区分，然后测试一下两组学生前后科学素养的变化，最后通过差异显著性检验来说明假设是否合理。

二、质化课程研究

质化课程研究，就是采用质化方法进行的课程研究。这类方法虽然在专业学术性杂志上的运用不如量化研究，但由于其可以提供量化研究所不能提供的有关课程现象的深层内涵，因而受到不少课程学者的重视。在美国课程学者肖特主编的《课程探究的形式》一书中，提到了分析的、扩展的、思辨的、历史的、科学的、民族志的、叙事的、美学的、现象学的、解释学的、理论的、规范的、批判的、评价的、整合的、慎思的、行动研究的 17 种课程研究方法①，其中至少有 12 种即是质化研究的方法。这一方面说明了他对质化方法的看重，另一方面也说明了质化课程研究方法是一个非常宽泛的研究类别。

（一）质化课程研究的内涵和原理

质化研究方法是一个重要的研究方法类别，有人曾经对此作出一个非常好的描述性定义："质化研究就是以研究者本人作为研究工具，在自然情境下采用多种资料收集方法对社会现象进行整体性探究，使用归纳法分析资料和形成理论，通过与研究对象互动对其行为和意义建构获得解释性理解的一种活动。"②

我们可对这一定义进行如下进一步的分析：

从研究环境来说，质化研究有别于量化实验研究，它强调在自然情境下而非在人工控制的环境中进行研究，也就是说，只有一个现象放到特定的背景中，它的意义才可以明了；

从研究者角色来看，研究者本人是研究的工具，必须通过长期深入实地体验生活从事研究，而且研究者本人的素质非常重要，决定着研究结果的质量；

从研究的对象上来看，质化研究也关注社会行为，但是更关注社会行为背

① Short，E. C.（ed.）. *Forms of Curriculum Inquiry*. New York：State University of New York Press，pp. 17-19.

② 陈向明著：《质的研究方法与社会科学研究》，教育科学出版社 2001 年版，第 12 页。

后的复杂关系和深层意义；

从收集资料的手段上来看，质化研究最好通过多种方法收集资料，以作出相互验证，主要收集资料的方法包括访谈法、观察法和文件分析法；

从收集资料的方式上来看，研究者和被研究者通过互动从而获得的行为和意义是质化研究区别于量化研究的重要方面；

从结论形成的方式上来看，质化研究主要采用归纳的方法，即自下而上在所收集资料的基础上提升、概括出理论来，而这个结论实际上是研究者和研究对象之间的“视界融合”①。

上述有关质化研究的内涵，实际上已经揭示了质化课程研究的原理：质化课程研究就是通过研究者深入教育现场去真切感知课程现象中当事人所作出的行为以及行为背后的意义，并利用这些资料来建构有关课程现象的理论。在质化研究中，有两个至关重要的因素。一个就是所谓的主位文化观，也就是说，课程现象意义的建构，不是从研究者的立场出发来进行的，而是从研究对象本身所处的文化情境和立场来进行建构的；比如，研究学生，必须真切地理解学生自身对自身行为的界定，而不是用外在的一个界定强加到学生的头上。一个就是研究者和研究对象之间的互动，只有通过深层的互动，研究对象才可能把深层心灵的秘密暴露出来。从某种意义上来说，上述两个因素，实际上是质化课程研究质的规定性，凡是符合上述两个特征的，基本上都可以说是属于这个类别的。

质化课程研究的上述规定，也决定了其是一类方法的杂合体，这实际上也给分类造成了很大的麻烦，甚至可以说，完全确切的分类至今还没有找到，这为人们理解质化课程研究带来了一定的困难。为解决这一问题，我们试图从研究结果的理论化程度和研究的结构化程度出发，作出一个易于理解而又能够为读者带来更多信息的分类。之所以以此二者为标准，原因在于让人眼花缭乱的质化课程研究在收集数据的手段和分析数据的方式上，并没有太大的区别，而在研究结果的呈现和研究结构的预设方面，可以比较清楚地作出分类。

---

① 陈向明著：《质的研究方法与社会科学研究》，教育科学出版社2001年版，第12页。

（二）质化课程研究的分类

研究结果的理论化程度指的是质化研究的结果是否构建理论。根据这一标准，质化研究可以分为叙事研究、行动研究和理论构建研究。叙事研究基本上不构建什么理论，认为叙事本身的结构就已经代表了研究者对现象的理解；理论构建研究则强调要建构一定的理论；而行动研究则介于二者之间，有可能获得理论，也有可能只是一个行动的描述和分析过程。研究的结构化程度主要是指是否事先对理论框架进行预设。根据这一标准，理论构建研究又可以分为扎根理论研究和框架式研究。扎根理论研究强调理论一定要植根于所收集的资料；框架式研究在收集资料之前，已经形成了一个假设的研究框架，所收集的资料只为验证或丰富这个框架服务。这样就形成了如图 12-2 所示的质化课程研究的分类图。

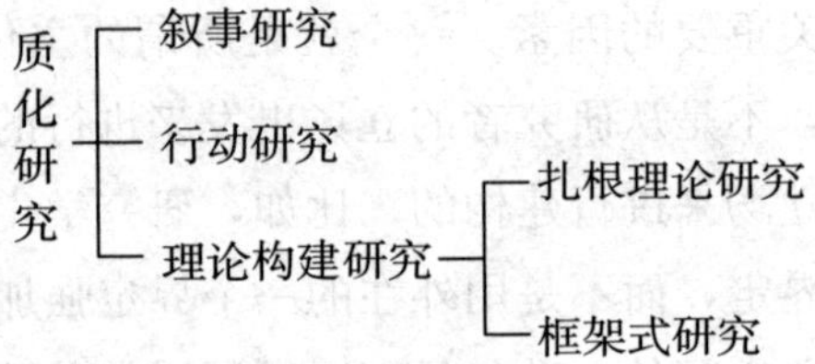

图 12-2　质化课程研究分类

从图 12-2 可以看出，这样的分类可以非常清晰地了解质化课程研究的主要形式，其最终分出的类别包括叙事研究、行动研究、扎根理论研究和框架式研究。下面我们就对之进行一一阐明。

1. 叙事研究

近些年，叙事研究在我国得到一些学者的推崇，甚至有学者认为，我们的教育研究应该向叙事研究转换。但可惜的是，对于叙事研究的理解一直没有统一。简单来说，“叙事研究指的是任何运用或者分析叙事资料的研究”①。叙事就是讲故事，之所以要做叙事研究，就在于人天生就是故事讲述者，讲故事本身就是人类体验世界的方式。通过故事的讲述，人不仅对这个世界作出解释，赋予意义，也能够反思自身，发现自我的内在概念和假设，获得人生的顿悟。

① [以] 艾米娅·利布利奇等著，王红艳译：《叙事研究：阅读、分析和诠释》，重庆大学出版社 2008 年版，第 2 页。

叙事研究，就是要通过对人们所讲述的故事的分析，达到对现实问题的透彻了解。

叙事研究在很多方面和后面我们将要说明的扎根理论研究有类似之处，但是叙事研究的目的在于通过故事本身去感动阅读者，主要是通过故事的结构来“自然地”呈现研究者的理解，一般不像扎根理论研究那样最后要建构出一个在一定程度上可以推广的理论。因此，叙事研究在一定程度上和散文、报告文学、小说有些类似，但叙事研究有研究的目的，一般并不虚构，也往往比上述文学形式更加深刻。

在叙事研究中，叙事所依据的资料一般有两个来源：第一个来源是来自当事人的故事材料，包括当事人自己的日记、自传和访谈中所讲述的个人故事；第二个来源是研究者自己所记录的故事，如自己所写的田野札记、个人日记、信件等。大部分叙事研究，都会综合运用上述两种故事来源。

尽管叙事研究倾向于保持其开放性和多元性，但还是有一些基本的规律可以遵循。以色列学者艾米娅·利布利奇等人通过对一些叙事研究的分析，认为叙事研究可以从两个维度进行分析：一个维度就是整体方法和类别方法，前者从故事的整体入手进行分析，后者则会对故事中的各个部分进行分析；另一个维度就是故事内容和故事形式，前者关注具体的故事发生过程，而后者则关注故事的叙述结构。这两个维度相互交叉，便形成了叙事研究的四种模式：整体—内容、整体—形式、类别—内容、类别—形式①。

四种方法分别有不同的分析策略。整体—内容分析方法有利于进行个案研究，它利用个体完整的生活故事，聚焦于所描述的内容。在阅读故事时，可以采取以下步骤进行：①反复阅读资料，直到一个模式浮现出来，这个模式通常是以整个故事的焦点形式出现的；②写下你关于生活故事的最初印象和完整印象；③确定内容或者主题的特殊焦点，它从故事的开始到结尾一直在不断地发生着，抓住并跟从它走下去；④用不同颜色标记，划出故事的不同主题，然后分别阅读，反复阅读；⑤用几种不同的方式来记录你的发现。

① ［以］艾米娅·利布利奇等著，王红艳译：《叙事研究：阅读、分析和诠释》，重庆大学出版社2008年版，第11页。下面对四种模式的解读，基本上依照本书内容，但稍有修改。

整体—形式分析同样是从整体的角度分析故事文本，不同的地方在于它更关注故事的结构，认为故事结构的形式特点和文本的内容一样，都可以表达讲述者的自我认同、理解和价值观。这种分析方法，首先要确定叙事的类型，如故事是喜剧、悲剧、浪漫剧还是讽刺剧；其次要确定贯穿整个故事的主线，它是情节发展的主题聚焦点；再次要分析剧情发展的关键点，这些关键点往往会导致情节发展重大的变化，也是讲述者的自我认同、理解和价值观发生的变化。

类别—内容分析的主要特征，是将故事内容分为几个相对比较小的内容单元，然后对这些内容单元作出类别分析。基本的程序包括：①从整体文本中选择子文本，子文本可以是故事发生的一个阶段，也可以是一段话，也可以是若干个句子；②定义内容类别，也就是区分出文本单元的主题和角度等；③将资料归入各个类别；④发现类别之间的联系，得出结论。

类别—形式分析首先关注的是故事的结构，但这个结构不是整体的，而是分阶段的。这种分析要分以下几个步骤：①将整体文本根据阶段划分出几个文本单元；②将文本单元进行分析，发现其内在结构，将结构分类；③将具体的资料归入各种类别；④发现类别之间的联系，得出结论。

通过上述方式，一个个精彩纷呈、发人深省的叙事体研究结果就可以写作出来了。

2. 行动研究

课程行动研究在近二十年来受到非常广泛的重视，原因在于它重新发现了一个研究主体——教育实践者。这对于教师等教育实践者水平的提升和教育研究新视角的寻找都具有重要意义。虽然行动研究也可以用量化的方法来做，但是行动研究要求在教育现场展开，对教育情境的理解对于行动研究来说十分重要，因此质化研究的方法更为适切。

概括来说，课程行动研究就是“由实践工作者在实际工作情境当中，根据自己实践活动上所遭遇的实际问题进行研究，探索解决问题的途径与方法，并通过实际行动付诸实施，进而加以评价、反省、回馈修正，以解决实际问题"[①] 的一种研究方法。与一般的课程研究相比，行动研究的特征可以概括为：为行动而研究、对行动的研究、在行动中研究[②]。"为行动而研究"是说行动研究的目的不是像一般教育研究那样，以发现教育教学中普遍性的规律、构建教育理论体系为宗旨，而是面向教育实践，把理解教育现实、解决教育实践中出现的问题作为研究的主要目标。"对行动的研究"则指出了行动研究的对象是教育教学实践中的现象和问题，是教师及有关人员具体的"行动"。"在行动中研究"指明了行动研究的环境就是教师工作于其中的教育环境，是教师在实践过程中对自我活动作出的观察与反思，而不是进行理论上的推演，研究者同时也是研究结果的使用者。

英国学者麦克南（J. McKernan）认为，有三根"支柱"支撑着行动研究的基本原理。第一，实践参与者最了解在教育现场中究竟发生了什么，因此参与者自身的探究有着外在的研究者所难以企及的优势，而且只有建基于现实实践中的研究，才能够真正为实践者提供有效的操作策略。第二，参与者在研究自身行为时，必须对自身所处的文化具有足够的反思力，能够清晰地体认文化环境对自身以及相关他人的行为所发挥的影响。第三，由于需要关注自然情境，因此质化的研究方法应该优先考虑应用到行动研究中来[③]。可以说，这三个支柱基本上说出了行动研究的原理，不过对于最后一点，我们并不同意。因为行动研究说到底，其主要功能在于为实践提供有效的帮助，有些时候，量化研究的方法同样可以达到这一目的，甚至效果更为显著。

对于行动研究，不同学者有不同的步骤，但总的原则是在研究中实现理论与实践、行动与反思的结合。概括不同观点，可以将行动研究归纳为五个步骤。

（1）界定问题，包括发现问题、分析问题、确定问题焦点三个步骤。注意这里的问题主要是课程与教学情境中的问题。

---

① 蔡清田著：《教育行动研究》，台北五南图书出版公司 2000 年版，第 7 页。

② 施良方、崔允漷著：《教学理论：课堂教学的原理、策略与研究》，华东师范大学出版社 1999 年版，第 381—384 页。

③ ［英］James McKernan 著，朱细文、苏贵民、赵南译：《课程行动研究》，北京师范大学出版社 2004 年版，第 5—6 页。

（2）制订研究方案，包括拟订行动研究计划、收集文献和资料、确定行动策略三个方面的内容。

（3）展开行动，也就是将上述方案付诸实践。在做好实践的同时，需要注意的是研究伙伴之间的协作、研究过程中资料的收集、研究过程中对行动的监控和反思。

（4）评估反馈，这要在行动一个阶段后进行，可以分为定期反馈和不定期反馈。评估包括对行动研究方案的评估、对资料及其意义的评估、对行动结果的评估。

（5）撰写并公开研究报告，研究报告的主要内容包括描述真实的行动研究、呈现行动研究的要点、解释教育行动、为自己的研究辩护。通过公开报告的写作，不仅可以总结研究，拓展教育知识，还可以澄清思想，为进一步的研究提供有力的基础。

3. 扎根理论研究

扎根理论是由美国学者格拉泽（B. Glaser）和施特劳斯（A. Strauss）于20世纪60年代末期创造出来的一种质化研究方法。之所以称之为“扎根理论”，是因为这种研究方法的主要目的在于建构出新的理论来，但是这种理论的建构，并不是像过去那样是由理论到理论，或者通过对事先确定的假设进行实证性验证而获得的理论，而是深深植根于在研究中所获得的资料，并从这些资料中“生长”出来、带着这种本土文化气息的理论。因此，这种理论，在一定程度上可以抚平理论与实践之间的鸿沟，为实践带来研究的便利。今天人们所讨论的扎根理论，已经超越了当初这两位学者的理解，转而指事先并不确定任何假设，而是通过现场调查，通过对调查所获得的资料进行详细分析归纳，然后建构出理论的一类研究方法的统称，诸如民族志研究和一些一般的质化研究，都可以归属到扎根理论的范畴。

和叙事研究相比，扎根理论研究在分析资料的获取方面，并没有什么差别，也是通过访谈、观察、文件分析等方式获得有关课程现象的资料。主要差别在于对上述资料的分析方式上。因此，扎根理论为我们提供了一个比较精致的分析程序，方便我们比较精确地获得理论。

这个程序共分三个主要编码程序：开放编码、主轴编码和选择编码[①]。所谓编码，和量化研究中的给一段文字赋值完全不同，而是把零散的文字标记上某些符号，以方便进一步的分析和查验，在这里还有把原始文字通过整理形成理论的意义。

开放编码是扎根理论建构的第一步。这一步首先要做的，就是把原始文字进行概念化。没有概念，科学就无法存在；没有概念，实际上也就无法建构理论。因此，一定要把来自研究现场的种种文字转化为概念，才能作进一步的分析和建构。具体做法是把访谈记录、观察记录或者要分析的文件等认真阅读几遍，在阅读的过程中把意思相近段落或者句子标定，根据这些句子或者段落所传达的现象或意义下一个定义。在这个过程中，研究者的心态一定要开放，要能够让文字中的意涵真正展示出来，这才是“开放编码”名称的由来。在做完上述工作之后，还要做的就是把所有的概念，根据相近的原则进行分类，可以分出类别和次类别。

第二步是主轴编码。主轴编码的目的，在于将在开放编码中被打散的资料，用新的方法聚合起来。具体的做法是：①仔细审视前述所分类别和次类别，寻找类别与类别之间的联系；②沿着类别的属性和所属面向，将类别和次类别联系起来形成一个网状的结构，看每一个类别在所属面向上有什么不同的变异；③根据上述网状结构，看是否可以形成一个清晰的课程现象的现实画面，而且这一画面和自己心中所想的是一致的，有一种豁然开朗的感觉。

第三步是选择编码。这个步骤是对原有的类别进行统整和精炼，以形成更大的理论架构的过程。在这个过程中，最关键的步骤是发现核心类别。所谓核心类别是浓缩所有分析结构之后得到的几个词汇，而这几个词汇可以把大部分析出的概念统整起来，形成一个有机的整体。核心概念可能从既有的类别中选择出来，也可能是这些类别所指向的共同要素。核心类别选择出来之后，要围绕着核心类别对析出的类别和次类别进行选择，同时思考每个类别、次类别和概念对于整个课程现象究竟意味着什么，是否可以删去，如果不可以，有没有

---

① 参见［美］Anselm Strauss & Juliet Corbin 著，吴芝仪、廖梅花译：《扎根理论研究方法：质性研究入门》，台北涛石文化事业有限公司 2001 年版。以下对于三级编码的解释也基本来自本书。

新的变异。

当完成选择编码之后，再来审视故事的主线，采用图表等方法来建构完整的理论。一个良好的扎根理论具有如下特征：①完整性，也就是说理论可以比较完满地解释课程现象；②自然性，也就是所有的解释是自然而然的，没有丝毫生硬；③深刻性，也就是能够深入到问题的本质；④启发性，也就是能够给读者带来精神或者灵魂上的震撼。

4. 框架式研究

和前面两种质化研究方法相比，框架式研究最大的不同在于它在研究之前已经有了比较完备的理论框架，后面研究所要做的工作，就是按照这个理论框架对课程现实进行一一对照式的探究，利用所获得的信息和原来的设想进行对照，丰富或者修正原有的理论框架，甚至提出新的设想。在这个意义上，框架式研究更接近量化研究，只不过其对信息的收集是采用量化的方法来做的。

框架式研究有两个重要的步骤，其中一个就是理论框架的建立。一般来说，要事先建立起理论框架，可以通过两个途径。一个途径就是对已有的研究进行文献分析，从文献中概括出要研究的课程现象的框架结构和理论依据，形成研究的理论框架；另一个途径就是进行探索性研究，也就是对研究现象首先进行一些简单的探查，找出可以进一步探究的框架。

另外一个重要步骤，就是在收集到有关信息资料之后，分析这些资料。一般来说，可以采用以下几个步骤来进行：①一读资料，参照研究问题和概念架构，把和概念架构有关的陈述标记下来，这样方便今后阅读时聚焦于研究问题和主题；②二读资料，同时填写分析表，分析表一般分为四个栏目，分别是：资料原文片段、所对应的主题或问题、所涉及的理论、备注，通过这个表格将同类主题的资料放在一起，可以将资料进行条分缕析；③分析各个主题，看各个主题中的各个条目如何排列，有没有什么变异，形成什么架构，同时也要看看不同主题之间的关系是否与最初构建的理论架构一致；④作出结论，撰写研究报告。

三、思辨性课程研究

量化和质化研究都属于实证研究，主要是通过在现实实践中获取信息，然后通过分析获得结论、建构理论。行动研究有着类似的做法，但是不那么严密。思辨性研究是完全不同的一类研究，这类研究并不直接通过系统的研究方法从现实实践中获取信息，而是通过经验总结或者概念推演来完成研究工作，因此可以说超越了量化和质化研究。虽然在很多有关研究方法的著作中，我们并没有看到有关此类研究说明，但是在我国现有的教育类学术刊物中，发表最多的却是思辨类的文章，这在一定程度说明了该类研究的价值。

（一）思辨性研究的内涵

思辨性课程研究就是通过思辨的方法对课程概念以及概念之间的关系进行创新和辨析的一类研究。通常来说，这类研究的目的在于对用来解释经验、表达目的、归纳问题和开展研究的有关课程概念系统、概念结构等进行理解和改进①。

（二）思辨性研究的分类

根据已有的研究成果，我们认为可以将思辨性研究分为三类：理论推演与创造、实践概括与评论、理论评价与再建构。下面对这三类研究方法一一予以阐明。

1. 理论推演与创造

所谓理论推演，就是由一种理论出发，创造出另外一种理论，这中间也包括一定的理论创造。有学者认为，教育本身就是一个大的应用学科，原因在于所谓教育理论，一般要奠基于哲学、社会学、心理学、历史学、文化学等学科基础之上，也可以视其为上述学科理论在教育中的应用。因此，课程研究作为教育研究的一个下位概念，其理论研究的一个重要方面，就是从上述学科的理论出发，推演出有关课程的理论。当今很多著名的课程理论，都是通过理论推演而来的。比如，主体性教学，来自主体性哲学思想；关爱课程，来自伦理学理论；活动课程，主要依据就是建构主义理论；社会重建主义课程，主要奠基于社会学的冲突主义。

要从一个理论创生出另外一个理论，主要的思维工具就是逻辑。在理论推

① Short，E. C.（ed.）. *Forms of Curriculum Inquiry*. New York：State University of New York Press，p. 27.

演与创造过程中，主要运用三种逻辑：演绎逻辑、类比逻辑和归纳逻辑。

演绎逻辑是从一般到具体的逻辑，最典型的演绎方式是三段论，包括大前提、小前提和结论。比如，以下就是一个三段论：“所有的教师对教育的意义都有所理解；张三是教师，因此张三对教育的意义有所理解。”在课程理论推演和创造中，其他学科的概念和理论往往是上位的，从这些概念和理论出发形成课程理论，就需要采用演绎逻辑。比如，社会学的冲突主义认为，社会结构并非天然如此，是利益阶层依照对自己有利的原则构建出来的，在貌似合理的背后蕴含着一个阶层对另外一个阶层的剥削和压迫。教育是社会结构的一部分，课程是教育这个系统得以运转的核心，因此教育也是利益基层建构出来的对之有利的社会系统，课程是社会结构得以再生产的工具。既然如此，就要对课程进行改造，不仅不能继续再生产这种社会结构，而且要揭露社会的种种不公，根据公平和正义重建社会。从这一例子中可以看出，要进行理论上的演绎，首要的是研究者所关注的课程现象的确包含了所要依据理论的下位概念，而且这一概念是这一课程现象的核心动力之一。比如，教育的社会结构就是整个社会结构的下位概念，而且教育的社会结构的确在很大程度上制约了课程的功能，因此这个理论的推演是很有说服力的。

类比逻辑是由同位概念到同位概念的推演逻辑，其核心在于两个概念之间存在着很大相似性或者可比性。另外对于研究者来说，也需要有着丰富的想象力。在课程理论推演中，也有大量的理论来自于其他学科同位理论。这方面一个典型的案例是关于学习的研究，有一些学者看到了学生的学习和计算机工作的原理有类似之处，其核心工作都是信息的输入、处理和输出，因此开始研究学生在学习过程中如何把有关知识编码、记忆、结构化和提取并应用出来。在这个案例中，我们不能说计算机的信息过程是人信息过程的一个上位概念，但是有一定的类比性。通过相互比较，就可以把计算机运作的过程拿过来研究学生的学习过程，实现理论的创造。

归纳逻辑是从特殊到一般的逻辑推理过程。严格来说，纯粹理论推演很少直接使用到归纳逻辑，因为其他学科中的概念和理论难以归纳到课程理论上来。归纳逻辑主要应用于利用演绎逻辑或类比逻辑所推演出来的理论的进一步综合。比如，综合课程的思想，不同的研究者从大脑思维的角度、问题解决的角度、建构主义的角度进行阐释，这些阐释从不同的方面揭示了综合课程的意义以及综合课程设计和实施的策略。在理论研究中，可以对上述理论成果进行归纳，使人们对综合课程有一个比较全面的理解，使综合课程的设计和实施更加完善。

2. 实践概括与评论

除了其他学科理论之外，课程研究还可以从实践出发，通过思辨的方法建构新的概念和理论。这个方面的研究，主要是通过两种方式进行的：对实践的概括和对实践的评论。

对实践的概括和我们过去常说的经验总结法有点类似，就是当我们在课程实践中有了一定的经验之后，可以通过系统的反思、概括和总结，形成一个实践理论体系。不过，我们过去所说的经验总结，主要是指总结出可以向外推广的理论。今天课程理论的发展，使人们更加关注教师个人通过对自我缄默知识的反思而建构出来的个人实践理论，这种理论虽然不一定可以向外推广，但是对于教师本人来说则符合其内在的思维方式，对其专业成长有着极大的帮助，因此这两者都需要关注。

经验总结法是在对课程现象不加控制的情况下，依据教育实践所提供的事实，通过分析概括，使之上升到理论高度的一种研究方法。一般来说，经验总结法可以通过如下步骤进行：①确定课题与对象，一般要求研究的范围既有“点”，又有“面”，做到点面结合，以获取完整的经验；②掌握有关参考资料，包括可能与经验有关的理论和政策；③搜集具体的事实；④进行分析与综合，使之条理化、系统化，尤其要与有关理论相结合；⑤总结研究成果[①]。在这个过程中，对实践的分析与综合十分重要，最为关键的是要对事实资料进行分类，同时要对不同分类之间的联系有所思考，这样才能够形成一个条理分明的有机系统。

个人实践理论，是指教师等教育实践工作者在教学活动或课程开发过程中，用以指导专业活动的一套知识体系、暂时性假设或内隐的行动规则，具有

① 参见李秉德主编：《教育科学研究方法》，人民教育出版社2001年版，第87—91页。

很强的个人性[1]。对于个人实践理论的建构，目前并未看到成熟的策略，不过，实践者可以从如下角度入手进行建构：①确定自己要研究的课题与对象，这些课题与对象是实践者自己感兴趣的；②将有关事实收集起来；③将有关事实中的行为及其场景列举出来；④反思这些行为和场景背后的假设，注意对照这些行为和假设与自己平时所说和所想的有什么不同，分析不同的原因；⑤在上述基础上，形成一套自己认为应该如此的理论和假设；⑥利用这些理论和假设，重新反思自己的行为，看看可以在哪些方面进行完善，并形成行动策略。

对实践进行评论，可能是课程学者所做的最多的工作之一，这本身显示了课程学者对课程实践的关注。只不过到现在为止，人们并没有形成系统的方法论。通过对一些文献的研究，我们认为对实践评论需要把握以下要点。第一，确定自己要评论的课程实践，要不断聚焦自己要评论的对象。第二，确定所要评论的实践属于什么理论范畴，对这一理论范畴进行深入理解，以确定自己评论的角度。第三，根据有关的研究，确定这种课程实践所带来的教育后果，分析这种后果产生的原因。第四，综合理论和现实后果，从理论角度，条分缕析地对课程实践进行系统的评论。

3. 理论评价与再建构

理论演进与创造是从其他学科理论出发进行理论建构，实践概括与评论是从实践出发进行理论建构，而理论评价与再建构则是从已有的课程理论出发进行课程研究的，是课程理论自身反省和发展的重要途径之一。一般来说，理论的评价与再建构是一个一体化的过程，评价是建构的基础，而建构是对评价的进一步提升。

并没有人专门对理论评价和再建构进行系统的方法论研究，从现有的研究来看，人们主要从两个角度进行这个方面的研究。一个角度就是在学理基础上对有关课程理论进行评价和再建构，这个角度类似于我国曾经流行的元教育学研究，这种研究试图从对现有的教育理论进行清理、分析和再建构，以澄清教育学理论。这种研究经常采用的方法有：①语言学、逻辑学的分析方法，用以分析概念的意义和用法，以及各种陈述之间的逻辑关系；②历史学、现象学和

---

① 陈美玉著：《教师专业实践理论与应用》，台北师大书苑有限公司 1996 年版，第 6 页。

解释学的方法，也就是把有关文献放到历史背景中去理解、互动和阐释；③社会学的方法，主要研究教育学作为社会学术活动所具有的社会学意义；④统计方法，如元分析技术。不过，我们认为，这种理论评价方法的关键，在于找到需要评价的理论所依据的理论基础，然后才能够进行深刻的评论和再建构。比如，对泰勒原理的评价，很多学者就指出了其背后的工具理性主义逻辑，正是这种逻辑使他忽略了课程发展过程中学生真实的成长。

另一个角度是从实践出发进行课程理论的评价，这种评价和再建构都具有一定的实用主义思想。也就是说，这类研究背后的假设实际是：并没有哪种课程理论是绝对正确的，判断一个课程理论是否适切，要看它是否符合时代和文化的发展的需要。在这类研究中，要判断一个理论是否正确，所要依据的标准就是实践，需要通过一些课程现象的思考或者有关实践研究的结果，来考察一个课程理论是否存在问题，需要从哪些方面进行再建构。比如，一些研究者通过对泰勒原理的考察，就发现其并不符合课程开发的实际过程，实际过程并不那么理性，而是一个需要不断慎思的循环往复的过程，并在此基础上开发出了课程设计的自然模式①。

当然，还有一类研究会从上述两个角度进行思考，对理论进行评价。比如，对泰勒不管是从哪一个角度，课程理论的评价和再建构一般都需要经过如下步骤：①确定研究的理论，尤其是一些有争议的理论；②收集文献，也就是要寻找有关该理论的文献，尤其不能遗漏重要文献；③对收集的文献进行评定和筛选，剔除一些重复的、没有实际观点的文献；④对文献进行编码，一般要根据文献主要观点将文献以及文献片段进行分类整理，形成资料库；⑤对资料库进行综合，形成系统的文献分析结果；⑥对上述文献分析结果的理论假设进行再检验，发现其不足，寻找新的理论假设；⑦根据理论假设，建构新的课程理论。

【思考与练习】

1. 相关研究和因果研究的主要区别是什么？

---

① Walker, D. F. A Naturalistic Model for Curriculum Development. *School Review*, 1971, 80 (1), pp. 51-65.

2. 思辨性课程研究和质化课程研究有什么异同？

3. 如何认识课程研究的内容？

4. 如何开展扎根理论的研究？

5. 课程行动研究分哪些步骤？

6. 实证—分析的课程研究范式和人文—理解的课程研究范式有什么不同？

7. 请以本书某一章中所描述的课程现象为研究对象，分析其属于什么课程研究范式，并找出从这种范式出发，可以进行哪些方面的研究。

参考文献

一、中文图书

1. ［美］麦克尼尔著，施良方等译：《课程导论》，辽宁教育出版社 1990 年版。

2. ［美］麦克尼尔著，谢登斌等译：《课程导论》（第六版），中国轻工业出版社 2007 年版。

3. ［美］派纳等著，张华等译：《理解课程：历史与当代课程话语研究导论》，教育科学出版社 2003 年版。

4. ［美］理查德·D. 范科斯德等著，北京师范大学外国教育研究所译：《美国教育基础——社会展望》，教育科学出版社 1984 年版。

5. ［美］巴格莱著，袁桂林译：《教育与新人》，人民教育出版社 1996 年版。

6. ［美］布鲁纳著，邵瑞珍、张渭城等译：《布鲁纳教育论著选》，人民教育出版社 1989 年版。

7. ［美］杜威著，王承绪译：《民主主义与教育》，人民教育出版社 2001 年版。

8. ［美］杜威著，赵祥麟等译：《学校与社会·明日之学校》，人民教育出版社 2005 年版。

9. ［美］小威廉姆·E. 多尔著，王红宇译：《后现代课程观》，教育科学出版社 2000 年版。

10. ［美］泰勒著，施良方译：《课程与教学的基本原理》，人民教育出版社 1994 年版。

11. ［美］比彻姆著，黄明皖等译：《课程理论》，人民教育出版社 1989 年版。

12. ［美］乔治·J. 波斯纳著，仇光鹏等译：《课程分析》，华东师范大学出版社 2004 年版。

13. ［美］奥恩斯坦等著，柯森主译：《课程：基础、原理和问题》，江苏教育出版社 2002 年版。

14. ［美］国家研究理事会著，戢守志等译：《美国国家科学教育标准》，科学技术文献出版社 1999 年版。

15. ［美］美国国家教育和经济中心、匹兹堡大学著，上海市教育科学研究院组译：《美国小学学科能力表现标准》，人民教育出版社 2004 年版。

16. ［美］美国国家教育和经济中心、匹兹堡大学著，上海市教育科学研究院组译：《美国初中学科能力表现标准》，人民教育出版社 2004 年版。

17. ［美］美国国家教育和经济中心、匹兹堡大学著，上海市教育科学研究院组译：《美国高中学科能力表现标准》，人民教育出版社 2004 年版。

18. ［美］萨乔万尼著，冯大鸣译：《道德领导：抵及学校改善的核心》，上海教育出版社 2002 年版。

19. ［美］Allan A. Glatthorn 著，单文经译：《校长的课程领导》，华东师范大学出版社 2003 年版。

20. ［美］彼得·圣吉著，郭进隆译：《第五项修炼——学习型组织的艺术与实务》，上海三联书店 1998 年版。

21. ［美］威廉·F. 派纳等著，张华等译：《理解课程：历史与当代课程话语研究导论》，教育科学出版社 2003 年版。

22. ［美］迈克尔·W. 阿普尔著，黄敬忠译：《意识形态与课程》，华东师范大学出版社 2000 年版。

23. ［加］迈克·富兰著，中央教育科学研究所、加拿大多伦多国际学院译：《变革的力量：透视教育改革》，教育科学出版社 2000 年版。

24. ［加］大卫·杰弗里·史密斯著，郭洋生译：《全球化与后现代教育学》，教育科学出版社 2000 年版。

25. ［英］洛克著，杨汉麟译：《教育漫话》（全译·注释本），人民教育出版社 2006 年版。

26. ［英］丹尼斯·劳顿等著，张渭城等译：《课程研究的理论与实践》，人民教育出版社 1985 年版。

27. ［英］菲利普·泰勒等著，王伟廉等译：《课程研究导论》，春秋出版社 1989 年版。

28. ［英］大卫·布莱特著，黄铭惇、张慧芝等译：《课程设计：教育专业手册》，台北桂冠图书股份有限公司 2000 年版。

29. ［英］James McKernan 著，朱细文、苏贵民、赵南译：《课程行动研究》，北京师范大学出版社 2004 版。

30. ［英］斯宾塞著，胡毅、王承绪译：《斯宾塞教育论著选》，人民教育出版社 2005

年版。

31. [德] F. W. 克罗恩著，李其龙等译：《教学论基础》，教育科学出版社 2005 年版。

32. [德] 赫尔巴特著，李其龙译：《普通教育学·教育学讲授纲要》，人民教育出版社 1989 年版。

33. [法] 卢梭著，李平沤译：《爱弥儿——论教育》（上卷），人民教育出版社 2001 年版。

34. [苏联] 斯卡特金著，张天恩译：《现代教学论问题》，教育科学出版社 1982 年版。

35. [捷] 夸美纽斯著，任钟印译：《大教学论·教学法解析》，人民教育出版社 2006 年版。

36. 中国大百科全书《教育》编辑委员会编：《中国大百科全书·教育》，中国大百科全书出版社 1985 年版。

37. 王承绪、赵祥麟编译：《西方现代教育论著选》，人民教育出版社 2001 年版。

38. 任钟印主编：《西方近代教育论著选》，人民教育出版社 2001 年版。

39. 教育大辞典编纂委员会编：《教育大辞典》（第一卷），上海教育出版社 1990 年版。

40. 白月桥著：《课程变革概论》，河北教育出版社 1999 年版。

41. 白月桥著：《素质教育课程建构研究》，教育科学出版社 2001 年版。

42. 丛立新等主编译：《澳大利亚课程标准》，人民教育出版社 2004 年版。

43. 丛立新著：《课程论问题》，教育科学出版社 2000 年版。

44. 陈侠著：《课程论》，人民教育出版社 1989 年版。

45. 陈伯璋著：《课程研究与教育革新》，台北师大书苑有限公司 1987 年版。

46. 陈向明著：《质的研究方法与社会科学研究》，教育科学出版社 2001 年版。

47. 蔡清田著：《教育行动研究》，台北五南图书出版公司 2000 年版。

48. 蔡进雄著：《转型领导与学校效能》，台北师大书苑有限公司 2000 年版。

49. 陈友松主编：《当代西方教育哲学》，教育科学出版社 1982 年版。

50. 陈伯璋著：《潜在课程研究》，台北五南图书出版公司 1985 年版。

51. 董奇主编：《成长记录袋的基本原理与应用》，陕西师范大学出版社 2002 年版。

52. 单丁著：《课程流派研究》，山东教育出版社 1998 年版。

53. 丁念金著：《课程论》，福建教育出版社 2007 年版。

54. 方展画著：《罗杰斯“学生为中心”教学理论述评》，教育科学出版社 1990 年版。

55. 顾明远著：《顾明远教育演讲录》，人民教育出版社 2014 年版。

56. 顾明远主编：《教育大辞典》（增订合编本），上海教育出版社 1998 年版。

57. 郭元祥著：《综合实践活动课程与教学论》，人民教育出版社 2013 年版。

58. 郝德永著：《课程研制方法论》，教育科学出版社 2000 年版。

59. 胡德海著：《教育学原理》（第三版），人民教育出版社 2013 年版。

60. 黄政杰著：《课程设计》，台北东华书局 1991 年版。

61. 黄政杰著：《课程评鉴》，台北师大书苑有限公司 1987 年版。

62. 黄显华、霍秉坤著：《寻找课程论和教科书设计的理论基础》，人民教育出版社 2001 年版。

63. 黄炳煌著：《课程理论之基础》，台北文景出版社 1991 年版。

64. 黄光雄、蔡清田著：《课程设计——理论与实际》，南京师范大学出版社 2005 年版。

65. 黄济著：《教育哲学通论》，山西教育出版社 2004 年版。

66. 黄甫全、王嘉毅著：《课程与教学论》，高等教育出版社 2002 年版。

67. 靳玉乐著：《现代课程论》，西南师范大学出版社 1995 年版。

68. 靳玉乐著：《潜在课程论》，江西教育出版社 1997 年版。

69. 靳玉乐著：《新课程改革的理念与创新》，人民教育出版社 2003 年版。

70. 靳玉乐主编：《学校课程领导论：理论研究与实践探索》，人民教育出版社 2011 年版。

71. 靳玉乐、黄清著：《课程研究方法论》，西南师范大学出版社 2000 年版。

72. 靳玉乐、李森等著：《中国新时期教学论的进展》，重庆出版社 2001 年版。

73. 靳玉乐、于泽元著：《后现代主义课程理论》，人民教育出版社 2005 年版。

74. 江山野主编译：《简明国际教育百科全书·课程》，教育科学出版社 1991 年版。

75. 廖哲勋著：《课程学》，华中师范大学出版社 1991 年版。

76. 廖哲勋、田慧生主编：《课程新论》，教育科学出版社 2003 年版。

77. 李雁冰著：《课程评价论》，上海教育出版社 2002 年版。

78. 李定仁、徐继存主编：《课程论研究二十年》，人民教育出版社 2004 年版。

79. 李臣之著：《综合实践活动课程开发》，人民教育出版社 2003 年版。

80. 李子建、黄显华著：《课程：范式、取向和设计》，香港中文大学出版社 1996 年版。

81. 林智中等著：《课程组织》，教育科学出版社 2006 年版。

82. 刘捷著：《高中新课程与教师专业发展》，天津教育出版社 2005 年版。

83. 陆有铨著：《躁动的百年——20 世纪的教育历程》，山东教育出版社 1997 年版。

84. 骆玲芳、崔允漷主编：《学校课程规划与实施》，华东师范大学出版社 2006 年版。

85. 欧用生著：《课程研究方法论》，台北复文图书出版社 1984 年版。

86. 欧用生著：《课程发展模式探讨》，台北复文图书出版社 1985 年版。

87. 欧用生著：《课程发展的基本原理》，台北复文图书出版社 1985 年版。

88. 瞿葆奎主编：《教育学文集·课程与教材》（下册），人民教育出版社 1993 年版。

89. 魏国栋、吕达主编：《普通高中新课程解析》，人民教育出版社 2004 年版。

90. “中小学校本课程资源开发的研究与实验”课题组编著：《校本课程资源开发指南》，人民教育出版社 2004 年版。

91. 石筠弢著：《学前教育课程论》，北京师范大学出版社 1999 年版。

92. 石中英著：《知识转型与教育改革》，教育科学出版社 2000 年版。

93. 施良方著：《课程理论——课程的基础、原理与问题》，教育科学出版社 1996 年版。

94. 吴永军著：《课程社会学》，南京师范大学出版社 1999 年版。

95. 王文科著：《课程论》，台北五南图书出版公司 1988 年版。

96. 朱慕菊主编：《走进新课程——与课程实施者对话》，北京师范大学出版社 2002 年版。

97. 钟启泉编著：《现代课程论》，上海教育出版社 1989 年版。

98. 钟启泉编著：《现代课程论》（新版），上海教育出版社 2003 年版。

99. 钟启泉等主编：《世界课程改革趋势研究》（上卷），北京师范大学出版社 2002 年版。

100. 钟启泉、崔允漷、张华主编：《为了中华民族的复兴，为了每位学生的发展——〈基础教育课程改革纲要（试行）〉解读》，华东师范大学出版社 2001 年版。

101. 钟启泉主编：《课程设计基础》，山东教育出版社 1998 年版。

102. 张华著：《课程与教学论》，上海教育出版社 2000 年版。

103. 张华著：《经验课程论》，上海教育出版社 2000 年版。

104. 张华等著：《课程流派研究》，山东教育出版社 2000 年版。

105. 周佩仪著：《从社会批判到后现代——季胡课程理论之研究》，台北师大书苑有限公司 1999 年版。

106. 赵卿敏著：《课程论基础》，华中科技大学出版社 2004 年版。

二、中文论文

1. ［英］英格拉姆著，吕达译：《综合课程的作用》，载《课程·教材·教法》1985 年第 2 期。

2. ［澳］康奈尔著，李复新、马小梅译：《教育、社会公正与知识》，载《华东师范大学学报》（教育科学版）1997 年第 2 期。

3. 陈琦、张建伟：《建构主义学习观要义评析》，载《华东师范大学学报》（教育科学版）1998 年第 1 期。

4. 崔允漷等：《我国普通高中课程计划的历史演变》，载《教育研究》2004 年第 1 期。

5. 冯生尧：《课程评价定义的批判分析》，载《教育研究》1996 年第 9 期。

6. 郝德永：《关于课程本质内涵的探讨》，载《课程·教材·教法》1997 年第 8 期。

7. 黄忠敬：《我们应该确立什么样的课程知识观》，载《南京师范大学学报》（社会科学版）2002 年第 6 期。

8. 黄甫全：《简析课程论的主要任务、研究对象和基本内容》，载《课程·教材·教法》1997 年第 12 期。

9. 黄黎明、靳玉乐：《学科课程的追求与辩护》，载《高等教育研究》2008 年第 10 期。

10. 李臣之：《活动课程的再认识——问题、目标与实质》，载《课程·教材·教法》1999 年第 11 期。

11. 林智中、马云鹏：《课程评价模式及对课程改革的启示》，载《教育研究》1997 年第 9 期。

12. 马延伟、马云鹏：《课程实施中校长角色的转变——对当前课程改革的一点思考》，载《课程·教材·教法》2003 年第 1 期。

13. 唐晓杰：《西方“隐蔽”课程研究的探析》，载《华东师范大学学报》（教育科学版）1988 年第 12 期。

14. 汤志民：《课程发展模式的评价》，载台北《国教研究》1988 年第 2 期。

15. 杨爱程：《西方课程论的哲学社会学基础评介》，载《比较教育研究》1992 年第 6 期。

16. 钟启泉：《“学校知识”与课程标准》，载《教育研究》2000 年第 11 期。

17. 靳玉乐、向眉：《论案例教学价值取向的变革》，载《西南大学学报》（社会科学版）2015 年第 1 期。

18. 吕达、刘立德：《我国课程论重建的先驱者和奠基人——纪念陈侠先生诞辰 100 周年》，载《课程·教材·教法》2015 年第 3 期。

19. 李金初：《论自创性、自创性人生、美好人生——一种新教育视角下课程目标的“源”点和“终”点》，载《教育学报》2015 年第 1 期。

三、外文图书和论文

1. Bennis, W. *Why Leaders Can't Lead: The Unconscious Conspiracy Continues*. San Francisco: Jossey-Bass Publishers, 1989.

2. Brubaker, D. L. *Creative Curriculum Leadership: Inspiring and Empowering Your School Community*. Thousand Oaks, Calif.: Corwin Press, 2004.

3. Colin J. Marsh. *Key Concepts for Understanding Curriculum*. (3rd ed.). London: Routledge Falmer, 2004.

4. Lawton, D. *Curriculum Studies and Educational Planning*. London: Edward Amold, 1983.

5. Lawton, D. *Curriculum, Culture and National Curriculum*. London: Hodder and Stoughton, 1989.

6. Darling- Hammond, L. & Synder, J. Curriculum Studies and the Traditions of Inquiry: The Scientific Tradition. In: Jackson, P. W. (ed.). *Handbook of Research on Curriculum*. New york: Macmillan Publishing Company, 1992.

7. Fullan, M. *The New Meaning of Educational Change*. (3rd ed.). New York: Teachers College Press, 2001.

8. Glatthorn, A. A. *Curriculum Leadership*. Glenview, IL: Scott, Foresman, 1987.

9. Giroux, H. A., Penna, A. & Pinar, W. (eds.). *Curriculum and Instruction: Alternatives in Education*. Berkeley, CA: McCutchan, 1981.

10. Goodlad, J. I. Organization of the Curriculum. In: Jackson, P. W. (ed.). *Handbook of Research on Curriculum*. New York: Macmillan, 1992.

11. Habermas, J. *Knowledge and Human Interests*. (2nd ed.). London: Heinemann, 1978.

12. Handy, C. *Understanding the Organizations*. (4th ed.). London: Penguin, 1993.

13. Henderson, J. G. & Hawthorne, R. D. *Transformative Curriculum Leadership*. (2nd ed.). New Jersey: Prentice-hall, Inc., 2000.

14. Wiles, J. & Bondi, J. *Curriculum Development: A Guide to Practice*. Columbus: Charles E. Merrill, 1979.

15. Jenkins, D. Curriculum Research. In: Lewy, A. (ed.). *The International Encyclopedia of Curriculum*. Oxford: Pergamon Press, 1991.

16. Skibeck, M. Curriculum Organization. In: Lewy, A. (ed.). *The International*

Encyclopedia of Curriculum. Oxford：Pergamon Press，1991.

17. Merton，R. K. *Sociological Ambivalence and Other Essays*. New York：Free Press. 1976.

18. Ornstein，A. C. & Hunkins，F. P. *Curriculum：Foundations，Principles and Issues*. Pearson Education Inc.，1988.

19. Rosemary Rodger. *Planning an Appropriate Curriculum for the Under Fives：A Guide for Students，Teacher and Assistants*. London：David Fulton Publishers，2002.

20. Stufflebeam，D. L. & Kellaghan. *The International Handbook of Educational Evaluation*. Boston：Kluwer Academic Publishers，2003.

21. Sergiovanni，T. J. *The Life World of Leadership：Creating Culture，Community and Personal Meaning in Our School*. San Francisco：Jossey-Bass Publishers，2000.

22. Schein，E. H. *Organizational Culture and Leadership：A Dynamic View*. San Francisco：Jossey-Bass. 1992.

23. Schubert，W. H. *Curriculum：Perspective，Paradigm and Possibility*. New York：Macmillan Publishing Company，1986.

24. Schubert，W. H. & Schubert，A. L. Curriculum Inquiry：Alternative Paradigms. In：Lewy，A. (ed.). *The International Encyclopedia of Curriculum*. Oxford，New York：Pergamon Press，1991.

25. Tanner，D. & Tanner，L. N. *Curriculum Development：Theory into Practice*. New York：Macmillan，1980.

26. Vallance，E. Hidden Curriculum. In：Lewy，A. (ed.). *The International Encyclopedia of Curriculum*. Oxford，New York：Pergamon Press，1991.

27. Walker，D. F. & Soltis，J. F. *Curriculum and Aims*. New York：Teacher College Press，1986.

28. Zais，R. S. *Curriculum：Principles and Foundations*. New York：Thomas Y. Cromwell，1976.

29. Brzycki，D. & Dudt，K. Overcoming Barriers to Technology Use in Teacher Preparation Programs. *Journal of Technology and Teacher Education*，Vol. 13，No. 4，2005.

30. Cheung，D. & Wong，H. W. Measuring Teacher Beliefs About Alternative Curriculum Designs. *The Curriculum Journal*，Vol. 13，No. 2，2002.

31. Walker，D. F. A Naturalistic Model for Curriculum Development. *School Review*，

Vol. 80, No. 1, 1971.

32. Fullan, M. & Pomfret, A. Research on Curriculum and Instruction Implementation. *Review of Educational Research*, Vol. 47, No. 1, 1977.

33. Goodlad, J. I. Curriculum: State of the Field. *Review of Educational Research*, Vol. 39, No. 3, 1969.

34. Gordon, D. The Concept of the Hidden Curriculum. *Journal of Philosopy of Education*, Vol. 16, No. 2, 1982.

35. Kirk, D. & Macdonald, D. Teacher Voice and Ownership of Curriculum Change. *Journal of Curriculum Studies*, Vol. 33, No. 5, 2001.

36. Keith Morrison. The Deputy Headteacher: As the Leader of the Curriculum in Primary Schools. *School Organization*, Vol. 15, No. 1, 1995.

37. Mazza, K. A. Reconceptual Inquiry as an Alternative Mode of Curriculum Theory and Practice: A Critical Study. *Journal of Curriculum Theorizing*, Vol. 4, No. 2, 1982.

38. Posner, G. J. Making Sense of Diversity: The Current State of Curriculum Research. *Journal of Curriculum and Supervision*, Vol. 4, No. 4, 1989.

39. Pouer, C. & Kolberg, L. Using a Hidden Curriculum for Moral Education. *The Education Digest*, Vol. 2, No. 9, 1987.

40. Reid, J. Theory of Curriculum as Institutionalized Practice. *Journal of Curriculum Studies*, No. 4, 2000.

41. Reid, W. A. Practical Reasoning and Curriculum Theory: In Search of a New Paradigm. *Curriculum Inquiry*, No. 9, 1979.

42. Toll, C. A. Critical and Postmordern Perspectives on School Change. *Journal of Curriculum and Supervision*, Vol. 16, No. 4, 2001.